Jobst Reller
Die Anfänge der evangelischen Militärseelsorge
und Soldatenfrömmigkeit

Die Anfänge der evangelischen Militärseelsorge und Soldatenfrömmigkeit

Jobst Reller

„Die großen Lehren der Vergangenheit werden nur von denen beachtet, deren Scharfblick auch die Zukunft erräth."

(Christoph von Rommel: Philipp der Großmüthige, Bd. 1, S. 412 zur Missachtung von Homers Rat: „Einer gebiete" im Schmalkaldischen Bund)

2021

Carola Hartmann Miles-Verlag Berlin

Bibliografische Information der Deutschen Nationalbibliothek
Die Deutsche Nationalbibliothek verzeichnet diese Publikation in der Deutschen Nationalbibliografie; detaillierte bibliografische Daten sind im Internet über www.dnb.de abrufbar.

2. überarbeitete und erweiterte Auflage

© 2021 Carola Hartmann Miles-Verlag, Berlin
www.miles-verlag.jimdo.com
email: miles-verlag@t-online.de

Herstellung: Books on Demand, Norderstedt

Titelbild: Jost Amman, ‚Der Caplan' (1596, Illustration zu Fronspergers Kriegsbuch, n. Schneider, S. I); Autor

Printed in Germany

ISBN 978-3-945861-92-9

Zum Gedenken an meinen Vater
Oberkirchenrat Dr. theol. Horst Reller
(17.4.1928 – 17.1.2017)

Inhalt

8

Vorwort

Ich war überrascht über das relativ lebhafte Interesse an der ersten Ausgabe meiner 2019 erschienenen forschungsgeschichtlichen Skizze „Die Anfänge der evangelischen Militärseelsorge". Glückliche Umstände wie z. B. die wieder gewährte Unterstützung durch die Bibliothek des Ausbildungszentrums Munster, aber auch das durch die Coronapandemie erzwungene „Homeoffice" förderten weitere Literatur, erschienen vor 1900, aus digitalen Bibliotheken ans virtuelle Tageslicht, so dass hiermit nun eine zweite, verbesserte und um mehr als 100 Seiten, aber auch thematisch um den Aspekt der „Soldatenfrömmigkeit" erweiterte Ausgabe ausgeht. Eine ganze Reihe von Feldpredigern konnte nun identifiziert werden. Die Gliederung musste einer komplexen Materie angepasst und verändert werden. Der Charakter einer forschungsgeschichtlichen Skizze bleibt – ebenso der Eindruck, dass die Zeit von 1550-1648 in der Kirchen- und Seelsorgegeschichte mehr Aufmerksamkeit verdiente. Illustrationen fehlen nun gänzlich.

Ich danke der Bibliothek des Ausbildungszentrums Munster und ihrem Personal unter der Leitung von Frau Brigitte Müller für Hilfe bei der Besorgung von Literatur. Ich danke unserem Sohn Johannes Reller BA für Korrektur, dem Team des Miles-Verlags unter Leitung von Frau Carola Hartmann für die Betreuung des Drucks.

Munster/ Hermannsburg, 15.12.2020   Jobst Reller

Einleitung

1. Vorbemerkung

Evangelische Militärseelsorger in der Bundeswehr tragen auf ihren Schulterstücken einen Vers aus dem Brief des Paulus († nach 60) an die Römer Kap. 14, V. 8 – in lateinischer Übersetzung: „Domini sumus", gemeinhin übersetzt mit „Wir sind des Herrn". In diesem Sinn wollten die, die zu Beginn der evangelischen Militärseelsorge in der Bundeswehr diesen Wahlspruch bestimmten, zum Ausdruck bringen, dass gleich in welche Situation Soldaten kommen sollten, die Gewissheit, zum Herrn Jesus Christus zu gehören, leitend sein soll. Sehr wahrscheinlich ist, dass eine Auslegung Martin Luthers (1483-1546) in einem Brief an den erkrankten Freund Johann Rühel vom 29.6.1534 eine Rolle bei der Wahl spielte: „Sei es, dass wir leben, sei es, dass wir sterben",´Domini sumus´, „ja wahrlich wir sind ´des Herrn´ und ´Herren´ – im Genitiv und im Nominativ: ´des Herrn´ im Genitiv, weil es sein eigenes Haus ist, ja wir seine[s Leibes] Glieder sind; ´Herren´ im Nominativ, weil wir aller Dinge Herr werden durch den Glauben [an unseren Herrn Jesus Christus], der unser Sieg ist, durch die Gnade Gottes Drachen und Löwen niedertreten. Kurz: ´Glaubt´, [sagt Christus], ´Ich habe die Welt überwunden´ [Joh 16,33]."[1] Luthers Kontrafaktur, die in der lateinischen Grammatik möglich, vom Wortsinn her abwegig und vom Glauben an Christus her sicherlich richtig ist, erweitert die universale und tröstliche Zugehörigkeit zu Christus dem Herrn um die Zuversicht des Sieges über alles Böse in Christus. Der Augsburger Wolfgang Musculus (1497-1563) verwandte den Bibelvers in diesem Sinn in seinem Rat an Soldaten im Schmalkaldischen Krieg.[2] Zwei Feldprediger Gustav II. Adolfs von Schweden (1594-1632) im Dreißigjährigen Krieg konnten diesen Bibelvers

---

1 Weimarer Ausgabe Briefe Bd. 7, S. 81f (= Erlanger Ausgabe 55, S. 55): „Sive vivimus, sive morimur, Domini sumus, ja vere Domini in genitivo et nominativo: Domini in genitivo, quia ipsius domus, imo membra sumus; Domini in nominativo, quia regnamus super omnia per fidem, quae est victoria nostra, Deo gratia, et conculcamus Leonem et Draconem. Summa: Confidite (ait), ego vici mundum."
2 S. u.

durchaus in ihren Kriegspredigten so auslegen.[3] Feld- und Hofprediger Johannes Rudbeckius (1581-1646) forderte 1626 dazu auf, für den Fall des Todes im kommenden Kampf an ein anderes Leben und eine andere Rechenschaft zu denken, Buße zu tun und um die Vergebung der Sünden zu bitten. Wer das tue, brauche den Feind nicht zu fürchten. Entweder lebe man oder sterbe man, so gehöre man doch zum Herrn. Johannes Botvidi (1575-1635) predigte 1627: „Bessert euch und glaubt dem Evangelium (Mk 1). Daraufhin mögt ihr dem Herrn zugehören und selig werden, ob ihr lebt oder sterbt."

Es überrascht, dass die evangelische Militärseelsorge, die so möglicherweise auf Luther zurückgreift, ihre eigenen Anfänge in der Reformationszeit bisher nicht wirklich erforscht hat. „Die Militärseelsorge, die hier in Frage steht, ist für die Frühe Neuzeit und somit auch für den Dreißigjährigen Krieg wissenschaftlich nicht aufgearbeitet", stellt Benigna von Krusenstjern in ihrem Beitrag über „Seliges Sterben und böser Tod. Tod und Sterben in der Zeit des Dreißigjährigen Krieges"[4] fest. In einer Anmerkung ergänzt sie: „Auch Peter Burschel[5] geht in seinem grundlegenden und umfassenden Buch über Söldner in der Frühen Neuzeit [...] nicht auf dieses Thema ein." Das überrascht, weil gerade dem Feldprediger in dieser Zeit zunehmend eine wichtige Rolle beim Hervorbringen der „neuen Sittlichkeit" in der Gesellschaft und auch in der Armee zuwachsen sollte. Hans-Dieter Bastian sekundierte: „Militärseelsorge ist die älteste Gruppenseelsorge der Kirche, aber eine wissenschaftliche Darstellung ihrer Geschichte gibt es

---

3 David Gudmundsson: Konfessionell krigsmakt. Predikan och bön i den svenska armén 1611-1721 (Bibliotheca Historico-Ecclesiastica Lundesis 56), Malmö 2014, S. 215f.

4 in: Benigna von Krusenstjern/ Hans Medick/ Patrice Veit: Zwischen Alltag und Katastrophe. Der Dreißigjährige Krieg aus der Nähe (Veröffentlichungen des Max-Planck-Instituts für Geschichte 148), Göttingen 1999, S. 469-496, S. 483ff. Auch die Beiträge von Angela Strauß: Geistliche im Krieg. Tagung SFB 437 „Kriegserfahrungen – Krieg und Gesellschaft in der Neuzeit", in: Zeitschrift Militär und Gesellschaft in der frühen Neuzeit 12 (2008), S. 110-113, bzw. dies: Art: Militärseelsorge, in: Enzyklopädie der Neuzeit Bd. 8, Sp. 518f, führen nicht weiter.

5 Söldner im Nordwestdeutschland des 16. und 17. Jahrhunderts. Sozialgeschichtliche Studien (Veröffentlichungen des Max-Planck-Instituts für Geschichte 113), Göttingen 1994. Auch ders: Zur Sozialgeschichte innermilitärischer Disziplinierung im 16. und 17. Jahrhundert, in: Zeitschrift für Geschichte 42 (1994), S. 965-981, erwähnt die Militärseelsorge nicht.

nicht."[6] Zwar haben schon die inzwischen fast vergessenen Funde Kurd Schneiders,[7] die Studien Arvid Gierows[8] und vor allem Nicholas Funkes[9] manches Wissensloch gestopft. Dennoch ist Krusenstjern Recht zu geben. Die Militärseelsorge, noch dazu die der protestantischen Seite vor dem Dreißigjährigen Krieg, ist nicht systematisch erforscht.[10] Bibliotheken und Archive warten darauf, auf Lebensberichte oder Erwähnungen von Militärseelsorge in Kriegsakten durchforstet zu werden. Pfarrerbücher einzelner Landeskirchen werden einzelne Vertreter benennen. Sekundärliteratur mag auch Hinweise enthalten. Das vorliegende Buch nimmt für sich nicht mehr in Anspruch, als allgemeinverständlich eine erste Schneise zu schlagen.

Heuristisch wird unter Militärseelsorge alles Handeln verstanden, das in der Reformationszeit im 16. Jahrhundert bis zum Beginn des 30-jährigen Krieges auf der Grundlage oder mit dem Instrument des biblischen Evangeliums militärisches Handeln durch Predigt oder Seelsorge zu begleiten suchte. Dass in den Quellen das Amt des „Feldkaplans" durch die reformatorische Betonung der sicher auch vorher schon geübten Predigt zum Amt des „Feldpredigers" wird, der seinerseits – wenn auch vielleicht weniger rituell – auch Seelsorge an Kranken und Sterbenden übt, dürfte die Änderung des 16. Jahrhunderts sein. Reformation wurde anfangs als Befreiungsbewegung verstanden; einen allgemeinen Kirchen- oder Herrschaftsbegriff von

---

6 Hans-Dieter Bastian: Art. Militärseelsorge, in: TRE 22, S. 747-752, 747.

7 Quellen und Beiträge zur Geschichte deutsch-evangelischer Militärseelsorge von 1564 bis 1814, hrsg. v. Kurd Schneider, Halle 1906.

8 Arvid Gierow: Bidrag till det svenska militärkyrkoväsendets historia, in: Kyrkohistoriskt Årsskrift 18 (1917), S. 73-196, bzw. 19 (1918), S. 1-98.

9 Religion and the Military in the Holy Roman Empire c. 1500-1650, Diss. masch. History University of Exeter 2011 (pdf), S. 2, 11f, 50: „The 16th century and the first half of the 17th century are almost entirely unstudied despite the fact that this was the period in which Europe lapsed into one and a half centuries of confessional violence." „The chaplaincy of the period has received next to no scholarly attention, probably because field preachers were reputedly as impious as their flock." „The field chaplaincy of the period before 1650 remains an unexplored field."

10 Vgl. auch die Bemerkungen Franz Blanckmeisters: Die sächsischen Feldprediger. Zur Geschichte der Militärseelsorge in Krieg und Frieden (Aus dem kirchlichen Leben des Sachsenlandes 5/6), Leipzig 1893, S. 3: Nach Aussagen einer militärwissenschaftlichen Autorität Sachsens ein ‚unmögliches, schweres Thema'.

Anfang an zugrunde zulegen, wäre m. E. anachronistisch.[11] Es sei daran erinnert, dass das erste weite Geltung erlangende Dokument reformatorischer Lehre von der Kirche, das Augsburger Bekenntnis von 1530, in den Artikeln V, VII und VIII Kirche funktional von den Vollzügen der „rechten" Predigt des Evangeliums und Darreichung der Sakramente her verstand.[12] Was sich allgemein oder gar obrigkeitlich legitimiert als „recht" durchsetzen sollte, war lange Zeit offen.

Naturgemäß öffnet der heuristisch offene Ansatz den Blick für herrschaftskritische Bewegungen, die zu militärischer Gewalt greifen zu dürfen meinten, weil das Evangelium vom Reich Gottes schon in Martin Luthers erster These alle, auch die Herrschenden, zu Buße und Umkehr aufrief, ebenso aber auch für die sich in den Heeren der legitimen Herrscher institutionalisierende und Herrschaft erhaltende evangelische Militärseelsorge. Dominik Gerd Sieber[13] hat angesichts der Befestigungspolitik oberdeutscher Reichsstädte nach 1525 die Frage gestellt, ob nicht „mit dem Aufkommen des neuen Glaubens eine gewisse ‚Militarisierung' der Reichsstände einherging"? Kann man gar von einer Militarisierung der Reformation sprechen?

Die Gestalt evangelischer Militärseelsorge musste sich erst herauskristallisieren in einer Zeit des Umbruchs in den frühneuzeitlichen Gesellschaften und gerade auch im Militärwesen, in der einerseits angesichts der Entwicklung hin zu tragbaren Feuerwaffen das mittelalterliche Rittertum an sein Ende kam, bzw. andererseits jeweils für den Feldzug anzuwerbende Landsknechtshaufen gegen Beute und Sold

---

11 So die Kritik von Marianne Taatz-Jacobi in ihrer Rezension zu: Reller, Jobst: Die Anfänge der evangelischen Militärseelsorge, in: Zeitschrift für historische Forschung, Berlin 2020, S. 317f. Grundzüge modernen militärseelsorgerlichen Handelns (1. liturgisch/ rituell-spirituell, 2. homiletisch, 3. seelsorgerlich und 4. unterrichtlich) bilden sich bereits im 16. Jh. heraus (vgl. Jobst Reller: Historische Grundlagen der Seelsorge in der Bundeswehr, in: Isolde Karle/ Niklas Peuckmann (Hrsg.): Seelsorge in der Bundeswehr. Perspektiven aus Theorie und Praxis, Leipzig 2020, S. 117-131.
12 Die Bekenntnisschriften der evangelisch-lutherischen Kirche, Göttingen 1952², S. 58f, 61f.
13 Dominik Gerd Sieber: „Aber gott ist stercker, dann ally wellt". Die militärische Sicherung der Reformation in den oberschwäbischen Reichsstädten, in: Dörfler-Dierken, Reformation und Militär, S. 94.

das Geschäft des Krieges ausführten. Heike Preuß konstatiert:[14] „Die Heeresbildung im 16. Jahrhundert ist vornehmlich von zwei Komponenten bestimmt worden, der Werbung für den freien Solddienst und der Lehns- und Landfolge." Die Organisation des Militärs hatte selbstverständlich Anteil an einer anderen großen Veränderung: „Das Jahrhundert der Reformation ist für die Entstehung des frühmodernen Staates und seines Verwaltungsbaus entscheidend gewesen. Der Übergang vom mittelalterlichen Territorium zum neuzeitlichen Territorialstaat zeitigte grundlegende Reformen der Verwaltungsorganisation, an erster Stelle eine Neuordnung der Zentralverwaltung."[15] Was verwaltet wird, hinterlässt Spuren, und damit werden nun auch, wenn die Archivalien erhalten sind, Bestallungs- und Besoldungsstrukturen für Militärs wie auch die Militärseelsorge sichtbar.

Man hat vom „Zeitalter des Faustrechts und der Söldnertruppen" gesprochen[16] oder mit Nicoló Machiavelli (1469-1527) die Moral einer menschlichen „Fuchsnatur" als Leitlinie einer Politik bemüht,[17] die nahm, wessen sie habhaft werden konnte. Und eben diese nicht in lokale Dienst- oder Lehensverhältnisse eingebundenen „Berufs"-Soldaten machten nicht nur besondere Rechtssetzungen wie zu beeidende Kriegsartikel oder Ordnungen erforderlich,[18] sondern boten die Möglichkeit, selbst evangelische Frömmigkeitsprofile zu entwickeln, bzw. Geistlichen neue Aufgaben als Lehrern eines neuen, nicht zuletzt vom Glauben her begründeten Ethos. Nach Vorbildern bei den Schweizern schrieb Herzog Erich der Ältere von Braunschweig-Calenberg (1470-1540) als Feldhauptmann Kaiser Maximilians I. 1508 den ersten Artikelbrief. Eine Fassung von 1526, die „Teutsche Kriegsordnung", in der auch vergleichsweise früh ein „Feldcaplan"

---

14 Heike Preuß: Söldnerführer unter Landgraf Philip dem Großmütigen von Hessen (1518-1567; Quellen und Forschungen zur hessischen Geschichte 30) Darmstadt/ Marburg 1975, S. 1.
15 Preuß, Söldnerführer, S. 260.
16 Nanna Lundh-Eriksson: Sveriges Prinsessor 1539-1829, Stockholm 1929, S. 132.
17 Lars Olov Larsson: Gustav Vasa – Landsfader eller Tyrann (dt: Gustav Vasa – Landesvater oder Tyrann), Stockholm 2002, S. 79 (unter Bezug auf „Il Principe", Kap. XVII).
18 Wilhelm Erben: Ursprung und Entwicklung der deutschen Kriegsartikel (Mittheilungen des Instituts für österr. Geschichtsforschung Erg.bd. VI), Innsbruck 1900, S. 1.

erwähnt ist, wurde zum Vorbild für die weitere Tradition. Die religiöse Färbung dieser Artikelbriefe nahm zu.[19]

Ob die Feldkapläne wirklich von Anfang an bei den sich aus „gardenden", zwischen Aufträgen überwinternden oder heimliche Rüstungen verschleiernden Landsknechten[20] ihre Truppen werbenden Feldobersten beliebt waren, bleibt eine Frage. Einen Feldkaplan anstellen hieß die Beute teilen. Jedenfalls konnte ein Landsknechtsführer mit Glücksrittermoral und „Soldatenglück" oder fromm gesprochen Gottes Segen, innerhalb von drei Generationen in ministeriale Ebenen aufsteigen und schließlich lutherisch-orthodoxe Frömmigkeit entwickeln, wie sich am Beispiel der französischen Familie de la Gardie in Schweden zeigen ließe,[21] wenn man denn den im Zentralstaat aufstrebenden, nach Absolutheit strebenden Fürsten dienlich war.

Jedenfalls konnten auch die institutionalisierten Vertreter erster protestantischer Gruppenseelsorge in der Gestalt der Feldprediger, die gerade in den Anfängen durchaus Vertreter hoher Gelehrsamkeit sein konnten, in besonderer Weise etwa in Schweden in Bischofsränge aufsteigen, oder auch neue Tendenzen kirchlichen Lebens fördern, wie es sich etwa im Pietismus im niedersächsischen Raum am Harburger Garnisonsprediger Rümeling († 1753), einem Vertreter des separatistischen Pietismus, oder in der Erweckungsbewegung im selben Raum an der Initiative von Garnisonspredigern zur Gründung von Missionsvereinen zeigen ließe.[22]

---

19 Richard Drögereit: Der Feldprediger der herzoglich und kurfürstlich braunschweig-lüneburgischen Armee. Ein Beitrag zur Geschichte der hannoverschen Militärseelsorge, in: Zeitschrift der Gesellschaft für niedersächsische Kirchengeschichte 45 (1940), S. 5-80, 9, 12.

20 Vgl. die Soldrechnung Philipps von Hessen 1539 für Hauptmann Jakob Ungewaschen, den reitenden Knecht Christoph und den Landsknecht Hans, die im Braunschweiger Land des Erzfeindes Herzog Heinrich des Jüngeren Erkundungen „in Sachen gemeiner christlicher Verständnis" einziehen sollten über 10, 2 und 1 ½ Gulden (Vgl. Hans-Achim Schmidt,: Landsknechtswesen und Kriegsführung in Niedersachsen 1533-1545 (Diss. Marburg 1929) in: Niedersächsisches Jahrbuch 6 (1929), S. 167-223, 174.

21 Jobst Reller: Die Schlosskapelle in Läckö. Ein Programm biblischer Frömmigkeit militärisch-politischer Eliten aus der Zeit des Dreißigjährigen Krieges in Schweden, in: das Münster 72 (2019), S. 44-50.

22 Johannes Meyer, Kirchengeschichte Niedersachsens, Göttingen 1939, S. 162.

2. Militärseelsorge vor der Reformation

Trotz der traditionellen Riten römischer Religion im Heer setzten bereits Tertullian (n. 150-n. 220) und Klemens von Alexandrien (150-215) eine große Zahl von christlichen Soldaten im römischen Heer voraus. Das stand offenbar nicht im Widerspruch dazu, dass besonders Soldaten wie Georg, Bakchos und Sergios, Demetrios, die Thebäische Legion und Gereon in Verfolgungen zu Märtyrern wurden.[23]

Militärseelsorge gehörte seit Konstatins des Großen († 337 n. Chr.) Zeiten zum festen Repertoire christlicher Seelsorge. Konstantin ließ zunächst nach 313 allgemein vor der Schlacht „Gott" anrufen, bzw. ein derart offenes Gebet für die Armee einführen. Gegenüber dem Perserkönig ließ er sich als „Beschützer der Christen" titulieren und auf dem Feldzug von Bischöfen begleiten. Er führte ein Kirchenzelt mit.[24] Jeder Legion wurde ein Militärseelsorger zugeordnet.[25] In vorchristlicher Zeit hatte ein Pontifex oder Augur am Templum oder Augurale im Lager den Feldherrn beim religiösen Opfer unterstützen müssen; nach Cicero (106-43 v. Chr.) wirkte der Haruspex, der Eingeweideschauer, der ab Septimius Severus (145-211) Beamter der Legion war.[26] Christen hatten ihren Vorbehalt gegenüber dem an sich sündigen Soldatenberuf relativiert; ein römischer Kaiser hatte er-

---

23 Hartmut Leppin: Die frühen Christen. Von den Anfängen bis Konstantin, München 2019², S. 396, 398 unter Verweis auf Hanns Christoph Brennecke: „An fidelis ad militiam converti possit"? Frühchristliches Bekenntnis und Militär im Widerspruch?, in ders: Ecclesia et re publica. Studien zur Kirchen- und Theologiegeschichte im Kontext des Imperium Romanum, Berlin 2007, S. 179-232 und Alan Kreider: Military Service in the Church Orders, in: Journal of Religious Ethics 31 (2003), S. 415-442.

24 Leppin, Die frühen Christen, S. 399-401 unter Verweis auf Euseb, Vita Constantini, 4,13.56. Vgl. Albrecht Schübel: 300 Jahre evangelische Soldatenseelsorge, München 1964, S. 14.

25 Gierow, S. 82 (unter Verweis auf Sozomenos, Historia Ecclesiastica I, 8 bei Joseph Freisen: Das Militär-Kirchenrecht in Heer und Marine des Deutschen Reiches, Paderborn 1913, S. 3). Vgl. auch Ralph W. Mathisen: Emperors, Priests, and Bishops. Military Chaplains in the Roman Empire, in: Doris L. Bergen (Hrsg.): The Sword of the Lord. Military Chaplains from the First to the Twenty-First Century (Critical Problems in History), Notre Dame/ Ind. 2004, S. 29-43.

26 Drögereit, Der Feldprediger, S. 5f.

kannt, dass allein das Christentum als Religion die Chance bot, das schwer strapazierte spätrömische Reich neu zu einen. Der älteste Quellenbeleg für christliche Militärpriester und auch eine militärkirchliche Hierarchie befindet sich auf einem Papyrus in der Österreichischen Nationalbibliothek in Wien. In der Personalstandsmeldung des „Dux Thebaidis", des Kommandeurs von Theben in Ägypten, aus dem 5. oder 6. Jh. werden ein „Protopresbyteros", bzw. mehrere „Presbyteroi" neben Soldaten genannt.[27] Im von Germanen eroberten weströmischen Reich sind Strukturen christlicher Militärseelsorge nicht unmittelbar nachweisbar. Andererseits ist schon bei Bonifatius († 754 n. Chr.) belegt und auf dem „Concilium Germanicum" 742, Kanon II, untersagt, dass geistliche Würdenträger in fränkischen Diensten selbst waffentragend in Feldzüge zogen. Auch die Zahl der Militärseelsorger wurde begrenzt.[28] „Jeder Fürst sollte ein oder zwei Bischöfe samt den Pfalzkaplänen bei sich haben und jeder Kommandierende einen Priester zur Verwaltung des Bußsakraments".[29] Seelsorge in Form von auf die eigene Einheit oder den eigenen Stab bezogenen „Gottesdiensten" oder auch der seit den iroschottischen Bußbüchern in Gebrauch gekommene Beichte dürfte vorgekommen

---

27 Karl-Reinhart Trauner u. a.: Es gibt nie ein Zuviel an Seelsorge ... 50 Jahre Evangelische Militärseelsorge im Österreichischen Bundesheer (Schriften zur Geschichte des Österreichischen Bundesheeres 11), Wien 2007, S. 23f (n. Bernhard Palme: Verwaltung und Militär im alten Ägypten. Ausgewählte Urkunden aus der Wiener Papyrussammlung (Habil. masch.) Wien 1997, S. 105f, 108).
28 Gierow, S. 83: Die Konzilien von Toulouse 633 und Meaux 845 verboten das Tragen von Waffen. Das Decretum Gratiani untersagte die Fürbitte für im Kampf gefallene Priester, Thomas von Aquin verurteilte ihren Kriegszug. Vgl. David S. Bachrach: The Medieval Military Chaplain and his Duties, in: Doris L. Bergen (Hrsg.): The Sword of the Lord. Military Chaplains from the First to the Twenty-First Century (Critical Problems in History), Notre Dame/ Ind. 2004, S. 69-88, 72f, zu Waffenverboten bei Benedict dem Leviten um 750, Burchard von Worms (1000-1025) und Ivo von Chartres (1090-1115): Der geweihte Priester sollte für die Kranken sorgen u. a. durch die letzte Ölung.
29 Drögereit, Der Feldprediger, S. 7 unter Verweis auf Monumenta Germaniae Historica Legum III Concilia II Pars I, S. 3, bzw. ein Kapitulare Karlmanns ebd. Legum II Capitularia I, S. 25, bzw. die Wiederholung bei Karl dem Großen ebd. Legum II I, S. 25.

sein. Ebenso dürften weltliche Herren sich von eigenen Hofgeistlichen auf Feldzügen haben begleiten lassen.[30]

Rudolf von Thadden bemerkt zurecht über das Amt des Feldpredigers und seine Vorgeschichte in dem des Hof- oder Feldkaplans:[31] „Ämtergeschichlich betrachtet, hat der Hofprediger der nachreformatorischen Zeit seinen Vorläufer im 'capellanus', bzw. 'capellanus aulicus', der vor allem unter den karolingischen und ottonischen, sowie den ersten salischen Herrschern eine wichtige Rolle spielte. Die Hofkapläne wurden in der königlichen Kanzlei beschäftigt und galten als die zuverlässigsten Geistlichen des Königtums. Aus ihren Reihen kamen die meisten Bischöfe, auf die sich, sei es in Deutschland, sei es in Italien, die reichskirchliche Macht des Königs, bzw. des Kaisers stützte. […] In der Neuzeit trat entsprechend der Konfessionsspaltung eine doppelte Ausprägung des Hofgeistlichen-Amtes ein. An den katholischen Höfen auf der einen Seite stellten in der überwiegenden Mehrzahl Jesuiten die 'Hofbeichtväter' oder 'Hofkapläne', die in der kirchlichen Hierarchie des betreffenden Landes keine Funktion hatten. [...] An den evangelischen Höfen auf der anderen Seite nannten sich die Hofgeistlichen 'Hofprediger'." „Nicht nur am Hofe, auch als Reisebegleiter ihres Fürsten versahen viele Hofprediger ihr Amt. In Brandenburg-Preußen war bis ins späte 17. Jahrhundert der zweite Berliner Hofprediger regelrecht als 'Reisehofprediger' angestellt. […] Johannes Kunsch von Breitenwald [1620-1681] war durch zwei Jahrzehnte hindurch mit dem Großen Kurfürsten auf dessen Feldzügen unterwegs." Der Hof- und Reisebegleitprediger war zugleich der Feldprediger.[32] Dem Hofkaplan waren die Reliquien der Hofkapelle anvertraut. Die einfachen Priester führten das Bußbuch und nahmen die Beichte ab. Die Bischöfe hatten zu predigen, alle das Meßopfer zu verwalten.[33]

---

30 Schübel, S. 15.
31 Die brandenburgisch-preußischen Hofprediger im 17. und 18. Jahrhundert. Ein Beitrag zur Geschichte der absolutistischen Standesgesellschaft in Brandenburg Preußen (Diss. phil. masch. Georg-August-Universität Göttingen 1958), S.14, 48; vgl. Gierow, S. 87f: Daraus folge die Anknüpfung des Militärkirchenrechts an das Hofrecht.
32 Dies vermutet auch Funke, S. 54.
33 Drögereit, Der Feldprediger, S. 7f.

Sowohl im karolingischen wie auch nachottonischen Heiligen Römischen Reich deutscher Nation kamen beide Phänomene weiter vor, das des kriegerischen geistlichen Akteurs und das des geistlichen Fürstenbegleiters; sie begegneten das ganze Mittelalter über. Bonifatius' Verbot bewaffneter Geistlicher auf Kriegszügen blieb folgenlos. Zwar belegte das zweite Laterankonzil 1139 die Kunst des Baus von Wurf- und Pfeilgeschossen für den Einsatz gegen katholische Christen als gottverhasst mit dem Bann,[34] ohne doch in den Kreuzzügen den Aufstieg Venedigs, Genuas und Pisas zu Waffenhandelsgroßmächten für alle Seiten zu verhindern.[35] Die von Bernhard von Clairvaux († 1153 n. Chr.) begründeten geistlichen Ritterorden wie der der Templer verbanden Spiritualität des Mönchtums und Kriegsdienst unmittelbar miteinander. Besonders Bernhards Auffassung von den zwei der Kirche gegebenen Schwertern erwies sich als folgenreich.[36] Im Stabe des Meisters der Templer gab es einen Kaplan, im Mittelpunkt des Feldzuglagers stand das Kapellenzelt. Ähnliches galt beim Deutschen Ritterorden.[37] Papst Innocenz III. (1161-1216) ließ auf dem IV. Laterankonzil Bischöfe und Priester zur seelsorgerlichen Begleitung des Kreuzzuges ausheben, Gregor IX. (1227-1241) beauftragte am 9.8.1238 die Bettelorden der Dominikaner und Franziskaner mit dem Hören der Beichte, der Festlegung der Bußen, der Spendung der Sakramente und Aufmunterung der Soldaten in den Feldzügen gegen Schismatiker und Häretiker.[38] Als früher Schweizer Feldprediger gilt der Berner Leutpriester Dietbold Baselwind, der 1329 in der Schlacht bei Laupen eine hervorragende Rolle spielte.[39]

---

34 Georg Pätel: Die Organisation des hessischen Heeres unter Philipp dem Großmüthigen, Berlin 1897, S. 198.
35 Friedhelm Winkelmann: Die Kirchen im Zeitalter der Kreuzzüge (11. – 13. Jahrhundert; Kirchengeschichte in Einzeldarstellungen I/10), Berlin 1998², S. 97f.
36 Gierow, S. 83.
37 Drögereit, Der Feldprediger, S. 8 unter Verweis auf E. v. Frauenholz: Das Heerwesen der germanischen Frühzeit, des Frankenreichs und des ritterlichen Zeitalters (Entwicklungsgeschichte des deutschen Heerwesens 1), 1935, S. 100, 188ff (Regel der Templer), 239, 241, 245.
38 Bachrach, S. 70f.
39 Art. Feldprediger Armeeseelsorger, in: Historisches Lexikon der Schweiz hls (Zugriff am 3.12.2020)

Nach einer verheerenden Kriegsniederlage Habsburgs gegen die Eidgenossen in der Schlacht bei Sempach 1386 führte der Theologe und Dekan der juristischen Fakultät in Wien Johannes Seffner in einem Traktat „Ain ler von dem Streitten" (um 1394) aus, dass eine Schlacht nur nach dem vorherigen Anruf Gottes „an des genaden hilff nicht loblichs wirt volpracht", siegreich entschieden werden könnte. Bei den Eidgenossen wurde die kasteiende Form des Gebets mit „zertanen" Armen auf den Knien in Anlehnung an die Passion Christi geübt, die auch liturgisch geregelt war durch fünfmaliges Beten von Vater unser und Ave Maria.[40] Dies wurde auch auf die fünf Wunden Christi gedeutet. Seit dem späten 15. Jh. war auch ein ähnlicher Ritus des Dankgebets und der Fürbitten für die Gefallenen belegt. Dabei konnte auch der zivile städtische Klerus einbezogen werden. 1504, bzw. 1505 kritisierten der Humanist Jakob Wimpfeling (1450-1528) und der aus Halle stammende Dominikaner Johannes Winckel (um † 1512) die ‚eitle‘ und ‚abergläubische‘ ‚öffentliche‘ Schlachtgebetspraxis der inzwischen vom Reich abgefallenen Eidgenossen.[41]

Die Herzöge von Braunschweig hatten nach einer Heerordnung vom 9./10.3.1431 einem Zug gegen die Hussiten 4-5 gelehrte Priester mitzugeben, die dem Volk predigen, rechtes Verhalten und rechte Auseinandersetzung um den Glauben lehren sollten. Sie verlangte auch, dass die Krieger selbst vor Antritt des Feldzuges gebeichtet, das Abendmahl empfangen haben und sich gottgefällig verhalten sollten.[42] Damit nahmen sie, wie Drögereit zu Recht betont, vorbereitende Feldzugrituale der Neuzeit vorweg.

Aber auch die geistlichen Würdenträger wie Bischöfe und Äbte hatten im heiligen römischen Reich deutscher Nation weltliche Aufgaben in ihren weltlichen Herrschaftsgebieten, warben für Feldzüge „reisige" Landsknechte an und führten z. T. „von vorn". Von Papst Julius II

---

40 Oliver Landolt: Schlachtgebete – das Beispiel der mittelalterlichen Eidgenossenschaft, in: Das Mittelalter 24 (2019), S. 303-318, 304f, 3ß8f, 311 (frdl. Hinw. v. Johannes Reller BA). Der Humanist Albrecht von Bronstetten († 1504) führte die Sitte auf die römischen Kaiser Konstantin und Theodosius (347-395) zurück (ebd., S. 312). Vgl. die Abb. im „Luzerner Schilling" in Jobst Reller, Die Anfänge, S. 19.
41 Landolt, S. 318.
42 Drögereit, Der Feldprediger, S. 8 (unter Verweis auf Frauenholz, S. 290).

(1443-1513), dem Begründer der päpstlichen Leibwache der Schweizer Garde 1506, sagte man, dass er „mit Leib und Seele Krieger war und sich in den Laufgräben vor einer belagerten Stadt wohler fühlte als vor dem Altar des Herrn."[43] Kardinal Matthäus Schiner, der Bischof von Sitten (1465-1522), ließ sich mit Schwert abbilden und griff als Heerführer in die französisch-kaiserlichen Kriege in Italien ein. Als Architekt der päpstlichen Schweizer Garde war er nach anfänglichen Erfolgen an der Niederlage bei Marignano mitschuldig.[44] Von Bischof Johannes IV. von Hildesheim (1483-1547), der 1519 in die Stiftsfehde verwickelt wurde, hieß es scherzhaft, dass „Hans Magerkohl, Kerkherre von Peine" das Schwert als seine Bibel führte.[45] Dem Chronisten der Zeit Johann Oldecop (1493-1574) gilt er immerhin als „ein from, erlich furste und gut krigesman",[46] was der militärischen Dimension des Geistlichen keinen Abbruch tut. In Zeiten der Bauernkriege waren der Abt von Schuttern bei Offenburg, der Abt zu Banz im Bambergischen, Erzbischof Matthäus Lang von Salzburg (1468-1540), die Domherren und natürlich die Deutsch-Ordensleute als geistliche Kriegsleute bekannt.[47] Vereinzelt gibt es im Spätmittelalter Nachrichten über Felddiakonie durch Laiengemeinschaften wie die Alexianer. Auf Geheiß des Frankfurter Rates zogen Alexianer mit Hans dem Scherer gegen ein Entgelt nach einer verlorenen Fehde 1437 nach Hanau, „um die Verwundeten zu pflegen und die Toten zu begraben".[48] Übernahmen vor der Reformation oft die Klöster die Pflicht, Artilleriegespanne mit Pferden zu bespannen, so ging diese Pflicht danach auf die Verwaltungseinheiten der Ämter über.[49]

---

43 Gierow, S. 83.
44 Art. Matthäus Schiner, in: Wikipedia (Zugriff am 4.12.2020).
45 Theodor Müller/ Artur Zechel: Die Geschichte der Stadt Peine. Bd.1: Von den Anfängen bis zum Ende des Dreißigjährigen Krieges, Peine 1972, S. 92, 94.
46 zit. n. Jörg Hillmann: Territorialrechtliche Auseinandersetzungen der Herzöge von Sachsen-Lauenburg vor dem Reichskammergericht im 16. Jahrhundert (Rechtshistorische Reihe 202), Frankfurt am Main 1999, S. 127 {Karl Euling (Hrsg.): Chronik des Johann Oldecop (Bibliothek des Litterarischen Vereins in Stuttgart 190, Tübingen 1891, S. 264, 391}.
47 Wilhelm Zimmermann: Geschichte des großen Bauernkrieges", 1843¹, 1856², Nachdruck Essen o. J., S. 197.
48 Gerhard Uhlhorn: Die christliche Liebesthätigkeit, Stuttgart 1895², S. 473.
49 Pätel, S. 210f.

Auch selbstverständliche Verhaltensweisen im Krieg sollen sich in der Renaissance um 1500 gewandelt haben. Ließ man nach altem Herkommen im „bona guerra" besiegte Gegner leben und sich aus der Gefangenschaft auslösen, so begannen die Schweizer mit dem „mala guerra" und vernichteten besiegte Gegner. Deutsche Landsknechte machten es in den italischen Kriegen nach. Absprachen über freien Abzug galten an sich als sakrosankt, bevor sich ein Verständnis (im Sinne Machiavellis) von der Heiligung aller Mittel zum Erreichen des Zwecks besonders durch die spanischen Truppen durchsetzte.[50]

Neben den weltlichen oder geistlichen Würdenträger, der sich seinen Hofgeistlichen mit in's Feld nahm, trat sicher auch der im Auftrag tätige militärische Feldherr, Oberst oder Hauptmann, der ggf. einen Geistlichen für den Feldzug mit anwarb, wenn er denn nach dem ihm zur Verfügung stehenden Budget dafür Geld aufwenden wollte. Wie Seelsorge über Messe und Beichte hinaus im Einzelnen aussah, darüber wissen wir wenig. Die Quellen schweigen. Gewisse öffentliche Gottesdienste auch für die gesamten Verbände, denen beizuwohnen war, Seelsorge zumindest im Sinne ritueller Begleitung Verwundeter und Sterbender dürfte es gegeben haben – Dankgottesdienste nach siegreich entschiedener Schlacht.

3. Die Reformation Martin Luthers

Da sich die evangelisch reformatorische Bewegung mit dem Wirken Martin Luthers verbindet, sei es gestattet, deren Grundzüge[51] ausführlicher zu schildern, und zwar sowohl in ihrer inner- wie außerkirchlich herrschaftskritischen als auch sich immer stärker herauskristallisierenden Herrschaft erhaltenden Dimension.

Martin Luther, Augustinereremit in Wittenberg und Professor für Bibelauslegung ebendort, lehnte sich seit 1517 öffentlich gegen die Ablasspraxis der Kirche auf und stellte damit weltliche und geistliche Autorität der Kirche und ihrer Institutionen, vor allem des Papsttums,

---

50 So E. Solger: Der Landsknechtsobrist Konrat von Bemelberg, der kleine Hess, Nördlingen 1870, S. 92f.
51 Joachim Rogge: Der junge Luther 1483-1521. Der junge Zwingli 1484-1523 (Kirchengeschichte in Einzeldarstellungen II/ 3 u. 4), Berlin 1985[2], passim.

in Frage. An die Stelle von Gehorsam gegenüber der Autorität der Kirche trat in den 95 Thesen zur Ablasspraxis 1517 individuelle Buße, zunehmend auch der individuelle Glaube. Erste Predigten in Schriftform, sogenannte Sermone, die deutschlandweit Verbreitung fanden, über die Buße, die Sakramente von Taufe und Abendmahl oder Sterbevorbereitung, richteten das Augenmerk der interessierten Öffentlichkeit auf das „Mönchlein" im fernen und abgelegenen Wittenberg. Unter Theologen wirkten vor allem die akademischen Disputationen Luthers in Heidelberg und Leipzig ab 1518. Luthers Landesfürst Friedrich der Weise von Sachsen († 1525) schützte seinen Mönch vor dem Zugriff päpstlicher Autoritäten, soweit er dies bei dem jungen Kaiser Karl V. (1500-1558) gegen politische Zusicherungen anderer Art erreichen konnte. So konnte Luther auch 1518 von einem Verhör durch den päpstlichen Gesandten Thomas de Vio, genannt Cajetan (1469-1534), in Augsburg unbeschadet nach Wittenberg zurückkehren. Als ihm der päpstliche Bann angedroht und schließlich auch die Bannbulle überreicht wurde, gab er die Hoffnung auf, bei Papst Leo X. (1475-1521, im Amt seit 1513) Verständnis für seine biblische Neudeutung kirchlichen Handelns zu finden. „Die Zeit des Schweigens war vorbei".[52] Zwischenzeitlich war ihm in seiner sog. „reformatorischen Entdeckung" klar geworden, dass schon im Römerbrief des Apostels Paulus 1,17 die Gerechtigkeit Gottes dem Glaubenden „aus Glauben in Glauben" an und um Jesu Christi willen aus Gnade verheißen war. Luther ging auf dieser Grundlage nun gezielt gegen kirchliche Missbräuche auch öffentlich vor. 1520 entstanden seine drei großen Programmschriften. In der Schrift „De captivitate Babylonica" („Von der babylonischen Gefangenschaft der Kirche") unterzog er die sakramentale Grundstruktur der spätmittelalterlichen westlichen Kirche einer Kritik auf der Grundlage seiner Bibelauslegung: Allein Taufe und Abendmahl waren Sakramente, die Beichte sakramentenähnlich. Die kirchliche Siebenzahl der Sakramente, die seit dem Scholastiker Hugo von St. Victor (1097-1141) üblich war, war desavouiert. In der Schrift „An den christlichen Adel deutscher Nation von des christlichen Standes Besserung" forderte er die weltlichen Herren auf, zur Reform der Kirche nach der Schrift zu schreiten und

---

52 Heiko Augustinus Obermann: Luther Mensch zwischen Gott und Teufel, Berlin 1983[2], S. 25, 50ff.

nicht auf einen Reformimpuls aus der Kirche zu warten. In der Schrift „Von der Freiheit eines Christenmenschen" bezog er dialektisch die vollkommene Freiheit durch Christus und die Verpflichtung zur Nächstenliebe gleichsam als dessen Knecht und Diener auf einander und entfaltete von der Rechtfertigung allein aus Gnade um Jesu Christi willen ohne des Gesetzes Werke als mystischer Grundlage einen Ansatzpunkt individueller christlicher Ethik. Als Luther, nach dem päpstlichen Bann auch mit der weltlichen Acht belegt, doch unbeschadet vom Reichstag aus Worms zurückkehren konnte und nach einer Schutzhaft auf der Wartburg bei Eisenach ab Frühjahr 1522 wieder von Wittenberg aus öffentlich wirken konnte, brach sich eine Fülle kirchenkritischer Bewegungen Bahn. Man hat in der kirchengeschichtlichen Forschung vom „Wildwuchs der Reformation"[53] gesprochen. Handwerker wie Nikolaus Storch (um 1500-1536) zogen die Kindertaufe mit Hinweis auf das Neue Testament in Zweifel. Die weit verbreitete spätmittelalterliche Praxis der Bilderverehrung ließ sich nicht unmittelbar biblisch begründen. Entsprechend kam es nicht nur in Wittenberg zu Bilderstürmen oder auch zu Liturgiereformen, zu Gottesdienst in der Volkssprache oder Abtun der liturgischen Gewänder. Bevor sich mit den landesherrlichen Kirchenvisitationen ab 1526 neue Autoritäten für eine Neuordnung der Kirche in protestantischen Territorien herausschälen sollten, die neue Formen und Inhalte auch durchsetzen konnten, war die Gestaltung der christlichen Religion im heiligen römischen Reich deutscher Nation faktisch in freiem Fluss.

4.   Ziel und Methode der Studie

Eben in dieser Zeit sollte es in den Bauernkriegen 1524/5 zu charismatischen, aber auch zu institutionellen Gestaltungen evangelischer Militärseelsorge kommen. Die charismatische Gestalt entwickelte sich, als Ortsgeistliche oder auch Feldprediger kriegerische Bauernhaufen begleiteten. Evangelische Predigt und christliche Freiheit konnten in spezifischer Interpretation auch eine soziale Revolution begründen.

---

53 Johannes Wallmann: Kirchengeschichte Deutschlands seit der Reformation (UTB 1355), Tübingen 2000⁵, S. 35.

Ein radikaler evangelischer charismatischer Feldprediger war Thomas Müntzer (1489-1525). Auch die Ereignisse um das sog. „Reich Gottes zu Münster" 1535 sind hier zu verorten. Aber auch erste institutionalisierte Militärseelsorge begegnet in den Bauernkriegen in den Feldpredigern auf Seiten der evangelisch optierenden Fürsten, aber auch im Wirken des Zürcher Reformators Ulrich oder Huldreich Zwingli († 1531) und seinem Weg vom altgläubigen Feldpriester zum evangelischen Feldprediger eidgenössischer Freiheit. Aber auch der Typus eines mittelalterlichen Angehörigen eines Ritterordens und „Defensor fidei" und seines Weges zum evangelischen Fürsten wird am Beispiel Herzog Albrechts von Preußen skizziert. Diese Verhältnisse sind in Kapitel I zu schildern.

Kapitel II schildert einen anderen Ansatz evangelischer Militärseelsorge, den der medialen Belehrung von Soldaten im evangelischen Sinn durch Schriften, wie sie etwa Luther 1526 auf Bitten des Führers der sächsischen Reiterei Assa von Cramm (um 1490-1528) in der Schrift „Ob Kriegsleute in seligem Stande sein können" entfaltete. Über Information und Belehrung hinaus fanden sich hier spirituelle Impulse für die religiöse Praxis. Assa von Cramms grundsätzliche Zweifel an der Vereinbarkeit von Soldatsein und evangelischem Christsein sind nach der Erfahrung von Schlächtereien im Bauernkrieg nur zu begreiflich.

Kapitel III schildert die erste im größeren Maßstab nachweisbare institutionelle evangelische Militärseelsorge im 1527 unter Gustav Vasa evangelisch werdenden Königreich Schweden. Ausgehend vom Grundgedanken eines evangelischen Hauses, dessen Glauben und Gottesfurcht entscheidend ist für Segen und Wohlfahrt des Landes, ist erstmals 1535 institutionelle evangelische Marineseelsorge auf einem Schiff nachweisbar. In den folgenden Jahrzehnten lassen die Quellen Entsprechendes beim Heer erkennen. Aber auch im schmalkaldischen Bund und im gleichnamigen Krieg im Heiligen Römischen Reich Deutscher Nation finden sich institutionell eingebundene evangelische Militärseelsorger. Vier Soldaten werden vorgestellt in ihrem Taktieren hin zu evangelischer Parteinahme oder auch bleibender kritischer Distanz – in Zeiten vor dem Augsburger Religionsfrieden, in denen eine evangelische Option reichsrechtlich nicht gesichert war.

Kapitel IV nimmt den lutherischen Gedanken einer ethisch-theologischen unmittelbaren Fortbildung evangelischer Soldaten anhand eines mehrfach aufgelegten Handbuchs für christliche Soldaten auf und skizziert Recht und Praxis der Militärseelsorge im kaiserlichen Kriegsrecht.

Kapitel V widmet sich der im Kampf der französischen Hugenotten, aber auch im holländischen Befreiungskampf gegen die habsburgische Monarchie etablierten evangelischen Militärseelsorge, die in vielerlei Hinsicht zunächst charismatische Züge trägt, dann aber auch institutionelle Formen evangelisch reformierter Kirche findet. Es ist bekannt, dass Moritz von Oranien (1567-1625) als Wahlkönig der holländischen Stände zumindest zu Teilen seine Armee umfassend reformierte, nicht nur in taktischer Hinsicht. Das Kapitel führt in die Anfänge des später sog. Dreißigjährigen Krieges.

Kapitel VI gilt der institutionellen Ordnung evangelischer Militärseelsorge in der schwedischen Armee, wie sie Gustaf Adolf 1619 in seinen Kriegsartikeln vornahm. Diese Ordnung ist nachweislich in Dänemark, England und Schottland und Brandenburg-Preußen mit Nuancierungen übernommen worden. Die Fragen des Verhältnisses von ziviler und militärischer Kirche werden geordnet, ebenso die Rolle der militärischen Befehlshaber im Blick auf die Kirche geklärt. Selbstständige konsistoriale Elemente der Militärseelsorge stehen neben einer Zuordnung zur durch den zivilen Bischof geleiteten Kirche. In Schlaglichtern werden Recht und Praxis evangelischer Militärseelsorge in Heeren in und nach dem Dreißigjährigen Krieg skizziert.

I. Charismatische und institutionelle Aspekte einer evangelischen Militärseelsorge

1. In den Bauernkriegen

Wilhelm Zimmermann hat in seiner klassischen Darstellung „Geschichte des großen Bauernkrieges", erstmals erschienen 1843 und in einer zweiten Auflage letzter Hand 1856,[54] die Bauernkriege im heiligen römischen Reich deutscher Nation als Muster einer Volkserhebung[55] zur ethischen und sozialen Besserung eines einigen Deutschland gesehen und damit seinem eigenen Jahrhundert einen Spiegel vorgehalten, das sich eben diesen Aufgaben gestellt sah. Insofern ist seine Darstellung sicher zeitgebunden, aber dennoch lässt sie viele Aspekte der Bewegung der Bauern erkennen und eben auch Strukturen einer Initiierung oder Begleitung von Bauern auf Kriegszügen durch Predigt und Seelsorge.

Auch die Studie von Justus Maurer über „Prediger im Bauernkrieg" (1979) ist auf ihre Weise zeitgebunden, insofern als sie in den Jahren nach der Studentenrevolte 1968 fragt, ob Macht gewaltfrei reformierbar ist oder nur durch Umsturz und Revolution Freiheit erlangt werden kann und diese Frage am Bauernkrieg exerziert. Maurer trägt nach Gebieten geordnet die Lebensläufe von 211 Predigern zusammen.[56] Hauptmotor ist auch nach dieser Studie im Bauernkrieg die reformatorische Verkündigung des Wortes Gottes. Artikel 5 der 14 von Georg Muntpach an der Tür der Ellwanger Pfarrkirche angeschlagenen Artikel besagte, dass einzig die Schrift Quelle des Wortes Gottes sei. Der Beispiele sind viele.[57]

---

54 Nach Urkunden und Augenzeugenberichten, hier benutzt in der aktualisierten Neuausgabe von Hermann Bohl, Essen o. J.
55 Zimmermann, S. 426, 430, 456, 458, 480, 486ff, 527, 530.
56 Justus Maurer: Prediger im Bauernkrieg (Calwer Theologische Monographien 5), Stuttgart 1979, S. I, 328-548 (Predigerbiographien).
57 Maurer, Prediger, S. 24, 11-16, 23-31, 33-36, 178-185.

Rechte und Freiheiten der Bauern waren in den einzelnen Territorien des Reiches höchst unterschiedlich geregelt. Nach Zimmermann[58] versuchten Ende des 15. Jahrhunderts Grundherren vor allem im süddeutschen Raum, angestammte Freiheiten und Rechte von Bauern zu ignorieren, bzw. nur noch anzuerkennen, wenn entsprechende Urkunden vorgelegt werden konnten. Andernfalls wurden Bauern zusätzliche Pflichten und Abgaben auferlegt, bzw. diese auch wie Leibeigene behandelt. Gerade da, wo man sich angestammter Freiheiten erinnerte, sie aber nicht belegen konnte, wuchs Unmut vor allem auch gegenüber geistlichen Grundherren.[59] In Bewegungen wie dem „Bundschuh" im Elsaß, im Bruchrain zu Untergrumbach, zu Lehen oder des „Armen Konrad" oder „Koontz" in der Ortenau hatte sich dieser Unmut erfolglos Luft gemacht. Gerade geistliche Grundherren waren an dieser Einschränkung der Freiheiten aus ökonomischen Gewinngründen beteiligt. Vor allem Landgeistliche konnten in die Klemme zwischen übergeordneten „wohllebenden" Stellen und den keine weiteren Abgaben leisten könnenden Pfarrkindern vor Ort kommen, manche traten allein aus diesen Gründen auf die Seite der Bauern.[60]

Das Auftreten Martin Luthers, seine Rede vom Evangelium von Jesus Christus und der von diesem begründeten Freiheit des Glaubens, musste in Kreisen der Bauern in Thüringen und in Süddeutschland unmittelbar Gehör finden – vor allem als es Martin Luther offenbar gelang, sich unter dem Schutz seines Landesfürsten kirchlicher und weltlicher Strafe zu entziehen. Evangelisch[61] und frei[62] wurden geradezu zu Kampfparolen des eigenen Selbstverständnisses. Vereinfacht dürfte folgende Botschaft weithin gehört worden sein: Gottes Wort[63] in der Bibel war allen im Laufe mittelalterlicher Geschichte aufgekommenen Lehren als erdichteten Menschensatzungen vor zu ord-

---

58 Ebd., S. 20-70.
59 Zimmermann, S. 20, 22, 28f, 240, 339f, 365ff, 372.
60 Zimmermann, S. 196f.
61 Zimmermann, S. 17, 52, 124, 127, 129, 150, 153, 158f, 160, 164, 175f, 179, 186, 190f, 195ff, 199, 205, 214, 217, 229, 232ff, 267, 270, passim.
62 Zimmermann, S. 37, 61, 80f, 84, 87, 90f, 95, 100, 104f, passim.
63 S. 36f, 39, 78, 86f, 97f, 106, 113, 208, 319f, 327, 329, 333, 344, 347f, 363, 373f, 375, 385, 389, 393f, 402, 405, 426, 428, 451, 456, 479, 486, 501, 514, 516.

nen. Im Evangelium von Jesus Christus war die Freiheit jedes Christen begründet. Seine Verkündigung verpflichtete jeden Christen, das Reich Gottes[64] und seine Gerechtigkeit[65] auf zu richten, die unrechtmäßige Abgaben und Dienstbarkeiten ausschloss und eine Gesellschaft von Gleichen[66] unter dem Kaiser begründete. Entsprechend verstanden sich die Bauern als Teil einer christlichen Bruderschaft,[67] die das Recht hatte, wenn die Aufrichtung dieser neuen Gesellschaft abgelehnt wurde, mit Waffengewalt[68] eben für dieselbe einzustehen, Klöster, Burgen und Schlösser als Orte der Unterdrückung zu schleifen. Selbstverständlich ist hier ein idealtypisches Muster evangelischer Verkündigung unter den Bauern rekonstruiert, das in der Praxis differenziert wahrzunehmen war. Die Verkündigung konnte Kreuzzugsmotive[69] anspielen, vom heiligen Krieg[70] sprechen. Von altgläubiger Seite wurde evangelischen Predigern unmittelbar vorgeworfen, dass sie „den Bauern den Weg zu Morden, Schlachten, Rauben und anderer unchristlicher Handlung" öffneten. Auch wenn man wie Luther bestimmte Forderungen der Bauern zumindest nicht verwarf wie die Wahl eines evangelischen Predigers, wurde doch schon 1524 im „Jahr der Flut" (Urbanus Rhegius) deutlich gemacht, dass das Evangelium keine Aufrührer mache, sondern im Reich Gottes vollkommene Gottes Menschen, barmherzig, mitleidig, freundlich, dienstbar und gehorsam gebildet werden sollten. So wurde jedenfalls im Streitgespräch zwischen Michael Keller und Domprediger Matthias Kretz in Augsburg argumentiert.[71] Ähnlich argumentierte Matthäus Alber (1495-

---

64 Zimmermann, S. 382f, 390, 421.

65 Zimmermann, S. 34, 36f, 40, 78, 84f, 102, 145, 160f, 240, 301f, 338, 352, 400, 419, 426, 452.

66 Zimmermann, S. 193, 197, 241, 251, 254, 381, 407, 421f, 512.

67 Zimmermann, S. 241, 244f, 264, 268, 273, 277, 282, 310f, 315, 334f, 346f, 349, 352, 355, 358, 363, 372f, 380, 383, 405, 407, 411, 415, 434, 463, 499, 501 passim.

68 Zimmermann, S. 88, 91, 105, 419, 448, 518.

69 Zimmermann, S. 377, 391, 399 („Deus le volt").

70 Zimmermann, S. 344, 391, 420, 427, 449, 512.

71 Gerhard Uhlhorn: Urbanus Rhegius. Leben und ausgewählte Schriften (Leben und ausgewählte Schriften der Väter und Begründer der lutherischen Kirche VII), Elberfeld 1861, S. 64f, 77.

1570) in Schwaben im April 1525, indem er die Bauern scharf kritisierte, christliche Freiheit nur vorzuschützen.[72]

Zimmermann selbst unterscheidet zwischen evangelischen Predigern, die vor Ort Pfarr- oder Predigtstellen innehatten, und evangelischen oder auch wiedertäuferischen Prädikanten als Volksrednern, die auf Märkten und an anderen Orten für die vermeintliche Sache des Evangeliums warben.[73] Gerade letztere, oft aus dem Handwerkerstand stammend, hätten in schlichter Begeisterung göttliche Gerechtigkeit, wie oben idealtypisch skizziert, „handhaben" zu können gemeint und gepredigt. Die Forderung danach, evangelische Prediger selbst wählen zu dürfen, war entsprechend konsequent.[74] Luther äußerte sich zunächst zu dieser Forderung in den Artikeln des schwäbischen Bundes durchaus wohlwollend. Wenn Prediger auf die Seite der Bauern traten, zeigten sie das oft an der Haartracht. „Gepüffte und kraus gemachte" Haare wichen dem schlichten bäurischen Rundschnitt.[75]

Zimmermann macht Ortsgeistliche namhaft, die die Bauern in ihren Orten durch ihre evangelische Predigt zur Volkserhebung gebracht oder sie auch unterstützt haben, auch wenn sie selbst Gewalt ablehnten und jeden Gedanken an eine selbstständige Aufrichtung des Reiches Gottes von sich wiesen:

-   Augustinereremit Dr. Johann Mantel (1470-1550/53) in Stuttgart verwies in seiner Predigt auf das alttestamentliche Gesetz vom Jubeljahr, Pfarrer Nikolaus Schweickart in Memmingen, Pfarrer Otto Braunfels (1488-1534) in Straßburg, Dr. Urbanus Rhegius (1489-1541) und Pfarrer Jakob Strauß (1480-ca. 1530) in Berchtholdsgaden in Tirol, Dr. Johannes Deuschlin (1483-1525) in Rothenburg ob der Tauber, Dr. Leonhard Beys († 1525) in Lauda, Konrad Saam (1483-1533) in Ulm predigten gegen Theorie und Praxis des Zehnten ihrer geistlichen Fürsten und Her-

---

72 Julius von Hartmann: Matthäus Alber, der Reformator der Reichsstadt Reutlingen. Ein Beitrag zur schwäbischen und zur deutschen Reformationsgeschichte Tübingen 1863, S. 64.
73 Zimmermann, S. 197f, 502, 529.
74 Zimmermann, S. 102, 175, 178, 182, 191f, 193ff, 197, 203, 206, 214, 291, 294, 300, 319, 329, 363.
75 Zimmermann, S. 197.

ren.[76] Dr. Erhard Schnepf (1495-1558) erhielt in Wimpfen den Ruf der Bauern, sie als Feldprediger zu begleiten, lehnte jedoch ab.

Desgleichen nennt Zimmermann Feldprediger, die die Bauernhaufen begleiteten, berieten oder sogar anführten:

- Bei dem Übertritt des Allgäuer Haufens zu den Hegauern am 24.2.1525 trat in Wehr und Harnisch als Führer der Vikar von Oberndorf Andreas Stromayr aus Kempten neben weiteren Priestern auf.[77]

- Beim oberallgäuischen Haufen fanden sich im Februar 1525 als Gleichgesinnte, Feldprediger, Kanzler, Räte oder auch Hauptleute Matthias Röt, Vikar zu Meinholz, Christian Wanner, Pfarrer zu Haldenwang, Hans Höring, Vikar zu Logau, Walther Schwarz, Vikar zu Marienzell, Mang Batzer von Wilholdsried, Vikar zu Buchenberg, Hans Hafenmayr, der erste Helfer zu Obergünzburg, Hans Unsynn, der Vikar zu Oberthingau, Veit Riedle, der zweite Helfer zu Obergünzburg.[78] Stromayr, Batzer, Wanner und Schwarz hielten sich nach der Niederlage 1525 bei Königshofen als Flüchtlinge in Trogen in Appenzell bei St. Gallen auf, während ihre Frauen in der Heimat geblieben waren. Durch „Pfaff" André nahm der Tiroler Michael Gaißmayer, auch Gaismair (1490-1532), Kontakt zu den Flüchtlingen auf.[79] Gaismair war als ehemaliger Schreiber des Landeshauptmanns und Sekretär des Bischofs von Brixen, nach der Niederlage dem Gefängnis in Innsbruck entkommen. Im Exil in den Drei Bünden schrieb er eine Landesordnung für einen Gottesstaat der Bauern und Bergarbeiter in den Alpen, inspiriert von Zwingli. Gaismair verlor 1526 die Schlacht bei Bruneck und musste in venetianisches Gebiet ausweichen, wo er 1532 habsburgischen Mördern erlag. Es wäre in-

---

76 Zimmermann, S. 197.
77 Zimmermann, S. 152.
78 Zimmermann, S. 152.
79 Zimmermann, S. 511, 513.

teressant zu sehen, inwieweit er als militärischer Führer im Sinne seiner reformatorischen Überzeugung auch predigte.[80]

Schertlin von Burtenbach (1496-1577), der als Wachtmeister eines Fußknechtshaufens bei Königshofen dabei war, rechnete mit 9000 erschlagenen und 200 gefangenen Bauern, insgesamt für den Bauernkrieg mit 150.000 Opfern unter den Bauern: „Am dritten Tag nach dieser Schlacht (und Niederlage der Bauern) zu Königshofen haben wir uns zwei Meilen davon bei einem Dorf und Schloss, Engelstadt genannt, gegen 4000 Bauern geschlagen, von denen sind 400 in das verbrannte Schloss geflohen, die haben sich hart gewehrt, welches wir gestürmt, im anderen Anlauf gewonnen, fast alle erstochen und in einer Kirche nicht weit davon bis an die 200 Bauern verbrannt haben". Selbst mit einem Stein vom Schloss geworfen am Kopf hart verwundet, blickt keinerlei Mitleid oder Gnade aus den Zeilen des Landsknechtsführers.[81]

- Im Unterallgäuer Haufen in Wurzach Hauptmann Florian Greisel (um 1490-1525), „Pfaff Florian" genannt, Pfarrer von Aichstetten, Lehensmann des Truchseß Georg von Waldburg.[82] Greisel führte diesen Haufen dem obersten Hauptmann der Bauern Walther Bach zum Angriff auf Füssen vor Palmsonntag 1525 zu,[83] zog dann weiter ins Oberallgäu.[84]

- Im Leipheimer Haufen um Ulm an der Spitze Meister Hans Jakob Wehe, Prediger zu Leipheim, Jakob Finsternauer, Pfarrer zu Langenau, und der Pfarrer von Günzburg, anfänglich vor 1525 Wehes Feind. Wehe predigte als einer der ersten mit großem Zulauf die neue evangelische Lehre und versuchte, die christliche

80 Reinhard Baumann: Die deutschen Condottieri und die Reformation. Neue Unabhängigkeit oder neue Abhängigkeiten? In: Dörfler-Dierken, Reformation und Militär, S. 103-114, 112.

81 Leben und Thaten des weiland wohledlen und gestrengen Herrn Sebastian Schertlin von Burtenbach, durch ihn selbst deutsch beschrieben. Nach der eigenen Handschrift des Ritters urkundlichtreu herausgegeben v. Otmar F. H. Schönhuth, Münster 1858, S. 4f (Zit. übertr. v. Vf).

82 Zimmermann, S. 155.

83 Zimmermann, S. 186.

84 Zimmermann, S. 189.

Freiheit auch im bürgerlichen Leben geltend zu machen. Am Fronleichnamstag 1524 verkündete er, keine Messe mehr lesen, lieber so viele Menschen umbringen zu wollen, wie er Messen gelesen habe. Seine Gemeinde sang ihm nach der Predigt ein Tedeum. Sein Verwandter, der sich durch Verurteilung des Soldatenberufs noch hervortuende Reformator Johann oder Hans Eberlin von Günzburg (1470-1533), forderte ihn in einer Schrift „Wie sich ein Diener Gottes Worts in all seinem Tun halten soll" (Wittenberg 1524) auf, trotz Anfeindungen das Wort der Wahrheit weiter beständig zu predigen. Wehe galt nun als Aufrührer, u. a. durch eine „Schrift an die Bauern".[85] Am 1.4.1525 erhob sich der Leipheimer Haufen, raubte Schloss Bühl aus und zerstörte es. Wehe führte den Haufen dann auf Weißenborn,[86] gewann durch List Günzburg, von wo er zusammen mit dem Pfarrer von Günzburg mit dem Heer des Schwäbischen Bundes unter dem Truchseß in Ulm schriftlich Kontakt aufnahm und um Verhandlungen über Frieden und das gemeine Beste nachsuchte.[87] Gegen den Truchseß fechtend gelang ein Teilrückzug nach Leipheim. Wehe selbst soll vom Turm auf die Bundesarmee geschossen haben, entschloss sich aber angesichts des Kapitulationsangebots der Leipheimer an den Truchseß zur Flucht. Der Pfarrer von Günzburg und Wehe wurden gefangen und vor den Truchseß gebracht. Am 5.4.1525 wurden beide vom Kriegsrat zum Tode verurteilt, Wehe am Abend auf einem Acker zwischen Leipheim und Bubenheim hingerichtet. Wehe habe zuvor betont, Gottes Wort recht gepredigt zu haben und nicht Aufruhr. Er lehnte die Beichte nach altem Ritus aber ab, tröstete die Mitverurteilten, betete und starb wie der Erzmärtyrer Stephanus.[88]

- Folgende Pfarrer dienten mit Schwert und Harnisch als Hauptleute der Bauern:[89] Im Eichstättischen Dolling, Mägerlin und Sturmer; Berchthold Scholl zu Niederzenn in der Herrschaft de-

---

85 Zimmermann, S. 156 unter Verweis auf die Weißenborner Chronik von Kaplan Niklas Thoman, Holzwarts Chronik des Bauernkriegs.
86 Zimmermann, S. 178.
87 Zimmermann, S. 181.
88 Zimmermann, S. 182f.
89 Zimmermann, S. 197.

rer von Seckendorf-Aberda nahe Ansbach; Andreas Bartholmä, der Kaplan zu Blaufelden; die Pfarrer zu Dachsbach bei Crailsheim und Roßfeld; die aus Nürnberg stammenden Pfarrer Nagel und Simon Plank im Amt Stauff bei Ansbach; Pfarrer Thoma im Spital zu Uffenheim; die Pfarrer zu Hohlfeld, im Tennlein bei Feuchtwangen und der Leutpriester von Schwäbisch-Hall; Kaplan Jobst Hoffmann in Ebersberg; Pfarrer Wolfgang Kirchenbeißer zu Frickenhofen bei Gaildorf; Leutpriester Anton Eisenhut aus Eppingen im Kraichgau aus altadligem schwäbischen Geschlecht.

Zimmermann macht auch Volksprediger, predigende Bergknappen, Tuchmacher und Bader namhaft:

- im Württembergischen der durch Huttens Flugschriften bekannt gewordenen „Karsthans", der ehemalige, aus Eschenbronnen bei Günzburg gebürtige Pfarrer Diepold Peringer, der nach dem Ort seiner Bauernwerdung in Nürnberg sich der „Bauer von Wöhrd" nannte und in Franken um Nürnberg wirkte; im Eichstättischen die Tuchknappen des Meisters Henle und in Pfalz-Neuburg Zacharias Krell. Simon Lochmeier zu Raunau im bayrischen Landgericht Krumbach predigte von seinem Wagen aus von einer allgemeinen Freiheit, die nur den Kaiser als Oberherren bestehen ließ, und das Recht gab, alle Herren des Schwäbischen Bundes tot zu schlagen. Lochmeier brachte den Winzerer Haufen zusammen. Krell, eigentlich Rechtsanwalt aus München, vermittelte die Kontakte zwischen Bayern, Pfalz-Neuburg, Eichstätt, den Bauernhaufen um Ulm unter Wehe. Erzählt wurde, wie Krell durch ein Husarenstück sich am 21.3.1525 im Bergschloss Wellheim aus unmittelbarer Berufung durch Gott heraus von einem Turm aus eine bäurische Gefolgschaft schaffte, „um das Evangelium zu verfechten". Allerdings kostete dieser Auftritt Krell auch das Leben.[90]

Eine Sonderrolle spielen eigentliche Charismatiker oder Propheten[91] wie Thomas Müntzer. Seine Predigt spiegelt durchaus das oben wie-

---

90 Zimmermann, S 198f.
91 Zimmermann, S. 381ff, 383, 418, 448, 451,493.

dergegebene Verkündigungsschema wieder, aber nuanciert und verschärft es zugleich.

In seiner Predigt über Daniel 2 am 13.7.1524 auf dem Allstedter Schloss versuchte er, Herzog Johann den Beständigen (1468-1532) und Johann Friedrich (1503-1554) sowie die kursächsische Regierung für die Teilnahme an Gottes Gericht gegen die gottlosen Geistlichen, Gelehrten und Obrigkeiten zu gewinnen. Als Luther widersprach, und die kursächsische Regierung sich dem anschloss, gründete Müntzer einen Verteidigungsbund, dem Müntzers Frau wie auch andere Frauen bewaffnet angehörten.[92] Auffällig ist die starke alttestamentliche Prononcierung seiner Predigt.[93] Von ihm ist belegt, dass er als Prediger 1524 aus Allstedt ausgewiesen wurde und in Harnisch, Eisenhut, mit Krebs und Hellebarde von dort am 15.8.1524 nach Mühlhausen übersiedelte.[94] Müntzer war also konsequent darin, dass er auch selbst Waffen ergriff – ob nur zu seinem Schutz oder zum Kampf sei dahin gestellt. In Mühlhausen forderte er, den gemeinen Mann auf, nun das Gericht Gottes an den Gottlosen zu vollziehen und gemeinsam mit dem ehemaligen Zisterziensermönch Heinrich Pfeiffer ein „ewiges, gottgewolles Regime"[95] zu errichten. Müntzer selbst ersann die Fahne des ewigen Gottesbundes mit einem Regenbogen auf weißem Grund, begleitet von einem Bibelwort: „Verbum Dei manet in aeternum". Im Namen des Evangeliums erstand der sich auf Gott berufende mittelalterliche „Defensor fidei" als Geistlicher wieder auf.

Vor der Schlacht hielt Landgraf Philipp von Hessen (1504-1567) selbst eine Predigt an seine Landsknechte, in der er auf den nach Röm 13 der Obrigkeit gebührenden Gehorsam hinwies. Nach der Schlacht bei Frankenhausen sollen die Frauen der Stadt, um ihre überlebenden Männer los zu bitten, einen alten Priester auf Anweisung

92 Siegfried Bräuer/ Hans-Jürgen Görtz: Thomas Müntzer, in: Gestalten der Kirchengeschichte 5. Reformationszeit I, hrsg. v. Martin Greschat, Stuttgart/ Köln/ Mainz 1984, S. 335-352, 341f.
93 Zimmermann, S. 197, 329, 372, 429, 519
94 Zimmermann, S. 106.
95 Kaufmann, Geschichte der Reformation, S. 496.

von Reisigen, mit Knüppeln tot geschlagen haben.[96] Es kann sich nur um einen der die Bauern begleitenden Feldprediger gehandelt haben.

Landgraf Philipps Feldprediger auf dem Weg in die Schlacht nach Frankenhausen ist namentlich bekannt, und damit einer der ersten Vertreter einer institutionellen evangelischen Militärseelsorge auf Seiten der herrschenden Mächte: Adam Krafft (1493-1558), geb. in Fulda, predigte evangelisch in Hersfeld, warnte aber vor dem Aufstand. In der Verhandlung über Müntzer scheint Krafft neben Philipp von Hessen und Herzog Heinrich dem Jüngeren (1481-1568) von Braunschweig-Wolfenbüttel anwesend gewesen zu sein. Müntzer forderte die Fürsten auf, den kleinen Mann nicht mehr zu bedrängen und die Bücher Samuels und der Könige zu beachten.[97] Später wurde Krafft 1525/6 Hofprediger bei Philipp.[98]

Thomas Kaufmann urteilt:[99] „Die Ritterschaftsbewegung der Jahre 1522/23 und der Bauernkrieg (1524/25) stellen [...] soziale und politische Aneignungsprozesse reformatorischer Vorstellungen dar, die historisch gescheitert sind [...] Das göttliche Recht des Evangeliums schuf eine Resonanz und Legitimationsbasis der religiösen, ökonomischen und politischen Forderungen der Bauern, die ihre Solidarisierung über die Grenzen der eigenen Herrschaft ermöglichte."

Etwa zur gleichen Zeit wird in der ersten, wohl 1524 (nach Drögereit 1526) entstandenen deutschen Kriegsordnung ein Feldkaplan als Vertreter institutionalisierter Militärseelsorge genannt.[100] Bereits 1522 hatte eine kaiserliche Verordnung gefordert, dass Kapläne bei Predig-

---

96 Christoph von Rommel: Philipp der Großmüthige, Landgraf von Hessen. Ein Beitrag zur genaueren Kunde der Reformation und des sechzehnten Jahrhunderts. Nebst einem Urkundenbande, Bd. 3, Gießen 1830, Bd. 1, S. 118, 121. Vgl. ebd., S. 110f.
97 Von Rommel, Philipp der Großmüthige, Bd. 1, S. 125f.
98 Anna Lena Wandel: Art. Adam Krafft, in: Kaspar Gubler/ Ursula Bütschli/ Rainer Christoph Schwinges. (Hrsgg.): Gelehrte Lebenswelten im 15. und 16. Jahrhundert (Repertorium Academicum Germanicum – Forschungen 2), Zürich 2018, S. 166. Vgl. H. Steitz: Art. Krafft, Adam, in: Die Religion in Geschichte und Gegenwart IV (1960)³, Sp. 29. Vgl. Oskar Hütteroth: Die althessischen Pfarrer der Reformationszeit (Veröffentlichungen der Histor. Kommission für Hessen 22), I. Hälfte, Marburg/ Kassel 1953, S. 185.
99 Geschichte der Reformation, S. 482, 490.
100 Schneider, S. 1.

ten alles nationale oder konfessionelle Dispute Weckende unterlie-
ßen.[101]

Johann Kaspar Adler, latinisiert Caspar Aquila (1488-1560), wirkte
nach seinem Studium in Leipzig und Wittenberg von 1513 bis 1516
als Feldpriester Franz von Sickingens (1481-1523).[102] Vor 1520 soll er
in Jengen im Bistum Augsburg evangelisch gepredigt haben. Nach
einem halben Jahr Haft in Dillingen erwarb er in Wittenberg 1521 den
Grad eines Magisters. Später war er auf der Ebernburg, in Wittenberg
und schließlich ab 1527 als Superintendent in Saalfeld an der Saale
tätig. 1547 soll er in Rudolstadt dem Herzog von Alba (1507-1582)
nach der Schlacht bei Mühlberg begegnet sein. Friedrich Schiller
wusste noch zu berichten, dass Aquila in seiner Jugend wegen der
Weigerung, eine Kanonenkugel zu taufen, von den kaiserlichen Soldaten auf einem Feldzug in den Niederlanden zur Vergeltung mit einem
Feuermörser in die Luft geschossen werden sollte, und nur überlebte,
weil das Pulver nicht zündete.[103] Sickingens Landsknechte sahen in
ihrem Herrn den großen Heilsbringer, verstanden sich als Kriegsleute
Gottes gegen die Feinde des Evangeliums und trugen darum gut humanistisch das hebräische Gottestetragramm auf ihrem Wams.[104]

Der spätere, reformatorisch gesinnte schwedische König Gustav Vasa
(1486-1560) brachte möglicherweise in seinem aus Dalarna kommenden Bauernheer zum Kampf gegen die dänische Vorherrschaft bereits einen Hof- und Feldprediger Edvard oder Edzard mit. In einem

---

101 Funke, S. 45. Die Ordnung wurde etwa für den türkischen Kriegszug Karls V.
1541, aber auch vom Reichstag von Speyer 1542 oder auch 1544 wiederholt.
Landgraf Philipp von Leuchtenburg erhielt nach dem 1.7.1529 als Hauptmann über
400 Reiter Doppelsolde für 1 Kaplan, Wundarzt, Schreiber, Furierer, 4 Trompeter
und 4 Schmiede (Preuß, Söldnerführer, S. 410).
102 Nach Thomas Kaufmann: Geschichte der Reformation, Frankfurt am Main/
Leipzig 2009, S. 484, hatte v. Sickingen auch Kontakt zu Johannes Oekolampad,
Martin Bucer, Johannes Schwebel (1490-1540) und Otto Brunfels. Kämpferisch
antiklerikal zugespitzte evangelische Überzeugungen ließen v. Sickingen auf der
Ebernburg, der „Burg der Gerechtigkeit" (Hutten), früh evangelische Gottesdienste
mit Abendmahlsfeier unter beiderlei Gestalt feiern.
103 Art. Caspar Aquila, in: Wikipedia (Zugriff am 31.1.2019) Vgl. Cyriacus
Spangenberg: Adelsspiegel I Bd. 13, 1791, S. 445, bzw. J. Soeffing: Res in Ecclesia et
Politica Christiana gestae ab anno 1500 ad an. 1600, Rudolstadt 1676, passim).
104 Baumann, Die deutschen Condottieri, S. 111.

Brief an das Domkapitel in Västerås vom 3.11.1522 ist dieser jeden-falls erwähnt.[105] Hier zeigt sich die schillernde Gestalt des Amtes des evangelischen Militärseelsorgers, das auf Seiten Aufständischer cha-rismatisch wirken, und dessen Amt doch im Fall des Sieges schnell institutionalisiert werden konnte. Auch im großen Söldneraufgebot in der Hildesheimer Stiftsfehde 1519, die in der Schlacht bei Soltau am 28.6. gipfeln sollte, war auf braunschweig-lüneburgischer Seite ein Feldkaplan dabei.[106] 1522 erscheint in den Nachwehen der Fehde vor Hildesheim ebenfalls ein Feldkaplan.[107]

2. Huldreich Zwingli: Vom Feldpriester zum Reformator und Feldprediger

In gewisser Hinsicht fügt sich Ulrich oder Huldreich Zwingli (1484-1531), der Reformator Zürichs, in dieses Bild ein, in dem er gut mit-telalterlich als „defensor fidei" den Einsatz militärischer Gewalt um der Wahrheit des Evangeliums willen nicht ausschloss, ja sogar in der Schlacht bei Kappel kämpfend fiel.[108] Andererseits nimmt er insofern eine Sonderrolle ein, als er auch vorreformatorisch schon als or-dentlich bestallter Feldpriester tätig war und insofern wie auch später als reformatorischer Feldprediger institutionalisierte Militärseelsorge vertrat.

Als Pfarrer in Glarus (1506-1516) begleitete Zwingli zweimal die jun-ge Soldatenmannschaft aus Glarus als Feldpriester, einmal zur Schlacht bei Novara 1513 und dann zur Niederlage bei Marignano 1515 – einer Schlacht, in der auf der gegnerischen, französischen Sei-

---

105 Gierow, S. 99f.
106 Drögereit, Der Feldprediger, S. 14 unter Verweis auf Calenberg Brief Archiv 16 B 3 Nr. 2.
107 Drögereit, Der Feldprediger, S. 14 (Calenberg Brief Archiv 16 B 3 Nr. 1).
108 Thomas Kaufmann: Eine andere Schweizer Stimme. Huldrych Zwingli wurde bewundert. Wer war der Reformator Zürichs?, in: Zeitzeichen 5/ 2019, S. 40-42: „Für seine Stadt […] hatte er die Hellebarde geführt, war dreimal zu Boden gegangen, hatte sich wieder erhoben. […] Zwingli war Feldprediger und zog deshalb hinaus auch aufs Schlachtfeld gegen fünf eidgenössische Orte, die katholisch geblieben waren. […] Und Zwingli war bis in den Tod ein politischer Reformator."

te Assa von Cramm focht. Parteinahme für den Papst, die Wahrung seiner Ehre, und Ablehnung Frankreichs scheinen Motive für Zwinglis Handeln gewesen zu sein – neben dem Motiv, die oft monatelang abwesenden Soldaten priesterlich mit den Sakramenten zu versorgen. „Es heißt dazu in Bullingers Chronik: 'im Heerläger hat er flyssig gepredigt und an den Schlachten sich redlich und dappffer gestellt, mit Rädten, Worten und Thaten, dess (wofür) er ouch by sinem Landvolk Gunst, Zügnuss und guten Rhuom hat."[109] Seelsorgerliche Vorbereitung der Soldaten, aber auch Betreuung der Verwundeten und Sterbenden gehörte zusammen mit den priesterlichen Aufgaben sicher zu Zwinglis Selbstverständnis als Militärseelsorger, wie auch direktes Eingreifen in die Kämpfe nahegelegt, jedenfalls nicht ausgeschlossen wird. Von der Einnahme Pavias, u. a. durch die Glarner, 1512 hatte Zwingli stolz berichtet, ebenso dass die Glarner nun ein Bild mit dem auferstandenen Christus auf ihren Fahnen vorhertragen durften. Papst Julius II., selbst eher Feldherr als Kirchenleiter, hatte allen eidgenössischen Soldaten die Ehrenbezeichnung „Defensores ecclesisasticae libertatis" beigelegt – ein Selbstverständnis, das sich auch leicht reformatorisch oder national neu deuten ließ. Stolz auf das Vaterland und seine militärische Tüchtigkeit, bis 1518 ungebrochene Loyalität zur päpstlichen Kirche gingen einher mit Vergleichen eidgenössischer Taten mit solchen der Antike.

Vor der Niederlage bei Marignano am 14.9.1515 hatte Zwingli seine Mannschaft in Monza vor dem Haus der Kaufmannsgilde noch zur Einigkeit und Papstgefolgschaft aufgefordert. Nichtsdestotrotz verloren die Eidgenossen, in verschiedene Lager aufgespalten, die Schlacht. Zwischen 8000 und 10000 Eidgenossen fielen, 1500 wurden verwundet, flohen demoralisiert, krank und mittellos in die Schweiz. Diese Erfahrung führte Zwingli sicher zu einer Verinnerlichung seines Glaubens, wenn diese auch sich noch ganz durch Bestellung eines Ablassbriefes 1512, bzw. eine Wallfahrt nach Aachen 1517 oder die Übernahme des Ehrenamtes eines päpstlichen Akoluthen 1518 im altkirchlichen Rahmen hielt. 1524 gab Zwingli seine erste söldnerkritische Schrift „Freue und ernstliche Vermahnung" heraus: Die Gier der Eidgenossen gefährde Fortbestand und Freiheit der Eidgenossen; die

---

109 Ausgeführt, bzw. zit. n. Rogge, S. 261f.

42

Ausübung des Soldatenberufs allein um des Verdienstes willen war also kritisch zu sehen, die Kriegstechnik im Sinn der eigenen Sache hingegen nicht. Luther sollte wenig später seine differenzierte, u. auszuführende Position entwickeln, die die nötige Professionalität und Kompetenz des Soldatenberufs fest zu halten versuchte.[110]

Exkurs 1: Vorreformatorische Landsknechtsfrömmigkeit: Jörn Graff

An dieser Stelle sei ein Seitenblick in vorreformatorische Landsknechtsfrömmigkeit gestattet: Aus den Kriegen Maximilians I. in Oberitalien 1496-1509 oder auch gegen Burgund und die Champagne 1498, bzw. die Schweiz 1499 hat sich neben Moritaten auch geistliche Dichtung des Landsknechts Jörn Graff erhalten, wohl um 1475 in Nürnberg geboren. Es zeigt zeitgenössische altgläubige Frömmigkeit „Gots Hulde ich verloren han", eine Bitte um Sündenvergebung, gerichtet an die Jungfrau Maria. Vorbild der Kontrafaktur ist ein Volkslied. In einem anderen Lied „Von der kriegsleut orden" titutliert Graff Maximilian I. als „Vater der Landsknechte". Während Mönche fasten und beten, vollziehen Landsknechte eigene religiöse Riten in der Prozession mit langen Spießen, auf dem Schlachtfeld wie im Mönchskapitel bis zum Requiem mit Flinte und Trommelschlag am offenen Feldgrab. 1519 erblindet, dichtete Graff nun proreformatorisch moritatenartig: „Löblicher Kaiser, Du frommer,/ glaub nicht der Pfaffen List!/ lass Christi Lehr her kommen,/ [wir] sind ihr zu Dienst gerüst!"[111] Graff blieb dabei Erzähler, ohne Inhalte wirklich zu durchdringen. Reformatorisches Gedankengut erscheint wie ein neuer Inhalt, ohne das Leben erkennbar zu bestimmen.

Dass auch im 16. Jahrhundert das Schicksal, auf dem Schlachtfeld liegen zu bleiben und unbegraben das Opfer von wilden Tieren und der Witterung und nicht würdig, wie von Graff geschildert, bestattet

---

110 So noch der lutherische Dogmatiker Johann Gerhard (1582-1637) nach Michael Becker: Kriegsrecht im frühneuzeitlichen Protestantismus (Spätmittelalter, Humanismus, Reformation 103), Tübingen 2017, S. 95-99.
111 Alfred Götze: Jörg Graff, Landsknecht und Poet, in: Zeitschrift für den deutschen Unterricht Bd. 27.2 (1913), S. 81-107, 81-84, 86f, 93 (Zit. übertr. v. Vf.).

zu werden, durchaus nicht ungewöhnlich war, sollte noch der nordische siebenjährige Krieg zeigen. Der dänische Feldoberst Daniel Rantzau (1529-1569) fand Februar 1568 die im Januar gefallenen unbestatteten Leichen einer dänischen Ersatztruppe bei Värnamo. Der deutsche Reisende Michael Heberer beschrieb noch 1592, 22 Jahre nach Ende des Krieges, im Wald „Holaveden" große Haufen mit Gebeinen.[112]

Als man in Zürich zu Jahresbeginn 1524 die Beseitigung der Bilder beschloss, kam es über die Zürcher Landgemeinde Stammheim auch in Nachbargemeinden zu Bilderstürmen und einem Sturm auf das Kloster Ittingen. Drei Rädelsführer des Klostersturms, zwei Vögte und ein Pfarrer, wurden schließlich vom Zürcher Rat ausgeliefert und am 23.9.1524 in Baden/ Aargau zum Tode verurteilt und hingerichtet.[113] Die Eidgenossenschaft zerstritt sich nun auch über die Frage der Reformation. Als es nach der Zürcher Besetzung der Reichsabtei St. Gallen 1529 zu verstärkten Spannungen kam, weil reformatorische und nicht-reformatorische Kantone gegeneinander aufrüsteten, wirkte das Ketzerurteil und die exekutierte Verbrennung eines evangelischen Predigers am 29.5.1529 nach Schwyzer Vogtrecht wie ein Funke. Zürich sah sich zum Krieg berechtigt an. „Zwinglis 'Ratschlag über den Krieg' an die Adresse der Zürcher Regierung begründete ein Recht zum Angriff, enthielt auch einen Feldzugsplan und formulierte als Kriegsziel die Regelung der Reformation in den gemeinen Herrschaften und die Abschaffung des Sold- und Pensionenwesens."[114] Trotz Berner Zurückhaltung kam es am 8.6.1529 zur Kriegserklärung an die altkirchlichen Kantone, die in der ersten Schlacht bei Kappel unterlagen, so dass am 26.6.1529 Frieden geschlossen wurde. Die erreichte Entscheidungshoheit der Gemeinden, evangelische Predigt zuzulassen, reichte Zwingli nicht. Er sah wie in seiner Jugend Treue und Einigkeit gefährdet. Das von Zwingli wohl um 1525 gedichtete, heute im evangelischen Gesangbuch (Nr. 242) enthaltene Lied: „Herr,

---

112 Katarina Harrison Lindbergh: Nordiska sjuårskriget 1563-1570, Falun 2020, S. 268, 281.
113 Rudolf Mau: Evangelische Bewegung und frühe Reformation 1521 bis 1532 (Kirchengeschichte in Einzeldarstellungen II/ 5), Leipzig 2000, S. 87.
114 Mau, s. 183f.

nun selbst den Wagen halt!" wurde durch die im Feldlager vor Kappel erstmalig gesungene Melodie zum „Kappeler Lied":[115]

„Herr, nun heb des Wagen selb./ Schelb wird sus all unser Fahrt;/ das brächt Lust der Widerpart,/ die dich veracht so freventlich.

Gott, erhöch den Namen din/ in der Straf der bösen Böck/ Dine Schaf widrum erweck,/ die dich liebhabend inninglich.

Hilf, dass alle bitterkeit/ scheid in d'Feer, und alle Trui/ widerkehr und werde nü/ das wir ewig lobsingind dir."

Gottes Hilfe wird erbeten, Gottes Handeln als Gerichtshandeln und Strafe für die Bösen gefasst, die wahrhaft Gott liebenden mögen dafür zu alter Treue zurückkehren. Einheit der Kirche und des Glaubens und der Eidgenossenschaft gingen für Zwingli offenbar unverbrüchlich zusammen und schlossen bewaffneten Kampf für die Gemeinschaft ein.

Hatte Luther sich von der Lehre vom gerechten Krieg ganz abgewandt und nur Verteidigung als dann allerdings göttlicher Berufung und Wirksamkeit folgenden Kriegsgrund anerkannt, so ging Zwingli hier deutlich weiter, indem er um der erkannten Wahrheit des Evangeliums willen kriegerische Handlungen für möglich hielt, ja sie strategisch-taktisch plante. Seit 1529 plante Zwingli einen französisch unterstützten Feldzug zur Sperrung der Alpenpässe, um die Reformation in der Schweiz insgesamt durchzusetzen. Aus Zürcher Sicht brach die Unterdrückung reformatorischer Regungen in den „Fünf Orten" und die Schmähung von Protestanten den Kappeler Landfrieden. Zwingli und Leo Jud (1482-1542) forderten über einen veröffentlichten Plan ein bewaffnetes Eingreifen. Bern setzte zunächst auf Sanktionen, eine Nahrungsmittel-, bzw. Salzblockade, die schließlich angesichts der Entschlossenheit der Fünf Orte abgebrochen werden musste. Auch der Reformator Basels Johannes Oekolampad (1481-1531) hatte sich für Zwinglis Pläne eingesetzt. Als die sog. „Fünf Orte", Uri, Schyz, Unterwalden, Luzern und Zug, die Gelegenheit ergriffen und am 9.10. kurzer Hand den Krieg erklärten, konnte das hastig entsandte Zürcher Aufgebot am 11.10. nur unterliegen. 500 Zürcher, darunter 25 Geistliche, fanden den Tod. „Auch Zwingli war kämp-

---

115 Wolfgang Rothfahl: 242 Herr, nun selbst den Wagen halt, in: Liederkunde zum Evangelischen Gesangbuch 15, Göttingen 2009, S. 14-20.

fend gefallen. An seinem Leichnam vollstreckten die Sieger ihr Urteil: Er wurde als Aufrührer geviertteilt und als Ketzer verbrannt."

Zwingli soll die Hilfstruppe, die der Vorhut nacheilte, angeführt haben. Seine Predigt im Angesicht der Schlacht – wohl unter Soldaten kaum zufällig auf das Geschick anspielend – ist bekannt: „Biedere Leute, seid männlich und fürchtet euch nicht; müssen wir gleich leiden, so ist doch unsere Sache gut. Befehlet euch Gott: der kann unser und der Unsrigen pflegen. Gott walte sein!"[116] Angelehnt an das mittelalterliche eidgenössische Gebetsritual vor der Schlacht, sollen die Zürcher auf den Knien fünf Mal das Vaterunser gebetet haben.[117] Dass Zwingli angesichts dieses Handelns nicht den Kämpfer, „Defensor fidei", und Militärseelsorger in seiner Person vereint hätte, ist eine überraschende Annahme.[118]

Im zweiten Kappeler Landfrieden vom 16.11.1531 musste Zürich Zugeständnisse machen. Zwinglis Plan einer religiös, politisch wie militärisch „evangelisch erneuerten Eidgenossenschaft" war gescheitert.[119] Die gegnerische Seite berichtete von einer Erscheinung Marias über den Bannern der katholischen Streitmacht, die den Sieg über die Häretiker zum Wohl der Rechtgläubigkeit geschenkt habe.[120] Einerseits agierte Zwingli institutionell als ordentlich berufener Feldpriester oder Feldprediger, andererseits stellte er in seiner Neuinterpretation christlicher Freiheit vom Evangelium her charismatisch die kirchliche Institution in Frage. Beide Momente kamen in ihm in Person zusammen. Zwingli stand dabei einem Konzept „regelrechter Missionskriege zur Verbreitung des ‚wahren Glaubens' durchaus positiv gegenüber".[121]

Franz Kolb (1465-1535), Prediger und Rektor der Schule von St. Nikolaus in Freiburg im Üechtland 1504, begleitete von 1507 bis 1508 als Feldpriester Schweizer Söldner auf dem Zug nach Italien. Seine

---

116 Johannes Kulp: Feldprediger und Kriegsleute als Kirchenliederdichter (Welt des Gesangbuchs 23), Hamburg o. J., S. 7.
117 Landolt, S. 309.
118 Volker Leppin: Zwingli, Ulrich (1484-1531), in: Theologische Realenzyklopädie 36 (2004), S. 793-809, 798.
119 Mau, S. 231-233.
120 Funke, S. 67.
121 Sieber, S. 81-102. 100.

Kritik an der „Reislauferei" erregte starken Anstoß in Bern und Frei-burg. Nach Zwischenstationen in Nürnberg, Bern und wohl Wert-heim kam Kolb, inzwischen evangelischer Prediger, zu Zwingli nach Zürich und wurde 1527 in Bern Gehilfe von Berchthold Haller. 1531 begleitete er die bernischen Truppen im zweiten Kappelerkrieg, muss-te aber wegen seiner Unwillen erregenden Strafpredigten die Feldpre-digerstelle alsbald verlassen.[122] Matthias Erb (um 1494-1571), der Re-formator von Rappoltsweiler im Elsaß, begleitete wie Kolb die berni-schen Truppen im zweiten Kappeler Krieg.[123]

Interessant ist, dass schon früh parallel zu Zwinglis städtischer Politik in der Schweiz auch süddeutsche Reichsstädte, die protestantisch op-tierten, sich auf militärische Verteidigung durch den Bau von Fes-tungsanlagen einrichteten, also das Modell einer mobilgemachten zivilen Kirchen- und Stadtgemeinde präfigurierten, wie es sich in Zü-rich gebildet hatte, bzw. in Magdeburg nach dem Augsburger Interim 1548 bilden sollte. Dabei spielte der Reformator Ambrosius Blarer (1492-1564) aus Konstanz eine führende Rolle, als er im Februar 1529 an Rat und Bürgermeister der Stadt Memmingen schrieb und damit verstärkte Verteidigungsbemühungen initiierte: „Ich habe Euch vor-hergesagt, daß Verfolgung zu erwarten sei. [...] Großes will Gott mit Euch vollbringen; darum muß er Euch zuvor demütigen. [...] Handelt männlich und harret des mächtigen Armes des Herrn. Gottes Freund und aller Welt Feind, wenn sie nicht anders will. Dabei mögt Ihr Euch großer Vorsicht und aller erlaubten Mittel bedienen und die Stadt wohl verwahren gegen alles, was in Kriegsnot nachteilig sein möchte, [...] Getröstet Euch des Schirmes Gottes, dem ich Euch befehle mit Entbieten all meiner Dienste; denn als ein guter Memminger will ich leben und sterben [...] und solltet Ihr in großer Gefahr meiner begeh-ren, so würde ich Leib und Leben für Euch in die Schanze schlagen. Doch ich weiß, daß Gott seine Hand über Euch hält." Nicht nur, dass Blarer offenbar selbst bereit ist, für seine Stadt zu kämpfen, hält er hier doch eine Musterfeldpredigt mit einem Unterton Heiligen Kriegs. Nicht zuletzt droht er unterschwellig damit, dass an der verteidigten reformatorischen Christuspredigt in den Mauern Memmingens letzt-

---

122 Art. Franz Kolb, in: Wikipedia (Zugriff am 31.1.2019).
123 Art. Matthias Erb, in: Wikipedia (Zugriff am 14.8.2020).

lich das ewige Heil hänge! Der Eindruck drängt sich auf, „dass mit dem Aufkommen des neuen Glaubens eine gewisse ‚Militarisierung‘ der Reichsstände einherging“. Blarer und sein Bruder Thomas, Ratsherr in Konstanz, tauschten sich wie ein militärischer Nachrichtendienst auch brieflich über Bewegungen von Landsknechten oder Artilleriekonzentration aus. Georg von Werdenstein, 1525/6 während des Bauernkrieges hinter die sicheren Mauern der Reichsstadt Kempten geflüchtet, konnte schreiben: „Also haben die Lutherischen zu dieser Zeit die evangelische Wahrheit beschützt und beschirmt den Gottesdienst mit Büchsen und Pulver, das Testament Christi begangen, dass man nimmer mehr mit Glocken läuten soll. Auch hat man bei dreißig Doppelhaken[büchsen] lassen machen aus diesem Zeug der Glocken, mehr Handbüchsen bei hundert“. Glocken zu Gewehren um des lutherischen Gottesdienstes willen war die Parole nach Auffassung dieses Adligen.[124] Bernd Möller spricht hier von der „‚kommunale[n] Ekklesiologie‘ des oberdeutschen Protestantismus“, dem „Ideal der innigen Wechselbeziehung und Verschmelzung der organisierten Bürger- und der Kirchengemeinde zum Zweck der Aufrichtung des vollkommenen, Gott ganz gehorsamen Gemeinwesens“.[125] Dass das wehrhafte Einstehen für Gott und die eigene Bürgergemeinde auch im militärischen Sinn in Verteidigung und Angriff und die sich militärseelsorglich transformierende Kirche bedeuten konnte, zeigte sich in den Anfängen, aber auch im ganzen folgenden Jahrhundert.

Neben einem Fürsten, der als Feldherr auch als Feldprediger agieren konnte, wie Philipp von Hessen und einem zivilen Geistlichen, der als päpstlicher Feldpriester und städtischer Feldprediger strategisch planen, führen, aber auch zu den Waffen greifen konnte wie Ulrich Zwingli, stehen weitere Übergangsgestalten mit militärseelsorglichen Profilen.

---

124 Sieber, „Aber gott ist stercker, dann ally wellt“, S. 84f, 94-97 mit weiteren Beispielen aus Zürich und Reutlingen, S. 98 (Zitate übertr. v. Vf.).
125 Bernd Möller: Blarer, Ambrosius (1492-1564), in: Theologische Realenzyklopädie 6 (1980), S. 711-715, 712.

3.   Herzog Albrecht von Preußen: Vom „Defensor fidei" zum evangelischen Landesfürsten

Albrecht wurde als dritter Sohn des Markgrafen Friedrich von Brandenburg-Bayreuth am 17.5.1490 geboren. Das bestimmte die Lebensrichtung: eine Karriere im geistlichen Bereich. Entgegen dem eigenen Wunsch, wie der berühmte Großvater Albrecht Achilles gegen die Osmanen kämpfen zu dürfen, wurde er um 1501 Domherr in Köln und 1507 Kanonikus in Würzburg. 1508 ergab sich dann die Gelegenheit trotz in den Blick genommenen geistlichen Standes, mit dem Vater in Italien bei Boveredo für Kaiser Maximilian I. (1459-1519) zu kämpfen. Allerdings scheiterte trotz späterer Lobesreden der Kampfeinsatz an Krankheit und Geldnot.[126]

Maximilian I. hatte in der Nachfolge des von seinem Vater Friedrich III. gegründeten St.-Georgs-Orden 1503 versucht, den Typus des geistlichen Ritters wieder zu beleben, und eine St.-Georgs-Gesellschaft als ordensartigen Zusammenschluss einer Kriegerelite begründet. Von dieser blieb allerdings nur der später auch bei protestantischen Landsknechten noch z. T. übliche Schlachtruf „St. Georg".[127]

Bei der Belagerung von Roveredo wurde Albrecht mit dem Geistlichen Georg von Polentz (1478-1550) bekannt, der ihm in den Ritterorden folgen sollte und die mönchischen Gelübde mit geistlicher Weihe verband. Nach einem Aufenthalt in Ungarn wurde Albrecht mit kaiserlicher Fürsprache das Amt des Hochmeisters des deutschen Ritterordens angeboten und nach erfolgtem Ritterschlag am 13.2.1511 im Kloster Zschillen bei Rochlitz in Sachsen der weiße Mantel mit dem schwarzen Kreuz umgelegt. Es ist deutlich, dass Albrecht keine geistlichen Weihen wie die Priesterweihe erhalten hatte, weil ihm der Weg in weltliche Würden noch offenstand. Aber die klösterlichen Gelübde von Armut, Keuschheit und Gehorsam waren natürlich ab-

---

126 Carl Alfred Hase: Herzog Albrecht von Preußen und sein Hofprediger. Eine Königsberger Tragödie aus dem Zeitalter der Reformation, Leipzig 1879, S. 4.
127 Z. B. noch in der Schlacht bei St. Quentin. Vgl. Gertrud Angermann: Der Oberst Georg von Holle 1514-1576. Ein Beitrag zur Geschichte des 16. Jahrhunderts (Mindener Beiträge 12), Minden 1966, S. 20.

zulegen. So stand er persönlich gewissermaßen zwischen den Welten, obwohl sein Amt als Hochmeister auch ein geistliches Amt war – wie alle weltlichen Ämter im Heiligen Römischen Reich deutscher Nation seit Karl dem Großen. „Den Frömmigkeitsübungen seines Ordens hatte Albrecht teils mit Inbrunst, teils mit resigniert-distanzierender Ironie obgelegen; so schrieb er an einen Freund in Ansbach, der um einen Rosenkranz aus Bernstein gebeten hatte: ,Wir haben uns an Paternoster, so gut wir die haben mögen, von Metall, Holz und Stein so müde gebetet, daß uns die Zähne brummen und fast eilig geworden sind.' Er habe die Äußerung zwar fröhlich und nicht leichtfertig getan, dennoch offenbart sie wohl ein Gefühl innerer Bedrängnis und religiöser Unbefriedigung.[128] Albrecht bekleidete das höchste Amt eines geistlichen Ritterordens und repräsentierte in nuce den „defensor fidei", in dem sich geistliche Gemeinschaft in Gebet und Spiritualität, weltliche Herrschaft und Kriegsdienst verbanden.

Trotz drohenden Kriegs mit dem polnischen König, der selbst trotz Ehe Anspruch auf den Posten des Hochmeisters, zumindest aber auf dessen Lehenseid erhob, brach Albrecht nach Königsberg auf, wo er 1512 eintraf.[129] Da Albrecht mit Wissen des Kaisers den nach dem Frieden von Thorn geforderten Lehenseid gegenüber dem polnischen König Sigismund (1467-1548) nicht leisten wollte, bereitete er sich durch Rüstung auf den Krieg vor. Als Kaiser Karl V. 1519 den Eid forderte, kam es am 28.12. zum Krieg. Albrecht zeichnete sich bei der Erstürmung des Schlosses Mehlsack durch Tapferkeit aus, konnte den „Reiterkrieg", der 1520 eine Spur der Verwüstung zog, aber nicht für sich entscheiden. Der Bischof des Samlandes Georg von Polentz schrieb in einem Brief an den Hochmeister – damit die Verbindung von geistlicher und weltlicher Kriegsmacht offenbarend –, nachdem sein Bischofsstab zur Entlohnung der Söldner zu Geld gemacht war: „E[uer] f[ürstlichen] G[naden] lassen mit Freuden dreinhauen. E[uer] f[ürstlichen] G[naden] wird wahrlich erfahren und inne werden, Gott vom Himmel und unsre liebe Frau und der heilige Patron Sanctus Albertus werden den Unsern sichtlich Beistand thun und helfen [...]

---

128 Walter Hubatsch: Geschichte der evangelischen Kirche Ostpreussens, Bd. 1, Göttingen 1968, S. 4.
129 Hase, S. 4ff.

Was mir bei Tag oder Nacht für Kundschaft zukommt, will ich E[uer] f[ürstlichen] G[naden] nicht verhalten und mich, ob Gott will, bei meinem Hause lebendig oder todt finden lassen als einem frommen Pfaffen von Adel zusteht." Ein altes Lied auf Albrecht nach der Einnahme Braunsbergs Sylvester 1519 lässt die religiöse Kriegsfrömmigkeit deutlich werden: „O edler Franke hochgeboren,/ Gott, der hat Dich auserkoren./ Dich kann niemand gnugsam preisen,/ Du tust Dich mit Ernst beweisen/ mit den entsagten Feinden Dein./ Du fechten kannst in rechtem Schein/ in diesem neuen lieben Jahr./ Gott hat Dir Gnade verliehn fürwahr./ Maria reich Dir Ihr milde Hand/ und helf Dir in ganz Preußenland."[130] Albrecht selbst gelobte bei einem Sieg eine festliche Feier der Empfängnis Marias im ganzen Land, die Stadt Königsberg dem heiligen Adalbert als Schutzpatron des Samlands eine ewige Messe. Aber auch die polnischen Belagerer der Festung Preußisch-Holland ließen ab, als ihnen auf den Mauern mehrfach der heilige Georg erschienen war.[131] Ein Einfall von Türken in Ungarn ließ einlenken und am 7.4.1521 in Thorn einen Waffenstillstand schließen.[132]

Wirtschaftlich lag das Ordensreich am Boden. Papst Leo X. (1475-1521) hatte bereits 1519 zur Reform des maroden Ordens aufgerufen. Albrecht erhoffte von einer Reise ins Reich 1522 die nötigen Impulse. Auf dem Reichstag in Nürnberg hörte er die Predigten Andreas Osianders (1498-1552) in der Kirche St. Lorenz, lernte die evangelisch gesinnte Frau des vertriebenen dänischen Königs Christian II. (1481-1559) Elisabeth (1501-1526) und Stadtschreiber Lazarus Spengler (1479-1534) kennen und nahm Kontakt zu Luther auf, der ihm riet, „die närrische und verkehrte Regel fahren zu lassen, zu heirathen und Preussen in die weltliche Form eines Herzogthums zu giessen." Die Forderung des päpstlichen Legaten Francesco Chieregati (1479-1539), die Lehre Luthers mit Feuer und Schwert zu vernichten, hatte Albrecht als Heilmittel nicht überzeugt. Er stellte sich einer theologischen

---

130 Walter Hubatsch: Albrecht von Brandenburg-Ansbach. Deutschordens-Hochmeister und Herzog in Preussen (Studien zur Geschichte Preussens 8), Heidelberg 1960, S. 78.
131 Hubatsch, Albrecht, S. 80.
132 Hase, S. 8ff.

Auseinandersetzung um die exklusive Befugnis des päpstlichen Amtes besonders auch im Hinblick auf ein Verbot der Ehe, bzw. die Erteilung von Dispensen. Luther verwies auf seine bekannte Auffassung, dass die Kirche nicht auf Petrus oder seine Nachfolger, die Päpste, gebaut sei, sondern auch diese nur Sachwalter des Wortes Gottes seien, richtete seinerseits am 28.3.1523 eine Ermahnung an die Herren des deutschen Ordens auf der Linie seines Rates für Albrecht. Albrecht selbst verhinderte zunächst alle Versuche von Ordensrittern sich zu verehelichen, bzw. ihre Geliebten zu legalisieren. Sowohl bei der Duldung von Waldensern, Hussiten, Wiklifiten und der kirchliche Missstände anprangernden evangelischen Predigt als auch bei der Besetzung von Bischofsstühlen wie dem des Bischofs von Pomesanien mit Dr. Erhard von Queiss (1490-1529) war es zu Konflikten mit dem Papst gekommen.[133] Noch in Nürnberg 1524 wurde Albrecht ermahnt, dass „er in seiner fürstlichen Würde im ritterlichen und geistlichen Orden als ein Hauptmann der Kirche zum Schutz und Schirm des christlichen Glaubens aus göttlicher Gnade erwählt worden sei". Andernfalls werde er, der Papst, die Gegner des lutherisch gesonnenen Hochmeisters unterstützen. Die vom Hochmeister durch die Entsendung von evangelischen Predigern unterstützte Reformation stieß mancherorts auch auf lokalen Widerstand.[134]

Während Albrechts Abwesenheit kam es auch zu Bauernunruhen, z. T. verursacht durch Prediger, die einen primitiven Biblizismus mit Gleichheitsideen verbanden. Als „Bekenner des heiligen Evangeliums" verlangte man die Beseitigung des Adels bis auf Albrecht als Obrigkeit in gleicher Bruder- und Schwesternschaft, die allgemeine freie Nutzung von Fluss und Wald als Gottes Schöpfung für Fischerei, Jagd und Gewinnung von Baumaterial und die freie evangelische Predigt (s. o.). Niemand anders als Bischof und Statthalter Polentz schlug Albrecht die Bestrafung der Aufrührer durch schlesische und polnische Bauern vor. Bei seiner Rückkehr ließ Albrecht am 29.10.1525 15 Rädelsführer hinrichten.[135]

---

133 Hase, S. 11-21.
134 Hase, S. 22ff.
135 Hubatsch, Albrecht, S. 147; Hase, S. 37-41.

Albrechts Versuche, andernorts für den dänischen König Christian II., bzw. den französischen König Kriegsdienste zu leisten und sich damit aus der Verantwortung zu ziehen, schlugen fehl. Am 8.4.1525 kam es in Krakau am Vorabend des Palmsonntags zum Friedensschluss mit König Sigismund und zu einem Vertrag, der die Umwandlung des Ordensstaates in ein weltliches Fürstentum nach sich zog, allerdings auch den Austritt aus dem Heiligen Römischen Reich deutscher Nation bedeutete. Um die Vermischung geistlicher und weltlicher Gewalt in Frieden und Krieg im Reich deutlich zu machen, sei hier die Schilderung der feierlichen Zeremonie von Belehnung und Huldigung auf dem Markt in Krakau durch Hase zitiert: „Der König, angetan mit Humeral, Alba, Stola und Chorrock, die Krone auf dem Haupt, bestieg den auf einer Tribüne hergerichteten Thron. Voran trugen der Sohn des Castellan von Posen ein goldenes Schwert, der Woywode von Sandomir den goldenen Reichsapfel, der Woywode von Sieradz hielt den vierjährigen Thronfolger, den Prinzen Sigismund August auf seinen Armen. Zweitausend Mann im Harnisch, mit Handbüchsen, Spiessen und Hellebarden umstanden den königlichen Sitz. Nachdem der König auf dem Thron sich niedergelassen hatte, traten die sieben Gesandten aus Preussen vor und richteten an den König die Bitte des Markgrafen, Albrecht zu Brandenburg, Hochmeister deutschen Ordens in Preussen: Königl[iche] Majestät wolle ihn aufnehmen in Gnaden und ihn machen zu einem Fürsten zu Königsberg; er verheisse treu zu sein mit allen seinen Unterthanen königlicher Majestät und der Krone zu Polen, gleich als es sich zieme und gehöre einem angehuldeten und belehnten Fürsten gegen seinen erblichen Herrn: wie er Solches an des Königs grossmächtigen Majestät und deren Nachkommen allzeit und zu ewigen Zeiten zu verdienen geflissen sei. Nachdem der König durch seinen Kanzler die Zusage gegeben hatte, ritt der Hochmeister zwischen Markgraf Georg und Herzog Friedrich von Liegnitz bis vor den Thron des Königs, stieg vom Pferde und beugte das Knie vor dem König, der ihn sofort erhob. Dann ergriff er die Lehnsfahne von weissem Damast, in der eingewirkt war ein schwarzer Adler mit goldner Krone und goldenen Klauen auf der Brust den silbernen Buchstaben S. zur Erinnerung an den ersten Lehnsherren Sigismund, und legte über dem Evangelienbuch, welches der Erzbischof von Gnesen dem König in den Schoos gelegt hatte, den Lehnseid ab. Der König ergriff hierauf das Reichsschwert, schlug den niederknieenden Herzog von neuem zum Ritter, hing ihm die goldene Kette um und übergab ihm die Fahne. Ein feierlicher Gottesdienst folgte auf die Lehnshandlung, ein glänzendes Gastmahl beschloss die Feier."

Am 6.7.1525 erließ Albrecht von Königsberg aus ein Mandat zur Reformation, die Umwandlung der Ordensbistümer in rein geistliche Ämter war voraufgegangen.[136] Es dürfte deutlich sein, wie in der Person eines auch nur zur Ehelosigkeit per Gelübde verpflichteten Ordensritters und Hochmeisters doch die Ausübung kriegerischer Gewalt mit theologischer Verantwortung und Handeln zusammenkommen konnte. Der „Hauptmann der Kirche" wurde zum evangelischen Landesfürsten, der mehr oder minder entsprechend der lutherischen Zweiregimentenlehre geistliche und weltliche Funktionen trennte.

Für seine Frau Dorothea, Prinzessin von Holstein-Dänemark (1504-1547), erstellte Albrecht auf ihre Bitte zur Erläuterung des Vaterunsers eigenhändig als theologischer Laie ein Gebetbuch aus ausgewählten Gebeten, das mit 160 farbigen Abbildungen überreicht wurde und verändert als „Feuerzeug christlicher Andacht" mehrere Auflagen erlebte und von Michael Agricola ins Finnische übertragen wurde. Auch das Kirchenlied „Was mein Gott will, das gescheh allzeit" (Ev. Gesangbuch 364) zeugt von Albrechts persönlicher Gottergebenheit und Frömmigkeit.[137]

In der Folge sollte Herzog Albrecht eine gewichtige Rolle für die lutherische Reformation spielen. Er beteiligte sich militärisch an der dänischen „Grafenfehde" um die Nachfolge auf dem dänischen Königsthron. Als der polnische König die Anwerbung von Reitern zur Teilnahme am schmalkaldischen Krieg verbot, die Städte eine Teilnahme verweigerten, konnte Albrecht 1546 nur finanziell unterstützen, rüstete aber nach der Niederlage 1547 Preussen zur Verteidigung.[138] Albrecht beteiligte sich auch durchaus an strategischen Bündnisplänen, z. B. mit Markgraf Hans von Küstrin (1513-1571), der sich

---

136 Hase, S. 28, 31ff, 35.
137 Hubatsch, Kirchengeschichte, S. 28f.
138 Hubatsch, Kirchengeschichte, S. 61.

an Mecklenburg und Preußen anlehnte, um Rückhalt gegen Kurbrandenburg zu gewinnen und sich mit beiden aus Anlass von Albrechts zweiter Vermählung am 26.2.1550 heimlich verband mit dem Ziel, alle protestantischen Reichsstände mit einander zur Verteidigung zu verbinden.. Kurfürst Moritz von Sachsen (1521-1553), der „Judas von Meißen" und Großvater Moritz von Oraniens (1567-1625), trat dem Bündnis bei, musste nach einem Zerwürfnis dennoch allein 1552 die für den Protestantismus und das Augsburger Toleranzedikt von 1555 entscheidende Auseinandersetzung mit Kaiser Karl V. angehen, weil sie offensiv geführt wurde.

Dass auch den evangelisch gewordenen und theologisch gebildeten Herzog der alte Traum von der Feldhauptmannschaft gegen die Türken bewegte, zeigt Albrechts Interesse an der Kriegskunst. Er sammelte alle Berichte von der Front gegen die Osmanen, bat Korrespondenten um Nachrichten. „Gestützt auf die Ottsche Kriegsordnung, auf Einzelstudien und Mitteilungen seines aus Holland stammenden Leibarztes Prysäus, des polnischen Gesandten in Ungarn Stanislaus Laski und dessen Landsman[n] Graf Johann von Tarnow, des schlesischen Humanisten und Kriegsmannes Achilles Scipio und des griechisch-rumänischen Abenteurers Heraklides" verfasste Albrecht 1555 ein Kriegsbuch, das er dem polnischen König Sigismund August als „Anhänger der Reformation und Liebhaber der freien Künste" widmete. Die Kriegskunstlehre sei als Lehre eines „Bücherkriegsmann[s]" verachtet, gute Taktik rette aber tausende Leben. Schützen und Reiter haben zusammenzuwirken, die Artillerie der Schlachtordung zu folgen. „Ein rechter Kriegsmann müsse von Jugend auf ein rechter Christ sein und fleißig die Theologie studieren, denn nur ein gottesfürchtiger Mann könne ein rechter Soldat sein; sodann müsse ein Feldherr vom Recht etwas verstehen, denn er soll für das Recht kämpfen und unrechte Kriege vermeiden."[139] Noch am 24.11.1559 konnte Albrecht in einem Brief an Prittwitz bedauern, nicht in einen Krieg gegen die „Unchristen" ziehen zu können aus

---

139 Hubatsch, Albrecht, S. 269-271. Vgl. Walter Hubatsch: Zu den Kriegsstudien des Herzogs Albrecht von Preußen, in: Altpreußische Forschungen 19, Königsberg 1942, S. 234-249 mit Hinweisen zu einem Kriegsbuch von Prysäus aus den 1540er Jahren, bzw. einem späteren von Heraklides.

Altersgründen. Als er starb, fand man das Kriegsbuch von Heraklides in seinem Schlafzimmer. Die Idee eines religiös motivierten Krieges war Albrecht nicht fremd geworden, wo bei offen bleibt, ob er nur an Verteidigung oder auch an offensive Glaubensverbreitung dachte.[140]

4. Evangelische Feldpredigt im Täuferreich zu Münster

Die charismatischen Verhältnisse einer von protestantischen Geistlichen und Laien begleiteten bewaffneten Volkserhebung sollten sich wiederholen in den Ereignissen um das „Reich Gottes" zu Münster 1535, so wie es auch in Erfurt 1527 eine Gruppe von Täufern gab, die um ihrer Vision des Reiches Gottes willen bereit war, zu den Waffen zu greifen.[141] Balthasar Hubmaier (1480-1528), ehemals Domprediger in Regensburg, führte 1526 in Nikolsburg in Mähren eine städtische täuferische Reformation durch. Entsprechend bejahte er das Recht der Obrigkeit, das Schwert „als gut Rute und Geisel Gottes" zu gebrauchen – zur Herstellung von Gerechtigkeit, zur Verteidigung, nicht zur aggressiven Expansion. Der Beiname dieser Gruppe war „Schwertler" im Gegensatz zu hinzuziehenden Hutterern als „Stäblern".[142]

Die Reformation in Münster begann in den typischen Formen einer Städtereformation als Bewegung innerhalb des Rates, verbunden mit der evangelischen Predigt des Predigers an der St. Mauritzkirche Bernhard Rothmann (1495-1535) 1531. Über die Anerkennung evangelischer Predigt durch Bischof Franz von Waldeck (1491-1553) 1533 und eine täuferische Mehrheit des mittlerweile täuferisch lehrenden Rothmann in der Ratswahl März 1533 verloren die traditionellen Kräfte die Macht.[143] Jan Mathyssen aus Haarlem fühlte sich als Prophet in der Nachfolge Melchior Hoffmanns (vor 1500-1543). Der

---

140 Hubatsch, Zu den Kriegsplänen, S. 246.
141 Astrid von Schlachta: „Du sollst nicht töten!" Täuferische Wehrlosigkeit als Lebenshaltung in der Reformationszeit, in: Dörfler-Dierken, Reformation und Militär, S. 49-61, 51.
142 Schlachta, „Du sollst nicht töten!", S. 58f.
143 Hubert Kirchner: Reformationsgeschichte von 1532-1555/1566. Festigung der Reformation. Calvin. Katholische Reform Konzil von Trient (Kirchengeschichte in Einzeldarstellungen II/6), Berlin 1987, S. 66f.

Apokalyptiker Hoffmann, eigentlich Kürschner von Beruf, hatte während seines Wirkens in Dorpat im Frühjahr 1525 durch seine bei den jüngeren Kaufmannsgesellen der Schwarzhäuptergilde auf fruchtbaren Boden fallenden, am Geschick der Armen interessierten Predigten blutige Auseinandersetzungen und schwere Bilderstürmereien mitinitiiert und Gewalt zumindest nicht verhindert.[144] Auch von Straßburg aus predigte er, nun klar täuferisch optierend, die Vision einer großen Säuberung der Welt vor der Wiederkehr Christi: „Der ganze Haufen der falschen Pfaffen, einschließlich der 'blutsäuferischen, antichristlichen lutherischen und zwinglischen Prediger' müsse aber zuvor zugrundegehen […] Die Täufer sollten in diesem Ringen nicht die Waffen führen, aber sie würden den Kampf durch ihre Gebete und Schanzarbeiten unterstützen."[145] Von Matthyssen ausgesandte Apostel tauften und begründeten Anfang 1534 eine Gemeinde in Münster, die zahlenmäßig so wuchs, dass er selbst dorthin umsiedelte. Der katholische Historiker Felix Rachfahl urteilte:[146] „Die Stadt geriet in seine und seiner Genossen Gewalt; hier richteten sie das neue Zion ein, von dem aus die ganze Welt bekehrt werden sollte. Es ist bekannt, wie gerade hier zusammen mit der Ekstase das revolutionär-kommunistische Element, sowie das libertinische Element zur Herrschaft gelangte; es forderte den gemeinsamen Widerstand der zur alten Kirche und zum Luthertume gehörigen Mächte heraus und wurde schließlich durch Gewalt und Blutvergießen unterdrückt". Nach der Ratswahl am 23.2.1534 kam es zu einem Bildersturm,[147]

---

144 Lorenz Hein: Spiritualisten und Täufer, in: Walter Göbell/ Erich Hoffmann/ Wolf-Dieter Hauschild/ Erwin Freytag/ Gottfried Köppen/ Hans-Joachim Ramm/ Lorenz Hein: Reformation (Schleswig-Holsteinische Kirchengeschichte 3), S. 331-366, 332f.

145 Klaus Deppermann: Melchior Hoffman, in: Gestalten der Kirchengeschichte 5. Reformationszeit I, hrsg. v. Martin Greschat, Stuttgart/ Köln/ Mainz 1984, S. 323-334, 330f.

146 Felix Rachfahl: Wilhelm von Oranien und der Niederländische Aufstand, Bd. 1, Halle 1906, S. 402f.

147 Vgl. Funke, S. 129: „Throughout the 16th century, iconoclasm was more a symptom of radical reformations in communities and was predominantly carried out by members of these communities". Ausnahmsweise wie beim „Sacco di Roma" ab dem 6.5.1527 oder in den Frühphasen des dreißigjährigen Krieges beteiligten sich auch Soldaten aus konfessionellen Gründen am Bildersturm. Aus

Ende Februar zu einem allgemeinen Taufgebot. Am 4.4.1534 starb Matthyssen bei einem unmotivierten militärischen Ausfall, in sich charismatisch den geistlichen und den militärischen Führer vereinend. Nachfolger Johann von Leyden (Jan Bockelson) galt seit September 1534 als König auf Zion. Gütergemeinschaft war bereits vorher befohlen worden, nun folgte zeitweise die Pflicht zur Vielehe. Das ehemalige Ratsmitglied Bernd Knipperdollinck († 22.1.1536) wurde „Schwertführer" im „neuen Jerusalem". 5000 Frauen und 2000 Männer nahmen in gleicher Weise an der erfolgreichen Verteidigung teil.[148] „Von den Belagerern in Münster aufs höchste bedroht, entbot der Prophet seine Landsleute (scil. aus den Niederlanden; d. Vf.) zum Entsatze. In ganzen Schaaren, mit Frauen und Kindern, schlecht und recht bewaffnet, traten sie zu Tausenden den Zug nach dem neuen Jerusalem an; von der Obrigkeit wurden sie auseinandergejagt; die Führer getötet; Razzien wurden veranstaltet, die der Inquisition Opfer in Hülle und Fülle lieferten. Durch die reisenden Agitatoren wurde die Erregung der Gemeinden bis zum äußersten geschürt und erhitzt; Versammlungen der Abgeordneten und Prediger größerer Bezirke fanden statt, auf denen es den Radikalen freilich nicht an Widerspruch seitens der Gemäßigten fehlte; Anschläge auf Amsterdam und andere Städte wurde geschmiedet, um sie gleich Münster, zu Stützpunkten der Bewegung zu machen." Rothmann deutete die Ereignisse in Münster heilsgeschichtlich als Endzeitstufe im messianischen Reich des wieder aufgerichteten Königtum Davids. Der Tod der ausgesandten 27 Prediger als Apostel war das Zeichen, nun die Herrschaft zu erobern. Am 25.6.1535 eroberten protestantische und altgläubige Truppen die Stadt, Jan van Leyden und Knippperdollinck wurden grausam hingerichtet.[149] Sich radikalisierende evangelische Predigt begleitete eine zunehmend gewaltbereite Gruppe von Täufern, getrieben von der Hoffnung auf den vermeintlichen Anbruch der End- und Heilszeit.

Es ist interessant, dass sich einzig auf täuferischer Seite in Münster leicht konfessionell gefärbte Kriegsartikel für Söldner finden, da man

---

Lübeck 1522 nach Schweden kommende Landsknechte brachten eine reformatorische Prägung mit (vgl. Larsson, S. 129).
148 Kirchner, S. 68f.
149 Kirchner, S. 70.

auf ihren Dienst für die Verteidigung Münsters nicht verzichten konnte. Aber selbst die Erwachsenentaufe war nicht Dienstvoraussetzung, sondern nur der Verzicht auf Spott gegen die wahren, wiedergetauften Christen.[150]

Tausende Baptisten aus dem Hennegau trafen im Februar 1535 in Amsterdam ein. Ein Aufstand im Mai wurde niedergeschlagen. Die Gegensätze in der Täuferbewegung zwischen nach apostolisch auf Armut, sittliche Reinheit und Frieden setzenden Kreisen unter Ubbe Philipps und den unter der Führung des Steenwyker Bürgermeisters Jan van Batenburg (hingerichtet im Artois 1537) stehenden „Schwertgeistern" standen sich im August 1536 bei einer Versammlung in Bocholt gegenüber. Letztere hatten dieselbe Losung wie in Münster „Rauch und Schwert". Die Batenburger degenerierten bald zu einer Räuberbande, die die Losung des „Krieges gegen die Gottlosen" nur als Feigenblatt für Raub und Plünderei benutzten.[151]

Vom Täufer Jakob Hutter (um 1500-1536) in Tirol, dem Begründer der Hutterer, heißt es, dass er zur Verteidigung ein „Hackl" oder gar ein „püchsen" bei sich trug. Ähnliche Fragen kann man auch an Menno Simons (1496-1561) in seiner Wismarer Zeit 1554 stellen. Ganz so eindeutig scheint die täuferische Option für den Pazifismus nicht gewesen zu sein.[152]

5. Zwischenfazit

Will man das Verhältnis von evangelischer Bewegung und Militärseelsorge in den ersten beiden Jahrzehnten bilanzieren – unter der Einschränkung, dass die gewichtige Stimme Martin Luthers noch nicht mit bedacht ist –, dann muss man feststellen, dass evangelische Predigt charismatisch wie auch durch Herrschaft legitimiert in vielfältiger Beziehung auch als Feldpredigt auftritt. Wie ist das christliche Profil eines spätmittelalterlichen Soldaten oder Kriegsherrn einzuschätzen, der nicht nur christlicher Fürst ist, sondern als Hochmeister „geistli-

---

150 Funke, S. 41f.
151 Rachfahl, Bd. 1, S. 402f.
152 Schlachta, „Du sollst nicht töten!", S. 54, 60.

cher Ritter" ist und evangelisch optiert? Weder vielschichtig mit weltlicher Herrschaft verschränkte kirchliche Beauftragung oder geistliche Würde noch weltliche Legitimität taugen als Grenzpunkte von Funktionen als Prediger oder Seelsorger in militärischen Kontexten der evangelischen Bewegung. Städtische Bürger wie Zwingli oder Fürsten wie Philipp von Hessen und Albrecht von Preußen, aber auch Handwerker und Bauern oder Priester auf Bauernseite können sie ausüben oder ausüben lassen, Gewalt für ihr Verständnis des Evangeliums anwenden. Aber selbst täuferische Bewegungen scheinen nicht von Anfang an im Sinne eines evangelischen Friedensgebotes zu agieren. Predigtinhalte variieren von mehr oder minder egalitären Reichsgottesutopien aus „Gottes Wort" über legitimierende Kampfparänesen bei Kappeln oder soldatisches Verhalten geißelnde Bußpredigt bis hin zur Einschärfung rechten Gehorsams gegenüber der Obrigkeit nach Röm 13. Städte wie Zürich, Memmingen, aber auch unter täuferischen Vorzeichen in Nikolsburg/ Mähren und Münster beteiligen auch die zivile Pfarrerschaft an ihrer Verteidigung oder wie im Falle Zwinglis als Feldprediger und militärische Akteure.

Parallel zu den Klärungsprozessen evangelischen Christentums in Städten und Staaten kristallisieren sich auch erste Strukturen der Militärseelsorge heraus, indem evangelisch optierende Fürsten ihre Feldprediger berufen. Zeitlich vom bisher behandelten Abschnitt bereits umfasst, ragt Martin Luthers Schrift an den Kommandeur der kursächsischen Reiterei Assa von Cramm doch so heraus, dass sie gesondert behandelt werden muss.

II. Martin Luthers Schrift an Assa von Cramm „Ob Kriegsleute in seligem Stande sein können"[153]

1. Assa von Cramm

Martin Luther kam im Januar 1526 als Pate aus Anlass einer Taufe eines Sohnes von Gabriel Zwilling (1487-1558) mit einem der anderen Paten, dem Söldnerführer Assa, Aschwin oder auch Asche von Cramm (um 1490-1528), zusammen.[154] Assa, seit 1524 Führer der kursächsischen Reiterei,[155] war ihm offenbar schon bekannt. Nun kamen beide tiefer ins Gespräch. Assa stellte sich ein Jahr nach dem durch z. T. fürchterliche Metzelei an den unter dem Panier des Evangeliums kämpfenden Bauern bei Frankenhausen beendeten Bauernkrieg offenbar die Frage, ob Soldaten wie er auch erlöst werden könnten oder ihr notwendig mit dem fünften Gebot ins Gehege kommende und zur Todsünde zwingende Beruf sie von der Erlösung ausschließen würde.

Assa entstammte der Volkersheimer Linie des ursprünglich aus Cramme bei Braunschweig kommenden Adelsgeschlechts. Er hatte u. a. auf Seiten Franz I. von Frankreich (1494-1547) gegen Kaiser Maximilian I. und die Schweizer in der Schlacht von Marignano 1515, gegen Heinrich den Jüngeren 1519 in der Schlacht von Soltau, gegen König Christian II. von Dänemark gekämpft, der von der Hansestadt

---

153 Luthers Schrift ist hier nach Martin Luther Studienausgabe, Bd. 3, hrsg. v. Hans-Ulrich Delius, Berlin 1983, S. 357-401 bearbeitet. Zitate sind z. T. in modernem Deutsch wiedergegeben, der zu Grunde liegende Text findet sich in der Weimarer Ausgabe, Bd. 19, S. 616-662. Vgl. auch den Text in modernem Deutsch von Hubert Kirchner (mit Gliederungshinweisen) in: Martin Luther: Ob Kriegsleute in seligem Stande sein können, hrsg. v. Angelika Dörfler-Dierken/ Matthias Rogg (Schriften der Evangelischen Seelsorge in der Bundeswehr), Delitzsch 2015², S. 11-79.
154 Otto Hahne: Asche von Cramm, ein Kriegsmann der Reformationszeit und Martin Luther, in: Jahrbuch des Braunschweigischen Geschichtsvereins 6/ 1934, S. 5-31.
155 Hahne, S. 14.

Lübeck und anderen 1523 abgesetzt worden war. Im Dienst der Führung der kursächsischen Reiterei bis 1527, tat sich Assa durch Siege in Ritterturnieren hervor und scheint sich der lutherischen Lehre angeschlossen zu haben.[156] Auch Luthers wahrlich nicht einfache Schrift über den unfreien Willen soll er zur Lektüre erhalten haben.[157]

Luther und Assa müssen intensiv miteinander ins Gespräch gekommen sein. Dieses Gespräch spiegelt sich im Verlauf von Luthers 1527 gedruckter Antwortschrift „Ob Kriegsleute in seligem Stand sein können" bis ins Detail.[158] Luther selbst agierte gegenüber Assa als Kommandeur gewissermaßen als evangelischer Militärseelsorger und ethischer Berater, bzw. lancierte medial Militärseelsorge für Interessierte durch Abfassung und Druck seiner Schrift. Das Gespräch zwischen beiden erfolgte offenbar auf Augenhöhe, insofern als Luther Assas Einwände aufnimmt. Assa scheint Luther nach der Rückkehr aus Frankenhausen und dem festlichen Einzug in Wittenberg sein ganzes Soldatenleben erzählt, geradezu eine „Lebensbeichte"[159] abgelegt zu haben. Auch die Frage des Tyrannenmordes scheint von Assa aufgebracht zu sein.[160]

Dass er Ende 1527 in den Dienst Heinrichs des Jüngeren von Braunschweig-Wolfenbüttel trat und in diesem Dienst dann auf kaiserlicher Seite im Juni 1528 in Chur auch umkam, könnte ein Reflex von Luthers Berufslehre sein,[161] der loyalen Dienstbeziehungen von Adel und Landesherr einen hohen Stellenwert einräumte. Heinrich der Jüngere ließ sich in dieser Zeit allerdings noch mit in Glaubenssachen wenig sensiblen Worten zitieren: „Wegen Genießung des Sacraments, wegen Pfaffenweiber und dergleichen Sachen möcht' ich mein Pferd nicht satteln."[162] Derlei oder altgläubige Gesinnung hinderte Heinrich den Jüngeren ja in keiner Weise, nach Gut des Hildesheimer Bischofs

---

156 Hahne, S. 19.
157 Hahne, S. 21.
158 Hahne, S. 21.
159 Hahne, S. 26.
160 Hahne, S. 23.
161 Hahne, S. 27.
162 Hahne, S. 27; so noch auf dem Reichstag zu Augsburg 1548 (Friedrich Koldewey: Heinz von Wolfenbüttel. Ein Zeitbild aus der Reformationsgeschichte (Schriften des Vereins für Reformationsgeschichte 2, Halle 1883, S. 3).

in der Hildesheimer Stiftsfehde zu trachten oder eben auch gegebenenfalls ein friedfertigeres Verhalten von geistlichen Landsknechtsführern wie Graf Christoph von Oldenburg (1504-1566) einzufordern, der nicht „Zank und Hader unter die Brüder" tragen solle.[163] Sein eigenes Verhalten sah er hier weniger herausgefordert.

Graf Christoph von Oldenburg war ein durch Gelehrsamkeit und geistliche Ämter, etwa im Bremer Domkapitel, ausgewiesener Landsknechtsführer. Philipp Melanchthon verglich ihn, der am liebsten Homer las, mit einem verwegenen Kriegshelden wie Alcibiades. Früh für die geistliche Laufbahn bestimmt und im Alter von zwei Jahren zu Ämtern in Bremen zugelassen, mit fünf Jahren Domherr und mit zehn Jahren betrügerisch zum Subdiakon geweiht, optierte er früh evangelisch, um das Kloster Rastede 1529 zu säkularisieren und auf Kosten geistlicher Güter u. a. sein Heer zu enthalten. Das hinderte nicht daran, sich auch beim Kaiser zu verdingen. Ein englischer Agent, Mount, sah Christoph und seinen Stand generell als „käuflich und habgierig" an.[164] Storkebaum geht von einem „spannungsreichen und widerspruchsvollen" Persönlichkeitsbild aus, in dem „[k]riegerischer Ehrgeiz, Tatkraft, die Lust an gefährlichen politischen Unternehmungen" neben „Gelehrsamkeit, theologischem Interesse und religiöser Überzeugung" standen.[165]

In einem Lager mit der Reiterei Heinrich des Jüngeren von Braunschweig-Wolfenbüttel, Landgrafs Philipp von Hessen und Herzog Georgs von Sachsen (1471-1539) hatte Assa 1525 unter Kurfürst Johann dem Beständigen mit seinen meißnischen Reitern die Bauern bis zur Schlacht bei Frankenhausen bekämpft und „sich nicht wenig mit Fürbitte bey den Fürsten bemühet, das sie ja nicht zu grimmig wider die armen verfürten Leut mit der Straffe verfaren wolten. Wie er dann auch viel hiemit erhalten und der Fürsten Zorn mit seinen vernünftigen Reden gemildert".[166] Eben diese Milde sollte Luther ja auch in seiner Schrift einfordern.

---

163 Storkebaum, Graf Christoph von Oldenburg, S. 32.
164 Storkebaum, Graf Christoph von Oldenburg, S. 9f, 15, 20.
165 Storkebaum, Graf Christoph von Oldenburg, S. 15.
166 Hahne, S. 16-18. Zitat aus Spangenberg, Adelsspiegel, 1596, S. 58.

Ein Anlass des Gespräches zwischen beiden war auch Luthers in den Augen des Soldaten sicher weltfremdes Erstaunen über Wucher auf dem Wittenberger Markt, ob die Leute kein Gewissen hätten und sich vor Gottes Gericht und der Hölle nicht fürchteten? „Hatte Herr Asch geantwortet" auf Niederdeutsch: „Menestu datt noch en Kerl in diesem Kerle steckte. So hatt auch ein mal einer zu ihm gesagt: Sche, wollet ir reich, gewaltig und gros werden, so müsset ihr ein loch in einen Bawm boren, die Seele drein setzen und einen Pflock dafürschlagen, das sie drinnen bleibe: Wenn ir nu reich worden seid, möget ihr als dann hingehen und ewere Seele wieder herausnemen".[167] Luther sei sehr verwundert gewesen, dass unter deutschen Adligen derlei Unvereinbarkeit von „Geldmachen" und „Gewissen" gelehrt wurde!

2.   Luthers Schrift

a) Der in seinem Amt getröstete Soldat

Luther selbst hatte Kriegsleute die Frage nach Gott, Seele und Gewissen als irrelevant in den Wind schlagen hören, obwohl doch gerade Kriegsleute mit der Gefahr des Todes konfrontiert waren. Er wollte nun die „schwachen und blöden" Gewissen zu gutem Gewissen hin unterrichten, die Ruchlosen hingegen aufklären. Seine Worte seien hier vorangestellt: „Wer mit gutem, wohl berichtetem Gewissen streitet, der kann auch wohl streiten. Sintemal es da nicht fehl gehen kann, wo gutes Gewissen ist, da ist auch großer Mut und ein keckes Herz. Wo aber das Herz keck und der Mut getrost ist, da ist die Faust auch desto mächtiger, und beide Ross und Mann frischer und gelingen alle Ding besser und schicken sich auch alle Fälle und Sachen desto feiner zum Siege, welchen denn auch Gott gibt."[168] Ein blödes, unsicheres oder gar schlechtes Gewissen kann nur feige machen, gutes, wohl unterrichtetes Gewissen hingegen macht keck. Dienst am Soldaten ist nach Luther Gewissensberatung. Rohes ruchloses Vieh mag tollkühn oder waghalsig sein und ist doch nach Luther nur die Schale der

---

167 Hahne, S. 20. Zitat nach Spangenberg, Adelsspiegel, II, S. 58.
168 Volker Stümke: Der Soldat: Freier Herr und dienstbarer Knecht, in: Dörfler-Dierken: Reformation und Militär, S. 19-26, 24.

Truppe, nicht ihr rechter Kern. Es fällt auf, dass Luther im Vergleich zu seiner Zeit das Klischee des Soldaten als Idioten, Barbaren, Mörder und Räuber, wie es Erasmus von Rotterdam (1466-1536) und Johann Eberlin von Günzburg vor ihm mitschufen,[169] so nicht teilte. Auch nach und trotz Luthers Schrift sollte das Klischee allerdings Urständ feiern, etwa im „Kriegbüchlein des frides" Sebastian Francks (1499-1543) von 1539 oder auch in Andreas Musculus (1514-1581) Traktat „Vom beruff und stand der Kriegsleuth".[170]

Luther ist Gratians († vor 1160) Definition des gerechten Kriegs (CIC Decr II, 23),[171] der aus Gehorsam gegenüber dem legalen Vorgesetzten zur Wiederherstellung verletzten Rechts mit dem Ziel, Frieden zu wahren, geführt werden kann, bekannt. Gratian konnte sagen, dass ein Soldat, der der legitimen Macht gehorche, sich nach keinem bürgerlichen Gesetz des Mordes schuldig mache. Diese formale Begründung scheint bis heute im Verweis von Soldaten der Bundeswehr auf ihr Agieren als „Parlamentsarmee" wieder auf. Nur das Töten aus eigenem Antrieb war nach diesem Ansatz schuldhaft.

Nach Luther ist der Stand des Kriegers an sich ein genauso göttliches und köstliches Amt wie der Ehe- oder der Richterstand. Jedes Amt kann selbstverständlich durch die es ausübende Person um Geld oder Gunst willen missbraucht werden.[172] Duldet äußere Gerechtigkeit des Amts des Kriegsmanns die effektive, zum Geschäft des Krieges gehö-

---

169 Funke, S. 16ff. Abgesehen vom neuen Ritterorden als „nova militia" teilte auch Bernhard von Clairvaux schon dieses Urteil (ebd., S. 22)

170 Frankfurt Oder 1558, n. Funke, S. 19. Vgl. auch das anonyme „Auffichtiger Teutscher Soldaten Regul. Oder Kurtze Erinnerung an den Teutschen Evangelischen Kriegßmann" (1620) und Arnold Mengering „Perversa Ultimi Seculi Militia Oder Kriegs-Belial" (1633). Auf Holzschnitten von Feldpredigern im 16. Jh. scheint der unmoralische Kontext der Armee auf die Geistlichen abzufärben. Ob das Bild generell negativ zu verallgemeinern ist, ist nach Funke, S. 55, fraglich (gegen Matthias Rogg, Landsknechte und Reisläufer: Bilder vom Soldaten. Ein Stand in der Kunst des 16. Jahrhunderts, Paderborn/ München/ Wien/ Zürich 2002, S. 144).

171 Diese Lehre ist auch in den Bekenntnisschriften der ev.-lutherischen Kirche rezipiert, etwa in der Augsburger Konfession (1530) Art. XVI (ebd., S. 70), ihrer Apologie (1531; ebd., S. 307, 53; 309, 59), obwohl nach Luthers Großem Katechismus (1529; ebd., S. 681, 80) kein Zweifel daran gelassen wird, dass Kriege Teufelswerke sind.

172 Luther, S. 362.

rige Ungerechtigkeit, „daß ich Kriegsmann sei, Krieg führe, würge und steche, raube und brenne, wie man es dem Feind im Verlauf von Kriegen nach Kriegsrecht ja antut"? Ist nur der ein Christ, der immer Gutes tut, liebt, niemanden würgt oder beschädigt? Oder kann es ein christliches und göttliches Amt des Soldaten geben, das nur durch Missbrauch unrecht werden kann?[173]

Luther nimmt für sich in Anspruch, seit der Apostelzeit als erster in dieser Klarheit von der Aufgabe der weltlichen Obrigkeit und ihrer Schwertgewalt geschrieben zu haben, die Bösen zu strafen, die Frommen zu schützen und Frieden zu fördern und zu „handhaben". Ihm ist bewusst, dass ihn Gegner wie Hieronymus Emser[174] (1478-1527) oder Johannes Cochläus[175] (1479-1552) seit den Wittenberger Unruhen oder wegen Äußerungen zu passivem Widerstand in „Von weltlicher Obrigkeit" oder dem Bauernkrieg als Aufrührer hingestellt haben. Luther versteigt sich zu der Spitzenthese, dass Krieg und alles, was er mit sich bringe, das Würgen selbst Einsetzung Gottes sei, wenn denn Unrecht und Bosheit gestraft und Frieden und Gehorsam geschaffen werden sollen. Würgen, Beute Rauben und Jammer anrichten können Werke der Liebe sein: „Denn wo das Schwert nicht da wäre und Friede hielte, so müsste es alles durch Unfrieden verderben, was in der Welt ist. Deshalb ist ein solcher Krieg nichts Anderes als ein kleiner kurzer Unfriede, der einen ewigen unermesslichen Unfrieden abwehrt, ein kleines Unglück, das ein großes Unglück abwehrt." Ein Humanist wie Erasmus von Rotterdam habe in seiner grundsätzlichen Kritik am Krieg als Fluss allen Übels und Schadens und Unrats (1521) also nur z. T. Recht. Luther kann soweit gehen zu sagen: Nicht die menschliche Hand in diesem idealen Krieg, der weder der Selbstbereicherung noch der Unterdrückung, sondern nur der Abwehr der Bösen und dem Frieden dient, sondern Gott selbst hängt, rädert, enthauptet, würgt und führt diesen Krieg.

---

173 Luther, S. 363.
174 „Auff Luthers grewel wider die heiligen Stillmeß Antwort Item wie, wo und mit wolchen wortten Luther yhn seyn büchern tzur auffrur ermandt, geschriben und getriben hat".
175 „Antwort auf Luthers Schrift ‚Wider die räuberischen und mörderischen Rotten der Bauern'. Ein kurzer Begriff vom Aufruher der Bauern" (1525).

Mit dieser Aussage stellt sich für den in seiner Gewissen-
verantwortung herausgeforderten Soldaten durchaus die Frage, wie er
der Gefahr entgehen kann, den Krieg und sein Handwerk als an sich
„heiliges Gottes Werk" zu überhöhen und zu verherrlichen und damit
das Kriegsamt zu missbrauchen? Luther müsste sich fragen lassen, ob
er gar aus taktischen Gründen um des Erhalts seiner Kirche willen als
„Fürstenknecht" agiert, indem er hier das Handeln der Fürsten als
Gottes Werk legitimiert? Nach Luther kommt alles auf die Gewis-
sensbildung des einzelnen Christen und die zunächst einmal unum-
schränkt geltende Friedenspflicht an! Das Gewissen allein kann und
muss die Motive kriegerischen Handelns zu unterscheiden suchen.
Wer wie die Bauern ohne Not (!) Aufruhr und Krieg anzettele, den
treffe, wie man bei den Bauern sehen könne, am Ende zu Recht das
Gericht Gottes.

Luther nimmt für seine Sicht des göttlichen Kriegsamtes das biblische
Zeugnis im Alten (Abraham, Mose, Josua, die Richter, David, die Könige Israels usf.) und Neuen Testament in Anspruch: Jesus vor Pilatus
(Joh 18,36) und Johannes den Täufer (Lk 3,14). Letzterer verbiete
gerade den Missbrauch des Amtes durch Bereicherung über den Sold
hinaus und verpflichte auf das Recht![176] Ziehe man die Bergpredigt
(Mt 5,39) heran, so wie pazifistische Wiedertäufer und Spiritualisten
von einem neutestamentlichen Verbot der Kriegführung und Gebot
zum Leiden von Unrecht sprechen, so halte er, Luther, an der doppelten Gehorsamszuordnung des Christen fest, a) dem Geist nach unter
Christus im geistlichen Regiment und b) dem Leib und Gut nach der
weltlichen Obrigkeit gegenüber. Diese Gehorsamspflicht schließe
Gehorsam und Verpflichtung zum Streit, gewissermaßen eine 'allgemeine Wehrpflicht' ein (Tit 3,1).[177] Das Amt des Predigers, auch das
des Feldpredigers – so müsste man folgern – gehört eigentlich ganz
dem geistlichen Regimente zu, zur Gerecht- und Frommmachung der
Menschen. Gottgegebene weltliche Ehre und weltliches Gut für den
Adelsstand weist auf die göttliche Vollmacht und Pflicht des weltlichen Regimentes hin, vor der Welt durchs Schwert zum Frieden unter
den Menschen und leiblicher Wohlfahrt an zeitlichen Gütern gerecht

---

176 Luther, S. 365f.
177 Luther, S. 367.

und fromm zu machen. Für die geschaffene Welt gelte: „Und ist keine menschliche Ordnung oder Gewalt darin, sondern eitel göttlich Ding.“[178]

b) Rechte Kriegsführung

In einem zweiten Teil der Schrift diskutiert Luther mit taktischer Vorsicht praktische Fälle s. E. rechter oder falscher Ausführung des Kriegshandwerks, um das individuelle Gewissen von Soldaten zu bilden. Luther wusste durch Assa von Cramm davon, dass unter den bäuerlichen Aufrührern vor allem Reiche ungern und unfreiwillig mitgezogen waren, ohne Dank für ihren Einsatz zu ernten. Einige hatten gemeint, bei Mittun den tollen Haufen durch guten Rat hindern zu können. Andere zogen auf ausdrückliche Erlaubnis ihrer Obrigkeit mit. Nach dem Buchstaben des Gesetzes stand auf Aufruhr, das Verbrechen der Majestätsverletzung, für alle auf frischer Tat Ertappten die Todesstrafe. So seien einige Junker gegenüber den Reichen verfahren, um an deren Eigentum zu kommen! Diese „Jünkerlein und Jünkerchen“ hätten großes Unrecht getan, unschuldiges Blut vergossen, Witwen und Waisen gemacht „und heißen dennoch die vom Adel. Ja freilich vom Adel. Aber es ist der Dreck auch vom Adel und mag sich wohl rühmen, er komme aus des Adelers Leib, ob er wohl stinkt und nichts nütze ist. Also mögen diese auch wohl von Adel sein. Wir Deutschen sind Deutsche und bleiben Deutsche, das ist Säue und unvernünftige Bestien.“[179] Wo blieben Recht und Billigkeit und doppelt verdiente Gnade für aufrichtige Motivation bei offensichtlich eigennützigem Missbrauch des Kriegsamtes unter dem Schein gesetzlichen Rechts?

Luther diskutiert im Folgenden drei Fälle der Kriegsführung im Blick auf ihre Rechtmäßigkeit:

(a) der Streit unter rechtlich betrachtet Gleichen, die einander zu nichts verpflichtet sind durch Schwur o. ä., auch wenn sie unterschiedlich reich, mächtig oder angesehen sind,

(b) der Kampf einer Obrigkeit gegen ihre Untertanen und

---

178 Luther, S. 368.
179 Luther, S. 369.

(c) der Widerstand von Untertanen gegen ihre Obrigkeit.

(1) Widerstand von Untertanen gegen ihre Obrigkeit (Fall c)
Grundsätzlich schließt für Luther das Untertan sein die Pflicht zum
Unterworfensein unter den Herrn und diesen auch leiden wollen
ein.[180] Mit äußerster Vorsicht erwägt Luther dennoch einen Fall ge-
rechtfertigten Ungehorsams und Kampfs gegen die Obrigkeit, ja deren Absetzung. Heidnisches Recht, aber auch das Alte Testament und
die Erfahrung kennen den Tyrannenmord.[181] Luther kennt – zumindest im Jahr nach dem Ende des Bauernkriegs – keinen Fall gerecht-
fertigten Widerstands, noch kann er sich einen denken.[182] Damit stellt
er sich nicht nur gegen Assa von Cramms Handeln im Kampf gegen
den dänischen König Christian II., auch die Gründe der Bauern,
Schinderei durch Fürsten und Verbot evangelischer Predigt, hätten
keinesfalls zum Aufruhr berechtigt, sondern als Unrecht gelitten werden oder durch Auswanderung vermieden werden müssen. Das einzige Recht zur Absetzung mag im Wahnsinn, dem Verlust der Vernunft
und damit des Menschseins (!?) eines Fürsten bestehen. Tyrannei
könne auch im bildlichen Sinn nicht als Wahnsinn angesehen werden.
Ein Tyrann wisse um sein Unrecht, habe ein Gewissen und Erkenntnis und könne sich bessern und sich etwas sagen lassen. In diesem
Sinne möchte Luther von aller Form des Widerstands abraten unter
Bezug auf die römische Geschichte, die Maßlosigkeit und Tollheit des
Pöbels.

Der Gedanke einer Demokratie war für Luther offenbar kaum denkbar, und das zeigt den tiefen Unterschied in seinen Denkvorausset-
zungen im Vergleich zur Gegenwart, die davon ausgeht, dass Bürger
die gesellschaftliche Wirklichkeit mitgestalten. Perser und Tartaren
hätten durch Erdulden eher Bestand als die in Blutvergießen verstrick-
ten Schweizer oder Dänen, die unter Wilhelm Tell ihre Oberherren
wie kaiserliche Vögte, bzw. König Christian II. abgetan hätten. Luther
rät ab, verbietet Widerstand aber interessanterweise nicht, auch nicht

---

180 Luther, S. 371.
181 Luther, S. 372f.
182 So auch Stümke, Der Soldat, S. 22.

wenn nach biblischen Argumenten Gott allein die Rache gehöre.[183] Gott habe viele Weisen, um Tyrannen zu beseitigen durch Feuer, Wasser, Eisen, Stein zu töten, lasse aber einen Buben regieren um der Sünde des Volkes willen (Hi 34,30). Die Bauern seien verblendet gewesen, indem sie sich für ganz rein und vortrefflich hielten, und ihre Verblendung nicht erkannten, der Obrigkeit den Splitter aus den Augen ziehen sollten und den Balken in ihren eigenen Augen hätten erkennen müssen. Wenn denn faktisch kein Recht zum Widerstand denkbar sei, so könne Gott doch das Verjagen oder Ermorden von Tyrannen verhängen. Auch Tyrannen mögen wissen, dass ihre Sicherheit allein an Gott hänge. Luther wolle sie keinesfalls zur Bosheit ermutigen. Für alle Herrscher gelte in besonderer Weise die goldene Regel, wie schon jeder Hausvater erkennen könne. Assa von Cramm hatte sich nach dem Dienst bei Erich von Calenberg 1523 unter Herzog Friedrich (1471-1533) in den von der Stadt Lübeck mitgetragenen Krieg gegen Christian II. von Dänemark begeben, der mit äußerster Brutalität etwa im Stockholmer Blutbad vom 10.11.1520 und letztlich gegen Gustav Vasa erfolglos versucht hatte, die dänische Oberhoheit über ganz Skandinavien zu erhalten.[184]

So tritt Luther als Warner vor leichtfertigem bewaffnetem Widerstand auch gegen offensichtliches Unrecht auf: „Verstehst du diese Fabelen? Obrigkeit ändern und Obrigkeit bessern sind zweierlei, so weit von einander als Himmel und Erde. Ändern mag leicht geschehen, bessern ist misslich und gefährlich." Bessern steht allein in Gottes Willen, Hand und Vermögen![185]

Der tolle Poebel frage nicht viel, wie es besser werde, sondern dass es nur anders werde. Die Tyrannen können den tollen Pöbel am besten regieren, sie sind der Knüttel, dem Hund an den Hals gebunden! Luther schließt die Erwägung mit einem Rat ab, jegliche Art institutioneller Einflussnahme des Volkes auf dem Herrscher ist ihm in geregelter Weise unvorstellbar: „Darum rate ich, dass ein jeglicher, der mit gutem Gewissen hierin will verfahren und recht tun, der sei zufrieden mit der weltlichen Obrigkeit und vergreife sich nicht daran im Hin-

---

183 Luther, S. 375.
184 Hahne, S. 12-14.
185 Luther, S. 378.

blick darauf, dass weltliche Obrigkeit der Seelen nicht kann Schaden tun wie die geistlichen und falschen Lehrer tun." „Leide lieber alles, was dir geschehen kann."[186]

Selbst der Bruch eidlicher Verpflichtungen wie der „Magna Charta Libertatum" in England oder der Wahlkapitulationen Karl V. (1500-1558) berechtige nicht zum Widerstand. Adlige Herren und Seestädte wie Lübeck mögen in ihrem Aufruhr gegen den König Recht gehabt haben, haben aber doch keinen Auftrag zur Rache am König seitens Gottes. Zerstöre ihr noch so berechtigter Widerstand doch letztlich die eigene städtische Ordnung.

Schließlich greift Luther auch zu einem taktischen Argument, das er wohl aus dem Gespräch mit dem nachdenklichen Kommandeur Assa aufgenommen hat. Der hatte eben in dieser Weise den Sieg in der Schlacht bei Soltau in der Hildesheimer Stiftsfehde 1519 mit erkämpft, in dem er mit der Lüneburger Reiterei den sog. „verlorenen Haufen", die Spitze des Gegners, von der Hauptmacht des „gewaltigen Haufens" und dem Tross, bzw. „Nachtrab" abschnitt.[187]: Der sog. verlorene Haufen, ein Zehntel der Gesamtstreitmacht, den man als beweglichen Kampfverband am Beginn des Gefechtes einsetze, diene doch in jedem Gefecht dazu, Zorn und Strafe Gottes besonders auf sich zu ziehen, weil er als erster in den Kampf gerate und die größten Verluste habe. Der große Haufen habe dennoch ggf. keine Chance. Das ist nach Luther so zu verstehen, dass tapferer Widerstand bis zum Selbstopfer dennoch ohne Recht keine Verheißung auf Segen und Erfolg habe.[188]

Habe der Versuch der Reichsritter unter Franz von Sickingen, mit dem Überfall auf den Trierer Erzbischof die Säkularisation der geistlichen Fürstentümer einzuleiten, nicht ihrem eigenen Vorteil gedient und eben nicht dem Recht? Habe nicht der fränkische Adel der Junkerlein, in besonderer Weise gegen Kaiser und Bischöfe geschrieben, und Gott durch die Bauern den einen Buben durch einen andern gestraft? Hätten nicht für den Fall, dass die Bauern sich nicht erhoben

---

186 Luther, S. 379.
187 Udo Stanelle: Die Schlacht bei Soltau, in: Niedersächsisches Jahrbuch für Landesgeschichte 54 (1982), S. 153-188, 170.
188 Luther, S.381.

hätten, es die Fürsten gegen den Adel getan? Die Welt sei kein Paradies, sondern unter der Herrschaft des Teufels: „Du aber magst dir ein anderes machen, bau dir ein Paradies, wo der Teufel nicht hinkommen mag, auf dass du von keinem Tyrannen solche Wüterei erwarten darfst. Wir wollen zusehen. Ach uns ist nur zu wohl, der Kitzel sticht uns. Gottes Güte kennen wir nicht, glauben auch nicht, dass uns Gott so behütet und der Teufel so böse sei. Eitel böse Buben wollen wir sein und doch eitel Gutes von Gott haben."

Assa von Cramm erhielt von Luther kein explizites Verbot zum Dienst im Widerstand gegen rechtmäßige Obrigkeit, aber doch ein Kaleidoskop von zur äußersten Vorsicht mahnender Fragen zur Selbstprüfung. Das eigentliche, im Gottes Wort gegründete Verbot fehlt in Luthers Argumentation. Assas eigener Dienst gegen den dänischen König, ja auch gegen seinen Landesherrn Heinrich den Jüngern musste ihm in kritischem Licht erscheinen. Luther ließ ab 1536 ein naturrechtlich begründetes Recht zur Notwehr zu, erkannte auch eine in Wahlkapitulation und Krönungseid begründete Verpflichtung des Herrschers gegenüber seinen Untertanen an und änderte also seine Meinung zum Widerstandsrecht.[189]

(2) Krieg unter Gleichen (Fall a)

Luther erörtert nun als zweiten Fall die o. genannte erste Konstellation a): Krieg unter gleichen. Auch hier ist er äußerst zurückhaltend trotz der Lehre vom gerechten Krieg in der mittelalterlichen Fassung: Jedem Tollkopf unter den Fürsten sei vor allem gesagt. „Wer Krieg anfängt, der ist unrecht. Es ist angemessen, dass der geschlagen wird, der zuerst das Messer zückt!" „Denn weltliche Obrigkeit ist nicht eingesetzt von Gott, das sie solle Friede brechen und Kriege anfangen, sondern dazu, dass sie den Frieden handhabe und den Kriegen wehre" (Röm 13,4).[190] Rechte Krieger, kampferfahren, zücken nicht sofort das Schwert, provozieren oder trotzen nicht, haben keine Lust am Schlagen. Anders die toll(-wütigen) Narren, die mit Absicht Krieg

---

189 Vgl. Werner Elert: Morphologie des Luthertums. Bd. 2: Soziallehren und Sozialwirkungen des Luthertums, München 1958 (verb. Nachdr.), S. 375.
190 Luther, S. 384f.

anfangen, sogar vortrefflich die Welt mit Worten fressen, zuerst das Messer zücken, die fliehen auch als erste und stecken das Messer ein. Hannibal musste schließlich aufgeben, der Mut, die Gottesgabe, blieb bei den Römern. „Wo aber Mut bleibt, da folgt auch die Tat gewiss. Denn es ist Gott, der es tut, und der will Friede haben und ist denen Feind, die Krieg anfangen und den Frieden brechen."[191] Friedrich III. der Weise (1463-1525) sei ein kluger Fürst gewesen, der sich zum Krieg nicht habe provozieren lassen. Franz I. von Frankreich habe den Krieg gegen Karl V. verloren und wurde 1525 schmählich in Paris gefangen genommen. Num 21,21-5 und Dtn 2,26-37 dienen als biblisches Beispiel, wie Gott Frieden gebiete und Notwehr zulasse. Alles weltliche Recht lasse Notwehr ungestraft. Fast immer haben die, die angefangen haben, verloren! „Der Herr zerstreut, die Lust zu kriegen haben." (Ri 12, 1-6)

Rechter Krieg sollte nicht Krieg heißen, sondern „pflichtgemäßer Schutz und Notwehr."

(a) ein Krieg aus Lust und mit Willen angefangen, ist ein Lustkrieg. „Der ist des Teufels, dem gebe Gott kein Glück."

(b) ein durch Angriff aufgedrungener Krieg, ein Notkrieg, „ein menschlicher Unfall, dem helfe Gott."

Die lieben Herren mögen sich vor Krieg hüten außer zur Wehr und zum Schutz. Notkrieg ist Amtspflicht (!), wo es den Mann zu stehen gilt, drein zu hauen und den Harnisch zu zeigen. Prahlhänse, „Eisenfresser", sollen nicht einmal mehr Butter kauen können.

Das Werk, die Seinen zu schützen und Friede zu schaffen, soll jedem Herrn ein gutes Gewissen geben, er tut ein gerechtes Werk, von Gott befohlen(!). Ein Christ sei eine Person für sich selbst, ein „Fürst [...] eine Person für andere, dass er ihnen diene." Es ist schön, wenn er Christ ist, aber um seines Amtes willen, äußere Ordnung und Friede zu halten, ist das nicht nötig. Ein Fürst, der sich um seiner ,blonden Haare' (!) willen seiner Gewalt, seines Gutes, seiner Ehre freut, Lust und Trotz darin hat, sich darauf verlässt, ist ein Narr und Heide, soll an seinem Mutwillen eingehen. Fürst ist man um des göttlichen Amtes und Befehls zugunsten der Untertanen willen! „Ein vernünftiger

---

191 Luther, S. 385.

Fürst sieht nicht sich selbst an. Er hat genug, wenn seine Untertanen gehorsam sind, ob seine Feinde oder Nachbarn scharren und pochen, viele böse Worte fahren lassen, so denkt er: Narren waschen allezeit mehr als Weise. Es gehen viele Worte in einen Sack, und mit Schweigen wird viel verantwortet."

Auch im Notwehrkrieg sei immer Gott zu fürchten und vor Augen zu haben. Gott müsse auch dem gerechten Verteidiger keinen Sieg schenken! Grund des sich Verlassens ist auch hier allein Gottes nackte und bloße Gnade und Güte, nicht das eigene Recht.[192] Auch Heiden wie Griechen und Römer, die keine Gottesfurcht kannten, lehrten um der Gefahr des Krieges willen die Achtung vor dem Feind, das Bedenken auch des kleinsten Vorteils, die Sorgfalt auf Posten, Wache oder Aufmerksamkeit nicht schleifen zu lassen. „Narren, trotzige und unachtsame Leute dienen zum Krieg nichts, als dass sie Schaden tun." Zum Kriegführen sind die besten, fleißigsten und klügsten von Nöten, nicht die sicheren, trotzigen und lässigen.

Vor die Notwehr gehöre das Angebot, über eine vertragliche Lösung zu verhandeln.[193]

(3) Kriegerische Gewalt gegen Untertanen (Fall b)

Als dritten Fall behandelt Luther in aller Kürze den o. unter b) genannten Krieg zwischen Oberperson und Unterperson. Idealtypisch kümmere sich rechte Obrigkeit um Recht. Ein Auflehnen wie das der Bauern erfordere dementsprechend recht und billig kriegerische Gegenwehr des Oberherrn – immer in Gottesfurcht, nicht im Trotz eigenen Rechts. „Denn recht sein und recht tun folgen und gehen nicht alle Wege miteinander." Den Untertanen obliege Leidensbereitschaft und der Verzicht auf Zusammenrottung.[194] Die Rechtfertigung obrigkeitlicher Gewalt, obwohl Luther sich des Unrechts mancher Obrigkeit gegen die Untertanen bewusst war, wie o. gezeigt, ist sicher für moderne Leser nur schwer zu ertragen und nur geschichtlich aus dem Jahr der Abfassung 1526 zu erklären – nach dem die Reformation in

---

192 Luther, S. 389.
193 Luther, S. 390f.
194 Luther, S. 391.

den Augen der Mächtigen und Gegner zutiefst diskreditierenden Bauernkrieg..

c) Die Rechtmäßigkeit des Solds

Jede Gesellschaft beruht auf einem Grundvertrauen und Kanon selbstverständlicher Regelungen und Beziehungen. Jeder König brauche für die Ausübung seiner Herrschaft Untergebene, Leute und Volk, Bedienstete für den Krieg wie für das Rechtswesen, Räte, Richter, Rechtskundige, Stockmeister, Henker. Das gelte, auch wenn man Abgaben, um Sold, Dienst- oder Manngeld im Ernstfall zahlen zu können, in Frage stelle. An sich sei der Adel als Empfänger und Nutznießer von Lehensgütern schon zur Heerfolge mit Leib und Leben für den Oberherren verpflichtet. Eben dies sei der alte Grundgedanke des heiligen römischen Reiches, Gutsherren mit ständiger Rüstung und Bereitschaft und entsprechend Pferden und Männern zur Verfügung zu haben. Luther kann wie im Türkenbüchlein von 1522 durchaus fragen, ob diese faktische Teilung von Herrschaft nicht im Gegensatz zum autokratischen osmanischen Kalifat auch Herrschaft schwächt. Lehen verpflichtet also zum Dienst, zum Schutz und zur Handhabung des Friedens, nicht zum Prassen und Prangen. Lehensleute sollen sich nicht mit ihren Rossunterhaltspflichten rühmen, die sowieso von ihnen erwartet werden dürfen! Andere leisten täglich andere Arbeitspflichten, der Kriegsdienst wird Gott sei Dank nur selten gefordert.[195] Das „Nähramt" der „agricultura" solle das „Wehramt" der „militia" unterhalten: „Der Kaiser oder Fürst im Land soll auf beide Ämter sehen und darauf halten, dass die im Wehramt rüstig und reisig,[196] bereit zum Aufbruch sind, und die im Nähramt redlich handeln, die Nahrung verbessern, unnütze Leute aber, die weder zu wehren noch zu nähren dienen, sondern nur zehren, faullenzen und müßig gehen können, nicht leiden, sondern aus dem Land jagen oder zum Werk halten." Die Bienen stechen ja auch die Hummeln weg! Gott behüte uns Deutschen, die Ordnung von „Wehrlingen" und

---

195 Luther, S. 393.
196 Das Sprachspiel von einer „rüstigen und jederzeit reisigen", sprich: einsatzbereiten Armee als Instrument zur politischen „Handhabung" von Frieden drängt sich auf.

„Nährlingen" nicht durch vermeintliche Klugheit aufzuheben, so dass alle auch wirtschaftlich prosperieren und gute „Zehrlinge" sein können!

Zwar litten Soldaten selten unter „blöden", erschütterten Gewissen, aber das Urteil Luthers als göttlicher christlicher Lehrer, dass Soldaten nach Lk 3 ein göttliches Amt haben, zurecht Sold bekommen, um in Kriegsläufen Blut zu vergießen, zu morden, dem Nächsten Leid zu tun, nicht aus Vorwitz, Lust oder widerwillig, hat Bestand: „Darum, weil es ein rechtes, von Gott geordnetes Amt ist, gebührt ihm sein Sold und Lohn dafür, wie Christus spricht Matthäus 10: Ein Arbeiter ist seines Lohnes wert."[197] Ein Teufelskrieger führt gern Krieg, um Güter zu erwerben und beargwöhnt Frieden, ein rechter Krieger bekommt zurecht Sold und dient zurecht: „Denn es soll ja ein Kriegsmann mit sich und bei sich haben solch Gewissen und Trost, dass er schuldig sei und es tun muss, damit er gewiss sei, dass er darin Gott diene und sagen könne: Hier schlage, steche, würge nicht ich, sondern Gott und mein Fürst, dessen Diener jetzt meine Hand und Leib sind." Das zeige ja auch der Kampfruf: „Hie Kaiser, hie Frankreich, hie Lüneburg, hie Braunschweig", oder hie Gottes und Gideons Schwert (Ri 7,20). Damit spielt Luther wieder deutlich auf Dienstverpflichtungen Assa von Cramms an, nicht zuletzt in der Schlacht bei Soltau als Führer der schlachtentscheidenden lüneburgischen Reiterei 1519,[198] bzw. unter Karl von Geldern (1467-1538) auf französischer Seite gegen Kaiser Maximilian I. 1512.[199]

Luther lässt keinen Zweifel daran, dass, wenn denn der rechte Verteidigungsfall vorliegt, das Töten im Krieg Gottes eigenes Werk ist. Die Frage nach der Schuld beim Töten im Krieg hat an Aktualität nicht verloren. Die generelle Anwendung des 5. Gebots ist üblich. Neben den allgemeinen Hinweis auf die Vergebung Jesu Christi würde Luther allerdings zu aller erst die Frage nach der Rechtmäßigkeit eben dieses Krieges stellen, wenn es um die Tröstung des Gewissens geht.

---

197 Luther, S. 394f.
198 Stanelle, S. 170; Hahne, S. 10f.
199 Hahne, S. 7.

d) Verhalten bei einem ungerechten Krieg

Gebiete ein Herr einen in diesem Sinne als Angriffskrieg ungerechten Krieg, so solle man um Gottes willen den Kriegsdienst verweigern und „Gott mehr gehorchen als den Menschen" (Apg 5,29). Auch auf die Gefahr hin, vom Herrn bei Androhung des Lehens-, Lohn- und Sold- und Ehr- Treuverlustes zum Kriegsdienst gezwungen zu werden. Eine Todesstrafe für die Verweigerung des Dienstes kannte Luther offenbar nicht. In Zweifelsfällen solle man aber um der Liebe willen dem Herrn vertrauen und Dienst leisten. Die Treue vor Gott und Redlichkeit stehe höher als die der Welt.

e) Verhalten bei Verpflichtungskollision

Pflichtenkollision durch Unterstellungen unter mehrere Herren, wenn sie denn nicht um ökonomischen Vorteils willen bestehe und widersprüchliche Handlungen vorschreibe, sei an sich nicht zu tadeln. Kriegerische „Geschicklichkeit" sei nichts anderes als eine Dienstkunst oder ein Handwerk, um derenwillen man sich für rechte Kriege verdingen dürfe: „Denn das ist auch ein Beruf, der aus dem Gesetz der Liebe quillt" (1 Kor 9,7).[200] Dabei gehe Recht über Gut, Leib, Ehre und Freundschaft, Gnade und Genuss, verbiete also einen Dienst bei einem Herrn, der mehr bezahle, aber im Unrecht sei.

f) Motivation zum Kampf

Es gilt kein Ansehen der Person, sondern allein Gott, der nicht wider das Recht streitet. Entsprechend seien Geldgeiz wie Ehrgeiz und Ruhmsucht beide vom Teufel! Ehrgeizige Krieger kennen Gott nicht, Ehre kommt von selbst oder eben auch nicht. Von Ehre als für sich bestehendem Wert hält Luther nichts, vom ständigen „Reislaufen", d. h. sich als Söldner verdingen, ebenso wenig. Landsknechte, die immer auf der Suche nach einem Kriegsdienst durch die Lande streifen, müssen zuletzt zu Räubern und Buben werden und sollten lieber ein Handwerk oder Arbeit annehmen und ihr Brot verdienen. Auch hier spielt Luther möglicherweise auf das Leben Assas von Cramm an, der

---

200 Luther, S. 396f. Das hebt Stümke, Der Soldat, S. 20f, zu Recht hervor.

um der Entlohnung willen aus lüneburgischem Dienst in den calen-
bergischen übertrat unter dem Herzog, den er eben gerade noch hatte
besiegen helfen, Herzog Erich I. von Braunschweig-Calenberg (1470-
1540).[201]

Luther formuliert eine Mustermahnung: „Liebe Gesellen, liebe
Knechte, wir sind hier versammelt in der Dienstpflicht und im Gehorsam gegen unseren Fürsten, wie wir nach Gottes Wille und Ordnung schuldig sind, unserm Herrn beizustehen mit Leib und Gut.
Obwohl wir vor Gott ebenso wohl arme Sünder sind wie unsere
Feinde, aber doch, weil wir wissen oder doch nichts Anderes wissen,
als dass unser Fürst in dieser Sache recht hat und damit sicher und
gewiss sind, dass wir Gott selbst in solchem Dienst und Gehorsam
dienen, so sei ein jeglicher frisch und unverzagt und lasse sich nichts
anderes einbilden, als dass seine Faust Gottes Faust, sein Spieß sei
Gottes Spieß und schreie mit Herz und Mund: Hie Gott und Kaiser.
Gibt uns Gott den Sieg, so soll Ehre und Lob sein sein, nicht unser,
der es durch uns arme Sünder tut. Ausbeute und Sold wollen wir
nehmen als von seiner göttlichen Güte und Gnade uns unwürdigen
geschenkt und gegeben und ihm dafür von Herzen danken. Nun walte es Gott und hinan mit Freuden."[202]

Luther musste sich auch seelsorgerlich über die Gemütslage von Soldaten vor Gefechten belehren und sicher auch ernüchtern lassen, weil
auch heutige Erfahrung nichts anderes lehrte: „Aber das sind die aller
besten Gesellen, die sich vor der Schlacht ermahnen und ermahnen
lassen durch die löbliche Andacht ihrer Geliebten und sich sagen lassen: Hui, nun gedenke ein jeglicher an seinen liebsten Geliebten. Ich
sage das, wenn ich nicht von zwei glaubwürdigen, in solchem Spiel
erfahrenen Männern gehört hätte, dass solches geschehe, so hätte ich
es nimmer mehr geglaubt, des Menschen Herz sollte in solchem gefährlichen Handel, da die Todesgefahr vor Augen ist, so vergessen
und leichtfertig sein mögen. Zwar tut es keiner, wenn er mit dem Tod
allein ficht, aber hier im Haufen reizt einer den andern, so dass keiner
auf das achtet, was ihm gilt, weil es vielen mit gilt. Es ist aber erschre-
ckend für ein christliches Herz daran zu denken und zu hören, das in

---

201 Hahne, S. 12.
202 Luther, S. 397f.

der Stunde, in der man Gottes Gericht und Todesgefahr vor Augen hat, zu aller erst sich mit fleischlicher Liebe kitzelt und tröstet. Denn die, die so erstochen werden oder sterben, die schicken freilich ihre Seelen auch gar frisch in die Hölle ohne alles Säumen. Ja sagen sie, wenn ich an die Hölle denken sollte, müsste ich nimmer mehr in den Krieg ziehen. Das ist noch schrecklicher, dass man mutwilliglich Gott und sein Gericht aus dem Sinn schlägt und nichts davon wissen, denken noch hören will. Deshalb ist ein großer Teil des Kriegsvolkes des Teufels eigen und gar etliche sind so voller Teufel, dass sie ihre Tapferkeit nicht anders zu beweisen wissen, als verächtlich von Gott und seinem Gericht zu reden, als seien sie damit die rechten Eisenfresser, dass sie schändlich schwören, bei Christi Leiden fluchen, fluchen und Gott im Himmel trotzen dürfen. Es ist ein verlorener Haufen und die Spreu gleich wie in allen andern Ständen auch viel Spreu und wenig Korn ist.‟[203] Erlösungsgewissheit ohne Glauben ist Luther undenkbar, so sehr er sicher auch Verständnis für die Präsenz der Familie und Lieben im Leben eines Soldaten gerade in und vor dem Gefecht hätte. Fluchen ist Luther als weit verbreitete Soldatenunsitte bekannt, auch wenn es die Kriegsartikel seit Kaiser Maximilian I. (1459-1519) mit härtesten Strafen bedrohen.

Luther wäre sicher skeptisch, ob Soldaten für Sterbevorbereitung empfänglich sein möchten.[204] Auch die unter Soldaten verbreitete Pachtworkreligiosität scheint Luther bekannt geworden zu sein, der aus seiner Sicht Aberglaube an St. Georg, den Schutzpatron der Ritter, Landsknechte, Waffenschmiede und Büchsenmacher, oder an St. Christoffel in Kreisen der Ritterschaft tadelt. Man verwende das 1. Kapitel des Johannesevangeliums als Talisman.[205] Anders als nach dem nach Recht fragenden und im von Christus durch den Glauben befreiten Gewissen, im Bedenken des eigenen Dienstes und Gehorsams gegen Gott sei keine Seligkeit zu erlangen – und sei das Kriegswerk noch so recht. Auch das rechte Tun als Soldat könne eben nicht erlösen.[206]

---

203 Luther, S. 399.
204 von Krusenstjern, S. 483.
205 Vgl. dazu Funke, S. 216f.
206 Uhlhorn, Urbanus Rhegius, S. 244: „Wenn aber je Härtigkeit soll Sünd abnehmen, warum absolvirt man die Reuter, Landsknecht und Bauern nicht auch

In Gewissensfreiheit, in Herz und Mund möge jeder selbst seinen Dienst und Gehorsam gegen Gott bedenken, keines, auch nicht das beschriebene Werk, an sich vermöge selig zu machen.

Luther ist sich durchaus bewusst, dass glaubende, liebende und hoffende Christen in einer militärischen Einheit immer nur in der Minderheit vorhanden sein werden. Er ist sich dennoch gewiss: Wenn neun oder zehn oder auch drei oder vier bei einem Haufen wären, dann würden sie die Welt fressen ohne einen Schwertschlag, die wären Luther lieber als alle Büchsen, Spieße, Rosse und Harnisch. und er „wollte den Türken mit aller seiner Macht lassen kommen." „Denn Christlicher Glaube ist kein Schimpf noch ein geringes Ding, sondern wie Christus im Evangelium sagt: Er vermag alles." Es sei nur eine kleine Schar, die so glaube, dennoch sei diese Lehre wichtig und habe mit Jes 55,11 Verheißung. Immerhin bringe sie ja „etliche zu Gott."

Luther schließt mit einem Gebet: „Himmlischer Vater,

hier bin ich nach deinem Göttlichen Willen in diesem äußerlichen Werk und Dienst meines Oberherrn, wie ich es schuldig bin, Dir zuerst und demselben Oberherrn um deinetwillen, und danke für Deine Gnade und Barmherzigkeit, dass Du mich in solch ein Werk gestellt hast, wo ich gewiss bin, dass es nicht Sünde ist, sondern recht und deinem Willen ein gefälliger Gehorsam ist. Weil ich aber weiß und durch Dein gnadenreiches Wort gelernt habe, dass keines unserer guten Werke uns helfen mag, und niemand als ein Krieger, sondern allein als ein Christ selig werden muss, so will ich mich gar nicht auf

---

auf ihren harten Orden? Es ist je kein reisig Mann, kein Landsknecht oder Bauer, er erleid mehr sauer Arbeit als eine zarte Domina, eine weiche Kloster-Jungfrau, eine glatte Priorin. Ein Reuter hat einen schlechten Sold, darum muß er Tag und Nacht arbeiten, in Winter und Sommer, in Regen und Schnee, in großer Hitze und Kälte im Harnisch stecken, manchen schweren besorglichen Fall thun, gar offt in Gefahr stehen, schlecht essen, trinken, schlecht liegen, früh und spät seines Dienstes warten, wenig Hoffnung haben, wo er im Alter zu leben hab. Man braucht ihn, dieweil er gesund und jung ist, wenn er alt und krank ist, so lässet man ihn in der Residenz bei den Hunden liegen. Keine gewisse Herberge, kein gewisser Dienst, weder Haus noch Hof, weder Rente noch Güld ist vorhanden. Ist das nicht ein harter Orden?" (Urbanus Rhegius: Eine ungeheure wunderbare Absolution der Kosterfrauen im Fürstenthum Lüneburg mit ihrer Auslegung, 28.10.1531). Spiegelt dieser Einblick des nebenamtlichen Militärseelsorgers in die Härte des Soldatenlebens deren reale Altersversorgung in der Celler Residenz?

solchen meinen Gehorsam und mein Werk verlassen, sondern das selbige deinem Willen frei zu Dienst tun und glaube von Herzen, dass mich allein das unschuldige Blut Deines lieben Sohns, meines Herrn Jesu Christi, erlöse und selig mache, welches er für mich Deinem gnädigen Willen gehorsam vergossen hat. Dabei bleibe ich, darauf lebe und sterbe ich, darauf streite und tue ich alles. Erhalte lieber Herr Gott Vater und stärke mir solchen Glauben durch Deinen Geist. Amen!"

Darauf folge Glaubensbekenntnis und Vaterunser, wenn man mag. Man befehle Leib und Seele in Gottes Hände „und ziehe vom Leder und schlage drein mit Gottes Namen."

Luther erinnert abschließend seine damaligen Leser an die Bedrohung des Heiligen Römischen Reichs deutscher Nation durch die Türken. Sultan Suleiman I. (1494-1566) hatte 1526 Ungarn besetzt, in der Schlacht bei Mohacs war am 29.8.1526 König Ludwig II. von Ungarn (1506-1526) gefallen. Nun war Suleiman I. nach Istanbul zurückgekehrt und dort am 31.11.1526 empfangen worden. Die Deutschen hätten den Krieg schon wieder vergessen, der doch die Evangelischen auf dem Reichstag zu Speyer gerettet habe, weil er die kaiserliche Gewalt in der Reichsverteidigung nach außen band! Ihm, Luther, sei seit langem klar, dass angesichts der Wehrunlust er einmal türkisch werden werde, obwohl er schon lange eindeutig für die Verteidigung Partei nehmend geschrieben habe und sich nun nicht wiederholen wolle. Luther war sich durchaus bewusst, wie sehr sein eigenes Geschick seit 1517 von der Bindung des Kaisers in Kriegen gegen Frankreich oder die muslimischen Türken abhing!

3. Luthers Sicht der Kriege gegen die Osmanen

Luther führte seine gegenüber Assa von Cramm entwickelten Gedanken über den soldatischen Dienst und den Krieg aus Anlass einer neuen Bedrohung durch das osmanische Reich 1529 weiter aus. Wieder erwies er sich als medialer politischer und kirchlicher Berater und Soldatenseelsorger und trat wohl wissend, wie sehr die Bedrohung des Reiches durch die Türken, seiner eigenen Sache gedient hatte, seiner früheren Warnung vor einem Engagement im Krieg gegen die Türken entgegen.[207] 1529 entstanden die Schriften „Vom Kriege wider die Türcken" und „Heerpredigt wider die Türcken", in einer Lage erneuter Gefährdung 1541 die Schrift „Vermahnung zum Gebet wider die Türcken".[208] Über das Instrument der Predigt sowohl in den Ortsgemeinden wie auch bei den begleitenden „Heerpredigern" schärfte Luther den Obrigkeiten die Pflicht zur Verteidigung, den Untergebenen die Pflicht zum Wehrdienst ein.[209] Die Prediger seien schuldig, das Volk zur Buße zu mahnen und damit zur Verteidigung anzuhalten.[210] Die Kriegspredigt als Bußpredigt schloss die Verpflichtung zum Gebet und die Vertröstung auf Gott und nicht wirkliche oder vermeintliche militärische Überlegenheit ein, die einen Sieg nicht geben könne.[211] Luther sah die Situation echter Notwehr gegen einen

---

207 In der Bannandrohungsbulle „Exsurge Domine" Papst Leo X. war Luther der Vorwurf gemacht worden, den Krieg gegen die Türken zu verhindern. In den Resolutionen zu den 95 Thesen hatte Luther geäußert, dass Kampf gegen die Türken Kampf gegen Gott sei, der durch sie seine Christenheit heimsuche. 1521 stellte er klar, dass er einen Krieg als Kreuzzug verabscheute, ebenso seine Begründung mit dem Ablass. Vgl. Elert, Bd. 2, S. 372. Vgl. Hermann Kunst: Evangelischer Glaube und politische Verantwortung. Martin Luther als politischer Berater seiner Landesherrn und seine Teilnahme an den Fragen des öffentliche Lebens, Stuttgart 1979², S. 180. In den Bekenntnisschriften der ev.-luth. Kirche gelten die Kriege des Kaisers als heilige Werke wie die Davids, um die Gotteserkenntnis auf Erden zu erhalten (Augsburger Konfession 1530, Art. XXI, ebd., S. 83b, 1, bzw. ihre Apologie 1531, S.198 (70).
208 In der Weimarer Ausgabe Bd. 30/2, S. 81-149, 149-198, bzw. Bd. 51, S. 577-626. Vgl. Helmut Lamparter: Luthers Stellung zum Türkenkrieg (Forschungen zur Geschichte und Lehre des Protestantismus 4), München 1940, S. 10.
209 Lamparter, S. 87, bzw. 97f, 101.
210 Lamparter, S. 12 (unter Verweis auf Weimarer Ausgabe Bd. 51, S. 600, Z. 5ff.
211 Lamparter, S. 49 (unter Verweis auf Weimarer Ausgabe Bd. 51, S. 592, Z. 13ff), 51.

verbrecherischen Angriff, der auch gerade die Zivilbevölkerung betraf, als gegeben an, die jeden Soldatendienst als Werk der Liebe unmittelbar zum Gottesdienst machte.[212] Zugleich setzte er sich scharf von jeder Kriegsbegründung über die weltliche Macht als „defensor fidei" oder gar „Kreuzzug" ab.[213] Bei dergleichen Begründungen, die durch offensiven Religionskrieg weltliches und geistliches Regiment unstatthaft vermischten, habe jeder Christ das Recht, den Dienst zu verweigern:[214] „Wenn ich ein Kriegsmann wäre und sähe zu Felde einen Pfaffen – oder Creutz Panier, wenns gleich ein Crucifix selbst wäre, so wollte ich davon laufen als jagte mich der Teufel." Unter pflichtvergessenen Bischöfen zu Felde ziehen, heiße den Beistand Gottes verscherzen. Ein Geistlicher als „Heerprediger" für die Soldaten war denkbar und wünschenswert, ein Geistlicher als Kämpfer undenkbar.

Von Luther selbst ist ein Brief vom 14.8.1541 aus Wittenberg an einen mitziehenden Knecht erhalten, gewissermaßen ein unmittelbar militärseelsorgliches Dokument. Auf die Bitte von Kammerdiener (?) Georg Weiß aus Frankfurt am Main verfasste Luther eine kurze Anweisung aus der heiligen Schrift, die Weiß nach eigenhändiger Notiz während des Zuges unter seinem Harnisch trug. Mit Glaubensbekenntnis und Vater unser habe der Soldat genug Schätze auch im Angesicht der Schlacht.[215] Luther wusste um die Artikelbriefe und Eide der Söldner, aber auch um die offenbar oft diese Verpflichtung nicht einlösende Realität: Unbekümmert um die Frage, ob seine Predigt Beifall oder Missfallen erregt, habe jeder Diener des Gottesworts den offenen und heimlichen Sünden des Volkes mit dem scharf geschliffenen Schwert der Wahrheit entgegenzutreten. „Und sonderlich sollen die Heerprediger das Kriegsvolk auch den wilden, wüsten rohen Bru-

---

212 Lamparter, S. 102-5 (unter Verweis auf Weimarer Ausgabe Bd. 30/2, S. 180, Z. 7ff. In einer Tischrede (Weimarer Ausgabe Tischreden Bd. 1, S. 120, Z. 20ff; aus der Sammlung Veit Dietrichs) hat sich Luther zu dem halbstarken Wort hinreißen lassen: „Ich denke itzt an den Turken und denk: Wenn ich Samson wer, ich wolt yhm bald radten, wolt yhm all tag tausen Turken todt schlagen, das wer in einem jar 350000 Turken … Da wolt ich mein sonders paternoster zu haben."
213 Lamparter, S. 74, bzw. 76, 80.
214 Lamparter, S. 78f (unter Verweis auf Weimarer Ausgabe Bd. 30/2, S. 115, Z.1ff, bzw. Z. 23ff), 82, 128f (Zitat übertr. v. Vf.).
215 Lamparter, S. 65 (unter Verweis auf Weimarer Ausgabe Briefe Bd. 9, Nr. 493).

der Veit, der viel Marterns, Wunderns, Franzosens, Pestilenzens, Sanct Veitens, S. Antonius, S. Quirinus etc. kann, hart vermahnen, bitten, flehen, drohen, verheißen, dass sie von solchem Lästern lassen, und dafür das Vater unser und den Glauben beten. Denn sie sollen wissen, dass wir nicht wider Fleisch und Blut, sondern wider die Teufel in der Hölle streiten, und der Türk mit Fluchen und Lästern wohl ungeschlagen bleibt: wie jener Häuptmann sagt zu einem Krieger, der sehr fluchen konnte dem Feinde: Hörest du es, ich hab dich nicht im Heere, dass du sollst Alexandro fluchen, sondern wider Alexandro streiten. Vielleicht werden etliche sich lassen vermahnen und folgen, zuvor die, so dennoch auch gedenken, selig zu werden, an den Andern ist nichts gelegen, sie werden besser oder ärger." Eine interessante Definition zupackender, alle Register ziehenden militärseelsorglichen Mahn- und Bußpredigt entwickelt Luther hier und gibt zugleich einen Beleg dafür, dass 1541 evangelische Feld- oder „Heerprediger", wie Luther sagte, die Truppen der evangelischen Fürsten im Türkenkrieg begleiteten.[216] Ein kurzes inbrünstiges Gebet sei allen rituellen Handlungen wie prunkvollen Prozessionen, vielem Messelesen oder reichlicher Anrufung der Heiligen vorzuziehen.[217] Den Predigern obliege in besonderer Weise die Pflicht zur unablässigen Fürbitte.[218]

Für die Gottesdienste in der Heimat stellte Luther eine besondere Bittliturgie mit Psalmen und Choralgesang[219] zusammen, die im Gottesdienst Sonn- und Feiertags morgens oder abends nach der Predigt eingefügt werden konnte. Auch ein Vorschlag für ein häusliches Gebet findet sich. Der türkische Gegner mag zwar Rute Gottes sein für

---

216 Weimarer Ausgabe Bd. 51, S. 603, Z. 13ff (dazu Lamparter, S. 52; Zitat übertr. v. Vf.).

217 Lamparter, S. 55 (unter Verweis auf Weimarer Ausgabe, Bd. 30/2, S. 118, Z. 27ff.

218 Lamparter, S. 56 (unter Verweis auf Weimarer Ausgabe, Bd. 30/2, S. 120, Z. 10ff.

219 Weimarer Ausgabe Bd. 51, S. 608f: Psalm 97 „Es sind Heiden in dein Erbe gefallen", Traktat „Domine, non secundum", „Domine, non memineris", je gesungen durch einen Lateinschüler, dann kniend durch den Chor „adjuva nos Deus" (aus der altgläubigen Fastenliturgie), „Erhalt uns Herr, bei deinem Wort" oder „Verleih uns Frieden gnädiglich" oder „Vater unser im Himmelreich", Psalm 79 im Wechsel mit Psalm 20 (Gemeinde). Alternativ lasse sich diese Ordnung auch anstelle des Introitus oder während der Kommunion halten.

die allgemeinen Sünden, aber hat doch kein Recht zur Strafe aus menschlicher Sicht. Glaube an den dreieinigen Gott mache die Christen nach Luther zu Feinden für Muslime und umgekehrt Muslime zu Gottes eigenen Feinden.[220] In Sachsen blieb die Sitte einer Fürbitte für den Kurfürsten und seine Familie während der Abwesenheit auf Kriegszug nach dem allgemeinen Kirchengebet erhalten.[221]

4.   Luther und die Militärseelsorge

Was ist von Luther her für die Militärseelsorge zu bedenken oder ggf. auch zu lernen:

- Luther lässt uns wie ein Militärseelsorger an einem zuhörenden, vertraulichen Gespräch mit einem Soldaten und seinen Fragen teilhaben, die er sorgfältig einzuordnen und zu beantworten sucht.
- Luthers Sprache ist anregend: seine Rede von „Nährlingen, Wehrlingen und Zehrlingen", einer „rüstigen und reisigen" Verteidigungsarmee, den „Eisenfressern", um nur einige Beispiele zu nennen.
- Luther legte in seinem o. zitierten Gebet den Keim für eine evangelische, soldatische Gebetsliteratur. Fronsperger sollte es in seine „Geistliche KriegßOrdnung" aufnehmen, Johannes Botvidi (1575-

---

220 Lamparter, S. 58.

221 Böttcher, Die Türkenkriege, S. 77 zur Praxis während des Kriegszugs Kurfürst Johann Georgs III. 1683 (1647-1691) zur Entsetzung Wiens. Ein Dankgottesdienst unter Läuten sämtlicher Glocken und Abschuss der Festungsgeschütze im befreiten Wien wurde am 13.9.1683 überkonfessionell gefeiert (ebd. S. 98). Dankgottesdienste im ganzen Land wurden nach glücklicher Rückkehr gehalten, z. B. 1691 (ebd., S. 103) oder am 29.9.1686 ein „allgemeines Dank- und Beth-Fest [...] mit Läuten/ Singen/ Musik und andern gehalten" (ebd., S. 143). Zu diesen gehörte z. B. vor Ofen im Lager des bayerischen Kurfürsten der feierliche mittelalterliche Hymnus des" Te Deum" am 3.9.1686 unter Begleitung aller Heerpauken und Trompeten und dem Donner aller Geschütze (ebd. S. 140). Ähnlich auch am 8.9.1688 beim von Pater Marco d'Aviano gehaltenen Dankgottesdienst nach der Eroberung Belgrads (ebd., S. 156). G. Weber: Der Bericht des lüneburgischen Feldpredigers Georg Berkkemeyer über die Feldzüge von 1674-1679, in: Zeitschrift des historischen Vereins für Niedersachsen 1898, S. 1-51.

1635), seit 1611 Hof- und Feldprediger, fügte es 1629 in schwedischer Übersetzung in sein Gebetbuch für Soldaten ein.[222]

- Entgegen landläufiger Infragestellung des Soldaten ließ Luther keinen Zweifel daran, dass recht ausgeübter Soldatendienst ein von Gott gegebener Beruf war wie andere auch. Eben dieser Gesichtspunkt scheint weithin rezipiert zu werden, z. B. bei Fronsperger, oder auch beim Rittmeister des Dal-Regiments Knut Hand, der 1611 ein eigenes Gebetbuch „Schwertbrief" sammelte und komponierte, in dem er Luther besang und dessen Berufslehre übernahm.[223]

- Soldatsein muss dem Werk dienen, politisch den Frieden zu „handhaben" - ein schöner von Luther geprägter Ausdruck. Es gilt vorrangig und zu aller erst die Friedenspflicht in einem Gemeinwesen und für dieses Gemeinwesen. Es gibt zwar kein biblisches Wort, das Revolution ausdrücklich in allen Fällen untersagt, wie auch die Geschichte den Tyrannenmord kennt. Luther rät jedoch entschieden davon ab und stellt damit auch Assa von Cramms Handeln gegen König Christian II. von Dänemark in Frage. Luther differenzierte seine Auffassung zum Widerstandsrecht später.

- Luther schränkt die mittelalterliche Lehre vom gerechten Krieg, die auch um verletzten Rechts willen Krieg zulässt, ein, indem nur ebenbürtige bei Überfällen und Angriffen auf sich selbst zur Verteidigung zu den Waffen greifen sollen. Jeglichem Hasardspiel mit kriegerischen Gebärden oder gar leichtfertigen Angriffskriegen ist christliche Rechtfertigung zu versagen. Luthers dialektisches Denken in Beziehungen, die für jeden auch den Fürsten in Gottesgnadentum und -unmittelbarkeit Ober- und Unterkeit sieht, müsste Verantwortungsethik in der Politik oder schlicht menschliche Demut und Vorsicht lehren. Sie gemahnt Assa von Cramm, neu in den Dienst seines einstigen Gegners, Heinrich des Jüngeren zu

---

222 Gudmundsson, S. 179.
223 Gudmundsson, S. 180, 90, 107: „Schwertbrief – das ist ein christliches Schild, mit dem sich ein gottesfürchtiger Kriegsmann täglich bewaffnen soll, dass er geistlichen und leiblichen Gefahren entfliehen möge".

treten – eine Entscheidung, die ihn 1528 auf dessen Italienzug das eigene Leben kostete.

- Indem Luther die Frage nach dem Recht des Krieges stellt, diesen dann aber im Fall der Notwehr als Handeln in Gottes eigenem Auftrag und seiner Stellvertretung auffasst, weist er auch allen modernen Fragen in Ethik und Seelsorge eine Spur, nämlich die mit allen Mitteln menschlicher Vernunft, nach der Rechtmäßigkeit des eigenen Handelns, seiner Legalität und Legitimität, zu fragen, dann aber gegebenenfalls auch sich keinerlei Gewissensskrupel machen zu lassen. Dass Luther mit dieser Gedankenfigur nicht weit davon entfernt ist, einen solchen Krieg selbst zu heiligen, dürfte auf der Hand liegen. Die Verantwortung, die Rechtmäßigkeit eigenen Handelns zu prüfen, lässt sich nicht delegieren.

- Schließlich: die bedrängende, nicht immer oder oft nicht zu verstehende Nähe Gottes in allem Geschehen, auch dem Kriegsgeschehen, nach dem Muster der biblischen Geschichtsbücher ist unverlierbarer Teil von Luthers Spiritualität. Es gibt keine unmittelbarere Wirklichkeit als die im alltäglichen Dienst am Nächsten im Gebet erfahrene Nähe Gottes auch in Todesgefahr. Glaube ist auch für Soldaten bei geschicktestem Tun und sicher auch Schuldigwerden nichts anderes als ein sich Vertrösten auf Gott und seine Gnade.

III. Anfänge rechtlicher Institutionalisierung evangelischer Militärseelsorge im lutherischen Schweden, in den Türkenkriegen und im Schmalkaldischen Krieg

Die Zeit zwischen Augsburger Reichstag 1530 und Augsburger Religionsfrieden 1555 brachte Übergänge, die allenfalls territorial rechtliche Sicherheit für reformatorische Stellungnahmen oder Gestaltungen schufen. Aber auch die hingen an Verteidigungs- oder Bündnisfähigkeit im Schmalkaldischen Bund und boten nur relative Sicherheit. Entsprechend blieb manches unbestimmt und vieldeutig. Nichtsdestotrotz finden sich weitere Anzeichen erster Institutionalisierung evangelischer Militärseelsorge.

1. In Schweden

In der schwedischen See- und Kriegsgesetzgebung begegnen erstmals evangelische „Kriegspriester" in größerer Zahl in Rechtscorpora. Das erste Schiffsrecht im Befreiungskrieg gegen Lübeck, wurde am 30.4.1535 erlassen. Die rechte Ordnung an Bord sollte auch dazu dienen, dass Gott den Sieg verlieh. Beiläufig wurde erwähnt, dass der Kaplan Kleider und Waffen des anderen Kaplans übernehmen sollte.[224] Offenbar gab es einen Marineseelsorger mit geordnetem Dienst, und man hatte auch kein Problem mit einer Bewaffnung dieses Militärseelsorgers.

In der Einleitung der eigentlichen Seeartikel Gustav Vasas vom selben Tag, dem 30.4.1535, die als „Hofrecht" registriert sind, heißt es: „Weil wir ein christliches Volk sind und den allmächtigen Gott als einen Herrn bekennen, der Tod und Qual für unser aller Seligkeit erlitten hat, müssen wir uns deshalb in aller Weise als christliche Menschen schicken, Gott fürchten und ihn vor Augen haben, sein heiliges Wort

---

224 Gierow, S. 99f.

und Evangelium vor Augen haben und danach tun, dann geschieht uns Glück, weil wir ihn mit uns haben. Denn da, wo Gottes Wort gehandelt und geredet wird, da ist auch Gott dabei, und all die Stunden, in denen er bei uns steht, geschieht uns kein Schade. Darum hat auch ihre königliche Majestät, unser liebster und gnädigster Herr, Praedicanten und Kapläne auf den Schiffen, die dort Messe halten, predigen, dem Volk Gottes Wort und seinen heiligen Willen und sein Bußwort verkündigen sollen."

Versäumen des Gottesdienstes, Fluchen und mangelnde Andacht wurden mit Kielholen bestraft![225] Als Gustav Vasa nach 1540 die bereits bei Nicoló Machiavelli (1469-1527) skizzierte Idee der Wehrpflicht umsetzt, finden sich alsbald am 12.1.1545 auch erste Bestimmungen zur Militärseelsorge in Kriegsartikeln an schwedische, dänische, deutsche und finnische Knechte. In neuen Kriegsartikeln vom 28.6.1555, bzw. vom 15.8.1556 begegnet die klassische Formulierung des Gedankens der auch vom Soldaten um der Wohlfahrt des Landes willen zu bewahrenden christlichen und sittlichen Existenz.[226] Um 1550 waren Feldpriester in Schweden ein natürlicher Teil der militärischen Verbände, regelmäßige Gottesdienste nachweisbar.[227] Während der Regierungszeit von König Erik XIV. (1533-1577) von 1560-1568 dienten etwa 20 Feldpriester im schwedischen Heer.[228] Bei 27 Schiffen dienten in der Flotte von Jakob Bagge 1563 10 Kapläne, 1564, auf 19 Schiffen 10, 1565 33. Die livländische Flotte aus 43 Schiffen wurde von 31 Predigern, Klas Horns Flotte von 56 Schiffen 1566 von 39 Predigern begleitet. Erik XIV. führte 1565 wohl auch den morgentlichen und abendlichen „Chorgesang" (das Chorum) ein, „um Gott für einen guten Tag zu danken und für eine gute Nacht zu bitten".[229]

Feldoberst Georg von Holle (1514-1576), der wie Günther von Schwarzburg auf dänischer Seite im Nordischen-Sieben-Jahres-Krieg kämpfte, nahm 1563 nach der Eroberung der Festung Älvsborg, im

---

225 Gierow, S. 101.
226 Gierow, S. 106.
227 Gierow, S. 136.
228 Gudmundsson, S. 46.
229 Gierow, S. 131f. Eine andere Deutung geht davon aus, dass das Chorum auf die Aufforderung zurückgeht, sich vor Luthers Morgen- und Abendsegen zu bekreuzigen (schwed. „gå till kors" „zum Kreuz gehen").

heutigen Göteborg gelegen, an der Verteidigung des dänischen Halmstad teil. Am 9.11. kam es zu einer 52 Stunden ununterbrochen während Schlacht bei Mared nahe Halmstad,[230] die u. a. von Holle bei 100 eigenen und etwa 2500 schwedischen Verlusten zugunsten Dänemarks entschieden wurde. Angesichts dessen, was Holle berichtet, kann die lutherische, durch Feldprediger verbürgte Prägung des schwedischen Königs Eriks XIV., bzw. seiner Soldaten noch nicht sehr tief, geschweige denn exklusiv gewesen sein: „Eine gar närrische Posse, mehr zu beklagen, denn zu lachen, kann ich auch nicht unterlassen euch zu vermelden, von wegen vierer Zauberinnen, so der König von Schweden bei sich gehabt, deren eine unsere Völker gefänglich bekommen und noch festhalten, welche bekannt [hat], dass sie ihn vertröstet [habe], unsers Königs Kriegsvolk dermaßen zu bezaubern, dass er derenhalben keine Gefahr haben oder Schaden nehmen sollte. Zu dem Behuf seien etliche wollene Garne hin und her durchs Feld über die Wege an vielen Orten allenthalben gesponnen [worden], welches wir in unserem Anzuge mit Augen gesehen, aber was es bedeutet, nicht gewusst haben, doch aber, Gott Lob, von solchem teuflischen Spinnengewebe nicht verletzt, viel weniger verhindert sein, wie denn die Schweden an ihrem Blut und Leben (?) wohl gewahr geworden [sind]. Zu erbarmen aber ist von solchem König, der [für] sich [einen] christlichen Namen und Titel gebraucht, dass der sich als schändlich von Teufels Frauenzimmern anregen und herumführen lassen soll haben.“[231] Angesichts ausbleibender Zahlungen seitens der dänischen Krone fürchtete von Holle 1566 um seinen guten Namen als „ein frummer alter Oberster“, der seine Truppen hier nicht im Stich lassen könnte.[232]

Aus diesem „nordischen siebenjährigen Krieg“ sind drei dänische Admiräle, bzw. Heerführer in ihrer Frömmigkeit erkennbar. Admiral Herluf Trolle (1516-1565) studierte in Wittenberg und blieb zeitlebens mit Melanchthon in Kontakt, der als Inspirator militärischer Bildung eine Untersuchung lohnen würde, wenn man auch an Graf Christoph von Oldenburg denkt. Selbst kinderlos stiftete er 1565 eine

---

230 Lindbergh, S. 99f: Zauberei als letztes Mittel einer demoralisierten Armee auf dem Rückzug.
231 Angermann, Georg von Holle, S. 167 (Zitat übertr. v. Vf.).
232 Angermann, Georg von Holle, S. 181.

„freie Schule des Adels" in Herlufsholm. Als Vorsteher dieser Schule tituliert er sich in seinem letzten Brief an seine Frau am 6.6.1565 kurz vor seinem Tod, selbst bereits verwundet:[233] „Meiner allerherzensliebsten Birgitte, Gott, dem Vater unseres Herren Jesu Christi, sei Lob und Dank in Ewigkeit für seinen großen Schutz, Amen. [...] Ich verfolge jetzt die Schweden, und Gott wird mir helfen, sie niederzuwerfen, das hoffe ich mit Gottes Hilfe." Unmittelbar erwartete er mit der Frömmigkeit der Psalmen Gottes Hilfe für sich. Ein bis dato gültiges Gewohnheitsrecht im Umgang mit Kriegsgefangenen ließ ihn bei dessen Verletzung auf Einsicht des gegnerischen Königs Erik XIV. oder Gottes „sichere" Strafe hoffen. Trolle schrieb selbst Choräle oder übersetzte Hymnen wie das „Tedeum" auf Dänisch. Admiral Peder Skrams (1491/ 1503-1581) Frau Elsebe Krabbe (1514-1578) dichtete nach der von ihr geleiteten Verteidigung ihres Schloss Laholm ebenfalls einen Choral, der Motive etwa aus Psalm 115 aufnahm:[234] „Eine christliche Danksagung: für Gottes gute Befreiung von leiblichen Feinden und Unfreunden [...], als die Feinde allenthalben andrangen/ anderer Entsatz nicht zu bekommen war/ sie kamen von rechts und von links/ nur du konntest aus der Klemme uns helfen." Ihr Mann gab in einem Brief an König Friedrich II. am 27.10.1567 dem gleichen Vertrauen Ausdruck: Dänemark möge nur auf Gott hoffen, der trotz allem stärker sei als die Schweden und zu den Dänen halte. Biblische Kategorien wie „Kinder des Lichts" gegenüber „Kindern der Finsternis" und „Werken der Finsternis" deuten nach Eph 5,11ff ein aufgedecktes Komplott.[235]

Feldoberst Daniel Rantzau (1529-1569) hatte ebenfalls u. a. in Wittenberg studiert. Von 1559 bis 1562 war er im Dienst Herzog Adolfs von Holstein-Gottorp (1526-1586) neben der Teilnahme am Feldzug gegen die Dittmarscher Bauern 1559 als Drost im verpfändeten Amt Peine tätig. Im selben Jahr stiftete er nach dem Vorbild der Andreaskirche in Hildesheim der Peiner St. Jakobikirche ein diesem nicht nachstehendes bronzenes Taufbecken, das eine ausgeprägt lutherische Tauftheologie in Bilder umsetzt. In der Widmung heißt es: „[...] gab

---

233 Lindbergh, S. 166f, 169, 229, 299.
234 Lindbergh, S. 226-229 (im Gesangbuch v. Hans Thomesen 1569; Zitat übertragen v. Vf.).
235 Lindbergh, S. 273f (an dens. Anf. Okt. 1565).

der ehrbare und ehrenfeste Daniel Rantzaw diese Taufe in Gottes Ehre und der ganzen Gemeinde in Peine zur Förderung göttlicher Ehre".[236] 1560 berief er den Braunschweiger Superintendenten Dr. Joachim Mörlin (1514-1571), um eine Visitation in Peine durchzuführen und die evangelische Kirche im Amt Peine zu ordnen. Eine entsprechende Kirchenordnung wurde 1561 in Kraft gesetzt. Von Peine aus trat Rantzau unmittelbar in dänische Dienste.[237]

Welche Rolle Militärs bei der Einführung und Durchsetzung der Reformation unter dänischer Oberhoheit gespielt haben, wäre eine Untersuchung wert. In der Kirche von Grötlingbo auf Gotland hat sich eine 1548, im Jahr des Augsburger Interims, vom dänischen Lehnsherren Eiler Hardenberg (1505-1565) und seiner Frau Karen Rosenkrantz († 1549) der Hauptkirche St Marien in Visby gestiftete Kanzel erhalten, die 1699 verkauft wurde. Kanzeln werden in Schweden erst mit der Reformation im 16. Jh. üblich. Nach einer Deutung Jörn Staeckers[238] sind auf dieser Kanzel neben dem dänischen Reichswappen und Entstehungsjahr der dänische Reformator Johannes Bugenhagen, Kurfürst Johann Friedrich der Großmütige, Philipp Melanchthon und Martin Luther abgebildet. In der Mitte findet sich das Bild eines bisher nicht identifizierten Soldaten mit Helm. War die Kanzel zur Zeit des Augsburger Reichstags 1548 eine seitens des Militärs vorgenommene Demonstration der Reformation der Kirche Gotlands nach der Lehre Melanchthons und Luthers in der Ordnung des Reformtors Dänemarks Bugenhagens?

Ein Tagebuch in deutscher Sprache über Rantzaus Feldzug bis nach Östergötland 1567/8 hat sich in einer sekundären Reinschrift erhalten – möglicherweise von einem, allerdings unbekannten Feldpriester und

---

236 Ulrike Mathies: Das Taufbecken der St.-Jakobi Kirche in Peine, in: Harald Brandes/ Martin Lechler/ Christof Pannes (Hrsg.): Lebendige Steine – Erzählende Bilder. 100 Jahre St. Jakobi-Kirche Peine 1899-1999, Peine 1999, S. 97-107, 98.
237 Müller/ Zechel, Die Geschichte der Stadt Peine, S. 128f.
238 Jörn Staecker: Kaiser, König und Reformatoren. Das Bildprogramm einer gotländischen Kanzel, in: Barbara Scholkmann/ Sören Frommer/ Christina Vossler/ Markus Wolf (Hrsg.): Zwischen Tradition und Wandel. Archäologie des 15. und 16. Jahrhunderts (Tübinger Forschungen zur historischen Archäologie 3), Büchenbach 2009, S. 103-112, 106-108 gegen eine von Bengt Stolt vorgetragene Deutung auf die Kaiser Maximilian I., Karl V. und König Ferdinand I (freundl. Hinw. v. Johannes Reller BA).

Sekretär Rantzaus auf Deutsch verfasst.[239] Aus seiner Verachtung katholischen Reliquienkults am 13.1.1568 in Vadstena machte er keinen Hehl. Auch einen Dankgottesdienst am 16.1.1568 unweit entfernt in Skänninge erwähnt er, ebenso Taufe und Dankpredigt für einen mitten im Wald gesund geborenen Soldatensohn in der Kirche von Säby auf dem Rückzug nach Schonen.[240]

Wie international der Söldnermarkt war, lässt sich gerade am Beispiel Schwedens zeigen. Markgraf Christoph II. von Baden (1537-1575) hatte unter Philipp II. von Spanien gekämpft, um 1561 als Feldoberst in die Dienste Erik XIV. zu treten und 1564 dessen Schwester Cecilia Vasa (1540-1627) zu heiraten. Ein Treueeid gegen Erik verpflichtete ihn, nach der Rückkehr in seine Grafschaft Rodemachern zwischen Lothringen und Luxemburg die Werbung von Knechten für Erik zu fördern. Auch unter König Johann III. blieb dieser Auftrag 1571 bestehen. Sohn Eduard Fortunatus (1565-1600) seinerseits sollte auf Seiten Philipps II. von Spanien Truppen werben und nach der Teilnahme an der Schlacht bei Stångebro 1598 auf Seiten von Johanns Sohn Sigismund gegen Herzog Karl nach der Rückkehr in sein letztes verbliebenes Schloss Castelaun 1600 verunglücken und sterben. Der Markt an Kriegs- und Landsknechten war auf allen Ebenen wenig konfessionell oder national begrenzt. Pontus de la Gardie (1520-1585) kam unter Erik XIV. in dessen Dienst.[241]

Schwedische Feldprediger kamen früh in Kontakt mit orthodoxem Christentum. Von 1580-1597 war die Provinz Kexholm am Ladogasee in Karelien von schwedischen Truppen besetzt. Die Truppen zerstörten zwar zu Beginn viele der 13 Klöster und ca. 50 Kirchen, so dass der orthodoxe Klerus zu großen Teilen floh. Die Feldprediger machten jedoch keinerlei Anstrengungen, die Bevölkerung zum lutherischen Glauben zu bringen.[242]

---

239 Daniel Rantzovs Vinterfelttog i Sverig fra den 20 Oktober 1567 til den 14de Februar 1568, in: Monumenta Historiae Danicae: Historiske kildeskrifter og bearbejdelser af dansk historie II, hrsg. v. Holger Fredrik Rördam, Kopenhagen 1884.
240 Lindbergh, S. 293f, 302.
241 Lundh-Eriksson, S. 51, 57, 68, 77; vgl. Reller, Läckö.
242 Åke Andrén: Sveriges kyrkohistoria. 3. Reformationstid, Malmö 1999, S. 234f.

Arvid Gierow formulierte eine überprüfenswerte Hypothese zur Entwicklung organisierter Militärseelsorge im Protestantismus. Er sah von den schwedischen Quellen aus den Ursprung geordneter Militärseelsorge im am Königshof geltenden Recht. Die Reformation gab adligen Herren das Recht, auch in den im Mittelalter der Kirche vorbehaltenen religiösen Bereichen Recht zu setzen, so dass die mittelalterliche Form des Hofrechts im 16 Jh. neue Inhalte bekam. So entwickelte sich auch das Militärkirchenrecht aus dem ökonomischen und administrativen Recht des Königs. Gustav Vasas Hofordnung vom 16.10.1544 wurde zum Modell für Gustaf Adolfs Hofordnung, die alle Diener verpflichtete, Gottes Wort gerne zu hören und zu lernen – man hört Luthers Auslegung des dritten Gebots im Kleinen Katechismus – und Gott zu fürchten, den Sonntag zu heiligen, aber auch alle verbreiteten Ärgernisse für Gott bei Strafe wie Fluchen, Prunk- und Trunksucht zu unterlassen.[243] Dabei wurden mittelalterliche Impulse, nach denen der Hofprediger auch ggf. als Feldprediger agieren konnte, aufgenommen. Das Militär geriet im weitesten Sinn in den Bereich der königlichen Familie, des königlichen Hauses und der hier geltenden Regeln.

2.　Im Schmalkaldischen Bund

Zwei sehr unterschiedliche politische Akteure spielten im 1531 begründeten schmalkaldischen Bund eine Hauptrolle, Landgraf Philipp von Hessen und Kurfürst Johann Friedrich von Sachsen.

Landgraf Philipp von Hessen, genannt der Großmütige oder auch Heißblütige (1504-1567), kam 1518 im Alter von 14 Jahren an die Regierung und zeichnete sich früh durch militärisches Engagement aus:

- Die Unterwerfung des Reichsritters Franz von Sickingen zusammen mit Kurtrier und der Kurpfalz 1522/3,
- die Teilnahme an der Niederschlagung des Bauernaufstands in den Reichsabteien Fulda und Bad Hersfeld und bei Frankenhausen 1524/5 mit Feldprediger Adam Krafft,

---

243 Gierow, S. 93.

- der Zug gegen die fränkischen Bischöfe 1528 (die sog. „Pack-schen Händel"),
- die Gründung des Torgauer Bundes mit Kurfürst Johann von Sachsen 1526, bzw. nach dem Reichstag von Augsburg 1530 1531 die des Schmalkaldischen Bundes, dessen Führung faktisch bei Philipp lag.
- die Kampagne zur Befreiung Württembergs 1534 mit Feldprediger Theodor Fabricius, bzw. Hofprediger Konrad Öttinger und Matthäus Alber als Feldprediger Herzog Ulrichs von Württemberg,
- die Kampagne gegen das Täuferreich in Münster 1535,
- der Regensburger Vertrag mit Kaiser Karl V. 1541 mit der Zusage, für die Duldung seiner Doppelehe mit Margarete von der Saale 1539 auf ein Bündnis mit Frankreich zu verzichten und eine Aufnahme des Herzogs von Kleve in den Schmalkaldischen Bund, bzw. dessen Eingreifen in den Krieg um das Herzogtum Geldern zu verhindern,
- der erste Zug auf Braunschweig 1542 mit Hofprediger Dionysius Melander und Feldprediger Burkhard Waldis, bzw. der zweite 1545 und
- der Schmalkaldische Krieg 1546/7 mit Hofprediger Theobald Thamer.

1524 optierte Philipp offen für die lutherische Reformation in der Landgrafschaft und erkannte früh die politische Dimension einer geeinten evangelischen Bewegung im Heiligen Römischen Reich deutscher Nation. Gegen den Widerstand Luthers lud er zum Einigungsgespräch über das Abendmahl 1529 nach Marburg. Philipp hielt Disziplin im Sinne der allgemein üblichen Kriegsartikel, ohne humanitäre Rücksichten zu nehmen. Sein Wahlspruch lautete: Ein barmherziger Kriegsmann oder ein gottesfürchtiger Buhler würden ihre Ziele kaum erreichen.[244] Seine Bereitschaft, zu reformatorisch begründeten politischen Zwecken auch militärisch zu handeln, könnte Philipp als einem frühen Förderer evangelischer Militärseelsorge als Institution erwarten lassen. Das lässt sich allerdings systematisch nicht nachweisen.

---

244 Pätel, S. 100f.

Landgraf Philipp galt als Architekt des Bundes, der seine Hauptgebrechen deutlich benannte:[245] jene „träge[n] Scheu trauriger Möglichkeiten und ungeduldige[n] Friedensliebe, welche oft die blutigsten Kriege in der Ferne bereitet, [...] jenes blinde[n] Vertrauen auf die unmittelbare Einwirkung Gottes, welches immer zur Selbstversäumnis, des gefährlichsten Feindes der Unionen führt, und d[ie] konfessionelle[n] Beschränkung, wodurch Luther und in seinem Sinn der Kurfürst von Sachsen die freie Entwicklung der evangelischen Kirche hemmten." Theologen wie Urbanus Rhegius und Erhard Schnepf konnten hingegen das Bündnis mit Abrahams Bündnissen mit Gott vergleichen und damit überhöhen.

Nach dem württembergischen Zug forderte Martin Bucer (1491-1551) Philipp auf, dass der Schmalkaldische Bund sich „der kirchen Annemen und ir recht fordern" sollte. Philipp war aber skeptisch, dass dies mit den Verbündeten mit „fugen und ordentlich" geschehen könnte.[246] Mit Gewalt in anderen Landen Ordnung zu machen, stehe dem Amt des Bundes nach Meinung der gelehrten Experten nicht zu, mit Worten darum bitten könne man. „So sehen wir dass alle Kriege die bei unseren Zeiten der Religion halben angefangen, böse Ausgänge" gehabt hätten, z. B. in Genf, aber auch im Bauernkrieg. Eine „Fehde die erstlich auch einen göttlichen Schein der Religion vorgebe, sehet an Zürich, Münster und andere so findet Ihr wenig Glück dabei. [...] Aber wahrlich was wir Gutes zur Besserung der Kirche können tun, das wollen wir gern tun es sei durch gütliche Mittel, durch anregen, vermahnen tagleisten oder auch durch Krieg, sofern als er mit Gott geschehen kann und durch gemeinsamen Rat beschlossen würde." Aber Krieg anzufangen, damit einzelne Städte Güter ihrer Kirchen erhalten, sei nicht anzuraten. Da seien die Besitzverhältnisse doch erst im Blick auf Bistümer oder andere Geistliche gewiss zu klären. Hier sei rechterweise nur mit einer gemeinen Bewilligung der deutschen Nation zu handeln! Waffenstillstand und Frieden seien höhere Güter, als in unvorsichtig los gebrochenem Krieg unschuldiges Blut zu vergießen. Wer erst evangelisch werden wolle, wenn der

---

245 Von Rommel, Philipp der Großmüthige, Bd. 1, S. 298.
246 Von Rommel, Philipp der Großmüthige, Bd. 3, S. 78-83, 80f: No. 22: an Martin Bucer Zapfenburg Mittw.. n. Johannis 1539. Vgl. Bd. 1, S. 426-428 (Zitat übertr. v. Vf.).

Bund hinter ihm stehe und er der Kirchengüter sicher sei, der wolle um des Geldes willen evangelisch sein, sich auf den „fleischlichen Arm", aber nicht auf das Evangelium verlassen. Sich auf mögliche Allianzen mit England zu versteifen – eine Anspielung auf ein Ziel kursächsischer Politik –, sei auch gewagt. Philipp wehrt hier deutlich der Versuchung, den schmalkaldischen Bund als Agentur der Besitzvermehrung, protestantischer Konfession und Mittel des Religionskriegs zu sehen.

Eines darf man im Vorgriff sicher feststellen: Hätte der Protestantismus nicht den Schritt zu einem politisch-militärischen Sicherheitsbündnis des Schmalkaldischen Bundes, entsprechender Rüstung und auch Aktion gewagt, dann ist sehr fraglich, ob er trotz außenpolitischer Bindung des Reichs durch die Osmanen, bzw. Franz I. von Frankreich seine „Kindheit" überstanden und letztlich im Augsburger Religionsfrieden 1555 seine rechtliche Etablierung hätte erfahren können. Die gemeinsame Übung von Frömmigkeit war selbstverständlich auch Teil dieses Bündnisses.[247]

Neben der Bundesverfassung von 1535 „gaben sich die Schmalkaldener auf dem Bundestag zu Koburg am 22. August 1537 noch eine spezielle Wehrverfassung. Für den Fall, daß eines der Bundesmitglieder der ‚Religion sachen halb‘ geächtet wurde, und die ‚papistischen‘ Stände zur Vollstreckung der Acht Kriegsvolk versammelten, erhielten die beiden Oberhauptleute die Vollmacht, Truppen anzuwerben und eine doppelte Hilfe zu fordern, ohne daß die Kriegsräte zuvor ihre Einwilligung geben mussten."[248] Damit war ein Widerstandsrecht gegen Kaiser und Reich zur Notwehr um des Glaubens willen politisch wirksam formuliert.

Beim Bundestag in Schmalkalden im Februar 1537 waren interessanterweise 42 Geistliche versammelt, die damit ja letztlich auch an strategischen Überlegungen teil hatten:[249] Martin Luther, Philipp Melanchthon (1497-1560), Johannes Bugenhagen (1485-1558), Georg Spalatin (1484-1545), Justus Jonas (1493-1555), Johann Agricola (1494-

---

247 Kai Lehmann: Der Schmalkaldische Bund. Militärischer Schutzpanzer der Reformation, in: Dörfler-Dierken, Reformation und Militär, S.63-80, 80.
248 Preuß, Söldnerführer, S. 215.
249 Von Rommel, Philipp der Großmüthige, Bd. 1, S. 414ff.

1566), Nicolaus von Amsdorf (1483-1565), Friedrich Myconius (1490-1546), Justus Menius (1499-1558), Hofprediger Dionysius Melander (1486-1561) und die Superintendenten von Kassel, Alsfeld und Marburg Johannes Fontius († 1539), Tileman Schnabel (um 1475-1559), Adam Krafft, Anton Corvinus (1501-1553) aus Witzenhausen und die Marburger Professoren Johann Draconites (um 1494-1566), Gerhard Noviomagus (1482-1542), Eobanus Hessus (1488-1540), Johann Lange aus Erfurt (um 1487-1548) und Johan Stigel (1515-1562), Martin Bucer, Ehrhard Schnepf, Ambrosius Blarer, Johannes Brenz (1499-1570), Andreas Osiander, Urbanus Rhegius – dessen zu lange Predigt von Luther kritisiert wurde (!) – und Johannes Aepinus (1499-1553). Evangelische Predigt hatte reichlich Gelegenheit, politische Beratungen zu begleiten. Melander sollte auch die zweite Ehe Philipps mit Margarete von der Saale 1539 in Rotenburg an der Fulda trauen.[250]

In seinem Testament mahnte Philipp seine Söhne, nur noch Defensivkriege zu führen, da der Aufwand für Söldner das Land ruinieren würde – vielleicht eine späte Warnung vor Politik mit militärischen Mitteln.[251]

3. Die Württemberger Kampagne

Ein profilierter Hof- und Feldprediger Philipps war Theodor Fabricius (eigentlich Dietrich Smidt 1501-1570). Fabricius war von 1531-1536 Diaconus in Kassel, Gesandter Philipps zum Herzog von Kleve und zu den Täufern in Münster, Feldprediger bei der württembergischen Kampagne. Er fiel später als Kritiker der Doppelehe 1539 in Ungnade und war dann als Pfarrer in Allendorf und Superintendent in Zerbst tätig.[252] Nach Hessen war Fabricius als „jene[r] herzhafte in der Schule der Leiden und zu Wittenberg gebildete Verteidiger Klarenbachs, [...] der vor den Ketzerverfolgern zu Köln sich nach Kassel

---

250 Von Rommel, Philipp der Großmühtige, Bd. 1, S. 439.
251 Pätel, S. 230f.
252 Art. Theodor Fabricius, in: Wikipedia (Zugriff 6.6.2019) unter Verweis auf Franz Münnich: Theodor Fabricius. Lebensbeschreibung des ersten anhaltischen Superintendenten, in: Zerbster Jahrbuch 16 (1931/32), S. 37-94, 46 (lat.), 73 (dt.). Vgl. Hütteroth, Die althessischen Pfarrer, S. 222.

gerettet, und bey dem Landgrafen sammt seinem Weibe freundliche Aufnahme und ein Kanonikat an der St. Martinskirche erhalten hatte,"[253] gekommen. Er hielt anders als andere Geistliche als Gesandter des Landgrafen und Berater des alten Rates in Münster aus und riet von einem Waffenstillstand ab, bis Knipperdollinck die Macht übernahm. Fabricius meldete Landgraf Philipp, dass das Samkorn des Wortes Gottes in Münster unter die Dornen geraten und erstickt sei, und motivierte so dessen bewaffnetes Eingreifen mit. Von einer eigentlichen Tätigkeit als Feldprediger vor Münster erwähnt Fabricius in seiner Lebensbeschreibung nichts, allerdings ebenso wenig die württembergische Kampagne.

Graf Wilhelm von Fürstenberg (1491-1549) soll eine Reihe oberländischer, gut evangelischer Hauptleute zur Befreiung Württembergs mitgebracht haben.[254] Nach der Eroberung Stuttgarts predigte Matthäus Alber als Feldprediger Herzog Ulrichs von Württemberg im Feldlager vor der Stadt, aber auch ein Jahr lang im Feldlager, bzw. in den Städten Untertürkheim, Güterstein, Urach, Pfullingen und Nürtingen;[255] Philipps Hofprediger Konrad Öttinger (seit 1530 in diesem Amt, † 1540), der offenbar neben Fabricius auch als Feldprediger den Zug begleitete, predigte in der Stiftskirche.[256] Der Marburger Theologe Helius Eobanus Hessus dichtete ein weithin rezitiertes Preisgedicht auf den siegreichen Landgrafen.[257]

Vor dem Feldzug nach Württemberg hatte sich eine bezeichnende Auseinandersetzung zwischen Philipp und Kurfürst Johann Friedrich entsponnen, die militärisch betrachtet für den Schmalkaldischen Bund Unheil verhieß. Philipp schrieb dem bairischen Kanzler Dr. Leonhard von Eck (1480-1550), damit seine Glaubensüberzeugung aufdeckend:[258] „Gott der das Glück in seiner Hand zu befehlen, der werde

---

253 Von Rommel, Philipp der Großmüthige, Bd. 1, S. 384.6.

254 Von Rommel, Philipp der Großmüthige, Bd. 1, S. 350f.

255 Hans-Christoph Rublack: Alber, Matthäus (1495-1570), in: Theologische Realenzyklopädie 2 (1978), S. 170-177, 173.

256 Art. Matthäus Alber, in Wikipedia (Zugriff am 1.4.2020).Wille, Philipp der Großmüthige, S. 186 unter Verweis auf Hartmann, Matthäus Alber, S. 120f.

257 Wille, Philipp der Großmüthige, S. 212.

258 Jakob Wille: Philipp der Großmüthige von Hessen und die Restitution Ulrichs von Württemberg 1526-1535, Tübingen 1882, S. 170.

Glück geben, [...] ‚so habe ich so viel ehrlich Leut zu Roß und Fuß im Überfluß, daß ich Gott und dieselbigen zu Hilf, als ein Werkzeug nehmen will und die Sach mit Ehren und Glück ausführen‘.“ Ganz anders äußerte sich Kurfürst Johann Friedrich, der Philipp schon ins Feldlager am 10.5.1534 schrieb und damit offenbarte, dass ihm der Wagemut des Feldherrn fehlte:[259] „Wollen zu dem Allmächtigen hoffen, schrieb er dem Landgrafen, Euer Liebden werden auf diese freundliche Anzeigung und Erinnerung, die wir unseren Räthen an Euer Liebden zu tragen befohlen, freundlich verfolgen, damit allenthalben Frieden und Ruhe im Reiche erhalten, noch Aufruhr und Empörung vorkommen, die Ehre Gottes durch Euer Liebden und unsere Widersacher nicht möge gelästert werden, als ob wir, so sich des Evangeliums rühmten, am meisten zu Unfrieden, Aufruhr und Blutvergießen geneigt wären, darum dann Gott mit seiner ernstlichen Straf endlich über uns auch nit ausbleiben würde.“ Nach dem siegreichen Treffen bei Lauffen urteilte Philipp am 13.5.1534 überschwänglich und theologisch problematisch wohl auf Moses Sieg am Schilfmeer anspielend (z. B. Ex 15,6) in einem Schreiben an den Kurfürsten: „Gott hat sie geschlagen!“ Der Januskopf des Erfolgs war im Überschwang des Sieges theologisch wenig präsent. Aber Luther sollte sich ganz ähnlich äußern. Die Straßburger Prediger forderten unmittelbar eine reformatorische Kirchenordnung in den eroberten Landen, Heinrich Bullinger (1504-1575) bekundete Zürcher Freude.[260]

4. Luther, Bernhard von Mila und die Braunschweiger Kampagne

Ein weiterer hoher Söldnerführer ist bekannt, mit dem Luther in direktem Kontakt stand und der auch im Schmalkaldischen Bund eine herausragende Rolle spielen sollte. Bernhard von Mila (Myla oder Mühle), in Schweden als Berend von Melen bekannt, aus Thüringen (um 1500 – 1561 in Herbsleben[261]), hatte sich gemeinsam mit seinem

---

259 Wille, Philipp der Großmüthige, S. 178f.
260 Wille, Philipp der Großmüthige, S. 182.
261 Larsson, S. 174; Nach Dieter Lent: Art. Mila (auch Myla, Mühlen), Bernhard von, in: Horst-Rüdiger Jarck (Hrsg.): Braunschweigisches Biographisches Lexikon.

Bruder Heinrich vom dänischen König Christian II. anwerben lassen, als dieser 1520 das unbotmäßige Königreich Schweden wieder in seine Gewalt bekommen wollte. Im selben Jahr war er von König Christian beim Stockholmer Blutbad zum Ritter geschlagen worden. Kurz vor Weihnachten 1521 ergab sich von Mila als Kommandant der südschwedischen Festung Stegeborg dem Thronprätendenten Gustav Eriksson Vasa und trat in dessen Dienst, um durch Kontakte zum Verbündeten Lübeck schnell zu dessen militärischem Hauptberater aufzusteigen. 1523 führte er einen Feldzug gegen Dänemark an, an dessen Ende Christian II. als „Tyrann" abtreten musste, und Friedrich I. neuer dänischer König wurde.[262] Auf derselben Seite hatte offenbar auch Assa von Cramm gestanden. Im Juni 1523 berief Gustav gegen alle schwedischen Gesetze von Mila, gerade frisch verlobt mit einer Verwandten Gustavs, der seit dem Blutbad verwitweten Margareta Eriksdotter, als Mitglied in den schwedischen Reichsrat. Zugleich ließ Gustav sich zum König von Schweden krönen.[263] Von Mila führte zusammen mit dem Schweden Staffan Sasse auch weiter die Söldnertruppenfähnlein, von denen Gustav sagte, dass sie „bereit wären, Gott und dem Teufel zu dienen, wenn er nur gut bezahlte". Von Mila drängte als Schlossherr in Kalmar 1524 auf die Eroberung des dänischen Gotland, ohne allerdings das stark befestigte Visby einnehmen zu können.[264] Als bekannt wurde, dass von Mila während der Belagerung der Festung Visborg Kontakt zum alten Vertrauten des dänischen Königs Christian II., Admiral Sören Norby (1470-1530), aufgenommen und dessen neugeborene Tochter zur Taufe getragen hatte, fiel er in Ungnade und konnte sich im Herbst 1524 knapp vor der Rache Gustavs zusammen mit seiner Frau und seinem Bruder Heinrich durch Flucht in die Obhut Norbys[265] ins dänische Blekinge retten. Dass Gustav in einem Blutbad entgegen aller althergebrachten Kriegsgesetze die Besatzung des Kalmarer Schlosses im Juli 1525

8-18. Jahrhundert, Braunschweig 2006, S. 499, nahm Mila noch 1571 ein Amt in Thüringen wahr.

262 Larsson, S. 68f.

263 Larsson, S. 74f.

264 Larsson, S. 106.

265 Hase, S. 42f: Norby suchte 1524 Schutz in Memel. Er soll auch mit dem Bruder Heinrich des Jüngeren von Braunschweig-Wolfenbüttel paktiert haben, Herzog Erich, der als eingekleideter Ordensritter auf die Nachfolge Albrechts gehofft habe.

hinrichten ließ, obwohl er ihr bei Niederlegung der Waffen freien Abzug versprochen hatte, machte von Mila zu Gustavs schriftstellerisch bis 1550 aktivem Feind.[266] Als Gustav den einzigen überlebenden Sohn des letzten, im Stockholmer Blutbad umgekommenen Reichsvorstehers Sten Sture (1493-1520), Nils Stensson Sture, durch falsche Beschuldigungen 1528 in Rostock hinrichten ließ, beklagte sich von Mila öffentlich in Rostock über den Tyrannen und Mörder vieler ehrlicher Männer Gustav Vasa.[267] Das Rechtsempfinden eines Söldnerführers war tief getroffen. Dass das Argument des Tyrannenmordes bei von Mila wie auch Assa von Cramm diese Rolle spielte, verwundert nicht. Von Mila wehrte sich gegen eine Anklage durch Gustav mit einer Gegenschrift, die 1528 in Wittenberg gedruckt wurde. Gustav sei ein treuloser „Bauernkönig", der alten Mitarbeitern jederzeit den Dolch in den Rücken stoße. Gustav seinerseits stellte von Mila als ausländischen Glückssucher hin.[268]

Von Mila sollte dennoch bei den sächsischen Kurfürsten Johann dem Beständigen und Johann Friedrich dem Großmütigen und im Schmalkaldischen Bund großes Vertrauen genießen. Schon vor den landesherrlichen Visitationen in Kursachsen hatte von Mila sich um einen evangelisch predigenden Pfarrer, nämlich Joachim Pfuhl, für die Pfarrstelle in Schönewalde bei Herzberg bemüht. Luther antwortete ihm am 2.9.1528.[269] Von Mila muss zu diesem Zeitpunkt bereits für seine Person für die evangelische Sache Partei genommen haben. Von Mila diente 1539 als kursächsischer Oberst und Landvogt in Wittenberg, bis 1561 als Hofmeister.

Einige Briefe von Milas haben sich erhalten, als er zusammen mit dem kurfürstlichen Vizekanzler Franz Burchhard (1503-1560) und dem Gothaer Superintendenten Friedrich Myconius für den Schmalkaldischen Bund London besuchte. Hoffnungsvoll wird die religiöse

---

266 Larsson, S. 140-142.
267 Larsson, S. 156.
268 Zu Glücksrittertum als Landsknechtsfrömmigkeit über drei Generationen des französisch-schwedischen Soldatengeschlechts de la Gardie s. die Studie von Jobst Reller: Die Schlosskapelle in Läckö. Ein Programm biblischer Frömmigkeit militärisch-politischer Elite aus der Zeit des Dreißigjährigen Krieges in Schweden, in: das Münster 72 (2019), S. 44-50, 47.
269 Weimarer Ausgabe Briefe Bd. 4, S. 544 (1314).

Lage geschildert. Die Augsburgische Konfession sei gedruckt, ebenso ihre Apologie und die Bibel. Die Zeremonien und Missbräuche seien abgeschafft und das Evangelium werde frei gepredigt.[270] Mila hatte, zu diesem Zeitpunkt noch im Sold des englischen Königs stehend und mit den englischen Verhältnissen vertraut, die Gesandten in Hamburg erwartet, um mit ihnen am 20.5.1538 abzureisen und selbst private Angelegenheiten zu erledigen. Angesichts der mühevollen Wortgefechte mit den englischen Hoftheologen Heinrichs VIII. (1491-1547) trat die Delegation in das Gespräch über kirchliche Missbräuche gar nicht mehr ein. Mila war bereits am 22.6.1538 wieder abgereist.[271]

Luther schlug von Mila Kurfürst Johann Friedrich als Vermittler vor, um die Beschwerden der Gemeinde Plötzky gegen Sigismund von Pflug zu bereinigen. Er habe sich „in Visitacion sachen gantz vleissig erzeigt allzeit".[272] Schon 1539 hatte Kurfürst Johann Friedrich Mila als Landvogt für Sachsen präsentiert, und die Landstände hatten ihn angenommen.[273] Auch in einem Brief an Cyriacus [Gericke?] vom 17.2.1543 nennt Luther von Mila eine „Zier des Adelsstandes, fromm und einen Feind aller unehrenhaften Gewohnheiten".[274]

Als eine Schar gardender Knechte 1539 die mit Hessen verbündete Grafschaft Hoya und die Stadt Bremen mit Mordbrennerei bedrängte, schickten Kursachsen und Hessen Landsknechtsführer Bernhard von Mila dorthin. Die Landsknechte verließen am Karfreitag, dem 4.4.1539, Bremer Gebiet und hielten in Thedinghausen „im Ringe" „Gemeinde", um sich bis zum 14. April zusammenzuschwören – eine interessante genossenschaftlich-demokratische Struktur. Von Mila erhielt, den Auftrag von Bremen aus unter den Knechten zu werben, die inzwischen bis in die Gegend von Peine weitergezogen waren, und sie Herzog Heinrich dem Jüngeren abspenstig zu machen. Das tat

---

270 Friedrich Prüser: England und die Schmalkaldener 1535-1540 (Quellen und Forschungen zur Reformationsgeschichte XI), Leipzig 1929, S. 309 319 (1.6.1538 an Kurfürst Johann Friedrich). Vgl. auch die Briefe am 10., bzw. 18..6.1538.
271 Prüser, S. 124, 134.
272 Luther, Jonas und Bugenhagen an Kurfürst Johann Friedrich am 16.1.1540, Weimarer Ausgabe Briefe Bd. 9, S. 17, Z. 31 (3434); zit. n. Johannes Herrmann: Luthers Beziehungen zu dem niederen Adel, in: Helmar Junghans: Leben und Werk Martin Luthers von 1526-1546, Berlin 1983, Bd. 1 S. 613-626, 621.
273 Koldewey, Die Reformation, S. 328.
274 Weimarer Ausgabe Briefe Bd. 10, S. 268, Z. 3-5 (3850), zit. n. Hermann, S. 621.

Mila mit großem Erfolg, indem er 13000 Knechte sammeln konnte. Die Abgeworbenen mussten sich verpflichten, sich nicht gegen die Evangelischen gebrauchen zu lassen. Mila versuchte auch, eine Meuterei zu inszenieren. Unterstützt von Curt Penninck († 1555), wusste Mila auch von im Auftrage Heinrichs gardenden Reitern bei Schöningen, für die die Zahl 1000 angestrebt sei, ebenso von Abwerbestrategien im von ihm geworbenen Haufen. Ziel sei es, die Stifter Bremen-Verden welfischem Einfluss zu sichern und damit dem Schmalkaldischen Bund und Hessen die Handelsströme Elbe und Weser streitig zu machen. Offenbar war dieser Plan bis in Kreise um Karl V. und seinen Orator Johannes von Weeze, auch Vesalius, Edler von Weza oder Wees van Zevenaar (1499-1548), dem seit 1522 nominierten Erzbischof von Lund (seit 1530 Bischof von Roskilde, bzw. 1538 Fürstbischof von Konstanz) abgestimmt. Die Truppen zogen sich schließlich wieder ins Stift Bremen nach Langwedel zurück.[275]

Im Sommer 1540 wiederholte sich die Lage. Mila schlug ein verschärftes Vorgehen gegen die den Evangelischen durch Reverse verpflichteten Hauptleute vor. Curt Penninck sollte die Reverse vor dem bei Balthasar von Esens versammeltem Haufen verlesen. Dies blieb ohne Erfolg.[276] 1541 sollte sich die Situation erneut wiederholen. Die Ensendung von Milas zum Schutz Braunschweigs 1541 war konsequent.[277]

Von 1542-1547 fungierte von Mila als Regent während der Besetzung Braunschweig-Wolfenbüttels und der Vertreibung Heinrichs des Jüngeren durch den Schmalkaldischen Bund. Er wurde als erster zum Schutz Braunschweigs mit einer Streitmacht von 2500 Mann entsandt.[278] Bereits 1541 hatte er, in Braunschweig wirkend, heimlich Reiter im Lüneburgischen und Knechte in Bremen garden lassen, um dann zeitgleich mit einem Angriff Philipps vom Süden über Höxter von Norden aus Herzog Heinrich den Jüngeren in die Zange zu nehmen.[279]

275 Schmidt, Landsknechtswesen, S. 193-202. Weeze wurde erst 1541 (!) zum Priester geweiht (Vgl. Art. Johannes von Weeze, in: Wikipedia Zugriff am 2.4.2020).
276 Schmidt, Landsknechtswesen, S. 209f.
277 Schmidt, Landsknechtswesen, S. 210f, 213.
278 Von Rommel, Philipp der Großmüthige, Bd. 1, S. 461.
279 Schmidt, Landsknechtswesen, S. 213f.

Von Mila, der ja bereits seit einem Jahr in Braunschweig weilte, verhinderte zumindest die barbarische Verwüstung des Klosters Riddagshausen am 22.7.1542 nicht, ebenso nicht im August die des Klosters Steterburg, als es dort zu Plündereien und Schändungen der Gräber von Herzog Heinrichs des Jüngeren im Jahr zuvor verstorbener Frau Maria (1496-1541) und seiner Tochter Marie (1521-1539), der Äbtissin von Gandersheim, durch Braunschweiger Bürger und von ihnen angeheuerten Landsknechten kam. Angesichts des von Heinrich Meibom (1555-1625) berichteten Details, dass der Zug „in großer Anzahl sambt vielen bestelten Reuter und Knechten vnter fliegenden Fehnlein mit Heereskrafft gewaltiger gewehrter Hand Geschütz/ Munition vnd aller Kriegsrüstung aus der Stadt Braunschweig" vor sich ging, kann man kaum glauben, dass von Mila nicht beteiligt war.[280] Ähnliches geschah in Gandersheim.[281]

Als Vertreter Kurfürst Johann Friedrichs von Sachsen wirkte er als Statthalter zusammen mit einigen Räten bis 1543 mit einem hessischen Statthalter an der Seite. Von Mila ließ die Festungswerke Wolfenbüttels schleifen. Mit harter Hand wurde die Reformation rücksichtslos eingeführt. Es kam zu Bilderstürmereien, Wandalismus, Enteignungen und Steuerbelastungen, um die Kosten der Besatzung zu tragen. U. a. ließ von Mila Kirchenglocken abnehmen und einschmelzen und duldete das „Schmalkaldische Raubsystem", wenn er nicht ähnlich wie Schertlin von Burtenbach im Schmalkaldischen Krieg ganz unverhohlen nach guter Landsknechtssitte davon profitierte.[282] Am 23.7.1542 setzte Mila in Riddagshausen einen evangelischen Prediger ein, am 25. verpflichtete er dort viele Dorfgeistliche auf die Predigt des reinen Wortes Gottes und die Augsburgische Konfession

---

280 Zit. n. Britta-Juliane Kruse: Stiftsbibliotheken und Kirchenschätze. Materielle Kultur in den Augustiner-Chorfrauenstiften Steterburg und Heiningen (Wolfenbütteler Mittelalter-Studien 28), Wiesbaden 2016, S. 236
281 Horst Reller: Vorreformatorische und reformatorische Kirchenverfassung im Fürstentum Braunschweig-Wolfenbüttel (Studien zur Kirchengeschichte Niedersachsen 10), Göttingen 1959, S. 101; Klaus Jürgens: Das Zeitalter der Reformation im Lande Braunschweig, in: Friedrich Weber/ Birgit Hoffmann/ Hans Jürgen Engelking: Von der Taufe der Sachsen zur Kirche in Niedersachsen. Geschichte der Evangelisch-Lutherischen Landeskirche in Braunschweig, Braunschweig 2010, S. 129-180, 150. Vgl. Koldewey, Die Reformation, S. 296f.
282 Vgl. Koldewey, Heinz von Wolfenbüttel, S. 57.

und ließ dort wie im landgräflichen Lager bei Thiede am kommenden Sonntag post Jacobi Gottesdienst mit evangelischer Predigt und deutschen lutherischen Gesängen halten.[283] Die Instruktion zur Visitation und Reformation 1542 ließ er als verordneter Regent und Statthalter ausgehen.[284]

Noch vor dem Fall der Festung Wolfenbüttel am 13.8.1542 hatte von Mila formalen Beschlüssen der Bundesräte vorgreifend und damit einen reformatorischen Eifer zeigend am 25.7.1542 Dorfpfarrer rund um das Zisterzienserkloster Riddagshausen befragt, ob sie an der Reformation der Kirchen mitwirken wollten. In Thiede wurde am Lager Landgraf Philipps von Hessen ebenfalls die neue Lehre verkündet. Sein Hofprediger, „der geschmeidige und in sittlicher Hinsicht nicht fleckenlose"[285] Dionysius Melander, der offenbar als Feldprediger den Zug begleitet hatte, hielt unmittelbar nach dem Einzug in Wolfenbüttel, das eigene kriegerische Handeln deutlich überhöhend und legitimierend, die erste evangelische Predigt von der Schlosstreppe herab über den Einzug Christi in Jerusalem und die ungerechten Haushalter.[286] Ein weiterer hessischer Feldprediger im Gefolge des Landgrafen war Burkard Waldis (um 1490-1556), der in vier Gedichten die Eroberung besang.[287] Welches Sendungsbewusstsein die neuen Herren mitbrachten und wie sie die zukünftigen Untertanen und ihren ehemaligen Herren sahen, dürfte auf der Hand liegen.

Von Mila war auch derjenige, der für Kurfürst Johann Friedrich 1543 die Frage der Zukunft der geistlichen Stifter Magdeburg und Halberstadt verfolgte. Ziel war es diese, vollkommen zu reformieren, einen

---

283 Koldewey, Die Reformation, S. 258.

284 Emil Sehling (Hrsg.): Die evangelischen Kirchenordnungen des XVI. Jahrhunderts. Niedersachsen: Die welfischen Lande 1. Halbband: Die Fürstentümer Wolfenbüttel und Lüneburg mit den Städten Braunschweig und Lüneburg, Tübingen 1955, S. 12

285 Koldewey, Heinz von Wolfenbüttel, S. 9.

286 Johannes Beste: Geschichte der Braunschweigischen Landeskirche von der Reformation auf unsere Tage, Wolfenbüttel 1889, S. 42f unter Verweis auf Spangenbergs Adelsspiegel II, 18b, 62, 108b, 163, 198b,, 248. Melander hatte 1539 die Doppelehe Landgraf Philipps mit Margarete von der Saale getraut (Oskar Hütteroth: Die althessischen Pfarrer, S. 222). Vgl. Von Rommel, Philipp der Großmüthige, Bd. 1, S. 463.

287 Koldewey, Heinz von Wolfenbüttel, S. 51.

evangelischen Bischof an ihre Spitze zu stellen wie Nikolaus von Amsdorf in Naumburg für die geistlichen Aufgaben, bzw. einen ernestinischen Prinzen für die weltliche Verwaltung.[288]

Am 6.7.1545 klagte von Mila,[289] dass die Junker, die ausländischen Stifter, die Städte und besondere Personen die eigentlichen für den gemeinen Kasten vorgesehenen Güter nicht freigegeben hätten und insofern keine ordentliche Pfarrstellenbesetzung und –besoldung zu Stande gekommen sei.[290] Die erstrebte Reformation hatte die Besatzungsmacht also nicht ins Werk setzen können. Von Mila meldete sich 1546 auch als Stratege des schmalkaldischen Bundes im Verein mit Christoph von Oldenburg und Dodo von Knyphausen zu Wort, als „eifriger Verfechter" eines präventiven Angriffs von Bundestruppen in Norddeutschland auf Truppen des Kaisers in den Niederlanden und bat darum, Truppen aus Süddeutschland zu diesem Zweck abzuziehen.[291]

Aus dieser Zeit dürften die bereits in den Tischreden der Sammlung Aurifabers (1519-1575) enthaltenen Aussagen Luthers stammen, der 1545/6 Luther nahe war. Luther lobte von Mila, der anders als manch anderer „großer Thraso, ruhmräthiger Scharrhans, der mit hochtrabenden und prächtigen Worten viel von ihm selbst daher schreiet und plaudert" unter „große, rechtschaffene von Adel, weidliche Häuptleute und Helden" gezählt wird, die „viel anders sich halten, schweigen still, rühmen sich nicht, und beweisens mit der That; wie Er, Bernhard von Mila, der ein trefflicher Mann ist, hat viel Löwen im Herzen und ist doch mit Worten züchtig und schamhaftig."[292] Ebenfalls aus dieser Zeit dürfte folgende Äußerung stammen, die deutlich auf Vorwürfe

288 Erich Brandenburg: Moritz von Sachsen, Bd. 1: Bis zur Wittenberger Kapitulation (1547), Leipzig 1898, S. 267ff.
289 Vgl. auch Preuß, Söldnerführer, S. 35, einen Brief Milas an Landgraf Philipp zur Bestallung Klaus Berners als Söldnerführer vom 7.1.1544. Vgl. ebd., S. 294, von Milas diplomatisches Eintreten für Soldansprüche Busse von Veltheims in einem Brief an den Landgrafen vom 14.7.1544.
290 Reller, Kirchenverfassung, S. 102, 107.
291 Hugo Berentelg: Der Schmalkaldische Krieg in Nordwestdeutschland (Diss. phil. rer. nat. Univ. Münster), Rostock 1908, S. 16, 19.
292 Erlanger Ausgabe Bd.62, S. 211f (Tischreden Nr. 2756 LXV „von den Edelleuten" Nr. 6; Aurifaber 553; Weimarer Ausgabe, Tischreden Bd. 4, S. 383, Z. 27f. Vgl. Larsson, S. 173f.

an von Mila in Wolfenbüttel reagiert: „Wenn ein Land oder gewaltige Stadt nur einen trefflichen, wunder und geschickten Mann hätte, so gingen alle Rathschläge und Decreta besser fort; wo aber keiner nicht ist, da gehets alles hinter sich, wie der Krebs kreucht, ob ihr wohl Viel sind, die da regieren oder rathen. Rechschaffene, freudige Krigsleute machen wenig Wort, sind bescheiden, reden nicht viel, denn sie haben Leute gesehen. Wenn sie reden, so ist die That mit; wie Herr Bernhard von Mila, ist mit Geberden wie ein Jungfrau."[293] Es ist interessant, dass Luther am Soldaten von Mila Wortkargheit, Menschenkenntnis und Entscheidungs- und Tatkraft rühmt, die sich durchaus mit schamhaften und zaghaften Gebärden einer Jungfrau verbinden können. Luther stellt sich damit vor von Mila, dessen Verwicklung in das Auspressen des Herzogtums bleibt ungeklärt.

Dass von Mila das Kriegshandwerk noch beherrschte, zeigte sich 1545, als er mit zwei verschworenen Fähnlein die Festung Wolfenbüttel gegen Heinrich den Jüngeren verteidigte und die Übergabeforderung mit den Worten quittierte: „Äpfel und Birnen verschenkt man wohl, nicht aber Schlösser und feste Häuser".[294] Der Sieg über Heinrich den Jüngeren bei Kalefeld wurde u. a mit einem Dankfest begangen.[295]

Herzog Heinrich der Jüngere bestallte interessanterweise trotz seiner altgläubigen Option einen wohl evangelischen Predikanten, bzw. Predikantenpriester, dem er untersagte, „sich mit einem des Glaubens halber in Disputation einzulassen". Dies geschah wohl nicht ganz freiwillig, sondern war der Notlage Heinrichs geschuldet.[296]

Insgesamt trübt sich das Bild, das Luther zeichnet, im Sinne einer Gewaltreformation ein, die deutliche Züge einer biblizistischen Auslegung des Wortes Gottes trägt. Von Milas Feindschaft gegen Gustav

---

293 Erlanger Ausgabe Bd. 62, S. 181f, (Tischreden Nr. 2733 LXIII „von fürtrefflichen Kriegshäuptleuten und Helden" Nr. 14; Aurifaber 547). Vgl. Lent, S. 499f.

294 Lent, S. 500; vgl. S. Issleib: Der braunschweigische Krieg im Jahr 1545, in: Mitteilungen Des Königlich Sächsischen Altertumsvereins 26/27, Dresden 1877, S. 1-52, 38: "Zwei muthige Befehlshaber, Bernhard von Mila und Wilhelm Schachten, lagen in der Stadt, […]".

295 Von Rommel, Philipp der Großmüthige, Bd. 1, S. 495.

296 Drögereit, Der Feldprediger, S. 15 (Calenberger Brief Archiv 16 B 8 Nr. 3).

Vasa sollte sich als schweres Hindernis für eine Annäherung des lutherischen Schweden an den Schmalkaldischen Bund vor 1538 erweisen.[297]

Noch am 22.7.1547 schrieb Graf Christoph von Oldenburg an Bernhard von Mila, um einem treubrüchigen Rittmeister Hans von Flotow nachzugehen.[298] Am 11.7.1544 hatte Mila sich bei Landgraf Philipp von Hessen um den Übertritt von Graf Christoph geführter Knechte in den schmalkaldischen Bund bemüht.[299] Am 11.7.1546 forderte Christoph Mila als „hochverstendigen und berumpten kriegmann" auf, Geld für seine Streitmacht zu beschaffen, die u. a. in die Stifte Köln und Münster, bzw. die niederländischen Erblande des Kaisers einfallen sollte, was Mila auch versprach.[300] Mila wollte Christophs Truppen dem kaiserlichen Feldherrn Maximilian von Egmont, Graf von Büren (1500-1548), entgegenwerfen, Landgraf Philipp sie hingegen auch im Süden einsetzen.[301] Schließlich trafen von Mila und Wilhelm von Schachten am 30.7.1547 bei Langenhagen das Oldenburger Heer, konnten aber eine Beorderung an die Rheinfront nicht verhindern.[302]

Die Niederlage des Schmalkaldischen Bundes 1547 und die persönliche von Milas löste bei Gustav Vasa tiefe Schadenfreude (!) aus, der seinerseits neben der Allianz mit Dänemark die Kontakte zum aufstrebenden Antwerpen in den Niederlanden ausbaute.[303] Ab 1552 diente von Mila als Befehlshaber der Burg Grimmenstein bei Gotha, ab 1554 als Amtmann und Befehlshaber von Schloss Herbsleben. Luther zumindest war von der Integrität dieses evangelischen Kommandeurs, Beamten, Politikers und Diplomaten überzeugt, auch wenn die seelsorgerliche Beziehung zu ihm nicht so deutlich erkennbar ist wie bei Assa von Cramm.

---

297 Larsson, S. 205.
298 Storkebaum, Graf Christoph von Oldenburg, S. 14.
299 Storkebaum, Graf Christoph von Oldenburg, S. 68.
300 Storkebaum, Graf Christoph von Oldenburg, S. 79.
301 Storkebaum, Graf Christoph von Oldenburg, S. 81.
302 Storkebaum, Graf Christoph von Oldenburg, S. 82f.
303 Larsson, S. 332.

5. Strukturen der Militärseelsorge im Schmalkaldischen Bund

In Georg Pätels grundlegender Studie „Die Organisation des Hessischen Heeres unter Philipp dem Großmütigen"[304] finden sich nur spärliche Hinweise auf die Militärseelsorge, obwohl Philipp sich durch dauerhafte Bestallung von Führungskräften eine Art gekadertes, stehendes Heer schuf,[305] und eine Reihe von Feld- und Hofpredigern namentlich bekannt sind (s. o.). Diese band Philipp als Diener unmittelbar persönlich an sich und seinen Hof – nicht zuletzt durch intensive Fürsorge.[306] Pätel urteilt: „Mit diesem persönlichen Gefühl verband sich auch das der gemeinsamen Sache, der Einheit des Glaubens, denn man darf nicht etwa annehmen, daß alle diese Offiziere den großen religions-politischen Fragen der Zeit fern gestanden hätten und unbekümmert um die Sache, für die sie fochten, bald hier, bald dort ihre Haut zu Markte trugen. [...] Je mehr sich aber die Dinge zuspitzten, desto mehr fanden sich, die nicht gewillt waren, gegen die evangelische Einung zu dienen, nicht nur unter den Adeligen, sondern auch unter den gemeinen Landsknechten. In Westfalen, einem der besten Werbegebiete war im Oktober 1545, neben zahlreichen Reitern und Knechten, die jedem für genügend Geld dienten, auch eine große Menge, die um keinen Preis sich gegen das evangelische Verständnis anwerben lassen wollten. Von diesem Festhalten an der evangelischen Sache in weiten Kreisen der Söldner zeugte auch der großartige Erfolg der Schmalkaldischen Werbung im Jahre 1546. Das Unglück begann erst, als die Verbündeten sich vereinigt hatten, und die unglückselige Teilung des Kommandos jeden kühnen und freien Entschluß des Landgrafen vereitelte".[307]

Nach den Kostenvoranschlägen für die Feldzüge 1534-1546 war kein Dienst eines Feldpredigers gesondert eingeplant, auch nicht in der

---

304 Berlin 1897.
305 Preuß, Söldnerführer, S. 9f.
306 Pätel, S. 173ff, 185ff.; so auch Storkebaum, Graf Christoph von Oldenburg, S. 11: Allerdings lief diesem 1546, als er in schmalkaldische Dienste trat, ein großer Teil seines Heeres davon.
307 Pätel, S. 186 unter Verweis auf den Bericht von Hermanns und Johanns von Biermonde v. 2.10.1545.

Koburger Kriegsordnung.[308] Allerdings fand sich beim obersten Feld-hauptmann, also abwechselnd von Johannis bis Christtag Kurfürst Johann Friedrich, und von Christtag bis Johannis Landgraf Philipp von Hessen,[309] folgender Ansatz: Neben 24 Trabanten, 4 Wundärzten mit 4 Wagen, 16 weiteren Wagen, 12 Trompetern und 1 Pauker, 6 reitenden Boten, 1 Musterschreiber waren auch 3 Prediger zu 12 Gul-den Monatssold vorgesehen. Zum Vergleich erhielten der Muster-schreiber 22 und der Wundarzt 32 Gulden.[310] Der ehemals schmalkal-dische Rittmeister Alhards von Hörde erhielt als oberster Feldhaupt-mann Herzog Heinrich des Jüngeren monatlich 695 tl., darunter auch einen nicht näher spezifizierten Betrag für einen Kaplan.[311]

Neben dem Landesaufgebot war für die Feldzüge jeweils ein bunt zusammengewürfeltes Heer von Söldnern aus Reitern und Lands-knechten aus der Schweiz, Süd- und Norddeutschland und den Nie-derlanden anzuwerben, das eine konfessionelle Prägung kaum fördern konnte. Im sog. „ersten Blatt" (lat. „prima plana") oder Stab eines größeren Fußknechtsfähnleins, sah Philipp auch Prädikanten vor.[312] Dieser erhielt 1546 laut Musterrolle einen doppelten Landsknechts-sold, der auf 44 Gulden Münze zu 26 Albus für 30 Tage fest gelegt war.[313] Er erhielt somit so viel wie ein Trommler, Feldscher, 1 Gulden weniger als ein Schreiber oder Weibel, 10 ½ weniger als der Haupt-mann. Im selben Jahr wurde im Regiment Ravensburg ein Prädikant für 12 Gulden beschäftigt, im Regiment Dalheim keiner. Philipps Sohn Wilhelm IV. (1532-1592) sah für den Zug zur Befreiung seines Vaters 1552 aus der Gefangenschaft in Mecheln einen Kaplan für denselben Sold vor.[314] Auf den Zug nach Braunschweig 1545 begab sich der Prediger mit einem eigenen Wagen an 97. Stelle im Verband nach dem Wundarzt und vor den Futter- und Brotwagen.[315] Zumin-

---

308 Preuß, Söldnerführer, S. 340-344.
309 Von Rommel, Philipp der Großmüthige, Bd. 1, S. 410.
310 Preuß, Söldnerführer, S. 403.
311 Preuß, Söldnerführer, S. 404.
312 Pätel, S. 35.
313 Pätel, S. 139 (Vorderblatt X).
314 Pätel, S. 146f. Für das Regiment Reifenberg fehlen die Nachweise. Wilhelm benutzte möglicherweise im Blick auf das Augsburger Interim den unverfänglichen Begriff Kaplan, ebd., S. 149: „Predikant" 24 Gulden.
315 Pätel, S. 214f.

dest in den Stäben der Feldhauptleute waren also Feldprediger im Schmalkaldischen Bund präsent, was nicht hinderte, dass sie mitunter auch auf Ebene der Kompanien angeordnet waren.

Ein Artikelsbrief vom 23.9.1545 aus dem Herzogtum Braunschweig-Lüneburg in Celle unter Herzog Ernst den Bekenner (1497-1546) im Vorfeld des schmalkaldischen Krieges ist insofern interessant, als er das Motiv der Landeswohlfahrt in einer charakteristischen, den schwedischen sehr ähnlichen Formulierung, aber auch Konkretionen rechten christlichen Kriegerverhaltens vorwegnimmt: „1. Dieweil alles Glück, Heil und Sieg von dem Allmächtigen gegeben werden, so soll ein jeder mit andächtigem Herzen zu Gott rufen und bitten, daß er uns und dies ganze Fürstentum vor den Feinden gnädiglich behüten und beschützen wolle.

2. Daneben soll auch ein jeder ein gottfürchtig, christlich Leben führen, damit der Allmächtige desto mehr zu Gnaden bewogen werde.

3. Sonderlich auch soll sich ein jeder des Gotteslästern, Schwören und Fluchen enthalten.

4. Dergleichen auch des Vollsaufens und Trunkenheit, damit er Gott, den Herrn, nicht erzürne [...].“[316]

6. Die Etablierung evangelischer Feldprediger in den Reichskriegen gegen die Osmanen

Unter dem Oberbefehl Kurfürst Joachims II. von Brandenburg (1505-1571) erhielt Konrad von Bemelberg (1494-1567), im Türkenzug 1542 als oberster Leutnant eines von zwei Regimentern, faktisch als eine Art Oberst das Kommando über das gesamte Fußvolk des Reiches mit 84 Fähnlein und auch die Mittel, um zur „Erhaltung seines Staates" neben einem Leib-, bzw. Wundarzt insbesondere 4 Prediger mit 24 Trabanten monatlich mit 112 Gulden zu besolden.[317]

---

316 Drögereit, Der Feldprediger, S. 9 unter Verweis auf Celle Brief Archiv 46 Roßdienst Nr. 1.
317 Preuß, Söldnerführer, S. 401f. Zum Vergleich sah die Kriegsordnung der Heilbronner Fürstenvereinigung 1554 im Staat des Obersten 160 Gulden für Kaplan, Schreiber, Pfeifer, Trommler, 8 Trabanten und 1 ein- bis sechsspännigen Wagen vor.

Feldprediger Joachims auf diesem Feldzug war sein Hofprediger Johann Agricola.[318] Einer von zwei weiteren Feldpredigern war wohl Johannes Ludecus aus Frankfurt. Joachim lehnte bei einem Zwischenaufenthalt in Linz die Einladung König Ferdinands zur Teilnahme an der Fronleichnamsprozession als „Affenspiel" ab, das vom Ziel des Kampfes gegen den Feind des christlichen Namens ablenke. Agricola verteilte zwei von Fürst Johann von Anhalt zugeschickte Schriften Luthers gegen die Türken, die Predigt von 1529, bzw. das Gebet von 1541, unter den Edelleuten – ein früher Beleg für militärseelsorgliche Schriftenmission.[319] Nach dem Anschlag des Nürnberger Bundes zum selben Anlass war für den Staat des Obersten über ein Fußvolk von 4000 Reisigen und 20000 Landsknechten neben dem Leutnant mit 2 Trabanten, dem Schreiber, „Hoffirer", Koch, 2 Wagen und 10 Trabanten auch ein Kaplan vorgesehen, der 8 Gulden erhielt, die Hälfte des Schreibers und weniger als ein Zehntel des Leutnants mit 100 Gulden.[320]

Die mit diesem Feldzug gegen die Osmanen 1541 verbundene Etablierung des Feldpredigeramts führte anscheinend nicht dazu, dass Pfarrer unmittelbar in dies Amt hinein ordiniert wurden. Im Wittenberger Ordiniertenbuch finden sich z. B. keine Feldprediger, aber Hofprediger, die möglicherweise auch ihre Herren auf Feldzüge begleiteten.[321]

1542 erbot sich auf Anfrage Kurfürst Joachims von Brandenburg als oberstem Feldhauptmann auch Herzog Albrecht von Preußen mit zu ziehen. Er schrieb am 11.1.1542 an Luther und bat um zwei Feldprediger und einen Wundarzt.[322] Luther antwortete am 9.6.1542 ablehnend und verwies darauf, dass Albrecht in der Reichsacht sei und in-

---

318 Gustav Kawerau: Agricola, Johann, in: Realenzyklopädie für protestantische Theologie und Kirche 1, 1896³, S. 249-253, 252. Nach dem Sieg bei Mühlberg 1547 sollte Agricola eine Dankpredigt auf den Sieg des Kaisers halten.
319 Gustav Kawerau: Johann Agricola von Eisleben – ein Beitrag zur Reformationsgeschichte, Berlin 1881, S. 226 unter Verweis auf Corpus Reformatorum IV, 845, 761.
320 Preuß, Söldnerführer, S. 399f.
321 Wittenberger Ordiniertenbuch 1537-1560, hrsg. v. Georg Buchwald, Leipzig 1894: z. B. 1537 Nr. 44 Valentinus Schreiber aus Wanfried/ Hessen, als Hofprediger Landgraf Philipps.
322 Weimarer Ausgabe Briefe IX, S. 592. Zum Gesamten Hase, S. 67.

sofern zum Heerdienst nicht verpflichtet werden könne. Albrecht ließ dennoch eine Schar Reiter mitziehen. Ob sie letztlich von einem Feldprediger begleitet wurden, ist nicht deutlich.[323] Luther scheint niemand empfohlen zu haben.

Landsknechtsführer Schertlin von Burtenbach, eigentlich vom Reichstag zu Regensburg 1541 als Oberst der „eylend hilf" berufen, wurde dennoch als Bediensteter der evangelischen Mächte Hessen und Sachsen von König Ferdinand durch Wolf Dietrich von Knöring ersetzt, wobei der Zwist mit seinen Nachbarn Stein und der Intrige sicher ebenso gewichtig war wie die konfessionelle Differenz.[324]

Eine wichtige Rolle spielte schon in der Braunschweiger Angelegenheit ein weiterer evangelischer Akteur: Herzog Moritz von Sachsen. Phasenweise wurde er in Wittenberg bei Kurfürst Johann Friedrich erzogen. Seine konfessionelle Haltung scheint sich erst im Laufe seines Feldherrenlebens evangelisch geklärt zu haben, was ihn auch nicht gehindert hatte, in der Wurzener Fehde 1542, in den Kriegen gegen Heinrich den Jüngeren 1542, bzw. 1545 oder in den Kriegen gegen Frankreich, bzw. die Türken und im Schmalkaldischen Krieg auf kaiserlicher Seite sich nicht eindeutig der evangelischen Partei zuzuordnen. Nichtsdestotrotz war ein evangelischer Feldprediger in seinem Feldlager immer dabei.[325] Ende September 1541 wurde der Hofprediger seines Vaters Herzog Heinrichs von Sachsen (1473-1541), der Franke Johannes Weiß, latinisiert Albinus (um 1498-1561), auch Moritz' Hofprediger,[326] um dann von Juni 1542 bis 1543 sein Feldprediger im Krieg gegen die Türken zu werden. Weiß reiste in unmittelbarer Nähe zu Moritz neben dessen Sekretär Faust, Herzog Franz von

---

323 Weimarer Ausgabe Briefe X, S. 72, Erlanger Ausgabe Bd. 56, S. 26.
324 Leben und Thaten des weiland wohledlen und gestrengen Herrn Sebastian Schertlin von Burtenbach, S. 21.
325 Karlheinz Blaschke: Moritz von Sachsen. Ein Reformationsfürst der zweiten Generation (Persönlichkeit und Geschichte 113), Göttingen/ Zürich 1983, S. 29.
326 S. Ißleib: Moritz von Sachsen als evangelischer Fürst 1541—1543, in: Beiträge zur sächsischen Kirchengeschichte 20 (1906), S. 1-21,5. Blanckmeister, Die sächsischen Feldprediger, S. 4f. Vgl. Heinz Scheible/ Corinna Schneider (Bearb.): Melanchthons Briefwechsel, Bd. 11: Personen A-E, Stuttgart-Bad Cannstatt 2003, sub voce; Günther Wartenberg: Landesherrschaft und Reformation. Moritz von Sachsen und die albertinische Kirchenpolitik bis 1546 (Quellen und Forschungen zur Reformationsgeschichte 55), Gütersloh 1988, S. 111-114.

Lüneburg (1508-1549) und Andreas Pflugk (1480-1542). Im Feldlager von Gran hatte er eine apologetische Schrift des Erzbischofs von Breslau erhalten, die dessen Eifer im Krieg gegen die Türken belegen sollte. Am 20.8. dankte Moritz, stimmte der Bedeutung eifrigen Gebets für den Erfolg des Feldzuges zu, forderte aber auch rechten Glauben und Treue gegenüber dem heiligen und seligmachenden Wort Gottes. Auch eine päpstliche Litanei sei demgegenüber nur Menschenwerk. Rechtes Beten setze rechten, schriftgemäßen Gottesdienst voraus. In der Linie Luthers sah Moritz die Türken als Rute und Strafe Gottes für die Abgötterei und Sünde der Christen.[327] Vor einem Gefecht an einer Schanze vor Pest am Sonntag, dem 1.10.1542, überzeugte Weiß Moritz, doch zunächst am Gottesdienst teilzunehmen, die Predigt zu hören, das Sakrament zu feiern und zu beten. Moritz selbst schrieb sein Überleben seinem Diener Sebastian von Reibisch zu, der ihn mit dem eigenen Körper deckte und den eigenen Verletzungen erlag, und im tieferen Sinn „gnädiger Verleihung des allmächtigen Gottes". Im Nachhinein sah er hier ein „Exempel [...], sich nicht zu jäh auf die Fahrt zu begeben", sah seine ungestüme „Eil und Wohlbereitigkeit" sehr kritisch. Auf die Frage von Weiß, was er denn in diesem hochgefährlichen Augenblick gedacht habe, entgegnete Moritz geradezu Luther in seinem Rat an Assa von Cramm zitierend: „Lieber Herr Johannes, ich gedachte an den Herrn Christum, dessen Wort am Morgen ich zuvor gehört und seinen Leichnam im Sakrament empfangen. Dem befahl ich mich und zu dem seufzte ich; darauf gedachte ich zu leben und zu sterben."[328]

Auch auf dem Feldzug nach Frankreich 1543 begleitete Weiß Moritz als Feldprediger. Im Feldlager vor Zwickau 1546 beendete er diesen Dienst aus Protest gegen Moritz antischmalkaldische Politik und wurde Lehrer an der Fürstenschule in Meißen. Es ist also sehr wahrscheinlich, dass Weiß auch auf dem Zug gegen Heinrich den Jüngeren bei Kalefeld 1545 dabei gewesen ist.

---

327 Issleib, Moritz von Sachsen als evangelischer Fürst, S. 43.
328 Moritz von Sachsen am 2.10.1542 an Ritter Christoph von Taubenheim, zit. n. Hans Joachim Böttcher: Die Türkenkriege im Spiegel sächsischer Biographien, Herne 2019, S. 44, 54f. Vgl. auch Senff, Die Schlacht bei Sievershausen, S. 255.

Ein katholischer Feldgeistlicher der Zeit ist namentlich bekannt. Der ehemalige Feldkaplan aus den Türkenkriegen 1542-1545 Anton Brus von Müglitz (1518-1580), General Großmeister des Kreuzherren Ordens in Prag, wurde 1554 von Kaiser Ferdinand I. (1501-1564) zum päpstlichen Delegaten für das General Vicariat bei der kaiserlichen Armee ernannt – eine Institution, die auch im Dreißigjährigen Krieg Bestand haben sollte.[329]

Exkurs 2: Lutherische Feldprediger an der Reichsgrenze gegen die Osmanen

Verantwortliche im Reichsheer waren im Vorfeld von Feldzügen gegen die Osmanen froh, wenn es zu keinem Konflikt zwischen konfessionellen Überzeugungen und der Reichspflicht kam, und evangelische Fürsten sich an den Zügen gegen die Invasoren beteiligten. Bis zur Gegenreformation standen lutherische Kroaten und Slowenen an vorderster Front unter Offizieren Augsburgischen Bekenntnisses. Zwischen 1550 und 1600 dienten in den Reichsstreitkräften in Istrien und Dalmatien für die evangelischen Soldaten evangelische Feldprediger, für die gegen den Widerstand katholischer Geistlicher eine Reihe von Kirchen und Kapellen gebaut wurden. Neben der Feldpredigerstelle für die deutschen Offiziere in Karlsstadt (heute „Karlovac in Kroatien") gab es eine kroatische für die Mannschaften. Zu den kroatischen Gottesdiensten des Feldpredigers in Sejdic in Kopreinitz kam auch der kroatische Adel der Umgegend. Die Gemeinden in Sissak und Zengg erbaten sich Gregor Blahovic zum Prediger, obwohl er weder deutsch noch lateinisch verstand. In der slowenischen Militärgemeinde in Ogulin gab es wenigstens eine slowenische Bibel. 1580 fanden sich bei einem Truppenumfang von 2260 Mann (431 deutsche Knechte, 50 Arkebusiere, 89 deutsche Landpferde, 400 Husaren, 1290 einheimische Nationalmiliz – Haramien) vier evangelische Prädikanten vor Ort an der „windischen Grenze". 1578 hatte man in Bruck beschlossen, dass auch zum Stab des Oberstleutnants der windischen Grenze ein evangelischer Prediger gehören sollte.[330] Ein Armeebefehl

329 Emerich Bielik: Geschichte der K. u. K. Militärseelsorge und des Apostolischen Feld-Vikariates, Wien 1901, S. 20f.
330 So Günther Stökl: Die deutsch-slavische Südostgrenze des Reiches im 16. Jahrhundert. Ein Beitrag zu ihrer Geschichte, dargestellt anhand des südslavischen

von 1599 wies alle evangelischen Feldprediger aus, aber noch 1659 mussten Franziskaner ins Land geholt werden, weil sie wie die lutherischen Gegner auch in der Volkssprache arbeiteten.[331]

Die Ausweisung der evangelischen Feldprediger fällt in die Zeit der oft aus Theologen und Soldaten gebildeten sog. „Religionsreformationskommissionen" in habsburgischen Landen: So zog z. B. der steirische Bischof Martin Brenner von Seckau (1548-1616) 1599/1600 mit 300 Bewaffneten durch Kärnten, zerstörte fünf Kirchen, vier Friedhöfe und fünf Pfarrhäuser, ließ an 27 Orten Bücher verbrennen und rund 30 evangelische Prediger und Lehrer ausweisen.[332] Aber auch dieses ließ sich steigern: Als Kaiser Ferdinand II. (1578-1637) 1619 in dem an Bayern verpfändeten Oberösterreich seine Herrschaft antreten wollte, ließ der bayerische Statthalter Adam von Herberstorff (1585-1629) am 15.5.1625 die evangelischen Bauern zu friedlichen Gesprächen auf das Haushammerfeld nach Frankenburg am Hausruck einladen. Um ein Exempel zur Rekatholisierung zu statuieren, ließ er die 6000 waffenlos erschienenen Männer paarweise um ihr Leben würfeln. 17 wurden gehängt. Ostern 1626 kam es zu einem Aufstand der Bauern, der erst im November 1626 mit der Niederlage im Ermlinger Holz, bzw. bei Gmunden gegen Gottfried von Pappenheim mit dem Tod von ca. 5000 Bauern endete. In gut protestantischem Stil verbreitete sich ein Liedvers: „Vom Bayrischen Joch vnd Tyranney/ vnd seiner großen Schinderey/ mach uns o lieber Herr Gott frey/ Weiß gilt die Seel vnd auch das Guet,/ so gilts auch vnßer

---

Reformationsschrifttums (Schriften des Osteuropa-Institutes in Breslau N. Reihe 12), Breslau 1940, S. 129 (unter Verweis auf Fr. Vanicek: Spezialgeschichte der Militärgrenze, Wien 1875, S. 71 bzw. Hermann J. Bidermann: Steiermarks Beziehungen zum kroatisch-slawonischen Königreich im 16. Und 17. Jahrhunderte, in: Mitteilungen des Historischen Vereines für Steiermark XXXIX (1891), S. 3-125, 23.

331 Elert, S. 373 (unter Verweis auf Theodor Herberger: Sebastian Schertlin von Burtenbach und seine an die Stadt Augsburg geschriebenen Briefe, Augsburg 1852), 191f. Vgl. auch Theodor Elze: Die evangelischen Prediger Krains im 16. Jahrhundert, in: Jahrbuch der Gesellschaft für die Geschichte des Protestantismus in Österreich XXI (1900), bzw. XXII (1901).

332 Karl-Reinhart Trauner: Der evangelische Beitrag zu Streitkräften und Kultur. Streiflichter zur Geschichte von der Habsburger Herrschaft bis zum heutigen Österreich (masch., im Druck: ev. Presseverband Wien 2019), S. 49.

Leib und Bluet./ Gott geb uns einen hölten mueth./ Es mueß sein."[333] Es wäre verwunderlich, wenn die zunächst zugestandenen lutherischen Prediger nicht auch als Feldprediger mit tätig gewesen wären und sich eher charismatische Zusammenhänge von evangelischer Feldpredigt und militärischem Einsatz wie in der Frühzeit wiederholt hätten.

Freiherr Hans oder Johann von Ungnad (1493-1564), Landeshauptmann der Steiermark,[334] hatte fast vierzig Jahre bis 1557 dreimal als oberster Feldhauptmann der fünf niederösterreichisch-kroatischen Lande an Feldzügen gegen die Osmanen teilgenommen. 1557 gab er seine Ämter in Österreich auf, weil die öffentliche evangelische Predigt und Glaubensausübung untersagt wurde. Herzog Christoph von Württemberg (1515-1568) bot ihm Unterkunft im Stift Urach, wo Ungnad mit Primus Truber (1508-1568) und dem ehemaligen Bischof Pierpaolo Vergerio (1498-1565) die Bibel in wendisch-kroatischer Sprache drucken ließ. Über Hochstapler Paulus Scalich (1534-1573), den vermeintlichen Markgrafen von Verona, stand er 1561 auch in Kontakt mit Herzog Albrecht von Preußen, der sich wie Ungnad auch Scalichs annahm.[335]

Im Gegenzug zur Unterstützung des kaiserlichen Kampfes gegen die Bedrohung durch die Osmanen hatten sich die evangelischen Reichsstände auf dem Reichstag zu Speyer 1542 verbriefen lassen, dass ihre Verbände durch protestantische Feldprediger begleitet werden durften. Weitere Feldprediger sind hier bekannt: Der gebürtige Dresdener Kaspar Mittelstädt († um 1600), substituierter Diakonus an der Dreikönigskirche dort, reiste 1594 als Feldprediger nach Ungarn ab. 1597 kehrte er zurück und wurde Pfarrer in Leuben. 1598 zog der Absolvent der Fürstenschule St. Afra in Meißen M. Georg Conradi († 1632) aus Berggießhübel als Feldprediger in die Türkenkriege. Nach der Befreiung aus türkischer Gefangenschaft wurde er Hofprediger in der Steiermark. Von dort durch die Gegenreformation vertrieben, wurde er Pfarrer in Seifersdorf, Radeberg und Dohna. Er berichtete umfangreich über sein an Abenteuern reiches Feldpredigerleben in der

---

333 Trauner, Der evangelische Beitrag zu Streitkräften und Kultur, S. 55-57.
334 Solger, Konrat von Bemelberg, S. 67 zum Türkenfeldzug 1542.
335 Hase, S. 291, 305.

„Medulla Davidica".[336] Nach dem Titel wurden ihm im gefahrvollen Feldpredigerleben die Psalmen des Kriegerkönigs Davids zur Hilfe, um Gott in allen Nöten anzurufen und für die sehr vielen und größten Wohltaten zu verehren.[337] Bekannt ist auch Feldprediger Georg Wüst (geb. in Pegau, † 1597 Leipzig), volkstümlich der „Soldaten-Magister" genannt. Der Lutheraner Wüst, Magister der Theologie, konnte nach einem konfessionellen handgreiflichen Disput 1593 aus Leipzig der Hinrichtung durch Enthauptung entkommen, um in Ungarn in ein kaiserliches Regiment als Feldprediger einzutreten. Nachdem er einen Offizier im Duell getötet hatte und vom Profoss festgenommen worden war, musste er erneut fliehen. Als er in Sachsen in Gnaden als Prediger in seiner Heimatstadt Pegau aufgenommen wurde, erstach er einen Bauern, der ihm auf der Straße nicht hatte ausweichen wollen. Selbst bei der Hinrichtung 1597 in Leipzig kam es zu einem Feuergefecht, weil die Studenten der Universität Leipzig den Akademiker Wüst nicht von einem bürgerlichen Gericht abgeurteilt sehen wollten. Das ist bei einer derart schillernden Feldpredigergestalt, die ihrem Namen alle Ehre zu machen scheint, fast nicht verwunderlich.[338] Aber auch auf altgläubiger Seite scheint es an Originalen nicht gefehlt zu haben. [339]

---

336 Blanckmeister, Die sächsischen Feldprediger, S. 6.
337 Medulla Davidica. Seu Libellus Exquisitissimam, & ex meris sncti Davidis verbis desumtam Deum in omnibus necessitatibus invocandi. Eundemq[ue] pro plurimis ac maximis beneficiis celebrandi, rationem continens Georg Conradi, Typis Grosianis [Leipzig] 1618 (298 S.).
338 Trauner, Evangelische in Streitkräften und Gesellschaft, S. 33f.
339 Als spätes Beispiel für einen kämpfenden „Defensor fidei" erwähnt Böttcher, Die Türkenkriege, S. 130, interessanterweise deutlich wertend den „für das Christentum nicht nur betenden, sondern kämpfenden Pulverexperten Franziskanerpater Gabriel" bei der Befreiung von Ofen 1686, von den Ungarn „Tuzes Gabor", der „feurige Gabriel" genannt.

7. Feldpredigt im Schmalkaldischen Krieg 1546/7

In der Kampagne des Schmalkaldischen Bundes in Süddeutschland 1546 begleitete der vormalige Theologieprofessor aus Marburg (seit 1543 Hofprediger) Theobald Thamer († 23.5.1569) Landgraf Philipp von Hessen. Thamer war später Pfarrer in Frankfurt, dann 1553 katholischer Domprediger in Minden und Professor in Mainz und Freiburg.[340] Zum Ärger Philipps war er ein Gegner der Schweizer Theologen.[341] Philipp sah sich im Nachgang des Krieges genötigt, Thamers Angriffe, der dabei war, das Lager zu wechseln, zu erwidern, als Nichttheologe dessen spekulative Theologie und auch seine Predigtweise im Feldlager zu kritisieren: „Das, [was] Ihr in Euren Schreiben von dem Gewissen anzeigt, und da viele Allegorien einführt, wisst Ihr [schon] lange unser Gemüt, das uns nichts so übel an euern Predigten gefallen, dass Ihr nichts anders, denn stetig mit Allegorien umgingt, wie Ihr auch dann hier an diesem Ort tut, wir lassen Allegorien in etlichen Dingen in ihrem Werte [bestehen], aber zur Beweisung dieser großen Sachen, werden wir sie nicht annehmen, wo nicht klare Sprüche der heiligen Schrift da sind." Im Feldlager soll Thamer vielmals die Niederlage des Kaisers prophezeit haben, wie Philipp selbst hörte, will nun aber vom eigenen Irrtum nichts mehr wissen. Thamer müsste sich den Vorwurf einer sich nach Philipps Meinung in Symbole flüchtenden Feldpredigt als schlichter Erfolgstheologie machen lassen.

Bezeichnend für die vorherrschende Frömmigkeit ist wohl auch eine Nachricht über die Vision eines ungenannten Grafen aus dem Rheinland, der an Bischof Heinrich von Freising, den Propst von Ellwangen, aus dem Lager Landgraf Philipps schreibt, dass er ein blutiges Schwert in den Lüften gesehen habe, das Gott auf den Kaiser zum Besten schicken möge.[342] Wie im Braunschweiger Feldzug sollen die Schmalkaldischen Truppen gelbe Binden mit einem burgundischen

---

340 F. X. Kraus: Art. Thamer, Theobald, in: Allgemeinde deutsche Biographie 37 (1894), S. 650; Rommel, Philipp von Hessen, Bd. 3, S. 293-304, 297, 303: No. 74 Philipps Theologisches Schreiben an Theobald Thamer 4.3.1553 (Zitat v. Vf. übertr.).
341 Von Rommel, Philipp der Großmüthige, Bd. 1, S. 485.
342 A. v. Druffel: Des Vigilius van Zwichem Tagebuch des Schmalkaldischen Donaukrieges, München 1877, S. 181 Anm. 10 (8.11.1546).

Andreaskreuz geführt haben, wobei der eine Arm als Wolfshaken mit entgegengesetzten Haken an den Enden, der andere mit gleichgerichteten Haken ausgeführt war.[343] Heutige Leser werden mit Schrecken an eine Swastika erinnert – ein sicher zufälliges Zusammentreffen.

Religiöse Praxis fehlte natürlich auch auf der Gegenseite nicht. Kaiser Karl V. hörte in seinem festen Lager bei Ingolstadt bei Annäherung der schmalkaldisch-protestantischen Truppen unter Landgraf Philipp von Hessen am 31.8.1546 zunächst die Messe, bzw. ließ seinen Astrologen Peter Apian (1495-1552) vortragen.[344] Einer umstrittenen Anekdote nach soll Karl V. Kardinal Otto Truchsess, dem Bischof von Augsburg (1514-1573), am selben Tag während eines Artilleriegefechts vor Ingolstadt entgegnet haben:[345] „Ist wohl bewusst, dass man nicht keinen Kaiser zu Tode schießen mag und je und alle Wegen diese Kais[erliche] M[ajestät] den ,Krottensegen' kann, dass Ihr kein Geschütz nicht schaden mag"? Das würde von einem hohen Bewusstsein kaiserlicher Unverletzlichkeit und Segensfähigkeit zeugen. Im kaiserlichen Lager wusste der Agent der Familie Fugger Sebastian Kurz am 23.11.1546 aus dem Brief eines abgefangenen sächsischen Boten zu berichten, dass die Prädikanten zunächst gegen den Kaiser und König aufgeregt hätten und nun angesichts bedrohlicher Lage in Sachsen beide lobten und für sie bäten.[346]

Wie protestantische Fürsten ihren Feldprediger bei sich hatten, so hatte der Kaiser seinen Feldpriester im Gefolge, auch wenn im Tagebuch Vigilius van Zwichems (1507-1577) von Gottesdiensten nichts vermerkt ist. Auch in der von Druffel[347] bis hinunter auf die Ebene der Hauptleute zusammengestellten „ordre de bataille" der kaiserlichen Armee ist kein einziger Feldpriester oder Militärseelsorger namentlich genannt. Dabei ist zu bedenken, dass der späteren Tradition

---

343 v. Druffel, Des Vigilius van Zwichem Tagebuch, S. 197 Anm. 54 (Zitat v. Vf. übertr.).

344 Leopold von Ranke: Deutsche Geschichte im Zeitalter der Reformation (Historische Meisterwerke Bd. 4), Hamburg 1957, S. 353; Baumgarten, Moritz von Sachsen, S. 137, 141f: Ostern 1546 hält der Bischof von Arras Antoine Perrenot de Granvelle, genannt Granvella (1517-1586), Karls Minister, die Messe in Eger. Nicht zu vergessen ist auch der Beichtvater.

345 v. Druffel, Des Vigilius van Zwichem Tagebuch, S. 90.

346 v. Druffel, Des Vigilius van Zwichem Tagebuch, S. 193 Anm. 49.

347 Des Vigilius van Zwichem Tagebuch, S. 258ff.

nach Geistliche in der kaiserlichen Armee eher den Hauptleuten untergeordnet waren. Dem Feldpriester wie auch auf der anderen Seite dem Feldprediger konnte, begünstigt durch die katechetische Konzeption des Hofpredigeramtes als Hausprediger, in Segen und Fluch die Rolle eines politischen Beraters zukommen. Dieser Umstand musste sich für den Fall einer Begleitung des Fürsten als Feldprediger im Krieg noch stärker, ggf. auch verhängnisvoll auswirken, wenn die eigene religiöse Überzeugung zur Leitlinie des Gewalteinsatzes wurde.

Die auf kaiserlicher Seite kämpfenden päpstlichen Truppen wurden am 10.7.1546 gemustert. In feierlicher Messe hatte Kardinal Alexander Farnese am 4.7. das Legatenkreuz, bzw. Oktavio Farnese den Kommandostab erhalten. Die liturgische Einbindung des Kriegszugs und seiner geistlichen wie militärischen Leitung dokumentierten in jedem Fall die religiöse Dimension des Unternehmens, wenn nicht den Charakter des Religionskriegs. Nach vollendeter Musterung zog das päpstliche Heer am 26.7. bei Trient vorbei.[348]

Wie der Herzog von Alba dachte, wird aus einem Rat an Karl V. deutlich: Es gelte „die religion jesu christi auch S[einer] M[ajestät] und E[uer] F[ürstlichen] G[naden] wolfart zu erhalten".[349] Der Zusammenhang von rechter Gottesverehrung und Landeswohlfahrt war offenbar Gemeingut der Zeit, das Bewusstsein exklusiver wahrer christlicher Religion in dieser Pointiertheit möglicherweise doch spanisches Spezifikum.

Exkurs 3: Feldprediger Georg von Woltersdorff – Militärseelsorge „in kritischer Solidarität"

Dabei spielte die konfessionelle Gesinnung für die kriegerische Parteinahme hier wie auch in der Folge offenbar nur begrenzt eine Rolle. Ein unzweifelhaft evangelisch gesonnener und doch reicher territorialer Beute in Braunschweig, Hildesheim und Pommern alles andere als abholder Mann wie Markgraf Hans von Küstrin (1513-1571), Schwiegersohn von Heinrich dem Jüngeren, hatte seinen evangelischen Prediger Georg von Woltersdorff bei sich auch im kaiserlichen

---

348 v. Druffel, Des Vigilus van Zwichem Tagebuch, S. 34 Anm. 10.
349 v. Druffel, Des Vigilius van Zwichem Tagebuch, S. 61 Anm. 8 (Aug. 1546).

Lager während des schmalkaldischen Kriegs.[350] Dieser führte Tagebuch und kritisierte vor allem die „zuchtlosen" italienischen und spanischen Banden im Heer des Kaisers und ihre Untaten gegen Kirchen und Bevölkerung gleich welcher Konfession. An sich waren nach den Reiterartikeln das Schmähen anderer Nationen mit Worten, Werken und Gebärden oder auch Glaubensdisputationen untersagt.[351]

Das Tagebuch „Warhaffte newe zeitung von der kriegßhandlung zwischen kaiserlicher M[ajestä]t und dem Landgrawen des 15.46. iares geschen"[352] ist eine interessante Quelle, insofern als es das älteste Dokument aus der Hand eines evangelischen Feldpredigers ist. Es beginnt am 11.8.1546 und reicht bis „Mittwoch nach Andree" desselben Jahres, deckt also den süddeutschen Feldzug ab. Georg von Woltersdorff begleitet die militärischen Führer bei der Musterung des Heeres vor Ingolstadt. Zu einem Gerücht, dass Landgraf Philipp ggf. den Kaiser zwischen zwei Kardinälen wie einen Räuber hängen lassen wolle, bemerkt er, dass Gott doch alles fügen und dergleichen verhindern möge. Dieser habe am 8. Tag nach Bartholomäus bei einem Artilleriegefecht Kaiser und reisigen Zug gnädiglich behütet. Dank wurde entsprechend ‚billig' abgestattet. Bei anderer Gelegenheit ging eine Kugel neben dem Feldprediger nieder und warf ihm Dreck in Gesicht und Buch, während er im Psalter las angesichts des in Schlachtordnung stehenden Heeres, also möglicherweise ein Gebet hielt. Ein Begräbnis von Spaniern nach ‚papistischer' Art mit Lichtern und Fackeln nahe der Unterkunft von Markgraf Hans wurde nicht gestattet. Georg von Wolterdorff beklagte in „kritischer Solidarität" mit der eigenen Truppe und den verbündeten Spaniern und Italienern Raub,

---

350 von Ranke, S. 350. Vgl. Preuß, Söldnerführer, S. 147, der auf die wechselnden Dienste der Lutheraner Georg von Holle und Hilmar von Münchhausen im kaiserlichen Heer, unter Herzog Heinrich dem Jüngeren, aber auch Landgraf Philipp verweist. Einzig Schertlin mache hier eine Ausnahme.
351 Ludwig Mollwo: Markgraf Hans von Küstrin, Hildesheim/ Leipzig 1926, S. 179, 192. In kaiserlichem Auftrag hatte der Markgraf Heinrich den Jüngeren 1548 wieder in seine Wolfenbütteler Herrschaft eingesetzt. Andere Geistliche wie Superintendent Wenzeslaus Kielmann, von 1538 bis zu seinem Tod 1562 an der Pfarrkirche St. Marien in Küstrin, scheinen den Markgrafen nicht begleitet zu haben (W. Thoma: Markgraf Hans von Küstrin, Neudamm 1927, S. 34).
352 In: Leopold von Ranke: Deutsche Geschichte im Zeitalter der Reformation, Bd. 6, Leipzig 1868⁴, S. 214-232, 215f, 218ff ‚aus dem Berliner Archiv'.

Vergewaltigung und Zerstörung in Freundesland und warnte vor Schlimmerem im Feindesland: Gott möge darein sehen und sich erbarmen, bzw. dies gottlos böse Volk mit Höllenfieber strafen! Kinder seien von spanischen Knechten, die deren Mütter vergewaltigen wollten, mit den Worten „Luther, Luther" ertränkt worden. Man habe Frauen den Säbel auf die Brust gelegt und diese bei Verweigerung abgeschnitten. Georg von Woltersdorff schildert die Gräuel bis ins Detail.

Als sich am 12.10. die Stadt Dillingen dem kaiserlichen Heer ergibt, reiten die Geistlichen des Kaisers, Mönche und „Pfaffen", mit dem Bischof von Augsburg auf Mauleseln in die Stadt, um dort ihre Stundengebete zu halten. „In Summa, die Erfahrung gibt es dass es arge Höllenleute sind, denen keine Unzucht zu gering, großen Schaden tun, und allerlei Unzucht treiben, Gott wird es ungestraft nicht lassen, es ist nur zu viel und zu groß."[353] Dem im Streit mit Hans von Bredow am Morgen von Allerheiligen umgekommenen Proviantmeister des Markgrafen Levin Bucholtz nimmt Woltersdorff vor dem Tod die Beichte („bekenthnuß") ab. Am Abend hält er zur Beerdigung „ein kurtz und christliche vermanung uber der leiche".[354] Es bleibt ansonsten unklar, was Georg von Woltersdorff liturgisch, homiletisch oder seelsorglich tat. Seine Schrift gerät zu einer anklagenden Denkschrift für die unter spanischen und italienischen Truppen leidende Zivilbevölkerung, getragen vom Glauben an das Rechtswalten und die Behütung Gottes. Manches spiegelt ein elementares menschliches Rechtsempfinden. Woltersdorff macht sich zum Anwalt der Leidenden und zwar nicht durch Dämonisierung des Gegners, sondern durch Anklage der eigenen Verbündeten. Möglicherweise sollte die Schrift auch dem Ziel dienen, Landgraf Philipp und Kurfürst Johann Friedrich angesichts drohender spanischer und italienischer Horden in eigenen Landen zum Einlenken und zur Unterwerfung unter den Kaiser, ihren Herrn, zu bewegen.

Woltersdorff scheint auch im Januar 1548 noch im Dienste des Markgrafen gestanden zu haben, als Markgraf Hans von Küstrin seinem

353 v. Ranke, Bd. 6, S. 223, 226 (Zitat übertr. v. Vf.). Vgl. auch S. 228 die Hoffnung auf Strafe für alle Lügner n. Ps 5, Salomo und Ecc.
354 v. Ranke, Bd. 6, S. 227.

Schwiegervater half, sein Herzogtum wieder in Besitz zu nehmen. Ein Brief des Feldpredigers an seinen Herrn ist überliefert, indem zu Rechtfertigungsmustern des Widerstands, der Not- und Gegenwehr argumentiert wird, Woltersdorff also politisch zu beraten suchte im Geflecht von eigener konfessioneller Position und politischer Loyalität gegenüber dem Kaiser.[355]

Hans stellte 700 Reiter unter der Fahne „Gebet dem Kaiser, was des Kaisers ist, und Gott, was Gottes ist" (Mt 22,21).[356] Markgraf Hans kommentierte das für die kaiserliche Seite relativ glimpflich abgegangene Artilleriegefecht vor Ingolstadt in seinem Tagebuch folgendermaßen:[357] „Gott der Herr sei sichtiglich, sonderlich am Dienstag [Aug. 31] bei des Kaisers Volk gewesen, sonst war es unmöglich, dass solch groß Schießen nicht sollte großen Schaden getan haben. Es haben des Landgrafen Büchsenmeister, …. pur wohl geschossen, aber Gott Lob keinen besonderen Schaden getan." Auch Graf Philipp von Eberstein (1523-1589) war auf kaiserlicher Seite tätig. Sein Feldprediger ist allerdings nicht bekannt.[358] Der Kaiser duldete evangelische Feldprediger im Heer, was seine Beteuerung, nicht einen Religionskrieg zu führen, sondern den Reichsfrieden zu schützen, unterstreichen sollte.

Als kaiserliche Truppen 1546 Frankfurt besetzten, bat am 28.12. ein Frankfurter Bürger die kaiserlichen Offiziere Graf von Büren und den Herrn Barbancon, auch Ligne oder Arenberg genannt, neben Georg von Holle und drei weiteren Obristen als Gevattern bei einer evangelischen Taufe. Büren war zwar kein Protestant, aber auch kein katholischer Eiferer und versicherte, sofort seinen Abschied nehmen

---

355 Lusie Schorn-Schütte: Kommunikation über Herrschaft: Obrigkeitskritik im 16. Jahrhundert, in: Lutz Raphael/ Heinz-Elmar Tenorth (Hrsg.): Ideen als gesellschaftliche Gestaltungskraft im Europa der Neuzeit. Beiträge für eine erneuerte Geistesgeschichte (Ordnungssysteme 20), Berlin 2006, S. 71-109 Anm. 48.
356 Wilhelm Gabriel Wegener: Lebensgeschichte des Markgrafen Johann von Brandenburg, Landesfürsten in der Neumark, zu Küstrin, Berlin 1827, S. 7. Möglicherweise war auch sein geistlicher Hofastrologe Martin Kemnitz mit im schmalkaldischen Krieg (ebd., S. 23).
357 v. Druffel, Des Vigilius van Zwichem Tagebuch, S. 88 (Zitat übertr. v. Vf.).
358 v. Druffel, Des Vigilius van Zwichem Tagebuch, S. 225 Anm.26.

zu wollen, wenn der Kaiser begönne, den evangelischen Glauben zu unterdrücken.[359]

Dass die bei Mühlberg am Morgen des 24.4.1547 unterlegenen Protestanten gerade beim sonntäglichen Gottesdienst waren, als Moritz von Sachsen, der Herzog von Alba Fernando Álvarez de Toledo, und Kaiser Karl V.[360] die kursächsische Schiffsbrücke bei Mühlberg erreichten, nahmen und damit die Schlacht und den schmalkaldischen Krieg entschieden, ist bekannt. Johannes Aurifaber (1519-1575) dürfte diesen Gottesdienst gehalten haben. Er begleitete Martin Luther 1545/6 auf seinen Reisen und war mehrfach als Feldprediger tätig, 1544/45 bei Graf Volrad in Frankreich, 1547 im Schmalkaldischen Krieg bei dem frommen Kurfürsten Johann Friedrich von Sachsen. Johann Friedrich war für seine Körperfülle bekannt, galt als tief gewiss, dass Gottes Allmächtigkeit die Evangelischen durch sein heiliges Wort schützen würde, zauderte zum Ärger Philipps von Hessen oder Schertlin von Burtenbachs bei militärischen Entscheidungen zum Angriff, erwies sich aber auch gegenüber Repressionen in der Gefangenschaft als standhaft: „Ich trage Gottes Wort im Kopf und im Herzen".[361]

Aurifaber folgte Johann Friedrich auch in die Gefangenschaft nach Tirol. In eben diesem Jahr 1547 gab Aurifaber wohl kaum zufällig auch eine Sammlung von Luthers Trostschriften und Trostsprüchen heraus.[362] Er kritisierte das auf dem Reichstag in Augsburg 1548 verkündete sog. „Interim" scharf, das bis zu einem Konzilsentscheid nur die reformatorische Praxis der Priesterehe, bzw. des Abendmahlsgenusses unter beiderlei Gestalt von Brot und Wein zuließ.[363] Am meisten bekannt wurde er als Herausgeber der Tischreden Martin Luthers 1566, in denen er ein klassisches volkstümliches Bild Martin Luthers

---

359 Angermann, Georg von Holle, S. 56.
360 von Ranke, S. 390.
361 Baumgarten, Moritz von Sachsen, S. 134, 230.
362 Helmar Junghans: Art. Aurifaber, Johannes (1519-1575), in: Theologische Realenzyklopädie 4 (1979), S. 752-755.
363 Lothar Berndorff: Die Prediger der Grafschaft Mansfeld. Eine Untersuchung zum geistlichen Sonderbewusstsein in der zweiten Hälfte des 16. Jahrhunderts, Diss. Potsdam 2010, S. 341 Anm. 196.

schuf. Stefan Michel[364] ist geneigt, ihm eine Übertreibung der derb kämpferischen Züge Luthers in den Tischreden aus eben dem biographischen Grund zuzuschreiben, dass Aurifaber Feldprediger war.

Wie sehr im Sieg Gottes unmittelbares Handeln für die Erhaltung des Reichsfriedens und gutes christliches Regiment gesehen, bzw. eben dies von den besiegten Gegnern bestritten wurde und wie wenig die eigene konfessionelle Option dabei eine Rolle spielte, zeigt das Schreiben Dr. Christoph Turcks als Bediensteter Herzog Moritz von Sachsens an Dr. Georg Komerstadt aus dem Feldlager zu Mühlberg am 25.4.1547:[365] „In Summa es ist eine Victoria, die allein von Gott kommt, die sich kein Mensch auf Erden zumessen darf, Es hat auch gewißlich keiner dieses Teils gedacht dass auf den Tag so viel sollte ausgerichtet werden, Aber der Allmächtige hat es ohne Zweifel unsern Landen und den armen Leuten vom Adel und andern zu besonderen Gnaden also geschickt, damit dieselben vor fernerem Verderben errettet und beständiger guter Friede, Ruhe, Recht und Gehorsam ohne großes Blutvergießen wieder kann aufgerichtet werden […]" Also müsse Komerstadt doch die entsprechenden Maßnahmen veranlassen können. Moritz habe sich unmittelbar ritterlich erwiesen gegenüber den Besiegten. Am selben Tag schrieb Moritz seinen Räten in Dresden,[366] dass man nun dem allmächtigen und barmherzigen Gott entsprechend danken müsse und die Prediger zum üblichen großen Lobgesang des „Te deum laudamus", bzw. zur Predigt und Vermahnung des Volkes zur Dankbarkeit, bzw. zum Gebet um Frieden anzuhalten sein. Der Gedanke, dass mit dem besiegten Schmalkaldischen Bund auch die eigene evangelische Sache in Gefahr geraten könnte, kam ihm hier jedenfalls nicht.

Vor dem schmalkaldischen Krieg hatte Moritz angeordnet, dass alle Prediger seines Landes ein von Fürst Georg von Anhalt (1507-1553) verfasstes Gebet in schweren Zeiten in den Gottesdiensten nutzten.[367]

---

364 Die Kanonisierung der Werke Martin Luthers im 16. Jahrhundert, Tübingen 2016, S. 305.
365 Friedrich Albert von Langenn: Moritz, Herzog und Churfürst zu Sachsen. Eine Darstellung aus dem Zeitalter der Reformation, Bd. 2, Leipzig 1841, S. 304 (Zitat v. Vf. übertr.).
366 Langenn, Moritz, Bd. 2, S. 305.
367 Issleib, Moritz von Sachsen als evangelischer Fürst, S. 149.

Das erinnert an Luthers Vorschlag eines Gebets in den Heimatkirchen während der Türkenfeldzüge.

Hofprediger Johann Agricola ließ am Sonntag nach der Schlacht bei Mühlberg, dem Sonntag Jubilate, in Berlin einen überschwänglichen Dankgottesdienst halten: Gott habe „den Sachsen, den Feind, in die Hände kaiserl[icher] Maj[estät] gegeben, daß, wie Gott bei den Kindern Israel im roten Meere ein Wunder gethan, sie hindurch geführt, also hätte er jetzt mit dem frommen Kaiser auch gethan, ihn durch die Elbe geführet, damit er den Feind bekam". Wie Agricola nun ausgereichnet davon eine Förderung des Evangeliums durch den Kaiser erwarten konnte, bleibt offen. Auch Agricola liefert hier ein Beispiel einer legitimatorischen Feldpredigt. Hatte er 1527 Kaiser und Papst noch als Feinde Jesu gesehen, so forderte er nun zum Gebet für den Sieg des Kaisers auf. Als offenkundige, zu Boden gestürzte Gottesfeinde wie die Ägypter galten nun die Schmalkaldener. Gott führe des Kaisers Kriege. Wer sich vor dem nicht demütige, müsse Ungemach leiden. Den Schmalkaldenern sei es darum gegangen, selbst Kaiser und König zu werden, nicht um die angeblich vom Kaiser bedrückte deutsche Libertät.[368]

Auch im Norden kam es bei Drakenburg nahe Nienburg an der Weser am 23.5.1547 zu einer Schlacht. Die von den niedersächsischen Städten Braunschweig, Hamburg, Bremen und Magdeburg unter den Heerführern Christoph von Oldenburg und Albrecht von Mansfeld (1481-1560) bei Peine angeworbenen Truppen, verstärkt durch die nach der Niederlage Johann Friedrichs verbliebenen kursächsischen Haufen unter Wilhelm von Thumbshirn (um 1500-1551)[369] und Georg von der Planitz (1504-1571), zogen weserabwärts durch das Land Erichs II. von Calenberg (1528-1584), der sie nach Aufhebung der Belagerung vor Bremen auf dem Kröpelsberg bei Drakenburg erwartete.

Im protestantischen Lager ging dem Angriff unmittelbar ein Gottesdienst voraus. „Anschaulich schildern die Chroniken, wie die Protes-

---

368 Kawerau, Johann Agricola, S. 246f.
369 Berentelg, S. 71.

tanten, von heiliger Begeisterung für ihre Sache durchdrungen, unter den Weisen frommer Lieder, den Hügel hinaufströmten."[370] Ein durch die Spielleute intoniertes geistliches Lied wurde „wie bei den Luther'schen" später allgemeine Tradition gesungen.[371] Leopold von Ranke rekonstruiert die Situation folgendermaßen:[372] „Die Prediger und Obersten erinnerten die Leute, daß sie in Verteidigung des göttlichen Namens und Wortes begriffen seien, welches Papst, Kaiser und der vor ihnen liegende Haufen dämpfen wolle. Alles Volk fiel dreimal in die Knie, um Gott, den einigen Nothelfer, um seinen Beistand zu bitten; zwei Psalmen wurden gesungen; dann mit dem Geschrei 'Gott sei mit uns' stürzten sie gegen die Anhöhe, auf welcher der Feind sich aufgestellt." Auch hier dürfte es sich bei den genannten Predigern um solche gehandelt haben, die extra für diesen Zug angenommen worden waren. Nach Johann Renners Bremer Chronik aus dem Jahr 1582/83 hätten die Grafen von Oldenburg und Mansfeld selbst ihre Truppen angesprochen, „dass sie sämtlich in Gott sollten getröstet sein, denn Gott werde ihnen an diesem Tag seinen Segen über ihre Feinde geben. Dann fielen alle dreimal auf die Knie und riefen Gott den Allmächtigen als einzigen Nothelfer an."[373] Nach der Verdener Chronik wurde dreimal der Psalm „Ein feste Burg ist unser Gott" gesungen.[374] „Ausser den Obristen waren es besonders die Prediger in dem gräflich-städtischen Heere, die die Soldaten mächtig entflammten. Sie fielen auf die Kniee und erflehten den göttlichen Segen; sie ermahnten die Soldaten zur Tapferkeit unter Hinweis darauf, dass es ein Kampf zur Verteidigung des göttlichen Namens und Wortes sei und gingen ihnen selbst im Kampfe voran."[375]

---

370 Berentelg, S. 75.

371 H. Senff: Die Schlacht bei Sievershausen 1553, in: Zeitschrift des Historischen Vereins für Niedersachsen 45 (1880), S. 235-256, 243.

372 S. 403 (nach einer Chronik).

373 Ähnlich die Verdener Chronik, die von dreimaligem Singen von „Ein feste Burg" und Ermahnungen der Grafen und Prädikanten berichtet (Storkebaum, Graf Christoph von Oldenburg, S. 110).

374 Bothmer, Karl Freiherr von: Die Schlacht vor der Drakenburg am 23. Mai 1547. Eine historisch-militärische Studie, in: Niedersächsisches Jahrbuch 15, (1938), S. 83-104, 102.

375 Bernhard Spiegel: D. Albert Rizäus Hardenberg. Ein Theologenleben aus der Reformationszeit, in: Bremisches Jahrbuch 4 (1869), S. 1-383, 79.

Nach dem ostfriesischen Chronisten Beninga, der für Christophs Schwester Gräfin Anna von Ostfriesland (1501-1575) schrieb, trat Christoph selbst als Feldprediger auf und forderte das Volk zum Fußfall auf: „Gott den Herre mit ee Lave-Sanck anroepen dat se den dach oeren vianden muchten averwinnen, und hebben vor eerst up den Kneen een Psalm gesungen, daarna mit lueder stemme upgehaven. Mit fried und freud ick fahr dar hen, daarna mit den vianden gedrapen so recht sinnich, dat viele olde Krygeluede geen beter dreppent gesehen van rueter und knechten."[376]

Christoph von Oldenburg, „einer der frühen Vertreter der Gestalt des ‚militärischen Unternehmers" war als nachgeborener Sohn zunächst für die geistliche Laufbahn vorgesehen, humanistisch gebildet mit Homer als Lieblingsautor, ein „Alkibiades", wie Philipp Melanchthon meinte. Schon in der „Grafenfehde" hatte er für den abgesetzten dänischen König Christian II. Truppen auf eigene Rechnung angeworben, um diesen nach dem Tod König Friedrich I. 1533 wieder auf den Thron zu bringen.[377] Dass ein gebildeter Geistlicher wie Graf Christoph von Oldenburg auch selbst zu einer Art Feldprediger wie Philipp von Hessen werden konnte, ist so unwahrscheinlich nicht. In der Grafenfehde hatte er im Sommer 1534 u. a. die Insel Seeland erobert. Die von der Hansestadt Lübeck unter den Namen des reinen evangelischen Worts gestellte Expedition zur Befreiung des gefangenen Königs Christian II. wurde von Christoph geschickt so ausgelegt und verkündigt, dass dänische Bauern sich wie im Bauernkrieg 1525 Freiheiten von Frondiensten erhofften und entsprechend für ihn gegen den Adel agierten. Ende Juni 1534 hatte er eine große Bauernversammlung auf dem Wolfsmoor mitten in Seeland, wo er sich dolmetschen ließ, gehalten. Auch Städter unterstützten die Volksbewegung.[378]

Der Feldprediger Graf Christophs von Oldenburg bei Drakenburg ist aber auch bekannt: Albert Rizäus (ca. 1510-1574), nach seinem Ge-

---

376 Zit. n. Storkebaum, Graf Christoph von Oldenburg, S. 110..
377 Erich Hoffmann: Der Sieg der Reformation in den Herzogtümern Schleswig und Holstein, in: Walter Göbell/ Erich Hoffmann/ Wolf-Dieter Hauschild/ Erwin Freytag/ Gottfried Köppen/ Hans-Joachim Ramm/ Lorenz Hein: Reformation (Schleswig-Holsteinische Kirchengeschichte 3), S. 115-183, 131 unter Verweis auf Philipp Melanchthon, Opera, hrsg. v. C. G. Bretschneider, 1836, Nr. 1072.
378 Storkebaum, Graf Christoph von Oldenburg, S. 44, 46.

burtsort in der niederländischen Provinz Obereyssel Hardenberg genannt und als Bibelhumanist vom polnischen Zwinglianhänger Johannes a Lasco (1490-1560) 1539 bei der Promotion in Mainz zur Reformation gebracht, hatte die Soldaten bis in den Kampf hinein begleitet und war selbst – wohl auch kämpfend, wie seine später sichtbaren Narben bewiesen[379] – verwundet worden. Als Domprediger in Bremen von 1547 bis zur Ausweisung wegen seiner Abendmahlslehre 1561 blieb er mit Christoph von Oldenburg verbunden, der ihm im Kloster Rastede Unterkunft gewährte und zum Pfarrer in Sengwarden machte, bis Hardenberg 1567 als reformierter Pfarrer nach Emden zog.[380]

Am folgenden Pfingstsonntag wurde sicher auch in Gottesdiensten der Sieg gefeiert, der in Landsknechtsliedern, einem dramatischen Gedicht und in bildlichen Darstellungen und einer Gedenkmünze verewigt wurde.[381] Landgraf Philipp von Hessen kommentierte den Sieg im Gefängnis in Donauwörth:[382] „Nun hat gott ein klein hulf erzeigt, daß der von Heydeck, Aldenburg vnnd Mansfeldt Herzog Erichen geschlagenn".

---

379 Spiegel, D. Albert Rizäus Hardenberg, S. 79.

380 Rudloff, S. 114, 136 unter Verweis auf Bernhard Spiegel: D. Albert Rizäus Hardenberg. Ein Theologenleben aus der Reformationszeit, in: Bremisches Jahrbuch 4 (1869), S. I-VIII, 1-383; Carl Albert Bertheau: Albert Rizäus Hardenberg, in: Realencyclopädie für protestantische Theologie und Kirche Bd. 7, Leipzig 1899, S. 408-416; Meyer: Kirchengeschichte Niedersachsens, S. 96.

381 Ortwin Rudloff: Lutherische Reformation und reformierte Konfessionalisierung in Bremen 1522-1648, in: Bremische Kirchengeschichte von der Reformation bis zum 18. Jahrhundert, hrsg. v. d. Bremischen Evangelischen Kirche i. Zus.arb. m. Konrad Elmshäuser, Bremen 2017, S.19-303, 110; Dietrich Rudolf Ehmck: Dramatisches Gedicht auf die Schlacht bei Drakenburg, in: Bremisches Jahrbuch 1 (1863), S. 174-199, Johann Melchior Kohlmann: Kriegsmuth und Siegesfreude der Protestantischen Stadt Bremen im Jahr 1547 oder: Andenken an die Belagerung Bremens ... und die Schlacht bei Drackenburg (den 23. Mai 1547) (Beiträge zur bremischen Kirchengeschichte 3), Bremen 1847; Helmut Lucke: Bremen im Schmalkaldischen Kampfbund 1540-1547 (Veröff. a. d. Staatsar. d. Freien Hansestadt Bremen 23), Bremen 1955; Adolf E. Hofmeister: Johann Renners Illustration der Schlacht bei Drakenburg, in: Bremisches Jahrbch 76 (1997), S. 9-16.

382 Rommel, Philipp der Großmüthige, Bd. 3, S. 264: Nr. 67: Landgraf Philipps testamentarisches Verzeichnis v. 18.11.1547

Exkurs 4: Lieder im Schmalkaldischen Krieg

Nach den verschiedenen Angaben[383] handelte es sich bei den beiden in Drakenburg gesungenen „Psalmen", die wie in der Verdener Chronik o. im Niederdeutschen auch Choräle bezeichnen können, um die Lutherlieder „Ein feste Burg ist unser Gott" und „Mit Fried und Freud fahr ich dahin". Dass das Lutherlied „Ein feste Burg" einen militärseelsorglichen Kontext bekam, den es dann über Jahrhunderte bis hin zur protestantischen „Nationalhymne" behaupten sollte,[384] ist hier jedenfalls (wie auch der Schlachtruf „Gott mit uns") zum ersten Mal belegt. Schweden und Deutsche sollten diesen Choral vor den Schlachten bei Breitenfeld 1631 und Lützen 1632 auf Deutsch und Schwedisch anstimmen.[385]

An dieser Stelle ist auch zu erwähnen, dass die vorreformatorische hussitische Bewegung bereits um 1420 ein Kampflied hervorgebracht hatte: „Ktoz jsu bozi boyownici", zu Deutsch: „Die ihr Gottes Streiter seid",[386] das als Rüstlied und Motivation zum Kampf gesungen wurde. Strophe 1 (übers. v. Boris Preckwitz) schlägt für die unter Militärs sich nun verbreitende Psalmenfrömmigkeit alle Töne vom Kämpfer für Gottes eigenes Recht an: „Krieger, die für Gott ihr streitet/ um seines Gesetzes,/ bittet Gott, dass er euch beisteht,/ bleibt bei ihm im Bekenntnis,/ an seiner Seite steht ihr stets als Sieger."

---

383 So Funke, S. 161 nach Brage bei der Wieden (Hrsg.): Leben im 16. Jahrhundert. Lebenslauf und Lieder des Hauptmanns Georg Niege, Berlin 1996.

384 Hannu Vapaavuori: Tröst i kris och pomp vid fest i Finland, in: Sven-Åke Selander/ Karl-Johan Hansson (Hrsg.): Martin Luthers Psalmer i de nordiska folkens liv, Malmö 2008, S. 48-61, sammelt Belege ab dem dreißigjährigen Krieg bis in den Winterkrieg für diesen Choral als „Normalchoral" für Feldgottesdienste. Vgl. Anke Napp: Unter Luthers Führung zum Heldentod an die Front. Völkisches Christentum in Bildbandvorträgen, in: Dörfler-Dierken, Reformation und Militär„ S. 201-210, 207; Inge Mager: Martin Luthers Lied „Ein feste Burg ist unser Gott" und Psalm 46, in: Jahrbuch für Liturgik und Hymnologie 30 (1986), S. 87-96; Anja Gerbe/ Ulrich Grossmann: Ein feste Burg ist unser Gott (Schriften des deutschen Burgenmuseums Veste Heidburg 6), Petersberg 2017; Michael Fischer: Religion, Nation, Krieg. Der Lutherchoral „Ein feste Burg ist unser Gott" zwischen Befreiungskriegen und erstem Weltkrieg, Münster i. W. 2014.

385 Gudmundsson, S. 85. Seit 0laus Petris Gesangbuch von 1536 war das Lied auf Schwedisch bekannt.

386 Art. Die ihr Gottes Streiter seid, in: Wikipedia (Zugriff am 14.8.2020).

Einzelne agitatorische Lieder, im Unterschied zum Choral vorzutragen von einem Vorsänger, haben sich aus dem schmalkaldischen Krieg erhalten. Sie dienten offenbar der Propaganda und Motivation der Truppe:[387]

„Karle, sag an die sachen/ die heimlich treiben dich: Deutschlandt wilt eigen machen/· dem Hauss zu Österreich./ Ein Monarchj wilt richten an,/ Plus Utra sol noch weiter gan, do ligt der Hundt begraben."

Das Liedblatt „Wohlauf ihr frommen Deutschen" (Wittenberg 1546) beschwor die nationalen Eigeninteressen der Deutschen gegenüber kaiserlichen Zentralisierungsbestrebungen. Ein anderes, nicht lokalisierbares Liedblatt aus dem selben Jahr „Ihr werten Christen alle" nahm deutlich Partei für die evangelische Sache und spielte auf die Machtinteressen des Papsttums in Rom an:

„Denn nach dem auff ist gangen/ bey uns das Göttlich Wort,/ Hat jhn stets thun verlangen/ zu stifften Brandt und Mord .../ Daher die grossen Fürsten/ verfürt auff diesen wahn./ Nach unserm Blut thut dürsten,/ greyfens derhalben an,/ Als wöllens schützen Gottes Ehr/ da sie doch nichts denn menschen lehr/ und schand der Romanisten/ mit jhrem schwerdt thun fristen."

„Damit aber der Heere/ jetzund jnn diesem Krieg/ Zu seinem Lob und Ehre/ geb frommen Christen sieg,/ So last uns fliehen Gottlos art,/ Unzucht, Gotteslestern alle fart,/ soll sein und Spiel dergleichen,/ sonst würd Gott von uns weichen./ Denn das ist nicht unbillig,/ wie jedermann merckt wol,/ Das Gott, da man mutwillig/ sündigt, nicht helffen sol ...".

Eingedenk der Landeswohlfahrt erinnerte das Lied die Soldaten an ihre Eidesverpflichtung, auf Fluch und Gotteslästerung zu verzichten, und sollte somit ihrer sittlichen Besserung dienen.

Ebenfalls ohne Ort knüpft das Liedblatt „Ach, Karle, großmächtiger Mann" im selben Jahr wieder bei Kaiser Karl V. an: „Darneben wölln wir Landßknecht gut/ dran wagen unser Leyb und Blut/ zu schutz

---

387 Andreas Wittenberg: „Zieh selber, Jesu, mit ins Feldt..." Lieder für Soldaten in evangelischen Gesangbüchern, in: „Ein Kriegesmann und guter Christ...". Historische Skizzen aus der Soldatenseelsorge (Festgabe Hermann Kunst), hrsg. v. Ev. Kirchenamt für die Bundeswehr, Hannover 1990, S. 55-80, 56, 58.

der Kirch und Landen/ Darinn Gots Wort wirdt rein gelehrt, do auch noch zucht vorhanden,/ Wider deß Bapsts Abgötterey/ und der Spanier Mörderey/ beyder unzucht und Rauben,/ die erger denn die Türcken sind,/ das mag nun gwißlich glauben."

„Mir haben auch auff unser seydt/ ein starcken Heldt, der für Uns streyt/ von macht ist nicht seins gleychen:/ Gots ewig Son mit seinem Heer,/ dem muß all gwalt entweichen."

Deutlich klingt Luthers Lied „Ein feste Burg ist unser Gott" in diesem Lied nach.

Aus dem um des Interims willen von kaiserlicher Acht bedrohten Magdeburg dichtete Erasmus Alber (1500-1553) 1550 und erhob die Verteidigung Magdeburgs zum heiligen Krieg: „Wann du wilt sein ein Christen/ und theil am himmel han,/ So dien ja keim papisten,/ bey gotts wort soltu stan,/ Darbey wag du dein leben:/ bleibstu darüber todt,/ so wird dir Christus geben/ das ewig himelbrodt."

„Die sach darumb wir kempffen,/ die ist fur gott gerecht:/ Den Entechrist wollen wir dempffen,/ darumb seit jhr gottes knecht..."

8. Zwischen Augsburg 1548 und 1555

Zu Beginn des Schmalkaldischen Krieges hatte der Augsburger Prediger Wolfgang Musculus (1497-1563), nicht zu verwechseln mit dem schon erwähnten Andreas Musculus, eine „Vermahnung an den deutschen und evangelischen Kriegsmann" verfasst.[388] Ähnlich wie Luther versuchte er sich medial als Seelsorger evangelischer Soldaten. Die Gedanken zum Widerstand sollten auch trotz des verlorenen Krieges weiterwirken. Musculus erinnerte die evangelischen Soldaten in zehn Abschnitten an ihre Pflichten:

- Der Krieg werde aufgezwungen. Indem die Soldaten das Reich Christi in den Herzen der Menschen verteidigten, dienten sie Christus selbst. Luther kannte zwar den rechten „Notwehrkrieg":

---

388 Bastian, S. 747-752, 748 unter Verweis auf Peter H. Blaschke: „Vermanung an den Teutschen unnd Evangelischen Kriegßman". Anmerkungen zu einer Schrift von 1546, in: „Ein Kriegesmann und guter Christ ..." Historische Skizzen aus der Soldatenseelsorge (Festgabe Hermann Kunst), hrsg. v. Ev. Kirchenamt für die Bundeswehr, Hannover 1990, S. 13-18, 13. Vgl. Funke, S. 62.

Wäre er aber Musculus gefolgt, dass die Verteidigung des Evangeliums als Kriegsgrund ausreichte?

- Auch am Kriegsmann müsse man die christliche Hoffnung und das christliche Gemüt spüren. Ein Kriegsmann könne – mit Luther – allein durch den Glauben selig werden.

- Ein Soldat solle Gottes Wort hören und bei sich haben, wenn er lesen könne, bescheiden und ehrlich sein, Hurerei, Unzucht und Trunksucht meiden.

- Gott verleiht den Sieg. Einbildung eigener Stärke oder zahlenmäßige Überlegenheit führe auf trügerische Pfade.

- Stolz mache leichtsinnig und unvorsichtig. Auch die Hauptleute mögen sich nicht über die Feinde erheben oder sie gar verachten.

- Im bevorstehenden Krieg fechte man für das Vaterland und dessen Wohlfahrt, nicht für den Vorteil der Herrschenden.

- Der Soldat solle in täglichem Gebet Frau und Kinder, Freunde und Eltern, Vaterland und Anlass des Krieges Gott anbefehlen, der „auch disen handel zu seynem lob enden/ es geschehe doch durch unser leben oder sterben" (Röm 14,8), lassen werde.

- In Allem, was nicht gegen Gott ist, sollen die Soldaten ihren Hauptleuten gehorsam sein.

- Die Soldaten mögen unter einander freundlich umgehen, nicht mit einander „balgen", Zank, Neid, Hass, Spielen und Fluchen lassen.

- Man möge auch mit der Besoldung zufrieden sein.

Musculus ging davon aus, dass in einem christlichen Gemeinwesen aus Magistrat und Kirche wie dem seiner Zeit nicht die neutestamentlichen Gemeinden, die in einem heidnischen Umfeld lebten, der natürliche Bezugspunkt sein mussten, sondern das alttestamentliche Königtum. Eine kirchliche und eine staatliche Lebenssphäre waren für Musculus undenkbar. Vielmehr hatte s. E. wie zur Zeit des alten Bundes die eine von Gott geordnete christliche Obrigkeit im einen, christlichen Volk das Sagen.[389] Dies musste auch Auswirkungen auf den

---

389 Rudolf Dellsperger: Art. Musculus, Wolfgang, in: Theologische Realenzyklopädie 23 (1994), S. 439-441, 440.

Dienst für den König im Kriegsfall haben. Musculus nahm damit Gedanken vorweg, wie sie in der reformierten Theologie und Feldpredigt wirksam werden sollten.

Die Wittenberger Theologen Philipp Melanchthon und Johannes Bugenhagen traten in einer wohl gemeinsam verfassten, aber von Bugenhagen verantworteten Schrift „Ein Schrift D. Johann Bugenhagen Pomerani, Pastoris der Kirchen zu Wittenberg, an andere Pastoren und Prediger. Von der itzigen Kriegsrüstung" 1546 klar auf die Seite des Schmalkaldischen Bundes und nahmen ein Widerstandsrecht um des Glaubens willen an. Der Krieg an sich galt Bugenhagen in einem Brief an den dänischen König vom 20.8.1546 als kaiserlich-päpstliche Maßnahme, um „alle Christen umb Land und Leute, umb gut und ehre, umb Leib und Leben [zu] bringen, uns Gott, Christum, den heiligen Geist mit seinem Evangelio [zu] nehmen und so Gott mit seinem heilsamen Worte aus[zu]stossen und uns zum Teuffel [zu] werfen".[390] Zu einer Heerseelsorge selbst scheinen sich beide nicht geäußert zu haben.

Der Eisenacher Superintendent Justus Menius veröffentlichte 1547 eine Schrift zum Widerstandsrecht „Von der Notwehr Unterricht". Melanchthon gab sie in zwei überarbeiteten und erheblich von einander abweichenden Fassungen im Januar, bzw. März 1547 heraus. In der ersteren überwiegen die apokalyptischen Töne im Sinne Luthers, die in der letzten Zeit die Gläubigen anfechten in ihrem Widerstandswillen um des Evangeliums willen. Papst und Kaiser erscheinen in prophetischer Sicht als Gott ‚ungehorsame, untreue pflicht- und eidbrüchige Rebellen, Aufrührer, Verächter und Verletzer unserer heiligen, ewigen, allmächtigen Hoheit und Majestät', die von den Wittenberger Theologen als in ‚Acht und Aberacht' erkannt ihres ‚kaiserlichen und päpstlichen Amts' verlustig gegangen und nur noch als Privatpersonen ohne kaiserliches und päpstliches Amt anzusehen

390 Hans-Peter Hasse: Bugenhagen und der Schmalkaldische Krieg, in: Irene Dingel/ Stefan Rhein (Hrsg.): Der späte Bugenhagen (Schriften der Stiftung Luthergedenkstätten in Sachsen-Anhalt 13), Leipzig 2011, S. 197-217, 204-6.

seien. Im Magdeburger Bekenntnis sollte dann von der Tyrannei die Rede sein.[391]

Es verwundert nicht, dass mit dieser theoretischen Grundlegung das von der Vollstreckung der Reichsacht durch Kurfürst Moritz von Sachsen bedrohte Magdeburg die Übernahme der Augsburger Interimslösung ablehnte, einzig die Priesterehe und das Abendmahl unter beiderlei Gestalt zuzulassen, und angesichts intensiver theologischer Arbeit in der belagerten Stadt den Spottnamen „des Herrgotts Kanzlei" erhielt. Man verschärfte die Argumentation zum Widerstandsrecht noch. Im für das 16. Jahrhundert wirkmächtigen „Magdeburger Bekenntnis" (1550) wurde einerseits festgestellt, dass die „Magdeburger Kirchen ‚mit warer christlicher Religion und GOTTes dienst versehen'" und deshalb zu ihrer Verteidigung berechtigt sei. Nicht nur aktiv Magdeburg anzugreifen und damit „des Bapsts lügen und greulichen abgötterey" wieder aufzurichten, sondern schon ihm die Hilfe zu verweigern, mache mitschuldig.[392]

In der Zeit, als militärisch-politisches Überleben kaum noch Aussicht hatte, verfasste der Predigerkonvent der Stadt publizistisch militärseelsorglich ein „Christliche[s] Gebet" für seine „kirche und kriegsleute" (1551): „jedermann/ jung unn alt / Man und Weib" solle überall, besonders wenn gekämpft werde, „zu Gott als ‚dem rechten Kriegsman und obersten Kriegsherrn' beten". Wie die biblischen Beispiele Moses bei Amalek (Ex 18,10ff) oder der Makkabäer (2 Makk 10f; 15) zeigten, sei die „beterische ‚Generalmobilmachung' der Stadt" nützlich.[393] Assoziationen an einen „totalen" Krieg drängen sich auf. Zumindest wandelte sich zivile kirchliche Versorgung in der Situation der Verteidigung der eigenen Stadt in Militärseelsorge um. Neben o. schon genannten Liedern entstanden weitere: Nach der Melodie von Luthers „Ach Gott, vom Himmel sieh darein" wurde im August 1551 nach etwa einem Jahr Belagerung neben anderen das „Klaglied: Deren von

---

391 Thomas Kaufmann: Konfession und Kultur (Spätmittelalter und Reformation Neue Reihe 29), Tübingen 2006, S. 59-61.
392 Thomas Kaufmann: Das Ende der Reformation. Magdeburgs „Herrgotts Kanzlei" (1548-1551/2; Beiträge zur historischen Theologie 123), Tübingen 2003, S. 179-181.
393 Kaufmann, das Ende der Reformation, S. 206.

Magdeburg/ zu Gott und allen frommen Christen" gedichtet.[394] Buß-
lieder betonten den eigenen rechten Glauben, aber auch die eigene
Sünde, die Gottes Strafe verdiene, nun doch aber auch auf seine
Gnade hoffen dürfe. Schließlich ergab sich die Stadt und setzte die
Theorie eines Widerstands bis zum Letzten nicht in die Praxis um. In
jedem Fall wiederholte sich erneut ein schon in den süddeutschen
Reichsstädten in den 1520er Jahren oder in Zürich beobachtetes Phänomen unter lutherischem Vorzeichen, die Militarisierung einer zivilen Stadt inklusive ihrer Kirche.

Es verwundert nicht, dass die Prediger der Grafschaft Mansfeld 1550
die Berufung auf den Feldpredigerposten vor Magdeburg verweigerten.[395] Von Albrecht II. Alcibiades von Brandenburg-Kulmbach
(1522-1557), einer schillernden Feldherrngestalt in dieser Übergangs-
zeit, wird berichtet, dass er vor dem Zug auf kaiserlicher und kursächsischer Seite gegen das wegen des Interims in die Acht getane
Magdeburg 1550/1 seinem Stadtpfarrer von Kulmbach Wolfgang
Ruprecht, latinisiert Rupertus, der ihm um seines Seelenheils willen
ins Gewissen reden wollte, erwiderte: „Fahren wir zum Teufel, Pfaff,
so sollst du mit uns fahren", und dann eben diesen Prediger als Feldprediger annahm und bei sich behielt.[396]

Leider ist nicht bekannt, ob Ruprecht auch auf Albrechts Zug nach
Norddeutschland dabei war, die in der Schlacht zu Sievershausen
1553 zu seiner Niederlage führte. Aber Albrecht erinnerte sich 1556,
schon von Krankheit gezeichnet, eines Gesprächs, das er mit Ruprecht aus Anlass seines Einzugs in Schweinfurt 1551 geführt hatte.
Albrecht bekannte, dass ihn zwei verdammungswürdige Sünden besonders bedrückten, zum einen sein Verhalten gegenüber Kurfürst
Johann Friedrich, zum andern sein Zug gegen Magdeburg. Bevor er
damals dem Kaiser zuritt, habe ihn Gott durch seinen damaligen
Hofprediger Otto Körber gewarnt, an einem solchen Unternehmen
gegen das Evangelium und die Augsburgischen Konfessionsverwandten teilzunehmen bei Schaden an seinem Gewissen. So habe er seine
zeitliche Wohlfahrt verwirkt und sei letztlich auch beim Kaiser in Un-

---

394 Kaufmann, das Ende der Reformation, S. 394ff.
395 Berndorff, S. 53
396 von Ranke, S. 552.

gnade gefallen. Ruprecht habe damals in ähnlicher Weise gewarnt vor dem Verscherzen seiner „Wohlfahrt". Geradezu in nuce exemplifiziert Albrecht hier die übliche Frömmigkeit seiner Zeit, die an Gottergebenheit Segen und Wohlfahrt gebunden sah und die ihm so von Körber und Ruprecht gepredigt wurde.[397] Ein interessantes Detail zur Frömmigkeit dieses protestantischen Feldherrn und der ganzen Zeit hat sich in der biographischen Literatur erhalten. Albrecht Alcibiades soll von Jugend auf vor Besteigen seines Pferdes folgendes Gebet gesprochen haben: „Das walt unser Herr Jesus Christus/ Mit dem Vater, der über uns ist./ Wer stärker ist als dieser Mann/ der komme und thu ein Leid uns an."[398]

Nach einem Intermezzo auf Seiten des belagerten Magdeburgs 1550 stand Graf Christoph von Oldenburg 1552 bei der Aktion gegen Kaiser Karl V. für Kurfürst Moritz von Sachsen im Feld. Interessanterweise sandte er bei dieser Gelegenheit am 16.4. auch Hardenberg eine Summe von 562 Talern, um eine Schuld zu begleichen. Man könnte auch fragen, ob Hardenberg wieder als Feldprediger diente. Jedenfalls waren Prädikanten dabei, als Christoph um Mitternacht am zweiten Pfingsttag 1552 Aschaffenburg räumte und nach dem Bericht eines Chronisten Rau 50 Knechte „ihres volsaufens halben", darunter seinen Profoß und die Prädikanten (!), zurückließ.[399]

Bei diesem Feldzug waren neben politischen oder persönlichen Motiven, wie z. B. das Interesse Moritz von Sachsens, seinen Schwiegervater Philipp von Hessen aus der Gefangenschaft zu befreien, auf allen Seiten deutlich auch religiöse Beweggründe mit im Spiel. Bei den Bündnisverhandlungen im Vorfeld, bei denen auch Markgraf Hans von Küstrin beteiligt war, hegte Herzog Albrecht von Preußen Misstrauen gegenüber Frankreich, „das lange solche Gelegenheit nicht gehabt (wiewohl wir aller Bedenkens, daß die Sachen Gottes Ehre betreffend mit Baalsknechten sollen gefördert werden) [...]", und gegenüber dem auf Expansion sinnenden Schweden. „Das Haus Brandenburg kam nicht zu dem von Albrecht so heiß erstrebten geschlossenen Einsatz zugunsten von Reich und Evangelium, ,weil doch

397 Johannes Voigt: Markgraf Albrecht Alcibiades von Brandenburg-Kulmbach, Bd. 1, Berlin 1852, S. 271f.
398 Voigt, Markgraf Albrecht Alcibiades, Bd. 2, S. 71,
399 Storkebaum, Graf Christoph von Oldenburg, S. 120, 125, 142.

überall mehr gesucht, unsere Deutschen uneinig zu machen'."[400] Das Sendungsbewusstsein, eines evangelischen Hochmeisters und Feldherrn kam nicht zum Zuge.

Im Frühjahr 1552 stellte Moritz von Sachsen seinen ehemaligen Feldprediger Johannes Weiß, der ihn aus Protest gegen die antischmalkaldische Stellungnahme verlassen hatte, auf dessen Bitte um Gnade erneut ein, so dass wahrscheinlich ist, dass Weiß auch auf dem Zug nach Innsbruck dabei war. Er sollte Moritz in jedem Fall nach seiner Verwundung in der Schlacht bei Sievershausen am 9.7.1553 auf dem Sterbelager begleiten und ihm am 22.7.1553 über 1 Kor 15,55 „Der Tod ist verschlungen in den Sieg" die Trauerrede im Freiberger Dom halten. Moritz ließ ihn am Abend nach der Schlacht rufen und bat um Trost. „Tags darauf beichtete er ‚mit großem Ernste und wohlbedachtem Muthe' und ließ sich Absolution ertheilen. Als dann in der Nacht vom 10. zum 11. Juli sein Zustand hoffnungslos geworden war, ließ er sich in aller Frühe ‚das hochwürdige Sakrament' unter beiderlei Gestalt ‚mit großer Andacht und guter Vernunft' darreichen, dann machte er in Gegenwart von 8 Zeugen noch vor Sonnenaufgang sein Testament und unterzeichnete es mit schwacher Hand. Darauf verlangte er vom Hofprediger, ihn zu trösten und ihm Sprüche vorzusagen und nicht aufzuhören, selbst wenn er sprachlos werden sollte. Das geschah. Als die Schmerzen übergroß wurden, hub er an und sprach: ‚Ach, mein Gott, wie lang bist du außen willst du es nicht schier ein Ende machen?' Da ließ ihn Weiß auf einen Stuhl setzen; doch weil die Schmerzen weiterhin Überhand nahmen, ersuchte er ihn wieder nieder zu legen. Schon brachen die Augen, aber noch sprach er ‚mit starken Worten' nach: ‚Vater, in Deine Hände befehle ich Dir meinen Geist'. Zuletzt sprach Weiß: ‚Da er sterben wollte als ein christgläubiger und seliger Mensch, sollte er ein Zeichen von sich geben'. Darauf nickte er mit dem Kopfe, richtete ihn wieder auf und wandte sich zur Seite. So ‚ist er in Jesu Christo seliglich verschieden und entschlafen', in der Blüthe der Jugend im Alter von 32 Jahren."[401] Nach dem Zeug-

---

400 Hubatsch, Albrecht, S. 233f.
401 S. Issleib: Von Passau bis Sievershausen 1552-1553, in: Neues Archiv für sächsische Geschichte 8 (1887), S. 41-105, S. 102 (unter Verweis auf einen Bericht von Weiß selbst).

nis Christoph von Carlowitz' (1507-1578) starb auch der „Judas von Meißen" am 11.7.1553 gut evangelisch in der Hoffnung auf Christus.[402] Dass derlei Schilderungen in konfessionell ungeklärter Gesamtlage natürlich auch politische Bedeutung hatten, liegt auf der Hand.

Auch Nachfolger Kurfürst August von Sachsen (1526-1586) nahm seinen Hofprediger auf gelegentliche Feldzüge mit, z. B. zur Belagerung Gothas 1567 Ambrosius Keil, den ehemaligen Diakonus der Dresdener Kreuzkirche und Pfarrer in Marienberg. Keil kam bei dem Feldzug um. Auch Pastor primarius Bruno Quinos aus Zittau († 1584) wird 1566 als Feldprediger erwähnt – ohne dass sein Einsatzort bekannt wäre.[403]

9. Landsknechtsfrömmigkeit

Wie dachten und optierten Kriegsleute, die ja als Akteure für die Anstellung von Feldpredigern unmittelbar veranwortlich waren? Hier lohnt sich ein Blick auf einige Vertreter der „Condottieri", der im Gesamtzusammenhang ein retardierendes Moment in der klaren oder eben auch diffusen konfessionellen Entscheidung enthält, für das Gesamtverständnis aber doch entscheidend ist.

a) Reinhard Graf zu Solms

Markant ist die Position, die der Artillerist, Festungsbauer, Verfasser von Kriegsliteratur und spätere Feldmarschall Kaiser Karls V. Reinhard Graf zu Solms (1491-1562) vertrat, der einerseits durchaus Forderungen wie die nach der Feier des Abendmahls unter beiderlei Gestalt und der Priesterehe teilte, andererseits in der Reformation vor allem die Aufhebung weltlicher Autorität und Ordnung fürchtete. Bis zum Tode seines Vaters Philipp, Graf zu Solms (1468-1544), der für seinen Freund Friedrich den Weisen und Philipp von Hessen tätig

---

402 Blaschke, Moritz von Sachsen, S. 83; Art. Johannes Weiß (Theologe), in: Wikipedia (Zugriff am 10.3.2020); Hans Baumgarten: Moritz von Sachsen. Der Gegenspieler Karls V., Berlin 1941, S. 408-413.
403 Blanckmeister, Die sächsischen Feldprediger, S. 5f.

gewesen war,[404] stand Solms in dessen Schatten, obwohl er über seinen zeitweiligen Erzieher die Frühzeit der Reformation Luthers unmittelbar mit erlebt hatte und humanistisch geprägt worden sein muss. In seiner Jugend 1515 konnte er sich für Sickingens Kampf für die Reichsritterschaft gegen das Territorialfürstentum begeistern.[405] Er nahm 1533 an der Taufe Wilhelms von Oranien teil.[406]

Grafen und kleinere Territorialherren sahen sich um 1530 an den Kaiser gewiesen, wenn sie dem mit der lutherischen Sache fest verwoben scheinenden aufstrebenden Territorialfürstentum widerstehen wollten. So bildeten sie eine in ihrer religiösen Stellung schwankende Mittelpartei. Trotz dieser Distanz folgten Philipp und Reinhard, Grafen zu Solms, Landgraf Philipp von Hessen 1534 in das Feldlager vor Münster, wo sie auch Graf Wilhelm von Nassau Dillenburg (1487-1559) begegneten. Im Jahr 1535 begleitete Reinhard Kurfürst Johann Friedrich zu König Ferdinand nach Wien.[407] Im gleichen Jahr ließ er eine Druckerei in Lich einrichten und dort neben einem Buch zum Festungsbau auch ein altes und neues Testament in 108 Exemplaren drucken.[408] Graf Philipp starb 1544 voller Sorge um seinen gegen den Lehnsherren Landgraf Philipp von Hessen auf die Seite des Kaisers tretenden Sohn Reinhard.[409] Noch im Februar 1546 scheint Reinhard Graf zu Solms sich als Vermittler zwischen den auf Expansion setzenden Schmalkaldenern und Kaiser Karl V. gesehen zu haben, als er Landgraf Philipp von Hessen zu einer Unterredung nach Speyer mit dem Kaiser einlud.[410]

Reinhard war im Grunde kein religiöser, sondern ein politisch denkender Mensch, obwohl er in seiner Grafschaft die Einführung der Reformation weder behinderte noch förderte. In einem aus dieser Zeit stammenden Dialog schrieb er: „Dabei ist zu sehen, was der Teu-

---

404 Friedrich Uhlhorn: Reinhard Graf zu Solms Herr zu Klingenberg 1491-1562, Marburg 1952, S. 16f.
405 Uhlhorn, Reinhard Graf zu Solms, S. 26f.
406 Angermann, Georg von Holle, S. 59.
407 Uhlhron, Reinhard Graf zu Solms, S. 31-33.
408 Uhlhorn, Reinhard Graf zu Solms, S. 48f.
409 Uhlhorn, Reinhard Graf zu Solms, S. 70.
410 Uhlhorn, Reinhard Graf zu Solms, S. 72f. Vgl. Herberger, S. LXX.

fel Arbeit getan hat, daß er die Schwärmerei aufbracht hat und den Zwang und Gehorsam der katholischen Kirche aufgelöst hat und die Gewissen frei gemacht. [...] Denn so die Gewissen frei sein sollen, so glaubt der Türk, der Heide, der Jude, Wiedertäufer und alle die neuen Sekten recht, denn ihre Gewissen weisen sie dahin [...]". In anderen Schriften „bekennt er sich zum Gedanken der alleinigen Autorität des Kaisers, der seine Macht von Gott hat. Nur der Kaiser hat über Religion und Polizei, Münze, Maß und Gewicht zu wachen." Reformation erschien dann in den Augen des konservativen Adligen nur als ein Mittel zum Aufruhr gegen die von Gott eingesetzte einzige rechte Obrigkeit und das Grundprinzip von Recht überhaupt.[411]

Als der schmalkaldische Krieg Ende Juli 1546 offen ausbrach, begab sich Reinhard zum Kaiser und wurde von diesem zum obersten Feldmarschall ernannt.[412] Nach dem Sieg über die Protestanten bei Mühlberg setzte sich Reinhard 1547 für adlige Verlierer auf der Gegenseite ein.[413] Als kaiserlicher Oberkommandant über die protestantische Reichsstadt Frankfurt a. M. ordnete er am Sonntag Cantate, dem 8.5.1547, eine Kanzelabkündigung an, in der für die Seelen der Gefallenen, ein glückliches Ende des Krieges und die Weisheit der Regierung gebetet werden sollte. Mithilfe des Rates widersetzten sich die Prediger allerdings dieser Anordnung.[414]

Reinhard traf im besetzten Frankfurt am 14.5.1547 ein, um dort neben Statthalter Georg von Holle als Oberbefehlshaber die Kriegsentschädigung einzuziehen und bis zum Abbruch die Verhandlungen mit dem Wetterauer Grafenverein zu führen, dem Solms selbst entstammte. Wahrscheinlich war sein Kriegsbuch zu diesem Zeitpunkt schon fertig.[415] Als nach Zahlung der Kriegsentschädigung von 228.951 Gulden, 12 Schillingen und 10 Hellern am 5.10.1547 die ersten acht Fähnlein unter Hilmar von Münchhausen und Berold von Langen bei vier zunächst verbleibenden abgedankt wurden und auch Holle die

---

411 Uhlhron, Reinhard Graf zu Solms, S. 75. Vgl. auch „Ein Gespräch zweier Boten", S. 150f.
412 Uhlhorn, Reinhard Graf zu Solms, S. 77.
413 Uhlhorn, Reinhard Graf zu Solms, S. 81.
414 Uhlhorn, Reinhard Graf zu Solms, S. 85.
415 Angermann, Georg von Holle, S. 59.

Stadt verließ, schrieb ein Prediger: „Und also hat Gott, unser barmherziger Vater, die arme, fromme Bürgerschaft von diesem teuflischen Gestank und unflätigen Volk gar entlediget; ihm sei Lob, Ehr und Preis in Ewigkeit, amen!"[416]

Die Gefangennahme Landgraf Philipps von Hessen in Halle 1547 veranlasste Reinhard zu einem Gedicht, indem er diesen und die Schmalkaldener mit einer bunten Katze verglich, die den Adler, ein Bild für den Kaiser, um seine Krone bringen wollten: „Ketzlein ich sage dir unverholen,/ die Krone ist mir von Gott bevolen,/ das schwert zur rach gehenket an,/ darbey will ich leib und leben lan." Am Ende machte er sich folgenden Reim auf das Geschehen: „Darum erbarms der gutig Gott,/ daß wir unß evangelisch nennen,/ doch halten, alß ob wyrs nit kennen,/ mit beschweren den armen man./ Damit will ichs Gott walten lan,/ der alle Ding zum End kann machen,/ dem sey lob, ehr in allen sachen."[417] Unverhohlen scheint Kritik hindurch an der evangelischen Seite, der es doch nur um Machtgewinn gegangen sei und die das Evangelium zum Deckmantel dafür verkehrt habe.

Es verwundert kaum, dass Reinhard loyal das Augsburger Interim 1548 in seiner Herrschaft durchsetzen ließ, weil es auch seinen bescheidenen Reformvorstellungen, bzw. seiner Kritik am sittenlosen Lebenswandel mancher Geistlicher entsprach. Am 28.12.1551 wies er etwa den Pfarrer von Lich an, an den alten Feiertagen Gott die Ehre zu geben: „Wenn man an diesen Tagen Gott die Ehre gibt, so wird er die Arbeit der andern Tage segnen, wie er es sichtbar früher getan hat." Nicht zuletzt gab Reinhard hier sichtbar Ausdruck für seine landesherrliche Frömmigkeit, die rechte Gottesverehrung mit Segen und Landeswohlfahrt verband. Damit war er nicht weit weg von dem, was viele seiner Zeit bewegte, ob sie nun reformatorisch oder altgläubig argumentierten.

Erst in einem Vertrag vom 29.11.1557 erkannte er die faktische Reformation seiner Grafschaft an, die von seinem lutherischen Sohn

---

416 Angermann, Georg von Holle, S. 64f.
417 Uhlhorn, Reinhard Graf zu Solms, S. 88f, vgl. auch „Eyn gesprech zweyher lantzknechrt" S. 145-147.

und dessen Frau gefördert worden war.[418] Als Seele des Widerstands gegen das Interim sah Reinhard Superintendent Adam Krafft, den er am liebsten aufgehängt gesehen hatte. Aber auch seine Beschwerden über die Rückkehr lutherischer Pfarrer nach Hessen bewirkten nichts.[419] Allerdings wurde in der Folgezeit 1553 auch die tief bejahte Treue zum Kaiser auf die Probe gestellt, als dieser sich in einem Streit Reinhards mit Landgraf Philipp von Hessen um das verpfändete Amt Königsberg nicht auf Reinhards Seite stellte: Dieser musste sich „spöttlich vertragen [...] als ein armer graff, der von seinem herrn, da ich leyb, guth und bluth beigesetzt habe, verlassen ist, und alle mein schwere dienst verloren und kein trost nitt hette".[420]

Reinhard dichtete um diese Zeit und zeigte damit dann doch seine spirituelle Seite, die bei Gott „allein" fast lutherisch anmutend in aller erfahrenen Enttäuschung von Menschen Rat und Hilfe suchte: „Ach gott, von herzen klag ich dir,/ Was undankbarkeit ist begegnet mir,/ Daß mein lange dienst sind verloren,/ [...] Dann allein deiner göttlichen hölf,/ Der mir kann geben allein ein sölchs,/ Der genaden ich will erwarten,/ [...] Gott der herr werd die zeit noch geben,/ Daß wurd erkannt das untreu leben/ und ihrer wert des mögen entphahen. [...] Ein jeder nem seiner guet in acht/ Und halt vor sich selber guot wacht./ Der Esel wille sich welzen."[421]

Solms schrieb von frühen Zeiten in Wittenberg an an seiner „Kriegsbeschreibung", die im Stil der Zeit auf vielerlei Quellen beruht und im Grunde nie ganz fertig wurde. Solms bekannte sich als frommer Landsknecht zu einer Bekämpfung der Soldatenlaster wie Gotteslästerung, Fluchen und Schwören durch scharfe Feldjustiz im Stil der Artikelbriefe: „Beigegeben ist ein schöner Holzschnitt von Sebastian Hausmann, der die enge Verbindung des Kriegsmannes mit der heiligen Dreieinigkeit, dem Sakrament und den vier Elementen zeigt." Wie Luther sah Solms in der „Kriegsordnung" den Krieg als letztes Mittel und „schwere sach". Dann dürften ihn aber nur professionelle

---

418 Uhlhorn, Reinhard Graf zu Solms, S. 108-111.
419 Uhlhorn, Reinhard Graf zu Solms, S. 112.
420 Uhlhorn, Reinhard Graf zu Solms, S. 130f.
421 Uhlhorn, Reinhard Graf zu Solms, S. 141-143.

Kriegsleute führen, man dürfe ihn nicht „den Doctoren noch langen Röcken/ die nicht darbei kommen", überlassen – auf wen auch immer hier angespielt ist, seien es die Juristen oder auch Geistliche.[422]

Im 2. Buch findet sich in Aufnahme eines älteren, zusammen mit Konrad von Bemelberg abgefassten Buches eine Beschreibung der vierundzwanzig Kriegsämter. Der oberste Feldhauptmann handelt mit allen Vollmachten im Namen des obersten Kriegsherren. Interessant ist auch die Schilderung des Abzugs eines belagerten und dann übergebenden Feindes, dem goldene Brücken gebaut werden. Dem Fähnrich ist die Fahne St. Georgs anvertraut wie Maria Johannes auf Geheiß Jesu am Kreuz, um bei ihr zu sterben oder zu genesen – tot oder lebendig. Beim 13. Amt des Reiter-Hauptmanns oder Rittmeisters findet sich neben Leutnant, Fähnrich, Trompeter, Furier, Feldarzt und Schreiber auch ein Kaplan.[423]

Konservativ auch hier in seiner Grundhaltung gegenüber militärischen Neuerungen formuliert Solms sein Ideal: „Der fromme Landsknecht, dem der Krieg Lebensberuf ist, der sich aber mit seinem Herrgott trotz dieses blutigen Berufes eng verbunden fühlt und in der Erfüllung kontraktlich eingegangener Verpflichtungen seine höchste Ehre sieht". „Und so die von Gott die gnad haben möchten/ das sie bei einander einig bleiben würden/ Trew/ Glauben/ Justicien und jhre alte Römische ordnung halten und geleben wollten/ dann seind sie aller Nation Meister und gewaltig."[424] Auch wenn die Söhne nach dem Tod des Vaters am 23.9.1562 Landgraf Philipp gegenüber vom Empfang des Abendmahls unter beiderlei Gestalt sprachen, so dürfte Graf Solms doch bei der altgläubigen Ordnung geblieben sein, wie sie in anderen Briefen belegt ist.[425] Traditionelle Religion galt diesem Typ Soldaten als Unterpfand weltlicher Obrigkeit, Ordnung und Wohlfahrt überhaupt.

---

[422] Uhlhorn, Reinhard Graf zu Solms, S. 170, 175. Vgl. auch die Ermahnung an den Kriegsobristen S. 176.
423 Uhlhorn, Reinhard Graf zu Solms, S. 178f.
424 Uhlhorn, Reinhard Graf zu Solms, S. 200f.
425 Uhlhorn, Reinhard Graf zu Solms, S. 203f.

Konrad von Bemelberg hatte in seiner 1544/5 im Auftrag des Kaisers erarbeiteten Landsknechtsordnung "Kriegs ordenung Von allen Ampter" auch den Gedanken der Disziplin betont: "Solche rechte Ordnung mag der Länge [nach] ohne ernstliche Zucht und Strafe nicht bestehen noch erhalten werden, denn gestrenge Strafe macht Furcht, Furcht aber bringt Gehorsam und aus dem Gehorsam erfolgen Sorge und Fleiß, [...] da wird alles wohl aufgerichtet und steht Alles in guter Hut und Achtung". Tugendhafte würden durch Übung dieser Ordnung geschickt und erfolgreich, andere zeigten zumindest, ob man ihnen vertrauen könne. Ohne Gehorsam und Ordnung könnten aber Erfolg und "Victory" nicht sein.[426] Befehl und Gehorsam galten Bemelberg der äußeren Form nach als unabdingbar, wenngleich auch er eine höhere Form innere Motivation und Tugend kannte.[427]

b) Schertlin von Burtenbach

Der lutherische Landsknechtshauptmann Sebastian Schertlin von Burtenbach (1496-1577), ist als Landsknechtsführer insofern eine interessante „Ausnahmeerscheinung",[428] als er zum Lebensende eine Autobiographie[429] verfasste, aber auch Briefe von ihm an seinen Dienstherrn, die Reichsstadt Augsburg, erhalten geblieben sind. Schertlin wollte sein Leben im Rückblick selbst deuten, gewährt aber auch mit aller gebotenen Vorsicht einen Blick in sein Inneres. Nach dem Erwerb eines Magisters an der Universität Tübingen 1516 und dem Studium antiker Kriegsgeschichte nahm er an etlichen Feldzügen teil, u. a. dem Kaiser Maximilians gegen Franz von Sickingen, dem des schwäbischen Bundes gegen Herzog Ulrich von Württemberg, unter Kaiser Karl V. gegen Franz I. von Frankreich, als Hauptmann gegen die Türken, in einer Fehde des schwäbischen Bundes mit dem fränkischen Adel, erneut unter dem Kaiser gegen König Franz I. von Frankreich in Italien, im Haufen des schwäbischen Bundes gegen die Bauern 1524/5, erneut in Italien unter Georg von Frundsberg 1527

---

426 Solger, Konrat von Bemelberg, S. 75, 114 (Zitat übertr. v. Vf.).
427 Solger, Konrat von Bemelberg, S. 120.
428 Preuß, Söldnerführer, S. 477.
429 Leben und Thaten des weiland wohledlen und gestrengen Herrn Sebastian Schertlin von Burtenbach.

bis zum „Sacco di Roma", 1529 zum Kampf gegen die Türken bei Wien.[430] Allein in den 1520er Jahren reiht sich Feldzug an Feldzug.

In der Chronik seines Lebens erinnerte er sich an 1527, damit deutlich Verachtung für geistliche Würdenträger ausdrückend, die er mit Frundsberg und vielen Landsknechten teilte:[431] „Allda haben wir gefunden den Bapst Clementen sampt 12 cardinälen, in einem langen saal, den haben wir gfangen, muste die articul, so jme der secretari vorlas, vnderschreibenn. Was (war) ain grosser jamer vnder jnen, weinten ser, wurden wir alle reich."

Georg von Frundsberg hatte bei einer Meuterei seiner, von ihm als „Vater" nicht entlohnten Landsknechte am 16.3.1527 vor Bologna einen Schlaganfall erlitten, dem er 1528 in Ferrara erlag. Interessant ist, dass einer der Knechte Frundsbergs, sein Geheimschreiber Adam Reußner (1496- um 1582), das zuerst in einem täuferischen Gesangbuch 1533 belegte Lied nach Psalm 31, V. 1-6 „In dich hab ich gehoffet, Herr" dichtete. Reußner, der in seiner Jugend auf Kosten Frundsbergs studiert hatte, nutzte die lateinische Vulgata als Vorlage.[432] Vers 3 des noch heute im Evangelischen Gesangbuch (Nr. 275) enthaltenen Liedes kann bildlich verstanden und lutherisch auf Glaubensfreiheit, aber auch unmittelbar auf die Situation des Kriegsmanns bezogen werden: „Mein Gott und Schirmer, steh mir bei,/ sei mir ein Burg, darin ich frei/ und ritterlich mög streiten,/ ob mich gar sehr der Feinde Heer/ anficht auf beiden Seiten."

Luthers Kontrahent in Augsburg, Kardinal Thomas de Vio, genannt Cajetan (1469-1534) erlebte den Sacco di Roma mit. In seiner Auslegung der Summa Theologica des Thomas von Aquin revidierte er dessen Auffassung vom Feldgeistlichen als Beter oder Bußprediger und gestand eine aktive Beteiligung an Kriegshandlungen für Verteidigungssituationen und Fälle bedeutender Siege für die Kirche und den christlichen Glauben zu und billigte auch die Kriegsführungs-

---

430 Herberger, S. IVs, VI, VIIIs, XV,
431 Leben und Thaten des weiland wohledlen und gestrengen Herrn Sebastian Schertlin von Burtenbach, S. 7. Vgl. Baumann, Die deutschen Condottieri, S. 104, 10f8 zu Lazarus von Schwendi (1522-1583), der 1530 die Reformation in seiner Grafschaft einführte.
432 Kulp, S. 8f.

148

kompetenz des Papstes.[433] Das änderte an dessen Niederlage allerdings nichts.

1530 kehrte Schertlin nach Augsburg zurück, erhielt das Bürgerrecht gegen die Verpflichtung, Augsburg im Kriegsfall als Hauptmann zur Verfügung zu stehen.[434] 1532 zog er erneut gegen die Türken nach Wien, wo ihm mit geringen Kräften ein Überraschungscoup in der Schlacht in der Schwarzach am 19.9. gegen Kasim gelang. Auf einem Bild hinter dem Altar in der Kirche seines Gutsdorfes Burtenbach ließ er diesen Sieg verewigen.[435]

Eine Fehde mit den benachbarten Adelsfamilien der Freiberge und von Stein in dieser Zeit hatte möglicherweise bereits einen konfessionellen Grund. Schertlin agierte hart, durchaus zur Eskalation bereit: „Faustkolben" auf „Faust", „Büchse" auf „Schwert".[436] Schertlin bat Landgraf Philipp von Hessen um Vermittlung.[437] Auch sein Übergang zum Luthertum scheint in diese Zeit zu gehören. Vor seinem Erfolg in der Schwarzach 1532 bezeichnet er sich als „bäpstisch", „dem heiligen Evangelio zum heftigsten widerwertig", „ein gute weil die die evangelischen kirchen und predig nit anders als einen greul und lästerung Gottes mit ernstlichem entssetzen, […] geflohen", danach begann ein Prozess des Umdenkens, der vor 1537 zum Ziel kam: „Wie ich also in den stärksten Stricken des päpistischen Irrtums verwirrt und gefangen lag, und nichts weniger gedacht, denn das Evangellium anzunehmen, hat mich mein guter Freund Hauptmann [Bernhard] Schludl [von Lindau, † wohl 1541] vermögt, das ich ihm zugefallen, wiewohl mit beschwerlichem Gemüt, und wohl mit halber Schamröte, auch schier verborgen, in die evangelische Predigt gegangen bin. Und wiewohl ich die Wahrheit so bald durchaus nicht erkennen mochte, bin ich doch erstmals in etlichen Stücken meines Gewissens halben bezeugt und überwunden worden, dass das die Wahrheit und jenes Verführung sei. Demnach habe ich nicht unterlassen, die Predigt fernerhin zu beiden Teilen zu besuchen und die Handlung wohl zu bedenken, bis ich endlich in meinem Herzen und Gewissen dahin ge-

---

433 Becker, Kriegsrecht, S. 70f.
434 Herberger, S. XVII.
435 Herberger, S. XXI, XXVII,XXXI
436 Herberger, S. XXXIIIs.
437 Herberger, S. XI (Zitate übertr.. v. Vf.)

kommen bin, die Wahrheit des Evangeliums anzunehmen und ob Gott will beharrlich bis an mein Ende dabei zu bleiben." Das sei nicht um großen Verdienstes oder eigenen Genusses willen geschehen, wie manche wie z. B. Domprobst Marquard von Stein in Augsburg ihm unterstellten, „denn ich gedenke die Wahrheit des Evangeliums wo es von Nöten mit meinem Blut zu bezeugen [...]". Möglicherweise hat Schertlin auch einen Haufen Soldaten geführt, als 1537 katholischer Kult in Augsburg abgetan wurde und es auch zur Beseitigung von Bildern kam.[438] Interessanterweise war es ein Soldatenfreund, der Schertlin auf den Glaubensweg brachte, kein Geistlicher oder gar Feldprediger.

Um 1535 nannte Schertlin sich bereits bestallter, „nützlicher und wolgewogener Diener" des von Philipp von Hessen geführten Schmalkaldischen Bundes, zog aber auch unter Kaiser Karl V. in den Krieg mit Frankreich.[439] 1546 sollte Schertlin auch in der Kirche seines Gutsdorfs offen evangelisch predigen lassen.[440] Der erste Prediger hieß Hans Gilbert (oder Hilbert/ Hiltprecht). Sicher spielten beim Konfessionswechsel auch taktische Erwägungen wie etwa die Konflikte mit der altgläubigen Familie Stein oder die Beziehung zu Philipp von Hessen eine Rolle, aber ebenso auch Gewissensmotive und -kämpfe.[441]

Wie Konrad von Bemelberg, „der kleine Hess", Kamerad Schertlins im Türkenkrieg, aber auch in Italien beim Sacco di Roma, – und sicher nicht nur er – Gnade Gottes verstand, wird aus einem Brief an Herzog Ludwig von Bayern deutlich, den er von seinem Krankenlager in Brüssel nach einer im Krieg gegen Frankreich vor S. Pol erlittenen Verwundung und chirurgischer Operation am 4.9.1537 schrieb: „Aber ich danke Gott dem Allmächtigen mit dieser gnädigen Strafe, denn nach [der] Gestalt meines Schadens hat sich die Sache wohl geschickt [...], hoffe aber zu Gott, (ich) wolle mich nunmehr aufmachen und lernen umge(h)n, dass meine Sache sich bass (besser) schicken

---

438 Herberger, S. XVIII, L.
439 Herberger, S. LIIIs.
440 Herberger, S. XLIII-XLV, XLVIILXXX. Vgl. Baumgarten, Die deutschen Condottieri, S. 110 zur evangelischen Gewissensentscheidung Schertlins.
441 Franz von Rexroth: Der Landsknechtsführer Sebastian Schärtlin. Ein Bild seines Lebens und der beginnenden Neuzeit, Bonn 1940, S. 96f.

wird".[442] Gnade Gottes erwies sich im persönlichen Geschick und Glück darin, dass keine, dem Landsknecht sicher nicht dienliche ‚krumme Tatze' zurückblieb. Im schmalkaldischen Krieg sollte Bemelberg, Schertlins Ansicht nach auf spanische Einflüsterung hin, von Kaiser Karl V. nach der Eroberung Rains evangelischer Sympathien verdächtigt, der Pflegschaft für Truppen in Bayern enthoben und für kurze Zeit ins Gefängnis geworfen, aber dann rehabilitiert werden.[443] Bemelberg blieb in Diensten des Kaisers zeitlebens äußerlich altgläubig, obwohl seine ganze Sippe evangelisch wurde. Er scheint wie Schertlin die Verachtung für den Papst geteilt zu haben.[444]

In den Verhandlungen mit Pfalzgraf Friedrich II. (1482-1556) um Annahme der evangelischen Lehre und Aufnahme in den Schmalkaldischen Bund war Schertlin unmittelbar mit konfessionellen Thematiken befasst, bzw. gar Werber für den evangelischen Glauben:[445] Vom Bundestag in Frankfurt abgeordnet, wurde Schertlin in Heidelberg „gnädigst empfangen und traktiert", zeigte dem Pfalzgrafen des „heiligen Reichs Beschwerden und gefährliches Anliegen, [...] samt wunderbarlichen Praktiken von Papst, Kaiser und Pfaffen-Schwarm, und ihn dahin befunden und bereit, dass der Kurfürst sich begeben, das heilsame Evangelium zu bekennen, und mit den evangelischen Ständen in Verwandtschaft [sich] einzulassen".[446]

Schertlins Option für die evangelische Seite kostete ihn die Berufung in das Heer Karls V. gegen die Türken 1542 trotz der Fürsprache Kurfürst Joachims II. von Brandenburg.[447] Philipps Zug gegen das Herzogtum Braunschweig machte Schertlin bei der Einnahme der Festung Wolfenbüttel 1542 mit.[448]

---

442 Solger, Konrat von Bemelberg, S. 61 (Zitat übertr. v Vf.). Vgl. S. 64 seinen Brief an Herzog Wilhelm von Bayern vom 3.9.1541: "er danke Gott", dass Frau und Kind bei einem Brand verschont geblieben seien..

443 Solger, Konrat von Bemelberg, S. 82.

444 Solger, Konrat von Bemelberg, S. 120.

445 Herberger, S. LXXI-LXXV, CXXI.

446 Leben und Thaten des weiland wohledlen und gestrengen Herrn Sebastian Schertlin von Burtenbach, S. 33 (Zitat übertr. v. Vf.).

447 Herberger, S. LXI.

448 Herberger, S. LXII.

All das hinderte Schertlin nicht, 1544 Granvella in kaiserlichen Diensten durch Bayern zu begleiten[449] und dann als Großmarschall auf einen erneuten Zug gegen Frankreich zu ziehen. In seinem persönlichen Gefolge ist unter den 13 Trabanten, 3 Dolmetschern, 1 Schreiber, 1 Schmied, 2 Trompetern, 1 Büchsenmeister, 1 Stockmeister, 4 Steckenknechten und 2 Nachrichtern auch ein Kaplan genannt. Dabei ist unklar, ob es sich um einen evangelischen Feldprediger handelte. Für ihn persönlich endete der Feldzug mit reicher Beute und Ansehen.[450] Ähnlich ist auch auf einem auf dem Reichstag in Speyer 1544 beschlossenen Zug im Staat Schertlins als Obrist, „gehalten [...] als ain furst", wieder ein Kaplan vorgesehen. Schertlin hatte „große Mühe, Arbeit, Angst und Sorge [...] und hart gedient".[451]

Schertlins entschiedene Kampfeslust war im Anfang des Schmalkaldischen Krieges die wichtigste Ursache der so raschen, durchaus erfolgreichen Bewegung im Süden.[452] Schertlin erzählt eine Begebenheit, als vor Ingolstadt 1546 mehr als tausend kaiserliche Hakenschützen bei einem Ausfall versuchen, das Geschütz Landgraf Philipps von Hessen zu erobern, um es auszuschalten: „Als ich allein zu dem Scharmützel renne, flieht der Landgraf gegen mich und schreit mir zu, lieber Bastian, hilf, mein Geschütz ist verlorn! Alsbald wendete ich meine und andere freie Schützenfahnen und bring zu ihnen noch 2 starke Fähnlein von Bernhard von Talheims Regiment, und stechen, schießen und jagen die Feinde, auch mit Hilfe etlicher des von Haidecks Regiment zulaufendem Gesinde, wiederum von dem Geschütz, bis über ihre Schanze hinein, daselbsten der Feinde viele hundert bleiben, mein und [von] unserem Gesinde nicht wenig [an] guten Gesellen, und wo mich Gott nicht ohne Gefahr hinab von meinem Stand getragen, wäre es übel zugegangen. Mich mahnt des landgräflichen Zeugmeisters Leutnant als hoch, ich sollte ihn nicht verlassen, sondern auf diesen Tag tun, wie ein frommer Ritter, welches ich auch gehalten [habe]; mit Hilfe des Allmächtigen hab [ich] also das Geschütz davon

---

449 Herberger, S. LXIII.
450 Herberger, S. LXVIs.
451 Leben und Thaten des weiland wohledlen und gestrengen Herrn Sebastian Schertlin von Burtenbach, S. 29 (Zitat übertr. v. Vf.).
452 Herberger, S. LXXIX.

gebracht."[453] Gottes Gnade erweist sich auf für Schertlin nach Landsknechts Manier in Behütung und Erfolg.

Auch in Augsburg war die evangelische Predigt Teil der Mobilmachung zum Schmalkaldischen Krieg, aber hier ethisch spezifiziert: durch Warnung vor gottwidrigem Verhalten in Unzucht, Völlerei, Balgerei, Zank und Gotteslästerung.[454] Im Juli 1546 wurde Füssen eingenommen. Schertlin setzte eine neue Verwaltung ein, ersetzte zielstrebig den katholischen Kult durch evangelische Predigt durch Feldprediger Johannes Flinner, um die „ehrlichen, frommen Leute aus den Banden des Teufels zu erledigen", bzw. durch zwei Prediger des Rats, um „nicht wieder unter das schwere Joch der Baalspfaffen gedrungen" zu werden. Schertlin zog allerdings auch in großem Umfang geistliche Güter zu eigenen Gunsten ein. Konfessionelle Stellungnahme im Schmalkaldischen Bund und Gewinn von Macht und Reichtum waren für ihn jedenfalls kein Widerspruch.[455] Wäre der schmalkaldische Krieg nach militärischen Gesichtspunkten anfangs entschieden geführt worden in seinem Sinn, so wäre der Verlauf möglicherweise ein anderer gewesen – ob zum Segen, bleibt Spekulation.

Nach verlorenem Krieg im Süden musste Schertlin am 29.1.1547 Augsburg verlassen, um in Konstanz u. a. bei Prediger Ambrosius Blarer Asyl zu finden. Vom mangelnden Rückgrat und Dank der Verantwortlichen der Stadt Augsburg, die selbst im Zugzwang war, blieb tiefe Enttäuschung.[456] Schertlin trat in französische Dienste, um sich für Landgraf Philipp von Hessen, aber auch Kurfürst Johann Friedrich von Sachsen zu verwenden. Schertlin war 1550 überzeugt, dass das Konzil von Trient vom Papst beeinflusst und vom Kaiser angeordnet war, gegen den Willen der Könige von England und Frankreich und die Mehrheit der deutschen Stände, „das lautere Papsttum einzuführen und die Evangelischen auszurotten."[457] Ein Rachefeldzug König Heinrichs von Frankreich 1553 gab auch Schertlin die Gele-

---

453 Leben und Thaten des weiland wohledlen und gestrengen Herrn Sebastian Schertlin von Burtenbach, S. 46 (Zitat übertr. v. Vf.).
454 Herberger, S. LXXXIII.
455 Herberger, S. LXXXVI, LXXXVIIIss.
456 Herberger, S. CX-CXIII..
457 Leben und Thaten des weiland wohledlen und gestrengen Herrn Sebastian Schertlin von Burtenbach, S. 100 (Zitat übertr. v. Vf.).

genheit, Länder des Reichs vom Elsaß aus zu verheeren. Ende 1553 ließ er sich nach Amnestierung wieder mit Gut Burtenbach seitens des Kaisers, des Herzogs von Bayern und des Kardinals von Augsburg belehnen. Weitere Kriegszüge führte Schertlin nicht mehr, aus Krankheitsgründen auch nicht gegen die Türken 1566.[458]

Frömmigkeit begegnet in den Briefen Schertlins am Rande – wie selbstverständlich in Augenblicken der Gefahr und Grenzerfahrung: „unter dem Schutz des Allmächtigen"[459] oder bei unverhofftem Sieg „aus Gnaden Gottes".[460] Er wolle den Gegner „mit Gottes Hilfe stechen".[461] Er wünscht einem im Duell verwundeten Gegner, einem spanischen Hauptmann, „Gott genad der Seel".[462] Auch der Anblick der 1527 gestellten Kirchenfürsten zusammen mit dem Papst gewinnt ihm kein Mitleid ab, wie überhaupt geistliche Würdenträger eher verächtlich und misstrauisch als auf den eigenen Vorteil gesinnte Potentaten gesehen werden.[463] 1545 fürchtet man „allerhand Practica vom Pabst und dem Pfaffenschwarm […] wider die Evangelischen".[464] „Liebe für die Freiheit und Hass gegen das Papstthum" waren offenbar zwei Seiten derselben Medaille.[465] 1542 erhielt er auf dem Zug nach Braunschweig einen schönen Hengst Herzog Heinrichs des Jüngeren als Beute, ihm wird aber auch von dessen großem, englischen Hund in einen Schenkel gebissen. Er vermerkt: „7 Löcher gefrässen". Nichtsdestotrotz schließt er und damit sicher das Grundmovens seiner Lebensanschauung offenbarend: „In diesem Krieg hab ich in allem wohl 4000 [Gulden] erobert, dem Allmächtigen sei Lob und Dank in Ewigkeit."[466] Motivation bietet in hohem Maß die Beute, die allerdings auch ein erhebliches Betriebsrisiko bei erfolglosem Zug

---

458 Herberger, S. LXVIIIs.
459 Herberger, S. VII, XIII, XXVI, XIV, XXXIIIs, XLIV, LIV, LXII, LXIX, LXV, CV, CXXXIIIs.
460 Herberger, S. XIII
461 Herberger, S. XXVI.
462 Herberger, S. LIV, CXXII.
463 Herberger, S. XIII, LXVIII, XLII, LXXI, LXXXVIII, CII, CXXIII, 42f.
464 Herberger, S. LXVIII.
465 Herberger, S. CXXIII.
466 Leben und Thaten des weiland wohledlen und gestrengen Herrn Sebastian Schertlin von Burtenbach, S. 23 (Zitat übertr. v. Vf.).

darstellt,[467] auch nach der evangelischen Wende bleibt die Beute Motivation.[468] Schertlin von Burtenbach bietet aus moderner Sicht ein zwiespältiges Bild. Evangelische Überzeugung und Klerusfeindlichkeit gegenüber der anderen Seite korrespondieren Macht- und Besitzgier auf der eigenen Seite. Versöhnlichkeit und Milde finden sich nicht, so wenig eine evangelische Gesinnung ab einem gewissen Zeitpunkt in Frage steht. Evangelische Reform und Predigt dienen letztlich auch Herrschaftszwecken.

c) Der „fromme Hauptmann" Georg Niege

An der Schlacht bei Drakenburg nahm auch der „fromme Hauptmann" und Dichter Georg Niege (1525-1588) teil. Niege wurde als Dichter und Tonsetzer des Morgenliedes „Aus meines Herzens Grunde" bekannt, das Luthers Morgensegen nachdichtet und sich insofern für sich herausbildende Ordnungen soldatischer Morgengebete eignete. Gustaf Adolfs soll dieses Lied als sein „Leibstück" angesehen, schwedische Truppen es beim Übergang über den Rhein bei Oppenheim 1631 gesungen haben.[469] Es verwundert nicht, dass es über soldatischen Gebrauch auch in katholische Gesangbücher des Dreißigjährigen Kriegs früh gelangte.[470] Die Bitte um Bewahrung vor einem „schnellen Tod" (Ev. Gesangbuch 443, V. 3) ist in der Situation eines Landsknechtstages auch mit lutherischer Berufs- und Standesrechtfertigung nur zu verständlich. Wahrscheinlich dichtete Niege das Lied 1573 nach dem Tod seines einzigen Kindes, der Tochter Anne.

Niege hinterließ fünf Foliobände handschriftlicher Dichtungen, darunter eine gereimte Selbstbiographie.[471] Interessanterweise fehlen in

---

467 Herberger, S. VIII, X, XIII,.XIV, XVI,
468 Herberger, S. LXIII.
469 Wieden, Leben, S. 27-30.
470 Ekkehard Schmidt/ Andreas Martin:443 Aus meines Herzens Grunde, in: Liederkunde zum evangelischen Gesangbuch 16, Göttingen 2011, S. 69-76.
471 Wieden, Leben, S. 22: heute in der Staatsbibliothek Preußischer Kulturbesitz zu Berlin (Ms. Germ. Qu. 864, 1-5). Weitere Biographien von Landsknechten des 16. Jh. (ebd., S. 20f Anm. 38) sind Selbstzeugnisse Götz von Berlichingens, hrsg. v. Helgard Ulmschneider, Sigmaringen 1981; von Sebastian Schertlin, hrsg. v. Otmar F. H. Schönhuth, Münster 1858; von Burkhart Stickels, hrsg. v. E. Kausler in den Württembergische Jahrbüchern für Statistik und Landeskunde für 1866, Stuttgart

diesem Dokument lutherischer individuell rezipierter Frömmigkeit Hinweise auf prägende Geistliche oder gar Feldprediger. Niege wurde 1525 in Allendorf geboren. Er erinnert noch, dass die Mutter sich sorgte, dass der als Lehrer tätige Vater mit in den Bauernkrieg aufgeboten würde. Nach 1533 diente Niege als Sängerknabe am Kassler Hof, dann möglicherweise in Lüneburg am Johanneum und im Pädagogium in Wittenberg.[472] Nach der Promotion zum Baccalaureus der freien Künste in Marburg 1545 brach Niege das Studium ab und ging unter die Landsknechte. Niege erzählt nicht, an welchem Zug er beteiligt war: Wahrscheinlich ließ er sich von Christoph von Wrisberg (1511-1580) für den kaiserlichen General Jobst von Cruningen in Lüdinghausen/ Westfalen am 16.1.1547 mustern und zog dann zur in der Schlacht bei Drakenburg erfolglos endenden Belagerung Bremens.

Dieser kaiserliche Zug nach Nordwestdeutschland zur Unterwerfung der Seestädte war alles andere als ein Ruhmesblatt schmalkaldischen oder lutherischen Bekennermuts. Aussicht auf Beute und Hoffnung auf Soldsicherheit ließ auch reichlich Knechte zuströmen. Auch Braunschweig-Lüneburg hatte sich am 27.3.1547 wie Graf Bernhard von Lippe-Detmold zur Neutralität verpflichtet.[473] Viele Städte und Fürsten versicherten, nie anders als loyal zum Kaiser gestanden zu haben.

1868, S. 301-424; die Geschichten Wiwolts von Schaumburg, hrsg. v. Adelbert von Keller, Stuttgart 1859; das Tagebuch des Erich Lassota von Streblau, hrsg. v. Reinhold Schottin, Halle/ Saale 1866; Lupold von Wedels Beschreibung seiner Reisen und Kriegserlebnisse 1561-1606, hrsg. u. bearb. v. Max Bär (Baltische Studien 45), Stettin 1895; Hans Christoff von Bernstein zum Borten in Africam bis vor die Stadt Algeri über Meer vollbracht, wie er dieselbige selbst verzeichnet, in: Rudolf von Kanitz: Aus dem deutschen Soldatenleben, Berlin 1861, S. 74-81; Erlebnisse eines deutschen Landsknechts (1484-1493), von ihm selbst beschrieben. Ein Beitrag zur Geschichte des schwarzen Heeres, hrsg. v. Wilhelm J. A. Frhr. von Tettau (Mitteilungen des Vereines für Altertumskunde von Erfurt 4), Erfurt 1869. Die Selbstlebensbeschreibung des Landsknechts Melchior Mauser ist bisher nicht aufgefunden (Handbuch des deutschen Aberglaubens, Bd. 3, Berlin / Leipzig 1930/31, Sp. 16).
472 Wieden, Leben, S. 38, 42f.
473 Berentelg, S. 23ff, 39, 61.

Nach verlorener Schlacht verdingte Niege sich bei dem siegreichen Hamburger Obersten Curd Penning, der die Schlacht durch die Eroberung und Ausschaltung der Geschütze Erichs II. von Calenberg während einer Ladepause entschied. Pennings Motto als niederdeutscher Landsknechtsführer lautete: „Gott, mit deiner Güte uns behüt." Auf seinen Grabstein in der alten Kirche von St. Jakobi in Hamburg hatte er schreiben lassen, er habe nie gegen Gott gekriegt.[474]

Das Landsknechtsleben schildert Niege folgendermaßen:[475] „[Geld in den Beutel ich bekam/ und der Landsknechte Stand annam]./ Und durch ein wunderlichen Weg,/ dazu mein Treu gelegt den Steg,/ unwissentlich, ohn mein Gedancken,/ da angefangen, vast zu schwancken,/ als sie gemerckt, wo die Gesellen/ wolmeintlich mich hinhaben wellen,/ ein Lantzknecht worden; mich begeben/ zu ihnen in ein ruchlos Leben/ hett ich mit den, die mich gefatzet/ zuvorst mit Negeln mich gekratzet,/ mit Feusten und mit Knutteln gschlagen./ So musst ich nu ein Fohtel tragen,/ damit für Geld des Kriegesherren/ der Feind und Freunde mich erweren,/ mit Leib und Bluth nach meinen Pflichten/ des Herrn Gebot und Willn verrichten./ Ich hab mit Schmertzen angesehen/ was teglich für Muthwill geschehen/ mit Fressen, Sauffen, Fluchen und Schweren,/ das ich mich oftmals zu erweren/ ins Heu und Stro oftmals verkrochen,/ die Bursse lassen schnorckn und pochen/ da. In der Freud, die sie betrieben/ oft einer den andern aufgerieben,/ wund, lam, auch wol zu Todt geschlagen./ Das sich am meisten zugetragen/ ohn Ursach, bey dem Spil und Wein, bey schonen hubschen Freuelein -/ ohn was furm feinde ummekummen./ Da mancher Held ssein Ende genommen/ gantz unversehen wie die Schwein/ die auf em Koben frolich sein,/ sich mesten alle Uhr und Stund,/ solange ihn dasselb gegunt,/ und werden plotzlich abgestochen/ zum Sieden, Braten und zum Kochen./ Es ward alda nicht angesehen/ die grausam Straf, die schwere Peen,/ die GOTT der HERRE drauen thut/ dem, der vergeust unschuldig Bluth."

Trotz dieser grundstürzenden Kritik am Beruf des Landsknechts nahm Niege 1548-1550 unter „Courtpenny" – so der englische Name

---

474 Wieden, Leben, S. 45, 54, 56.
475 Wieden, Leben, S. 50f.

von Penning – am Krieg zwischen England und Schottland teil. Er stieg aus den Mannschaftsrängen zum Obermusterschreiber auf. Auch hier berichtet er über die stürmische Anreise und die Behütung durch Gott – nicht über die Schlachten des Krieges.[476] 1552 ließ er sich Anfang April für die Truppe Christoph von Oldenburgs mustern, der auf ein Engagement durch Moritz von Sachsen in der Auseinandersetzung mit Kaiser Karl V. hoffte, aber dann sich „einem militärischen und politischen Abenteurer vom Schlage eines"[477] Albrecht Alkibiades von Brandenburg-Kulmbach anschloss und auch an der Belagerung Herfords teilnahm. Niege stieg zu Christophs Sekretär auf und kehrte so reich zurück, dass er Anfang 1553 heiraten konnte.[478] Wegen finanzieller Unstimmigkeiten mit seinem Obersten Christoph von Oldenburg saß er in Bremen in Haft – seiner Ansicht nach auf Grund des Hasses und einer Intrige des früheren Feldpredigers Christophs und Dompredigers Albert Rizäus Hardenberg, die seinen Hass auf die „Pfaffen" verstärkte. Er kam im September 1554 frei.[479] 1555 siedelte er sich in Stade an, wurde 1558 Zolleinnehmer des Bremer Erzbischofs für die Elbschiffe.[480] Oberst Georg von Holle beauftragte Niege als Regimentsschultheiß für sein auf Betreiben des dänischen Königs bei Verden im Mai 1563 gegen Schweden aufgestelltes Heer. Nach Aufgabe des Hauses in Stade zog Katharina mit. Am 4.9. ergab sich die Festung Älvsborg beim heutigen Göteborg den Obersten Georg von Holle und Günther, „dem Streitbaren", von Schwarzburg (1529-1583). Auch bei der Schlacht bei Halmstad scheint Niege dabei gewesen zu sein.

Nach dem Ausscheiden Adolfs von Nassau (1540-1568), eines Bruders Wilhelms von Oranien, erhielt Niege 1564 sein erstes Kommando über ein Fähnlein und wurde Hauptmann, bis er September 1565 ausschied, um zur Geburt der Tochter Anna bei seiner Frau zu sein.[481]

---

476 Wieden, Leben, S. 57-61.
477 Werner Storkebaum: Graf Christoph von Oldenburg (1504-1566). Ein Lebensbild im Rahmen der Reformationsgeschichte (Oldenburger Forschungen 11), Oldenburg 1959, S. 9.
478 Wieden, Leben, S. 68-72.
479 Wieden, Leben, S. 74-83.
480 Wieden, Leben, S. 85-90.
481 Wieden, Leben, S. 93-97.

Ein geplanter Dienst Georg von Holles und Nieges unter Ludwig von Nassau (1538-1574) in den Niederlanden zerschlug sich, Niege zog 1567 als Sekretär der mindischen Land- und Ritterschaft nach Minden, wurde 1569 Oberamtmann in Hausberge an der Porta Westfalica.[482] 1574 übernahm er das Amt des Hauptmanns unter Graf Johann von Oldenburg (1560-1603), das er aber nicht ausüben musste, weil der Konflikt um die Herrschaft in Jever sich friedlich löste. 1578 schloss sich der Dienst des Finanzverwalters für Hilmar von Quernheim auf der Ulenburg bei Herford an, um unmittelbar in einen neuen Dienst als Hauptmann unter Oberst Lazarus Muller für die Armee des Grafen Maximilien de Hennin Boussu (1542-1579) auf spanischer Seite (!) in die Niederlande zu ziehen. 1580 kehrte Niege zurück, um in den Dienst des Landgrafen Wilhelm IV. von Hessen überzugehen.[483] Ein Dienst als Verwalter der Johanniterkommende in Lage bei Osnabrück schloss sich an, ab 1585 ein anderer in Herford.[484]

Ein frommes Soldatenleben kam 1588 zum Ende, das sich nicht nur der göttlichen Behütung, sondern Christi tröstete – und kaum zufällig wieder die katechetischen Texte Luthers anklingen ließ, wie ein Gebet kurz vor dem Tode 1588 zeigt:[485] „O HERRE GOTT, mein Leib und Seel/ in deine Hende ich befehl!/ Du wollst umb JESU CHRISTI Willen/ sein Wort und Zusag erfüllen,/ mich nehmen an nach meinem Sterben/ zu Deines Himmelreiches Erben,/ zu ewigr Freud und Seelikeit/ aus Gnaden und Barmherzigkeit. Amen." Die Gottes- und Christusbeziehung im Gebet ist unmittelbar. An der Verachtung für den Klerus änderte das nichts, Dienst gegen protestantische Glaubensgenossen schloss das ebensowenig aus. Geistliche erschienen als politisch taktisch agierende „Pfaffen", kaum als Seelsorger, deren man bedürfte. Es wäre nicht unwahrscheinlich, wenn auch evangelische Feldprediger nach der Erfahrung mit Hardenberg hier keine Ausnahme gemacht hätten.

---

482 Wieden, Leben, S. 105, 111.
483 Wieden, Leben, S. 119, 121, 124.
484 Wieden, Leben, S. 142.
485 Wieden, Leben, S. 155.

d) Georg von Holle

Ein niederdeutscher Vertreter eines lutherischen Landsknechtsführers ist Georg von Holle. Er wurde 1514 als Sohn des Drosten der Mindener Bischöfe Rudolf von Holle geboren. Eine andere als die höfisch-militärische Bildung erhielt er nicht, schrieb zeitlebens hochdeutsch mit niederdeutschen Einsprengseln.[486] Holle selbst galt in der zweiten Lebenshälfte als Gewährsmann lutherischen Glaubens, hatte auch seine Töchter im lutherischen Katechismus erziehen lassen. Wann er eindeutig evangelisch optierte, ist nicht zu datieren. Sein Wahlspruch „Alles in Gottes Gewalt!", enthalten auf einer Medaille, oder auch das Siegel der Kirche in Friedewalde, wo sein Haus Himmelreich lag, das St. Georg im Kampf mit dem Drachen zeigt, belegen jedenfalls soldatische Frömmigkeit, die Gott im Lebensgeschick in Wohlfahrt, Erfolg oder Missgeschick erlebt, ist aber nicht evangelisch profiliert.[487] Einerseits belegt der Wahlspruch die Anerkennung von Gottes Oberhoheit und Allmacht, andererseits könnte er auch eben diese für das eigene Machthandeln als Soldat beanspruchen.

Ein von Hauptmann von Holle unter Oberst Christoph von Wrisberg in der Entsatzarmee Heinrichs des Jüngeren 1545 zu unterschreibendes Reversal verpflichtete, „brüderlicherweise unter unserm Obristen vorgemeldet heben und legen, ein gutes, ehrliches, christliches Regiment" zu halten, „wie die alten Kriegs-Leute, unsere Vorväter", das Recht aufrechtzuerhalten, den „unchristliche[n], große[n] Tross der Ebrecherischen und gemeinen Peddel (Bettel?) Huren, auch andere gemeine, unnütze, lose Leute" fernzuhalten und so die Herren wegen Redlichkeit zu Lust und Liebe zu den Untergebenen zu bewegen, böse Unordnung und unchristliches Regiment zu verhindern[488] – ein Dokument einer Soldatenethik auf der Höhe der Zeit.

Als von Holle 1556 in den Besitz von Grohnde gelangte, baute er als erstes eine neue Burgkapelle – vielleicht ein Hinweis auf eine konfessionelle Festigung.[489] In einem Brief vom 26.3.1559 lobte Holle König Christian III. von Dänemark (1503-1559), viel für die Einführung des

---

486 Angermann, Georg von Holle, S. 19, 27.
487 Angermann, Georg von Holle, S. 29f.
488 Angermann, Georg von Holle, S. 41 (Zitat übertr. v. Vf.).
489 Angermann, Georg von Holle, S. 108.

evangelischen Glaubens in seinem Lande getan zu haben: „Wenn Gott auch auf Erden nicht allzeit das gewähre, was wir wünschten, so schicke er doch oft, was geeignet sei, den Menschen zu bessern und ihm die Freude ewiger Seligkeit zu geben. Da Gott viel mehr geben könnte, als irgend jemandem genommen werden könnte, werde sich der König mit Gottes Wort trösten […]"

Ein Hauptwort protestantischer Soldatenfrömmigkeit ist hier belegt, der Bezug auf „Gottes Wort" gegenüber anderen religiösen Quellen. Holle legte eine existentiell vertiefte Deutung von Gottes Führung des Geschicks an den Tag. „Das Vertrauen zu dem ‚lieben Goth, welcher ye vnnd ymmer gewesen', und der Wunsch, daß der ‚Sele Goth der Almechtige gnedigk ynnd barmherzig sein wollte', kamen von Herzen. Der Brief darf als ein Zeugnis echter religiöser Gesinnung gewertet werden."[490] Spätestens Ende der 1550er Jahre war Holle in niederländischen Diensten zu einem evangelisch vertieften biblischen Glauben gelangt.

Brage bei der Wieden hat für den Bereich Niedersachsens den Zeitpunkt konfessioneller Entscheidung unter Landsknechtsführern aus dem niederen Adel zu bestimmen versucht. Hatten die Pistolenreiter Herzog Ernsts von Braunschweig-Grubenhagen (1518-1567) im spanischen Heer unter Graf Egmont auf dem Feldzug 1555-1557 bei St. Quentin den französischen Angriff zurückgeschlagen und Oberst Hilmar von Münchhausen (1512-1573) zusammen mit Georg von Holle den französischen Oberkommandierenden bei Gravelingen gefangen gesetzt, so liegt die Bedeutung dieser wohl großen Teils evangelischen Truppen für die spanische, katholische Kriegsführung am Tage.

Am 10.8.1556 führten Nikolaus von Hattstadt und Georg von Holle mit ihrem Fußvolk und 4000 Reitern, zwischen den Truppen Schwendis und Bemelbergs gelegen, eine Operation auf St. Quentin durch, dessen Verteidigung durch Admiral von Coligny (1519-1572) geleitet wurde. Hattstadt machte 400 Gefangene, was viel Lösegeld in Aussicht stellte. Er schloss: „[…] hat es Gott der Her zu grosser Victori uff unser Seiten geschickt". „Also hat uns unser lieber Gott end-

---

490 Angermann, Georg von Holle, S. 133f (unter Verweis auf Kopenhagen, T. Kanc.I. A A129 I 26.3.1559).

lich Victory verliehen. Dem wir noch merers vertrawen, auch Loob und Danckh sagen und bevehlen uns seiner gottlichen Gnaden." Eine schlichte landsknechtstypische Theologie macht Gnade an Erfolg und wohl auch Beute fest, sieht aber auch die Pflicht zum Dank!

Vor dem endgültigen Sturm am 26.8. forderte König Philipp II. die Obersten auf, ihr Kriegsvolk dazu anzuhalten, Kirchen, Frauen, Jungfrauen, Kinder und arme Leute zu verschonen, einträchtig zu sein über Nationsgrenzen hinweg und Feuer zu verhüten, damit Gott Gnade zum Sieg gebe. Gnade ohne Recht war auch für Philipp II. in der Landeswohlfahrt unvorstellbar – zumindest zu diesem Zeitpunkt und an diesem Ort. Hattstadt schloss – sichtlich in Anlehnung an das Magnificat der Maria in Lk 2: Obwohl eigene Kräfte gegen den König gearbeitet hätten, „hat doch der allmechtig, guetig Gott unser Elend und der anderen grossen Übermut angesehen, die Hoffertigen und Neidschen vom Stul gestossen und die Einfeltigen und Schlechten erhöcht. Dem wollen wir getrawen, er werde uns noch weiter erhalten und die Eer und Victor sein lassen sein. Amen". „Gott, wollte, es sollte das Recht siegreich sein".[491] Schaut man auf den tatsächlichen Verlauf des Sturms, dann sah das Urteil anders aus, indem all das zu beklagen war, was Philipp vermeiden wollte. Als Holles Regiment abgedankt wirde, herrschten Frost, Hagel, Schnee und Regen. Mit soldatischer Ironie (!) urteilte Holles Untergebener Peter Köhler: „Da gab Gott schön Wetter."[492]

Am 2.9.1557 erlag Herzog Hans von Grubenhagen im Lager vor St. Quentin nach „frommer Beichte" bei einem unbekannten Feldprediger oder Kaplan seinen schweren Verletzungen.[493] 1559 schrieb der wieder in niederländischen Diensten stehende Georg von Holle an den dänischen König. Die – gemeint ist die protestantische – Religion sei im Vordringen in Frankreich, Spanien und Brabant. Königin Elisabeth in England werde nicht Philipp II., sondern einen „gut evangelischen" Engländer heiraten. Zwar seien auch in Spanien 600 Adlige wegen evangelischer Neigungen gefangen, etliche verbrannt, aber doch auch zwei Schiffe voller protestantischer Bücher nach Spanien

---

491 Angermann, Georg von Holle, S. 119-121 (unter Verweis auf Hattstadt: Der Stadt S. Quintin Eroberung von Lazarus Schwendi und Görg von Holl […]
492 Angermann, Georg von Holle, S. 124
493 Drögereit, Der Feldprediger, S. 24.

gebracht worden, wobei einer der deutschen Kaufleute durch Folter den Tod fand. Holle erhoffte sich vom kommenden Reichstag „Friede und Aynigkeit Teutscher Nation" trotz „des Bapst listige Practicken". Trotz aller Zweifel, aller Beobachtungen zur Verfolgung des Protestantismus blieb Holles Loyalität zu „unser[em] König" Philipp II. ungebrochen.[494]

Als die Pensionsverträge mit der spanischen Krone 1562 ausliefen, stellten die protestantischen Obersten Forderungen. Rittmeister Johann von der Asseburg (vor 1517-1567) erklärte sich wie Valentin von Mahrenholz (Epitaph St. Katharinen Braunschweig 1593) zu einer Vertragsverlängerung unter der Bedingung bereit, „das ich mich wider die heilige christliche Religion oder wider meine lehns- und landesfursten nicht will gebrauchen lassen". Statthalterin Margarete von Parma (1522-1586) versicherte, dass die spanische Krone keinen Augsburgischen Konfessionsverwandten wegen seiner Religion angreifen würde, ohne dass dies allerdings in die Verträge aufgenommen wurde. Philipp II. musste 1563 Hilmar von Münchhausen, den Herzögen von Braunschweig-Grubenhagen und Georg von Holle, der nicht gegen das Wort Gottes kämpfen wollte, entsprechendes dennoch konzedieren.[495]

Ein Mittelsmann berichtete am 19.4.1563, dass Holle sich „vonn dem König von Hispanien ganntz und gar abgethann vnnd sich widder Gottes Wort keineswegs wolte geprauchen lassen". Dann wäre im Vorfeld des dänisch-schwedischen „nordischen siebenjährigen Krieges" (1563-1570) seitens Holles ein Zeitpunkt zu vermuten, zu dem die konfessionelle Option auch eine dienstliche Option mit entschied. Seit 1559 stand Holle mit dem dänischen lutherischen König im Briefverkehr.[496] Trotz der siegreich für Dänemark entschiedenen Schlacht bei Mared am 9.11.1563 und entsprechender Ehre ließ Holle sich den Lohn nicht nehmen. Als dieser 1565 ausblieb, nahm er bei einer Inspektion in Ystad kurzerhand einige adlige dänische Reichsrä-

---

494 Angermann, Georg von Holle, S. 130-133 (unter Verweis auf Kopenhagen, T. Kanc.I. A A129 I 15.3.1559).
495 Brage Bei der Wieden: Zur Konfessionalisierung des landsässigen Adels zwischen Weser, Harz und Elbe, in: Archiv für Reformationsgeschichte 89 1998), S. 310-319, S. 311f.
496 Angermann, Georg von Holle, S. 156f.

te als Geiseln, um die ausstehende Zahlung zu beschleunigen. Zum Vergleich sei die Summe für die ersten neun Monate Kriegsdienst der Truppe von Holles genannt: „209.361,50 Taler", der dänische König erhielt im Jahr nur 200.000 Taler! Während der am 4.9.1563 siegreich beendeten Eroberung der schwedischen Festung Älvsborg war von Holle im königlichen Hauptquartier schlafend nur knapp einem Treffer entgangen, der einem seiner Hauptleute den Arm zerschlug.[497]

Noch in Herzog Ernsts III. von Braunschweig-Grubenhagens (1518-1567) Leichenpredigt hieß es, dass er bedingungslosen Gehorsam gegenüber Philipp mit Blick auf seine Erziehung mit Gottes Wort und seine Seligkeit abgewiesen habe. Möglicherweise führten die beginnenden Hugenottenkriege nach dem die Augsburger Konfessionsverwandten reichsrechtlichen sichernden Augsburger Religionsfrieden 1555 zu dieser beruflichen Positionierung auf Seiten der Soldaten.[498]

Niederbayerischer Adel forderte zur gleichen Zeit 1563 die Freigabe des Augsburger Bekenntnisses in Bayern unter Wilhelm von Grumbach (1503-1567) und dem späteren Führer des Fußvolks Wilhelms von Oranien Ernst von Mandelsloh (1522-1602; 1572). Holle sollte den niederländischen Aufstand mitplanen und bezog insofern Position.[499]

Holles Grabinschrift auf seinem Epitaph in der Marienkirche in Minden vermeldet, dass er – zum Schluss seines aktiven Dienstes von Herzog Julius von Braunschweig-Wolfenbüttel (1528-1589) bestallt – außerhalb ‚harter Kriege' als „innocuae pacis conciliator" tätig gewesen sei, als „Versöhner zu unschädlichem Frieden", uneigennützig und rechtschaffen „die Herzen in einträchtiger und freundschaftlicher Treue" verbunden habe.[500] So klingt hier – wenn auch sehr vereinzelt – beim frommen Feldoberst der Gedanke eines auf Gerechtigkeit gegründeten Friedens auf, der versöhnen konnte. Auf einem ursprünglich an seinem Hause „Himmelreich", heute an der Kirche in Friedewalde befindlichen Relief, kehrt der verlorene Sohn in Rüstung

---

497 Lindbergh, S. 92, 64.
498 Bei der Wieden, Zur Konfessionalisierung des landsässigen Adels, S. 312.
499 Bei der Wieden, Zur Konfessionalisierung des landsässigen Adels, S. 312.
500 Angermann, Georg von Holle, S. 219, 269.

als Soldat zu Vater und Bruder, ebenfalls in Rüstung, zurück.[501] So deutet vieles auf einen lutherisch-biblisch verinnerlichten Glauben bei diesem Feldobersten hin, der allerdings auch im Rückblick das eigene Kriegshandwerk nach dem Gleichnis vom verlorenen Sohn (Lk 15,11-32) eben nicht beim rechtschaffen zuhause dienenden Sohn, sondern beim wilde Wege ziehenden, „verlorenen" Bruder anordnete.

10. Zwischenfazit

Als in Augsburg 1555 mit dem Religionsfrieden rechtlich feste Verhältnisse geschaffen wurden, hatte sich auch evangelische Militärseelsorge etabliert, einerseits auf die persönliche Entscheidung von Fürsten oder Feldherrn hin, andererseits als Teil offizieller Bestallungspläne, die entsprechende Stellen für Feldprediger oder Kapläne auswiesen und diese tatsächlich wo möglich auch bestallt wurden – im kaiserlichen Heer in der Regel auf der Ebene der Fähnlein, im schmalkaldischen Bund auf der Ebene der Feldobersten. Zwar sind eine Reihe Feldprediger namentlich bekannt, eigentlich markante Vertreter wie Melander, Thamer, Woltersdorff, Albinus oder Rupertus lassen sich aber neben vielen ungenannten nur in Umrissen erkennen. Darf man in der Hochphase des Schmalkaldischen Bundes vor dem verlorenen Krieg durchaus konfessionelle und dienstliche Parteinahmen seitens von Soldaten konstatieren, die von Feldpredigern auf „Gottes Wort" behaftet werden, so bekennen sich Söldnerführer nach dem Augsburger Religionsfrieden 1555 zunehmend auch konfessionell. In der Regel hat das auch zu dieser Zeit keine Konsequenz in der Wahl des Dienstherrn. Auffällig ist, dass kein militärischer Dienstherr anerkennend einen Geistlichen nennt – sei er altgläubig oder auch Protestant. Geistliche gelten als auf Macht und Reichtum versessen und damit unmittelbar als Konkurrenten der Kriegsleute selbst. Auffällig ist, wie adlige Söldnerführer selbst geistliche Vollzüge organisieren, der Bibelleser Markgraf Hans von Küstrin, Landgraf Philipp von Hessen oder Graf Christoph von Oldenburg.

Verschiedene Typen von Feldpredigt werden deutlich: die legitimatorisch deutende und überhöhende wie bei Dionysius Melander 1542,

---

501 Angermann, Georg von Holle, Abb. 8, 18.

die prophetische, siegverheißende wie bei Theobald Thamer, die utopische Reichs-Gottes-Predigt, die ethisch orientierende wie im Vorfeld des Schmalkaldischen Kriegs, aber etwa in Magdeburg 1551/2 auch die zum Kampf auffordernde und eine Stadt „geistlich mobilmachende" Predigt, oder auch die klassische Bußpredigt. Choralgesang war zum Merkmal protestantischer Truppen geworden.

IV. Seelsorgerliche und ethische Soldatenberatung in der Nachfolge Luthers bei Leonhard Fronsperger

1. Leonhard Fronsperger und das Amt des evangelischen Feldpredigers

Leonhard Fronsperger (auch Fronsberger),[502] geb. um 1520 wohl in Ulm, verstorben am 23.5.1575 ebenda, verfasste neben Schriften zur Wirtschaft „Von dem Lob des Eigen Nutzen" (Frankfurt am Main 1564) das weithin gelesene militärgeschichtlich bedeutsame Kriegsbuch „Von Kayserlichen Kriegßrechten Malefitz und Schuldhändlen" (1566), das nach einem Vorläuferwerk „Fünff Bücher. Von Kriegß Regiment und Ordnung", Frankfurt a. M. 1555, aus früher separat erschienenen Teilen bestand. Ein Teil war die „Geistliche KriegßOrdnung", erstmalig erschienen in Frankfurt a. M. 1565, ein anderer Teil die „Kriegß Ordnung Und Regiment samt derselbigen befehl", erstmalig in Frankfurt am Mayn 1564 erschienen.[503] Fronsperger war von Jugend an kriegserfahren und seit 1548 auf Fürsprache Kaiser Karls V. Ulmer Bürger. Von 1553 bis 1573 diente er mehrfach im kaiserlichen Heer. Kaiser Maximilian II. ernannte ihn 1566 im Türkenkrieg zum Feldgerichtsschultheißen. Nach dem Kriegseinsatz erhielt Fronsperger eine kaiserliche Pension. Als Militärsachverständiger Ulms verunglückte er bei einer Inspektion tödlich.

Illusionen über das Kriegshandwerk und seine geistlichen Dimensionen, die sich im Aushalten von Unglück erweist,[504] macht sich

---

502 Art. Leonhard Fronsperger, in: Wikipedia (Zugriff am 28.12.2018). Vgl. Funke, S. 40.

503 Funke, S. 62: p. CCXXXXVI^{R}ff

504 Schneider, S. 4 (übertr. v. Vf.): „Nachdem ich dann aber auch/ ohne [hier] Ruhm zu vermelden/ vielmals im Krieg etwa in der Haut bis über die Ohren gesteckt [habe]/ so ist aber – wäre mir neben anderm solches auch zu nahe und übel gesagt –/ dennoch sonst darin allerlei Unglück überstanden/ und erst darin [sollte man] des ewigen Lebens/ aber auch der Seligkeit/ verscherzt und verkriegt/ oder beraubt [...] werden".

Fronsperger nicht: [505] „Demnach ich dann vor langer [Zeit] von solchen [gegenwärtigen] vorstehenden Weltlichem Kriegsbefehl und Ämtern ein Buch [„Von Kayserlichen Kriegßrechten"] in offenen Druck [habe] ausgehen lassen/ so ist doch meine Hoffnung nicht dahin gerichtet/ dass [es] einem an seiner Seele oder Seligkeit Hinderung möchte geben/ [davon] abgesehen dass [das] ungetadelt nicht kann sein/ wie dann der Welt Art und Sitten dieser Zeit [sind]/ Ist aber jemand [da] der sich daraus oder daran mit Fleiß in Gefahr will begeben/ wie ich [es] dann oft von vielen selbst gehört habe/ sie nehmen Geld und dienten dem Teufel oder seiner Mutter/ wer [ihnen] deshalb nur Geld gebe/ dem wollten sie dienen und zuziehen/ es wäre gleich ein Jude/ Türke oder Heide/ Ob solches nun ihm ernst oder nicht gewesen ist/ lasse ich dahingestellt sein/ so sind es doch unchristliche und erschreckliche Worte zu hören:"

Fronsperger hatte sich nicht nur mit der geistlich/ seelischen Herausforderung des Soldatseins befasst, sondern auch die rechtliche Seite studiert und in eine eigene Darstellung gebracht. Entstanden war somit eine Art Enchiridion oder Handbuch des umfassend an seiner Profession interessierten Soldaten. In gewisser Hinsicht agierte Fronsperger als medialer Soldatenberater, wenn auch nicht als Seelsorger wie Luther oder Musculus. Selbstständiger Verfasser war er in keinem Fall, sondern lehrhafter Sammler. [506]

Fronsperger stellte in seiner Schrift „Geistliche KriegßOrdnung" [507] zwar wie Luther die Frage: „Wie sich ein Kriegßmann in eim Streit oder Schlacht Gott befehlen soll". Allerdings antwortete er eher skeptisch: „Aber […] wo sind sie/ die so glauben un solchs thun mögen? Doch obs der Hauffe nit thut/ müssen wir dennoch solchs lehrnen und wissen / um der willen (wie wenig derselben auch sind) die es thun werden." [508] Wer die Seligkeit nicht verscherzen wolle, möge aus den Exzerpten aus vortrefflichen Gottesverkündigern und gelehrten

---

505 zit. n. Schneider, S. 4 (übertr. v. Vf.).
506 Schneider, S. 5f.
507 Franckfurt am Mayn 1565, Bl. 15v.-
508 Zit. n. von Krusenstjern, S. 483.

Männern Nutzen ziehen, „sich mit mir bessern/ und frömmer dardurch werden."[509]

Fronsperger selbst hatte keine allzu hohe Meinung von Feldkaplänen und stand damit ja im Kreis der Militärs alles andere als allein: „Were gut / das ein jeder Hauptmann daselbst sich auch beflisse zu haben einen gelehrten / Christlichen / geschickten und ehrbarn Mann / Dieselbigen kommen aber selten daher".[510]

Über den Kaplan, sein segens- oder weniger segensreiches Wirken und seine Aufgaben heißt es weiter: „sonder gemeynlich wie Pfarkinder/ also auch der Pfarherr/ und ist deß ortsgemeynlich das Vihe wie der stall/ die schaf wie der Hirt/ daß selten bey den Wolffen Lämmer gefunden werden.

Aber wie den Allen/ Sein Ampt ist/ daß er soll/ wo es müß halben sein mag/ täglich aber zum wenigsten etliche tag in der Wochen/ morgens einen Trommerschlager in dem Quartier/ da sein Fändlin ligt/ lassen umbschlagen/ den Knechten anzeigen/ daß sie sich zu des Hauptmanns gezelt versamlen/ da wölle er predigen/ und das Wort Gottes verkünden,/ daß er auch daselbs mit trew und allem Christlichen fleiß thun soll/ Ist es aber/ daß man in einer Statt oder Flecken lieget/ darff er nicht umbschlagen lassen/ denn da versamlet sich sonst wer da will in die Kirchen.

Item allen den jenigen/ so in todsgefährlichkeit und nöte kommen besonder und vor andern den jhenigen/ so unter sein Fändlin gehörig/ soll er zusprechen/ sie ermanen und trösten/ wie denn des orts die notturfft eines jeden sterbenden Menschen erfordert.

Die Capplan pflegen gemeynlich ihr wesen bey dem hauptmann zu haben/ sich zu einkauffen und andern deß hauptmanns geschäfften gebrauchen zu lassen/ wie wol sie es zu thun nit schuldig/ und pflegt man ihm zu geben doppel Sold."

Fronsperger beschreibt trotz Skepsis im Blick auf die Qualität der Feldkapläne in beachtlicher Weise Militärseelsorge als wirkliche Seelsorge, die in großer Freiheit die Situation bedenkt und Not durch

---

509 Schneider, S. 4 (Ende des Vorworts).
510 von Krusenstjern, S. 485 unter Verweis auf Kriegßrechten Ordnung Bl. 136. Vgl. Funke, S. 51, Schneider, S. 2.

Ermahnung und Zuspruch zu wenden, zumindest zu trösten sucht, und ganz offenbar sich dem hilfsbedürftigen Menschen ohne Ansehen seiner Konfession oder Religion zuwandte. Jedenfalls war hier mit Sterbebegleitung mehr als nur die rituelle Versorgung mit Sterbesakramenten gemeint. Zugleich wird deutlich, dass der Feldkaplan auch ein besonderes Vertrauen genoss, insofern als er für den Hauptmann die Einkäufe zwar nicht verantworten musste, aber es offenbar bei doppeltem Sold oft tat.[511] Fronsperger scheint vorauszusetzen, dass der Feldprediger nicht aktiv wird, wenn eine örtliche Kirche vorhanden ist – möglicherweise, um Konflikte mit der örtlichen Konfession zu vermeiden.

In Teil III. des erstmals 1566 zusammengefügten Kriegßbuchs fanden sich unter den „Kriegß-Rathschlägen" Fronspergers auch Bestimmungen dazu, für verwundete Standespersonen einen oder mehr Priester zurück zu lassen und auch zu besolden.[512]

Graf Solms setzte offenbar voraus, dass ein Feldkaplan dieselben Pflichten wie sein ziviler Kollege zu verrichten hatte, so dass jeder Kommentar dazu sich erübrigte, und er den Feldkaplan einfach als Teil des niederen Stabs erwähnte.[513] Kirchhof umriss in „Militaris disciplina" die Pflichten eines Feldpredigers ähnlich wie Fronsperger. Der Feldprediger habe im Feld das Wort Gottes zu predigen, die Kranken zu trösten, für sie das heilige Sakrament zu verwalten, neu-

---

511 Wie Bielik, S. 45 neben Ermahnung zu erbaulichem Lebenswandel und Seelsorge auch ärztliche Kunst als Aufgabe des Feldpredigers fassen konnte, ist nicht deutlich (n. Karl-Reinhart Trauner: Evangelische in Streitkräften und Gesellschaft. Eine Kulturgeschichte von der Habsburger Herrschaft bis zur Demokratie, Wien 2020, S. 33). Woraus Julius Hanak: Die evangelische Militärseelsorge im alten Österreich unter besonderer Berücksichtigung ihrer Eingliederung in den kirchlichen Verband, Wien 1974, S. 10, 13, die disziplinare Strafbefugnis des Hauptmanns für den Kaplan (nicht die „Stockgewalt"), bzw. die Unterstellung des evangelischen Kaplans unter seinen Superintendenten, bzw. die des katholischen unter seinen Bischof erschließt, ist ebenfalls nicht deutlich (n. Trauner, S. 34).
512 Schneider, S. 68.
513 Funke, S. 51 unter Verweis auf Solms, Bd. 2, 62v.

geborene Kinder zu taufen und ansonsten übliche Amtspflichten zu verrichten.[514]

Fronsperger unterschied den gewöhnlichen Feldkaplan und den Feldkaplan der „Reysigen".[515] Auf einem an drei Stellen im Buch abgedruckten Bild ist ein Feldkaplan in der seit Luther für evangelische Prediger üblichen Schaube mit Barett abgebildet, der einerseits von einer Kanzel am Zelt des Hauptmann predigt, bzw. den Kelch des Abendmahls austeilt. In Versform werden beide Kapläne noch einmal vorgestellt:[516]

„Der Caplan.

Ein Caplan bin ich der Landsknecht/ Wo ein Knecht handelt wider Recht/ Wirt von dem Malefitz gerächt/ Damit sein ubelthat geschlicht/ Verurtheilt zum todt/ welchem ich/ In Todtsnöten tröstlich zusprich/ Daß er nicht wie das Vieh absterb/ Und sein Seel ewiglich verderb/ Ein Predig ich alltag verkündt/ Bey meines Hauptmanns Losament/ Damit sich jedermann bekehr/ Das Gottes Wort und meine Lehr/ Lieb halten und auch fürchten Gott/ Die Haut tragen sie nach dem Tod/ Wissen nicht wann er die wirt holn/ Meim Hauptmann bin ich auch befohln/ In aufrichtig erbaren Werckn/ Trewlichen thu ich ims verfertn/ Halt mich Christlich in meinem Stand/ Getrewlich mit Herz, Mund und Handt.

Caplan der Reysigen.[517]

Ich bin ein Christenlicher Mann/ Vonn Gottes Wort wol reden kan/ Auch täglich/ wo möglich kan seyn/ Bildt ichs den Mannen trewlich ein/ Predige und verkündige ihn/ Darzu ich denn beruffen bin/ Damit sie in Gottes Forcht wandln/ Im Krieg nach Gerechtigkeit handln/ Straf ihr untugendt und laster/ Daß sie brauchen der ehrn

---

514 Funke, S. 51 unter Verweis auf Militaris-Disciplina, hrsg. v. Bodo Gotzkowsky, Stuttgart 1976, S. 133.
515 Schneider, S. 2.
516 Schneider, S. 65f.
517 Abgedruckt in: Bilder und Texte aus der Soldatenseelsorge 1550-1945, hrsg. v. Ev. Kirchenamt für die Bundeswehr, Bonn 1983, S. 4f; bzw. Friedrich Karl Scheel: Militärkirchenordnungen in Deutschland als Vorläufer des Militärseelsorgevertrags von 1957, in: „Ein guter Kriegesmann und guter Christ..." Historische Skizzen aus der Soldatenseelsorge (Festgabe Hermann Kunst), hrsg. v. Ev. Kirchenamt für die Bundeswehr, Hannover 1990, S. 19-54, 19-22

pflaster/ Denn Gottesforcht unn Christlich zucht/ Ziert ein Kriegß-
mann/ und bringt ihm frucht/ Dann er dem Todt die Haut nacht-
regt/ So sich einer in Krankheit legt/ Geschossen oder gestochn
wirt/ Von Gott ich ihm tröstlich zusprech/ Als einem Menschen so
sterblich/ Biß ich ihm lock sein Seel vom Leib/ Ist von Gott vom
Kriegßherrn mein bscheidt."

Die Aufgabe des Feldpredigers, einen zum Tode verurteilten Soldaten
auf dem letzten Gang zu begleiten hatte ihre zivile Entsprechung in
der auf den Reichstagen zu Augsburg und Regensburg beschlossenen
„peinlichen Gerichts-Ordnung" Karls V. (Nr. 102).[518]

Die Debatte um das Berufsverständnis des Feldpredigers setzte sich
auch auf akademischer Ebene fort. Der reformierte Theologe Petrus
Martyr Vermigli (1499-1562), der wegen seiner evangelischen Überzeugung 1542 Padua und seine Heimat Italien verlassen musste, sah
Feldprediger ähnlich wie Luther. Der Geistliche sollte sich um Lehre,
Gebet und kirchliche Zucht kümmern, weil „das geistliche Amt die
volle Hingabe und Leidensbereitschaft" fordere, also keinesfalls
kämpfen. Andererseits gestand Vermigli wohl im Andenken an
Zwingli auch die aktive Beteiligung am Kampf zur Verteidigung der
eigenen Stadt zu, bis reguläres Militär vor Ort war. Der reformierte
Theologe Wilhelm Zepper (1550-1607), seit 1584 an der reformierten
Hohen Schule in Herborn, tätig, führte Vermiglis Position weiter, so
dass die Pflicht des Militärgeistlichen auch das Gebet vor der Schlacht
umfasste. Allenfalls dies rechtfertige die Anwesenheit des Geistlichen
im Feldlager, weil ein Dienst mit Waffen nicht vorgesehen sei.[519]

2.   Die Anstellung von Feldkaplänen

Fronsperger ging im Abschnitt „des Capplans/ der Landsknecht/
Befelch und Ampt" davon aus, dass der Ordnung nach in allen höhe-
ren Stäben ein Kaplan angestellt sein sollte, bei General, Oberst,
Hauptmann, beim Oberst Zeugmeister, dem Feldmarschall, dem
Oberst der Fußknecht, ebenso auch bei jedem Fähnlein. Faktisch

---

518 Schneider, S. 68.
519 Becker, Kriegsrecht, S. 70-74, 48.

dürfte dies mangels Masse schwierig gewesen sein.[520] Angestellt beim Hauptmann des Fähnleins oder beim Rittmeister, gehörte der Feldprediger oder –kaplan zum Unterstab und erhielt einen Doppelsold.[521] Im Schmalkaldischen Bund scheint die Anstellung im Grundsatz beim Feldobersten erfolgt zu sein.

Nach dem wenig älteren „Kriegsbuch" (1559)[522] von Graf Reinhard zu Solms sollte der Feldprediger mit einem doppelten Gehalt eines einfachen Soldaten den zweitniedrigsten Sold beziehen, nach Wilhelm Dillichs kaiserliche Verhältnisse widerspiegelndem „Kriegßbuch" (Kassel 1608) tatsächlich diensttuende Feldprediger das ausnahmsweise großzügige Gehalt von 24 Gulden. Niedere Bezahlung, verbunden mit den Härten militärischen Alltags, führten wohl zu dem auch vom ehemaligen Landsknecht u. a. im schmalkaldischen Krieg Hans Wilhelm Kirchhof (1525-1605) in seinem Kriegsbuch „Militaris disciplina" (1602) beklagten chronischen Mangel an Feldpredigern.[523] Nach einer spanisch-burgundischen Verpflegungsordnung der Zeit wurde das Amt des Kaplans als „Doppelsöldner" neben dem Leutnant zu den „hohen Ämtern" gerechnet – neben Fähnrich, Weibel, Furier, Schreiber, Dolmetscher, Wundarzt, Trompeter, Pfeifer, Büchsenmeis-

---

520 „Von Kayserlichen Kriegßrechten Malefitz und Schuldhändlen" (1566), zit. n. Schneider, S. 2. Dem Hauptmann „werden gehalten 50 Drabanten - - ein Leutnannt ein Schreiber, ein Tollmätsch - -, ein Caplan, ein Spiel und ein Koch" - - - (ebd. , 1564, p. 4).
521 Drögereit, Der Feldprediger, S. 13. Vgl. auch Ott von Aechsendingen: Unterricht und antzeig dieß Buchs Kriegssachen und Regimenten, 1542.
522 An Verfassern von Abhandlungen über das Kriegswesen im 16. Jahrhundert sind nach Gustav Roloff: Moritz von Oranien und die Begründung des modernen Heeres, in: Preußische Jahrbücher III, hrsg. v. Hans Delbrück, Berlin 1903, S. 259 bzw. Werner Hahlweg: Die Heeresreform der Oranier und die Antike. Studien zur Geschichte des Kriegswesens der Niederlande Deutschlands, Frankreichs, Englands, Italiens, Spaniens und der Schweiz vom Jahre 1589 bis zum Dreißigjährigen Kriege, erw. Nachdr. Habil. Berlin 1941 (Studien zur Militärgeschichte, Militärwissenschaft und Konfliktforschung 35), Osnabrück 1987, S. 310ff, zu nennen: Philipp von Cleve, L. Frohnsperger, Graf Solms, Schertlin von Burtenbach, Lazarus Schwendi, Mendoca und Basta. Deutsche Kriegsartikel finden sich bei Erben, die französischen bei J. De Billon: Les principes de l'art militaire, Lyon 1613/ Rouen 1641.
523 Funke, S. 53f. Tilly wandte sich 1621 flehentlich an Maximilian von Bayern, um wenigstens einen, wenn nicht zwei jesuitische Priester, um Messe, Predigt und Beichte sicher zu stellen.

ter, Wagenmeister, Hufschmied, Sattler und Trabanten.[524] Der Feldkaplan der Knechte war in der Regel schlechter gestellt als der Feldkaplan der Reisigen, dem wie dem Leutnant oder Fähnrich 20 Taler, bzw. 24 Gulden zustanden.[525]

Schaut man auf Heere nach dem Augsburger Religionsfrieden, so finden sich etliche Hinweise auf Kapläne oder Feldprediger, auch wenn Anstellungsformen oder Besoldungen nicht einheitlich sind. So zeigt sich etwa bei Aufgeboten der welfischen Herzöge 1552, 1555 und 1557 in Diensten Philipps II. in den Niederlanden, dass sie für ein Regiment Fußvolk mit zehn Fähnlein unter je einem Hauptmann nur einen Kaplan in den Musterrollen vorsahen, während 1552 bei den Reitern ein Priester auf ein Fähnlein kam. Entsprechendes sah der Bestallungsbrief Erzherzog Matthias' aus den Niederlanden vor. Herzog Erich der Jüngere von Braunschweig-Calenberg (1528-1584) hielt 1557 entsprechend der Musterbestallung Philipps II. immerhin einen Stabskaplan vor. Herzog Ernst von Grubenhagen (1518-1567) nahm auf einen Zug nach Limburg mit einem Regiment reisiger Schützen 1557 den Osteroder Pfarrer Andreas Dommeyer als Feldprediger mit.[526] Dommeyer hatte 1527 das Lorenzkloster in Schöningen verlassen, um evangelischer Prediger im Herzogtum Braunschweig-Grubenhagen zu werden.[527] Auch Georg von Holle hatte als Oberst von 24 Fähnlein 1553 in kaiserlichen Diensten in den Niederlanden unter Graf Egmont selbstverständlich einen Kaplan, der mit 10 Gulden monatlich entlohnt wurde wie die 6 Stockknechte, der

---

524 Drögereit, Der Feldprediger, S. 44f unter Verweis auf Calenbergisches Brief Archiv 16 B 8 Nr.3.
525 Drögereit, Der Feldprediger, S. 50.
526 Drögereit, Der Feldprediger, S. 14f (unter Verweis auf das Calenberger Briefarchiv.
527 Friedrich Koldewey: Die Reformation des Herzogthums Braunschweig-Wolfenbüttel unter dem Regimente des Schmalkaldischen Bundes 1542-1547. Ein actenmäßiger Beitrag zu der Reformationsgeschichte des Herzogthums Braunschweig, in: Zeitschrift des historischen Vereins für Niedersachsen (1868), S. 243-338, 257.

Richtschreiber, der Weibel, während der „Hurenweibel" die Hälfte erhielt.[528]

Im Allgemeinen galt also offenbar über Karl V. hinaus bis 1567 die auch im Schmalkaldischen Bund befolgte Regelung, dass Feldprediger im Staat des Obersten angesiedelt waren, nicht wie später und schon bei Fronsperger als eine Möglichkeit genannt, auf der Ebene der Hauptleute oder wenig oberhalb der Knechte.[529]

3. Die „Geistliche KriegßOrdnung"

Kurd Schneider hat nach zwei Ausgaben von Fronspergers Kriegsbuch aus dem Jahre 1564 (also wohl der „Kriegßrechten Ordnung"), bzw. 1620 eine diese „fast" unveränderte mitumfassende „Geistliche KriegßOrdnung. Ampt und Befelch/ vermög heiliger Göttlicher Geschrifft/ Ob Kriegßleuffe Gebräuch unnd Recht/ mit schiessen/ todtschlagen/ rauben/ würgen un fechten/ durch/ oder wieder Gottes Willn geschehen/ und ob auch die Kriegßleut in ihrem Ampt oder Befelch mögen selig oder nit werden,/ mit viel schönen Exempeln und Historien auß heiliger Göttlicher Geschrifft/ allen Kriegßleuten nütz und dienstlichen zu ersehen/ zusammen gezogen" herausgegeben.[530]

Der erste Abschnitt „Von dem fried und unfrieden/ billichen unnd unrechtmässigen Kriegen/ Schwerdt oder Regiment führen/ der alten gebräuch nachfolgen" fasst Erasmus von Rotterdams Auffassungen zum Krieg als Übel zusammen.[531] Von Abschnitt [2] „Wo ein gut Gewissen zu kriegen/ da ist auch ein keckes oder nannliches Hertz zu streiten wider die Feind" bis [17] „Wie sich ein Kriegßmann in einem Streit oder Schlacht Gott befehlen soll" bearbeitet Fronsperger durchgängig Luthers Schrift.[532] Diese liefert ihm also das Hauptmate-

528 Angermann, Georg von Holle, S. 75f. So auch in einer neuen Bestallung, die im März 1555 von Seiten Königin Marias von den Niederlanden verhandelt wurde (ebd., S. 92).
529 Angermann, Georg von Holle, S. 49, 205.
530 Geistliche Kriegßordnung, Schneider, S. 1.3-66 (unter Verweis auf Radlach in: Mittheilungen für die Geistlichen bei Armee und Marine).
531 Geistliche Kriegßordnung, Schneider, S. 5f.
532 Geistliche Kriegßordnung, Schneider,, S. 7-40, Funke, S. 62. Vgl. Trauner, Der evangelische Beitrag, S. 30 unter Verweis auf Julius Hanak..

rial. Erasmus ist als einziger Gewährsmann namentlich genannt, Luther nicht. Fronsperger erhoffte sich wohl allgemeine Wirkung, indem er Luthers Namen vermied, aber seine Gedanken systematisierte und gezwungenermaßen an Kriegsleute aller Couleur und Konfession weitergab. Die restlichen Abschnitte [18] bis [21] stellen Bibelstellen zum Gehorsam gegenüber der Obrigkeit zusammen.[533] Angeschlossen werden [22f] „Exempel und Historien von etlichen frommen Gottsfürchtigen Kriegßleuten".[534] Abschnitt [24] „Eine sonderliche Warnung der Kriegßleut oder Landsknecht/ so sich vor faulheit/ müssiggang/ fressen/ sauffen/ fluchen/ spielen und Gottßlästern zu hüten haben" fällt aus dem Gedankengang heraus und entwirft ein sehr kritisches Bild der faktisch unter Landsknechten herrschenden Moral.[535] Fronsperger bot wohl auch schon das 'älteste evangelische Militär-Andachtsbuch', insofern als er biblische Gebete in Kriegssituationen aus dem Alten Testament mit Gebeten seiner Zeit, u. a. aus den Türkenkriegen, zusammenstellte.[536] Luthers Gebet, wie auch die Selbstverpflichtung zum Dienst gegenüber dem Fürsten hat Fronsperger interessanterweise im Haupttext selbst, aber nicht im Gebetsteil mitüberliefert.[537]

Luther hatte gegen die mittelalterliche Lehre vom gerechten Krieg Krieg nur als aufgezwungenen Krieg, als Notwehr zur Verteidigung, legitimieren wollen. Rechtsverletzung allein galt ihm nicht als legitimer

---

533 Geistliche Kriegßordnung, Schneider, S. 40-48.
534 Geistliche Kriegßordnung, Schneider, S. 48-53.
535 Geistliche Kriegßordnung, Schneider, S. 8., S. 53-57.
536 Geistliche Kriegßordnung, Schneider, S. 57-64, darin: 3 Mose 27; 2 Mose 17; 1 Sam 17; 4 Mose 10; Ps 68; 5 Mose 23; 1 Makk 3; 2 Makk 15; Jos 7; Chr 14; 2 Chr 20; Jes 37; Jdt 9; 1 Makk 4; 1 Makk 7; 2 Makk 15; Bar 2, 6-3,8; Jes 63, 7-64,11; Klg 5). Zu soldatischer in der Regel gemeinchristlicher „ökumenischer" Andachtsliteratur vgl. Funke, S. 62ff mit Verweis auf Stephan Puchner: Christliche/ Heilsame unnd sehr nützliche Gebetlein/ Neben einem bericht/ wie ein Kriegsmann sich verhalten sol damit er Christlich leben und selig Sterben könne, Berlin 1616; Anon: Auffrichtiger Teutscher Soldaten Regul, Oder Kurtze Erinnerung an den Teutschen Evangelischen Kriegßmann (1620); Johannes Botvidi: Etliche Gebete/ Welche im Schwedischen Kriegslager gebräuchlich (1630); Jacob Fabricius: Etliche Gebet/ so Königl. Majest. Zu Schweden Kriegsheer neben den Psalmen Davids und der Christlichen Litaney/ von den Feldpredigern gebrauchet/ und der Soldatesca fürgebettet werden, Augsburg 1632.
537 Geistliche KriegßOrdnung, Schneider, S. 39, bzw. 37.

Kriegsgrund. Fronsperger brachte diese Argumente zur Unterscheidung zwischen dem gottgefälligen Amt des Kriegsmanns und der ggf. auch gottfeindlich und damit missbräuchlich handelnden Person des Kriegsmannes auch,[538] weichte sie aber auf. „Dieses sol ein jeglicher und Gottsfürchtiger Kriegßmann zu hertzen nemmen/ ehe daß er in Krieg zeucht/ ob der fürgenommen Zug oder Krieg nit wider Gott und sein Wort ist".[539] War dann Krieg um Gottes und seines Wortes willen zulässig, auch wenn er durch eigenen Angriff begonnen wurde? In dieser Frage setzte Fronsperger deutlich andere Akzente. Er fragte weiter und ging hier deutlich über Luther hinaus, indem er einen Krieg um wirtschaftlichen Wohlstands willen erwog: Wird der allgemeine Handel treulich bewahrt, dient die eigene Sache der gemeinen Wohlfahrt, obwohl unter den höchsten Befehlshabern Betrug und Finanzen übermäßig regieren und unter Christen Eigensinnigkeit um sich greift?[540] Eine klare Absage an diese Begründung fehlt. An sich galt auch Fronsperger jeder Aufruhr gegen die Obrigkeit als verwerflich, doch nahm er Luthers schillernde Denkfigur wieder auf, dass Gott es ggf. auch verhängen könne, „sich wider die Oberkeit mit unrecht setzen".[541] Fronsperger argumentierte nicht wirklich konsequent. Wenn auch unter dem Vorzeichen des Unrechts könnte Aufstand auch Gehorsam gegen Gott sein. Vertrauen auf das eigene Recht als Kriegsgrund in Konkurrenz zum Gottvertrauen wird zwar getadelt[542] – galt das aber auch, wenn das verletzte eigene Recht sich mit Gottvertrauen verband? Kriegsdienst allein um des Geldes willen stehe immer im Verdacht, Teufelsdienst zu sein.[543]

Amt der Obrigkeit ist es von Gott her, Friede, Recht und Einigkeit zu erhalten. Der göttliche Befehl schließe auch ein, die zu strafen, die sich als Obrigkeit dieser Pflicht entziehen. Geistliche Kriegsordnung schloss auch politische Beratung ein: „Dass dann hiermit eine jede

---

538 Geistliche Kriegßordnung, Schneider, S. 12f., 25-27: Auch der lutherische Gedanke der Individualität des Christen, der einzig für sich selbst Person ist, für sich selbst glaubt „und sonst für niemand" wird dem Fürsten gegenübergestellt, der Person in seiner Verantwortung für andere ist.
539 Geistliche Kriegßordnung, Schneider, S. 8.
540 Geistliche Kriegßordnung, Schneider, S. 10.
541 Geistliche Kriegßordnung, Schneider, S. 22.
542 Geistliche Kriegßordnung, Schneider, S. 29.
543 Geistliche Kriegßordnung, Schneider, S. 34.

Obrigkeit Bericht habe/ wie sie sich zu Zeiten des Krieges wider die-
jenigen (die sie wider Recht und gemeinen Frieden begewaltigen un-
terstanden) in Kriegsvorhaben/ -handlung und Übung zu halten [ha-
be]/ habe ich zu Ehre und Gut derselbigen/ auch zu sonderlicher
Dienstwilligkeit/ nicht ohne meine geringe Mühe und Arbeit/ auch
langwierige Erfahrung und Übung/ diese vorgehenden und nachfolgenden Bücher an den Tag geben wollen."[544]

Nicht „macht/ Hand/ Harnisch/ Wehr und Stärke/ noch [Vertrauen]
auf [einen] großen Haufen der Knechte und Heeres Kraft" siegreich,
sondern auf Gott soll sich der Kriegsmann verlassen, seinen Feind
niemals verachten.[545] Kameradschaft wird als Ausfluss christlicher
Nächstenliebe formuliert. Es ist von Nöten, „daß sich die Kriegßleut
friedlich und freundlich mit einander halten/ einer den andern uber-
sehe/ und willfahr/ als lieb jm sein eigen hab/ was zu zanck/ neid/
hasz und unwille gereichen mag/ als spielen/ sauffen/ balgen/ flu-
chen/ füllen", unterlassen.[546]

4. Militärseelsorge im kaiserlichen Kriegsrecht

Die eidlichen Verpflichtungen für die Söldner verzichteten im Allgemeinen gegenüber Gemeinchristlichem auf konfessionelle Spitzen,
weil man in allen Heeren auf Soldaten aller Konfessionen und ihre
Einmütigkeit angewiesen war.[547] Kurd Schneider hatte sogar vermutet,
dass es nach 1564 gar keine katholische Militärseelsorge mehr gegeben hätte,[548] damit aber das damalige Ziel überkonfessioneller Seelsorge verkannt. Die von Kaiser Maximilian II. (1527-1576) 1570 auf
dem Reichstag zu Speyer für die Landsknechte erlassenen kaiserlichen
Kriegsartikel verzichteten auf jede konfessionelle Präferenz und versuchten, einen uniformen Gesetzescode für das Militär zu schaffen.
Artikel 2 verlangte Verzicht auf Gotteslästerung, das Gebet für den

---

544 Geistliche Kriegßordnung, Schneider, S. 53 das abschließende „Argument" (Zit.
übertr. v. Vf.).
545 Geistliche Kriegßordnung, Schneider, S. 9, 29 (Zit. übertr v. Vf.).
546 Geistliche Kriegßordnung, Schneider, S. 11.
547 Funke, S. 42ff, 77. Selbst im dreißigjährigen Krieg herrschte in Tillys Heer keine
konfessionelle Kon- oder gar Uniformität (gegen Heinz Schilling).
548 Schneider, S. 66.

Sieg und wo immer möglich das Besuchen der Predigt.[549] Neu, und wohl aus zivilen Ordnungen der zeittypischen „neuen Sittlichkeit" entnommen, war,[550] dass der Profoss die Macht erhielt, alle die zu verhaften, die sich gegen den Befehl zur Teilnahme während des Gottesdienstes oder der Predigt in Weinkellern, Tavernen oder anderen anrüchigen Lokalen aufhielten und dem Oberst zur Aburteilung zu übergeben waren, bzw. dass der Verkauf von Alkohol während des Gottesdienstes und der Predigt generell verboten wurde.[551] Fronsperger, selbst Feldschultheiß, wusste um die „sieben umbfrag, die zum Keyserlichen Rechten dienen" und dabei auch um die zweite, die die mit Trommeln bekannt gemachte Aufforderung, die Predigt des Evangeliums und des Wortes Gottes im Lager zu hören, sogar über die möglicherweise gleichzeitig stattfindende Gerichtsverhandlung stellte. Diese war sogar zu unterbrechen.[552] Ebenfalls wurde auf dem Reichstag zu Speyer 1570 auch „Der kaiserlichen Majestät und des heiligen Reichs Reiterbestallung" erlassen. Artikel 43-47 untersagten, die Gottesfurcht zu vernachlässigen. Artikel 15, der die Anstellung von Kaplänen und Prädikanten regelte, bzw. Artikel 47, der das Schankverbot während des Gottesdienstes auch für die Reiter einschärfte, wurden auf dem Reichstag selbst der Vorlage zugefügt. Reichsfreiherr Lazarus von Schwendi (1522-1583) setzte sich als Feldhauptmann und General in Diensten der Kaiser Karl V., Maximilian II. und Ferdinand I. in besonderer Weise für die das Militärwesen konfessionell tolerant regelnden Reichstagsabschiede ein – in der Überzeugung, dass dies „gemeiner Ritterschaft und anderen frommen Kriegsleuten deutscher Nation bei jedermann zu sonderm Ruhm und Aufnehmen gereichen werde."[553]

Für das zwischen 1600 und 1605 von Herzog Heinrich Julius von Braunschweig-Wolfenbüttel (1564-1613) aufgestellte Lehns- und Landesaufgebot wurde eine eigene Fassung des 1. Artikels des Speyrer

---

549 Funke, S. 45.
550 Erben, S. 19.
551 Funke, S. 46. Vgl. Gierow, S. 139 zur Anwesenheitspflicht bei Gottesdienst und Chorgebet nach Kundgabe durch Trommelschlag nach der deutschen Ordnung Herzog Karls.
552 Schneider, S. 66.
553 Erben, S. 31-34; vgl. auch Trauner, Der evangelische Beitrag, S. 29.

Reichstagsabschieds formuliert, die Luthers kleinen Katechismus anklingen lässt: „Sollt ihr euch vor allen Dingen hüten vor allerlei öffentlicher Sünde, Schande und Lastern, sonderlich des greulichen und erschrecklichen Fluchens und Schwörens, womit der allmächtige Gott heftig erzürnt wird, gänzlich enthalten: die Predigt göttlichen Worts gern hören, darnach tun und leben, oder da jemand vorsätzlich hierin übertreten wird, soll er nach Erkenntnis am Leibe gestraft werden."[554]

Zumindest auf der Ebene der kaiserlichen Rechtssetzung waren damit Militärseelsorger etabliert, aber auch eine religiöse Praxis fest institutionalisiert. Ob dies mangels Bewerbern Theorie blieb, steht allerdings auf einem anderen Blatt.

5. Zwischenfazit

Um den Augsburger Religionsfrieden schälen sich erste Grundregeln für die Anstellung von Feldkaplänen, bzw. Feldpredigern heraus. Sie können entweder dem Staat des Feldobersten oder wie bei Fronsperger allen Führungsebenen oder wie faktisch in der kaiserlichen Armee den Hauptleuten in den Fähnlein zugewiesen sein. Die Besoldung ist nicht einheitlich. Ein Doppelsold gilt als Minimum. Der Kaplan rangiert in der Riege der Unteroffiziere. An Aufgaben sind neben der Predigt, der Ermahnung zum Recht, der seelsorgerliche Trost für Verwundete und Kranke, Verwaltungs- und Einkaufshilfe für den Hauptmann genannt. Eine sich schon aus den üblichen Artikelbriefen ergebende allgemeine Verpflichtung, Gotteslästerung zu unterlassen, Rechtsgrundsätze gegenüber der Zivilbevölkerung zu befolgen, und der Verzicht auf konfessionelle Spitzen sollen offenbar in der kaiserlichen Armee gemeinsames Wirken über Konfessionsgrenzen hinweg ermöglichen.

---

554 Drögereit, Der Feldprediger, S. 10.

V. Feldprediger in den Hugenotten- und niederländischen Befreiungskriegen unter Moritz von Oranien

1. Feldprediger in den Hugenottenkriegen

Während der Regierungszeit des minderjährigen Königs Karls IX. (1550-1574, seit 1560 König) von Frankreich, und seiner Mutter Katharina von Medici (1519-1589) hofften evangelisch gesinnte, hugenottische Adlige, die im Südwesten Frankreichs etwa die Hälfte ihres Standes repräsentierten, ihre Macht auf Grund der königlichen Schwäche auszubauen. Als Kämpfer gegen den vermeintlich spanisch optierenden König übernahmen sie Motive des niederländischen Befreiungskampfes gegen eine spanische Besatzung. Erst nach der Thronbesteigung Heinrichs IV. (1553-1610) 1589 sollte ihre Königsfeindschaft oder „Monarchomachie" der Königstreue weichen. Die hugenottische Propaganda gelang, so dass um 1565 neben dem Adelsanteil im Südwesten etwa 30 % des Bürgertums, 10-20 % der unteren Mittelschicht und Unterschichten sich zum Calvinismus bekannten. Auch nördlich der Loire zählten sich etwa 6-10 % dazu. Tragende soziale Schicht waren oft die Handwerker. Im Frühjahr 1560 war es zu einem bewaffneten hugenottischen Aufstand unter Louis de Condé (1530-1569) und einer Schlacht bei Amboise (März 1560) gegen die Adelspartei der Guisen gekommen. Militärseelsorglich dürften wie in den Bauernkriegen charismatische Verhältnisse geherrscht haben, indem evangelische Untergrundprediger auch Truppen begleiteten.

Erste Anzeichen des Aufbegehrens gab es bereits im Sommer 1559, als der Pariser Pfarrer de Morel in der Frömmigkeit der Psalmen Gott zur Rache für allen erlittenen Terror aufrief. Der Schritt dazu, sich als Werkzeug des Strafvollzugs Gottes zu verstehen, war nicht weit. Nach dem Tode Franz II. von Frankreich (1560) hatte Regentin Katharina die Hugenotten sogar zur Gestellung von Fußvolk und Reitern aufgefordert, um den Kronprinzen zu schützen. Es kam zu einer Erhebung in der Bretagne.[555]

Der Genfer Reformator Johannes Calvin (1509-1564) hatte vor bewaffnetem Aufruhr gewarnt,[556] war aber weder in seiner Lehre noch in der Praxis eindeutig. Einerseits war in der „Institutio" in der lateinischen Ausgabe von 1536 (Buch IV, Kapp. 20, Abschn. 31) davon die Rede, bei im Blick auf die Volksinteressen pflichtvergessenen Magistraten „um des Amts willen einzuschreiten" („pro officio intercedere"), in der französischen Ausgabe von 1560 nicht verboten, „sich aufzulehnen und Widerstand zu leisten" („s'opposer et résister"), andererseits brachte Calvin selbst Geldmittel zur Unterstützung der französischen Protestanten auf.[557] Calvin beklagte später auch protestantische Übergriffe bei örtlicher Übermacht, Besetzungen katholischer Kirchen und ungerechte Taten.[558] Am 13.5.1562 schrieb Calvin an die Pastoren in Lyon, besonders an Pastor Rufi: „Wir wären Verräter an Gott und an euch und der ganzen Christenheit, wenn wir euch verhehlen wollten, was wir über euer tiefbedauerliches Tun denken. Es ziemt sich nicht, daß ein Geistlicher sich zum Söldnerführer oder zum Hauptmann macht; aber es ist noch viel schlimmer, wenn man (geradewegs) die Kanzel verläßt, um zu den Waffen zu greifen. Und der Höhepunkt ist, zum Stadtgouverneur zu gehen mit einer Pistole in der Hand und ihn zu bedrohen, indem man sich mit Macht und Gewalt brüstet. Dies sind die Worte, die man uns hinterbracht hat und die wir durch glaubwürdige Zeugen gehört haben: ‚Mein Herr, Sie haben das und das zu tun, denn wir haben die Gewalt in unserer

---

555 Joseph Chambon: Der französische Protestantismus. Sein Weg zur französischen Revolution, München 1938², S. 64.

556 Corpus Reformatorum: Opera Calvini, Bd. 17, S. 681-687. Vgl. aber Rachfahl, Bd. 2/2, Halle 1908, S. 727ff, die Briefe von Theodor Beza an Prediger Jean Taffin (1529-1602): „Dokumente der Genfer Kampfeskirche", die, wenn sie die Macht habe, keine Toleranz kenne, im andern Fall zu lutherischer Kleinmütigkeit neige. Taffin, damals französisch-reformierter Prediger in Heidelberg, später Hofprediger Moritz' von Oraniens, lud mit Petus Dathenus und Petrus Colonius 1571 zur Synode der wallonischen und südniederländischen Reformierten nach Emden ein (Menno Smid: Ostfriesische Kirchengeschichte (Ostfriesland im Schutz des Deichs VI), Pewsum 1974, S. 199f).

557 Chambon, S. 58f.

558 Chambon, S. 60.

Hand'. Wir sagen rund heraus, daß diese Äußerung uns ein ungeheurer Schrecken gewesen ist: [...] Wir haben gehört, daß die Beutestücke, die man der Kirche des St. Jean entnommen hatte, für jeden Käufer öffentlich ausgeboten worden sind und daß man sie für 112 Taler losgeschlagen hat; ja man hat den Söldnern versprochen, einem jeden seinen Anteil daran zuzumessen."[559]

Calvins späterer Nachfolger in Genf Theodor Beza (1519-1605) wurde beim Kolloquium im Kloster von Poissy am 9.9.1561 zum Führer der Hugenotten. Seine beiden Reden über das reformierte Verständnis Christi und des Abendmahls vor König Karl IX. und seiner Mutter wurden allein 1561 21 Mal gedruckt. Beza forderte Religionsfreiheit. Am 10.12.1561 hielt er in einem Vorort von Paris eine Predigt vor 10000 Zuhörern. Im Januar 1562 wurde den Hugenotten im Edikt von Saint Germain erstmalig das Recht zu öffentlicher Predigt vor den Toren der Städte zugestanden. Die gegnerische Partei der Guisen überfiel dennoch am 1.3.1562 einen hugenottischen „Feldgottesdienst" bei Vassy in der Champagne. Das Blutbad löste die Hugenottenkriege aus und ließ alle Hoffnungen auf eine Reformation in Frankreich gegenstandslos werden, auch wenn Beza zunächst in Frankreich blieb und sich unmittelbar an der Kriegsführung beteiligte, also als „Feldprediger"[560] im 'kämpferischen Einsatz für die Wahrheit des Glaubens' agierte.[561]

Der französische Kirchenhistoriker Joseph Chambon betont, dass die Hugenotten in ihrem Widerstand ab 1562 auch formal das Recht auf ihrer Seite hatten, weil sie im Sinne des königlichen Toleranzediktes königsfreundlich handelten gegen illegale Ausrottungsversuche seitens der Guisen. Die Krone war aber weder willig noch fähig entsprechend zu schützen.[562] Der Haudegen der Religionskriege Agrippa d'Aubigné (1552-1630) sah entsprechend die Verpflichtung, das Königtum auch mit Gewalt als Korrektiv zu stützen: „[...] als die Autorität aus ihren

---

559 Zit. n. Chambon, S. 66f.

560 Olivier Fatio: Theodor Beza, in: Gestalten der Kirchengeschichte. Reformationszeit II, hrsg. v. Martin Greschat, Stuttgart/ Berlin/ Köln 1984, S. 255-276, 266.

561 Beatrice Nicollier: Theodor Beza 1519-1605, in: Irene Dingel/ Volker Leppin (Hrsg.): Das Reformatorenlexikon, Darmstadt 2013, S. 37-44, 41.

562 Chambon, S. 57.

Gleisen sprang und die Behörde, der Scheiterhaufen müde, das Schlachtmesser den Händen des Volke überantwortete und durch Tumulte und große Massakers (sic!) hindurch das verehrungswürdige Antlitz der Justitia entstellte und in feierlicher Staatsaktion Volksgenossen durch Volksgenossen töten ließ – wer konnte dann den Unglücklichen verwehren, Arm gegen Arm und Stahl gegen Stahl zu erheben und von einer der Gerechtigkeit baren Wut sich anstecken zu lassen mit der Wut der Gerechtigkeit [...]".[563] Kaum zufällig trägt die erste vierstimmige Ausgabe der Psalmen aus Genf 1565 als Titelbild den gewappneten Krieger neben einem Vorwort von Feldprediger Beza, dem Vater des Bildes vom hugenottischen Amboss, der spricht: „Je mehr mich zu schlagen die Lust sich regt,/ je mehr man der Hämmer auf mir zerschlägt!".[564]

„Der einfache Mann und Soldat des Hugenotttentums wendet robust, die ihm vertrauten Gedanken der vorprophetischen alttestmentlichen Zeit auf die konkreten Verhältnisse des Heute an und versteht kaum noch die neutestamentlichen Gewissenshemmungen seiner Führer. Fast grotesk ist die Geschichte, die vom Fürsten [Louis I. de Bourbon, prince de] Condé erzählt wird. Er trifft an einer Kirche einen protestantischen Soldaten, welcher gerade beschäftigt ist, ein steinernes Heiligenbild über dem Portal zu zertrümmern. Condé hält sein Pferd an und macht den Soldaten darauf aufmerksam, daß die Kriegszucht der Armeen Coligny's dergleichen Gewalttaten mit dem Tode bestraft. Der Soldat erwidert angesichts der erhobenen Büchse Condé's: ,Haben Sie gerade noch ein wenig Geduld, bis ich das Götzenbild fertig mache; dann will ich sterben, wenn es Ihnen gefällt!'"[565]

Admiral Caspar de Coligny (1519-1572) war als Hugenotte an deren Spitze getreten. Seit 1559 evangelischer Christ, hatte er 1557 die Verteidigung St. Quentins gegen spanische Truppen königstreu auch in aussichtsloser Lage geleitet und sich als derjenige klassisch gebildete Politiker und Militär erwiesen, der in seiner Zustimmung zu gewaltsamem Widerstand auf Schloss Chatillon sur Loing nach dem Staatsstreich der Guisen 1562 den Protestantismus politisierte (Chambon)

---

563 Chambon, S. 59f.
564 Chambon, S. 60.
565 Chambon, S. 65.

und damit dem Untergang überantwortete.[566] In der Ermordung Colignys selbst und der Hugenotten in der sog. Bartholomäusnacht vom 23. auf den 24.8.1572 fand der Machtkampf mit 10-40000 Toten einen traurigen Höhepunkt. Erst 1598 kamen die Auseinandersetzungen zu einem vorläufigen Ende.[567]

Als Jean Morelli Herzog Albrecht von Preußen am 30.11.1561 den Tod des in preußischen Diensten stehenden Festungsbaumeisters Claudius Drobotius de Grawal Gallus mitteilte, nutzte er die Gelegenheit, den Lutheraner Albrecht auch um Unterstützung in den französischen Glaubenskämpfen zu bitten: „Für Euch aber, die Gott in solchem Maß aufgerichtet hat, die er mit so großen Reichtümern und Kräften behäuft hat, wäre es töricht, wenn der Sinn weniger über hätte, die Religion zu schützen, als der Feind dafür, sie zu beseitigen. Solange nämlich der Tempel Gottes erbaut wird, ist es billig, dass Ihr kämpft und mit Waffen zu unserem Schutz bereit steht." Morelli appellierte an das Gewissen und folgerte aus dem Fakt eigenen Wohlergehens die Pflicht, bewaffnet zum Schutz anderer einzugreifen.[568] Oberst Georg von Holle und Wilhelm von Oraniens Schwager, Graf Günther von Schwarzburg, hatten bereits 1562/3 Kenntnis von der Situation der Hugenotten, bzw. waren in die Ereignisse verstrickt. Holles Freund Adrian von Steinberg bat am 27.3.1563 den sächsischen Kurfürsten um die Erlaubnis, auf Seiten der Hugenotten zu kämpfen. Auch Holle war dazu bereit.[569]

Nach dem Tode Erzbischof Christophs von Bremen (1487-1558) hoffte Graf Christoph von Oldenburg 1558, evangelischer Erzbischof von Bremen zu werden, ließ auch seinem unehelichen Sohn bei anderer Gelegenheit eine Tonsur schneiden, um ihm eine kirchliche

---

566 Chambon, S. 63f.
567 Ernst Koch: Das konfessionelle Zeitalter – Katholizismus, Luthertum, Calvinismus (1563-1675; Kirchengeschichte in Einzeldarstellungen II/8), Leipzig 2000, S. 133f.
568 Hubatsch, Zu den Kriegsstudien, S. 244-246. Morelli nennt ein Buch über die Kriegskunst von Drobotius aus griechisch-römischen Quellen, aber auch ein eigenes „De re militari", das sich in ein Ensemble mit einem Werk über die Kirchendisziplin „de disciplina ecclesiastica libros quatuor" und christliche Politik „De republica Christiana" fügten.
569 Angermann, Georg von Holle, S. 151.

Pfründe zu verschaffen.[570] Als ein Mitglied der deutschen Flüchtlings-
gemeinde in London, der Goldschmied Heinrich Cuk,[571] Albert
Rizäus Hardenberg 1562 im Kloster Rastede besuchte und über die
Absicht, Königin Elisabeths I. von England (1533-1603) unterrichte-
te, die Hugenotten zu unterstützen, informierte dieser den Grafen,
der sich für die englische Bestallung als Führer einer Entsatzarmee
interessierte. Bereits auf dem Reichstag 1562 in Frankfurt wandte er
sich an Pfalzgraf Johann Casimir (1543-1592) und den Straßburger
Rektor Johannes Sturm (1507-1589) als Fürsprecher der Hugenotten.
Verhandlungen Hardenbergs, der sicher als Feldprediger wieder mitgezogen wäre, in London blieben ergebnislos, auch ein zweites für
1563 geplantes Entsatzunternehmen gegen Metz, Toul und Verdun
unter Leitung des Grafen und „vieler grosser Häupter, die zwinglisch
seien" war angesichts der in St. Germain 1562 erreichten Duldung
gegenstandslos.[572]

Deutsche Fürsten griffen dennoch zur Unterstützung der Hugenotten
ein. Kurfürst Friedrich III. von der Pfalz (1515-1576), genannt „der
Fromme" und als christlicher Asket verspottet, entsandte von 1567-
1569 eine von seinem Sohn Johann Casimir geführte, letztlich erfolg-
lose Armee nach Frankreich. Feldprediger auf diesem Zug 1567-1569
war der später noch zu nennende Petrus Dathenus (1530/1532-1588),
der auch 1576/7 wieder dabei sein sollte.[573]

Herzog Johann Wilhelm von Weimar (1530-1573) zog 1568 auf der
Gegenseite dem französischen König Karl mit einem deutschen
Söldnerheer zu. Es soll sich um 3000 Mann Fußvolk und 500 Mann
Kavallerie des verstorbenen Albrecht von Brandenburg gehandelt
haben. Er wurde von Franziskus von Guise gut aufgenommen wurde
und bezog ein Feldlager bei Amiens.[574] Johann Wilhelm führte eigens
gedruckte lateinische Ausgaben des Augsburger Bekennnisses zum

---

570 Storkebaum, Graf Christoph von Oldenburg, S. 12f, 15, 62.
571 Storkebaum, Graf Christoph von Oldenburg, S. 174.
572 Hans-Walter Krumwiede: Kirchengeschichte Niedersachsens, Göttingen 1996,
S. 168f
573 Judith Becker: Petrus Dathenus (1530/1532-1588), in: Irene Dingel/ Volker
Leppin: Das Reformatorenlexikon, Darmstadt 2013, S. 110-115, 111.
574 Christian August Salig: Vollständige Historie der Augspurgischen Confeßion
und derselben Apologie, Halle 1743, Bd. 3, S. 385.

Verteilen mit – angesichts seiner militärischen Zuordnung durchaus überraschend. Er brachte 1568 auch drei Feldprediger aus Thüringen mit: den Coburger Hofprediger Christoph Irenäus (geb. 1522 in Schweidnitz), Bartholomäus Gernhard (1525-1600) und Pfarrer Martinus Burggravius aus Manstad. Irenäus wurde 1570 Superintendent in Neustadt.[575] Bartholomäus Gernhard[576] war in Neustadt an der Orla geboren und hatte in Eger und Leipzig Jura und Theologie studiert. Nach Schuldienst in Arnstadt 1544 begann er als Pfarrer in Königsee, wechselte dann 1553 nach Stadtilm. 1557 wurde er als tüchtiger Kanzelredner von Gräfin Katharina von Schwarzburg (1509-1567) nach Rudolstadt berufen. 1564 griff Gernhard zur Kirchenzucht gegenüber einem Ehepaar, dem er mit Luthers Begriffen Wucherpraxis vorwarf. Dies entfesselte den Rudolstädter Wucherstreit, so dass er 1566 nach Rückkehr Graf Günthers, des „Steitbaren", vom Krieg in Dänemark 1565, Rudolstadt verlassen musste. 1567 wurde Gernhard Hofprediger in Weimar und nahm nach Rückkehr vom Feldzug in Frankreich 1568 1570 am Reichstag in Speyer teil. Von 1571-1573 versah er die Hofpredigerstelle des immer noch abwesenden Irenäus. Er verstarb nach einem wechselvollen Leben im Ruhestand in Oberweimar 1600.[577]

1569 zog Pfalzgraf Wolfgang (1526-1569) wieder auf Seite des bourbonischen Prinzen mit einem Söldnerheer in den Kampf. Kaiser Maximilian II (1527-1576) versuchte auf dem Reichstag zu Speyer 1570, diese Konkurrenzunternehmungen zu untersagen. Vermutlich äußerte sich auch Gernhard zusammen mit Martin Burggravius in ähnlich kritischer Weise zu dieser konfessionell kriegerischen Gemengelage.[578]

---

575 Berndorff, S. 96.
576 Bernhard Anemüller: M. Bartholomäus Gernhard und der Rudolstädter Wucherstreit im 16. Jahrhundert. Zugleich ein Beitrag zur Geschichte der Gräfin Katharina „der Heldenmütigen" nebst einigen durch den Druck noch nicht veröffentlichten Briefen derselben (Zu der öffentlichen Prüfung sämmtlicher Klassen des Fürstlichen Gymnasiums und der Realschule am 19. Und 20. März 1861), Rudolstadt 1861, S. 37.
577 Bernhard Anemüller: Gernhard, Bartholomäus, in: Deutsche Biographie 9 (1879), S. 35-37.
578 Anemüller, M. Bartholomäus Gernhard, S. 37f Anm. 1)2), nennt unter Verweis auf Karl Adolf Menzel: Neuere Geschichte der Deutschen seit der Reformation,

Johann Casimir beschrieb sein Ziel und seinen Kriegsgrund so, dass er allein zur Ehre Gottes und Verteidigung seines Wortes ins Feld ziehe, um bedrängte Glaubensgenossen zu beschützen und zu trösten, und er darum von Gott Segen, Kraft und Gedeihen erhoffe – modern gesprochen nahm er seine „responsibility to protect" wahr. Der Vicomte von Fabas attestierte der Armee durchaus militärische Fähigkeiten, vermisste aber meistenteils jegliche Anwandlung von Religion.[579] Die religiöse Prägung der aus aller Herren Länder angeworbenen Armee kann nicht groß gewesen sein. Ob die aus Frankreich nach Heidelberg emigrierten Theologen und Hofprediger Dijon, Pierre Boquin (1518-1582), Franziskus Junius oder Toussaint selbst auch den Feldzug als Feldprediger begleiteten, ist nicht deutlich.[580]

Als Johann Casimir 1576 seinen Rat Weyer zu König Heinrich III. von Frankreich (1551-1589) entsandte, um die Durchführung des Edikts von Beaulieu vom 6.5.1576 einzufordern, beklagte sich dieser über den „Prediger- und Soldatenton" dieses Mannes, der nicht höflich zu schmeicheln verstand.[581] Auf einem weiteren Feldzug Johann Casimirs nach Frankreich 1587 war für den über den Stab und die Artillerie gesetzten Oberst neben 2 Trabanten, Trossjungen, Koch, Dolmetscher, Spielmann, Knechten, Pferden und 4 Reisigen auch ein Prediger im Gesamtsold von 392 Gulden zu entlohnen. Die evangelische Feldpredigt hatte also offenbar im pfälzischen Heer institutionelle Gestalt gefunden.[582] Feldprediger Peter Grule aus Döbeln, früher

---

1854, Bd. 3, S. 23, und die Sammlung der Reichstagsabschiede, S. 606, ein Schriftstück im „S. Ernest. Communarchiv" in Weimar „Martinus Burggravius und Bartholomäus Gernhardt, beide Hern Predigern zeigen wegen des französischen Zugs, wie sie denselben geschaffen befunden undt darauf Ihr Bedenken ahn 1568, Rhetell." Einzelne Briefe in den „Friedensteinschen Sammlung der herzogl. Bibl. in Gotha in den Handschriften Codices F. 103-112, 55, 66, 67, 72, 75 usf. enthalten auch Nachrichten über den Kriegszug.
579 Bernhard Vogler: Die Rolle der Pfälzischen Kurfürsten in den Französischen Religionskriegen (1559-1592), in: Blätter für pfälzische Kirchengeschichte und religiöse Volkskunde 1970, S. 235-266, 265.
580 Vogler, S. 236, 238, 243.
581 Vogler, S. 252.
582 Otto Bezzel: Das Heerwesen in Kurpfalz, Pfalz-Neuburg und Jülich-Berg von seinen Anfängen bis zur Vereinigung von Kurpfalz und Kurbayern 1778 nebst Geschichte des Heerwesens in Pfalz-Zweibrücken (Geschichte des Kurpfälzischen Heeres 1), München 1925, S. 46

Pfarrer in Wolkenburg, zog mit dem Regiment Obersts Johann Georgs von Berbisdorfs (1538-1596) 1585 nach Frankreich und geriet in Gefangenschaft. Er wurde als Ketzer im selben Jahr ersäuft.[583]

Es ist davon auszugehen, dass lokale Prediger jeweils auch bei den Erhebungen von Hugenotten dabei waren. Das Phänomen evangelischer Feldpredigt als Begleitung des sich erhebenden Volkes dürfte sich mit institutionalisierter Militärseelsorge unter verbündeten, wie auch gegnerischen, angeworbenen Söldnertruppen verbunden haben. Da die Anstellung von Predigern in Frankreich nur phasenweise und in geringer Zahl für protestantische Adelsherrschaften erlaubt war, ist deutlich, dass diese Begleitung hugenottischer Gemeinden wie Truppen im hohen Maß charismatisch ungeordnet abgelaufen sein dürfte. Da hugenottische Adlige aber Hofprediger annehmen durften, ist ebenso anzunehmen, dass diese ihre Herren auch als Feldprediger begleiteten. Nach der Bartholomäusnacht tauchten allein in London 1573 40 reformierte Prediger auf, andere gingen nach Genf und Straßburg.[584] Etliche von ihnen dürften Erfahrung mit der Begleitung von Truppen gehabt haben.

Auch das Edikt von Nantes 1598 änderte die Situation nicht grundlegend, auch wenn es selbst bei der königlichen Armee im Quartier protestantischer Offiziere nun ausnahmsweise reformierten Gottesdienst zuließ. Immerhin durften an den Orten, wo 1595/6 reformierter Gottesdienst gefeiert worden war, auch Kirchen errichtet werden. Für 8 Jahre wurden sogar 150 Sicherheitsplätze mit hugenottischen Garnisonen eingerichtet, die sicherlich auch mit Gottesdiensten versorgt wurden.[585] Über die Predigten ist nichts bekannt. Zu vermuten dürfte sein, dass vor allem die Freiheit der Predigt des Wortes Gottes gefordert wurde und zugleich die Auseinandersetzung mit der römischen Messe und dem Bildergebrauch dort als „Abgötterey" geführt wurde.

Wie wenig geklärt die Situation auch bei formalem öffentlichen Konfessionswechsel war, zeigt eine Episode: Der reformierte Theologe und Staatsmann Philippe Du Plessis-Mornay (1549-1623) begleitete

583 Blanckmeister, Die sächsischen Feldprediger, S. 6.
584 Koch, S. 136.
585 Koch, S. 138.

den inzwischen katholisch gewordenen König Heinrich IV. (1553-1610) 1594 auf dem Feldzug gegen die Spanier, die Paris z. T. besetzt hielten. Man möchte fast von einem reformierten Feldprediger für einen zum Katholizismus konvertierten König sprechen. Auf Heinrich IV. Frage, ob Gott ihn verlassen habe und er deswegen erfolglos sei, verwies Du Plessis-Mornay gut hugenottisch auf die mangelnde Disziplin im Heer, worauf der König gut reformiert zum Psalter griff und Psalm 91 betete.[586]

Charakteristisch war der Psalmengesang, den seit 1563 sowohl die hugenottischen Soldaten vor der Schlacht anstimmten, wie es Demonstranten auf den Straßen oder Hinzurichtende auf dem letzten Weg taten. Die Konsistorien und die von ihnen ausgeübte Kirchenzucht führte zu einem eigenen Ethos, das Tanz, Spiel, Fastnachtstreiben, Gasthausbesuch, üppige Kleidung oder Frisuren bei Frauen, Unmäßigkeit bei Festen, sexuelle Verfehlungen, Hexerei oder magische Praktiken bekämpfte.[587] „Einfluß auf das Selbstverständnis der Hugenotten nahm das erstmals 1554 von Jean Crispin in Genf gedruckte Märtyrerbuch. Es vertrat ein Glaubensideal, das den Hugenotten als einen vom Himmel erwählten 'Soldaten und Nachfolger des Gottes der Heerschaaren' verstehen lehrte."[588] Eine biblisch alttestamentliche und zugleich militärische Redeweise vom „Herrn Zebaoth" bot unmittelbare Identifikationsmöglichkeiten für den einfachen Christen als Kämpfer und Streiter – im Zweifelsfall auch mit Waffen.

Trotz der im Edikt von Nantes zugesicherten festen Plätze und der Tolerierung der hugenottischen Minderheit regte sich immer wieder Opposition und ließ die Konflikte wieder aufflammen. Die Gemeinde Anduze im Languedoc setzte angesichts der Ermordung des verhassten Abenteurers Concini mit der Feier eines öffentlichen Dankgottesdienstes ein politisches Zeichen. Aus Anlass der Gründung einer kirchlichen Union in Südfrankreich wurden die Gemeindeglieder aufgefordert, zu den Waffen zu greifen, bzw. widrigenfalls von der Synode von Lunel mit der Exkommunikation bedroht. Prediger Chambrun schloss entsprechend Weihnachten 1616 eine Gruppe von Ungehor-

---

586 Chambon, S. 87f.
587 Koch, S. 139.
588 Koch, S. 140.

samen mit Kriminalrat de Calvières an der Spitze vom Abendmahl aus. 1621 rief Kapuziner-Provinzial Père Joseph (1577-1638) anstelle eines Kreuzzugs gegen die Türken einen nationalen Kreuzzug gegen das hugenottische La Rochelle aus. Bei der Einnahme der Béarn wurde auch der greise Philippe du Plessis-Mornay vertrieben. Montauban konnte sich halten, obwohl der erste Pfarrer mit der Pionieraxt in der Hand bei der Verteidigung fiel. 1622 wurde Montpellier entwaffnet. Ein hugenottisches Heer mit einem Oberkommando entstand. Gemäßigte Hugenotten wie der Herzog Henry von Rohan (1569-1638) dämpften die auf einer Versammlung im Languedoc „streitsüchtigen und politisierten Pfarrer", die aus seiner Sicht durch ihre republikanische Gesinnung die Führung erschwerten.[589] Aber auch der Herzog von Rohan ließ bei Truppenwerbungen die Heilige Schrift vor sich her tragen und auf öffentlichen Plätzen im Languedoc Gebetsversammlungen halten. Zur eigentlichen Erhebung kam es 1625, bevor Kardinal Armand-Jean du Plessis, duc de Richelieu (1585-1642) 1627 mit 30.000 Mann, darunter auch Protestanten La Rochelle belagerte, militärseelsorglich begleitet von Père Joseph mit einer Schar von Mönchen. Ein mittelalterliches Phänomen der Militärseelsorge durch Ordensgeistliche sollte wieder aufleben.

Die seit Zwingli immer wiederholte militärische Mobilmachung einer Stadt mit allen ihren Gliedern zu ihrer Verteidigung unter Einschluss ihrer Geistlichkeit wiederholte sich. Als Admiral Jean Guitton (1585-1654), hugenottischer Gouverneur der Stadt, im November 1628 nach zusammen mit den Predigern vereinbarter Verteidigung bis zum letzten Mann die Stadt dennoch übergab, waren von 25.000 Einwohnern noch 5.000 am Leben.[590] Damit war nach Meinung des Kirchenhistorikers Chambon der französische Protestantismus zu seinem eigenen Segen jeglicher politischen oder militärischen Macht beraubt. Die Herausforderung der Militärseelsorge stellte sich für eigene Zwecke nicht mehr.

---

589 Carl Jakob Burckhardt: Richelieu. Der Aufstieg zur Macht. Behauptung der Macht und kalter Krieg. Großmachtpolitik und Tod des Kardinals. Materialien, München 1984, S. 241.
590 Chambon, S. 103-109.

2 Militärseelsorge in den niederländischen Befreiungskriegen

a) Die Ereignisse in Flandern

Die niederländischen Befreiungskriege setzten mit der Thronbesteigung König Philipps II. von Spanien (1527-1598) 1556 und der darauf folgenden Inquisition und Ketzerbekämpfung ein. In einer schweren wirtschaftlichen Krise der Tuchindustrie verbreiteten sich calvinistische Gedanken. Die Verknappung der Getreidelieferungen durch den dänisch-schwedischen Krieg 1563 tat ein Ihriges.

„Um Michaelis 1561 war die Stadt Tournai der Schauplatz eines seltsamen Auftritts, wie er bisher im Lande noch nicht geschaut worden war. Eines Abends um die achte Stunde versammelte sich auf dem Markte eine große Menge Volkes; ein aus Frankreich[591] stammender Prediger hielt eine Predigt. Dann ordneten sich die Anwesenden zu einem Zuge in Reihen von acht Mann, die Psalmen Davids in der französischen Übersetzung von Clemens Marot [1496-1544)][592] nach den Melodien von [Claude] Goudimel [1510-1572] und [Loys] Bourgeois [1510-1561], berühmter Komponisten jener Zeit, singend; denjenigen, die ihnen entgegenkamen, löschten sie die Fackeln und Kerzen aus, um nicht erkannt zu werden. So kamen sie bis zum Hause des bischöflichen Vikariates; da stießen sie schandbare Schmähreden und Drohungen aus."[593] Die nächtliche Prozession wiederholte sich zweimal und fand Nachfolger im benachbarten Valcienne. Als dort unter dem Prediger Guy de Brés (1522-1567) eine Gemeinde entstand und der Strumpfwirker Philipp Mallart und der Handwerker Simon Faveau durch die Inquisition verhört und daraufhin zum Tode verurteilt wurden, wiederholten sich nächtliche Demonstrationen mit der Androhung von Rache für die Hinrichtung dieser „treffliche[n], gute[n] Christen ohne allen Tadel, als Liebhaber der Wahrheit und des göttlichen Wortes". Als sich am Palmsonntag, dem 22.3.1562, das

---

591 Vgl. Rachfahl, Bd. 2/2, S. 561 zu Beziehungen nach Frankreich; ebd. S. 673 zu einer vermeintlichen hugenottischen Hilfsstreitmacht von 4000 Pferden und 25000 Mann Infanterie.
592 Marot war Hofdichter König Franz I. von Frankreich und geriet nach der Schlacht von Pavia 1525 in die Gefangenschaft Georg von Frundsbergs (Kulp, S. 8).
593 Rachfahl, Bd. 2/1, Halle 1907, S. 221.

Gerücht verbreitete, dass die Hinrichtung bevorstand, versammelten sich 2-300 Männer vermummt und z. T. mit Degen bewaffnet die Nacht über singend auf dem Marktplatz. Dasselbe wiederholte sich am 27.3., als sich 5-600 Personen aller Alter und beider Geschlechter mit Steinwürfen dem Hinrichtungszug entgegenstellten, das Dominikanerkloster plünderten und die beiden aus dem Gefängnis befreiten. „Die Sektierer entblößten das Haupt und warfen sich auf die Knie, um Gott für die Rettung der beiden Genossen zu danken."[594] Vom März 1563 an gab es insbesondere auf dem Hügel Anzin calvinistische Massenversammlungen unter Gesängen („Chanteries"), z. T. mit Pistolen bewaffnet, die sich auch von der Hinrichtung zweier Teilnehmer nicht abschrecken ließen. Auch in Tournai kam es zu Gefangenenbefreiungen und bewaffnetem Widerstand calvinistischer Gruppen mit Pistolen und Flinten.[595]

Charismatische Leiter und wohl auch Prediger wie Guy de Brès aus Mons, der ehemalige Karmelitermönch Petrus Dathenus (ca. 1531-1588) aus Mont Cassel in Flandern,[596] Gaspart van der Heyden (1530-1586) aus Mecheln leiteten die kleinen Gemeinden. Wouter Deleen (1500-1563) aus Amsterdam und Marten Miron (1523-1559) aus Gent wirkten später als Prediger in London, Jan Versteghe, latinisiert Anastasius Veluamus (ca. 1520-1570) später im Rheinland. Jan van Utenhove (ca. 1520-1565) aus Gent wirkte durch seine gereimten Psalmenübersetzungen, deren öffentliche, auch kriegerische Funktion aus dem Gesagten bereits am Tage liegt, und die Übersetzung des Neuen Testaments.[597]

---

594 Rachfahl, Bd. 2/1, S. 223-5.
595 Rachfahl, Bd. 2/1, S. 228f-230; Bd. 2/2, S. 766: Wille versprach am 20.9.1566, dass sich auf die Losung „Gott lebt und ist Zeuge, daß Christus für uns gestorben ist" 20-30000 Mann aus Tournai zum Entsatz Valenciennes aufmachen würden – sicherlich von Geistlichen begleitet. Zur Darstellung einer Heckenpredigt s. Reller, Die Anfänge, S. 102.
596 Edouard Pichal: Evangelium in Flandern. Eine Geschichte des belgischen Protestantismus, Moers 1993 (niederl. Antwerpen 1975), S. 43.
597 Koch, S. 145f. Auch die niederländische Militärseelsorge der Anfangszeit ist offenbar kaum erforscht (frdl. Hinweis v. Kees de Wildt). Vgl. Gisbertus Voetius: Politica Ecclesiastica, 1663ff. Voetius diente 1629 während der Belagerung von 's-Hertogenbosch durch Friedrich Heinrich als Feldprediger. Vgl. auch Henricus Velthuysen: Drie theologische tractaten, vervatende 31 predicatien gedaen op St.

Die wirtschaftliche Not brachte den Statthalter von Holland, Seeland und Utrecht, Wilhelm von Oranien (1533-1584) dazu, im Verein mit verbündeten Adligen[598] über die Ständeversammlung, die Abdankung Kardinal Granvellas (1517-1586) als Minister Philipps II. und Förderer der Inquisition am 13.3.1563 zu erreichen. Die königliche Landvögtin und Regentin Margarete von Parma (1522-1586) lockerte daraufhin die Inquisition. „Lutheraner und Calvinisten hielten oft in der Nähe der großen Städte Predigten auf freiem Feld, die von Tausenden besucht wurden." Im Hungerjahr 1566 brach am 22.8. ein Bildersturm, sicher durch calvinistische Predigt[599] initiiert, in Süd- und Westflandern von Antwerpen aus los.[600] Was die Bewegung trieb, lässt sich an der Petition des Antwerpener Konsistoriums vom 27.6.1566 um offene Predigterlaubnis erkennen. Die wahre Religion folge dem wahren Worte Gottes, wie es im Alten und Neuen Testament enthalten sei, lasse von Götzendienst und Missbräuchen der römischen Kirche ab, befleißige sich des Gehorsams gegen die bürgerliche Obrigkeit.[601]

Peters Bergh voor Maes-tricht, ende stichtelick geappliceert op den gepasserden krijchshandel des jaers 1632. Hier sind 33 Predigten während der Belagerung von Maastricht enthalten. Ronald de Graaf: Oorlog, mijn arme schapen. Een andere kijk op de Tachtigjarige Oorlog, 2004, behandelt alles, aber Militärseelsorge nicht.

598 Vgl. Rachfahl, Bd. 2/2, S. 563-5: zum der Verteidigung gewidmeten Bund der Edlen, an dessen Stiftung 1565 sich Prediger Junius aus Antwerpen beteiligte. Zur Propaganda durch Prediger von Vianen aus, ebd. S. 579, zu ihrer unerschöpflichen Agitationskraft ebd. S. 636.

599 Nach Rachfahl, Bd. 2/2, S. 637f, waren die Prediger Jean Taffin aus Metz, Guy de Brés aus Sedan, Pérègrin de la Grange aus Genf, Ambrosius Wille, ein ehemaliger Flickschuster, aus Genf, Peter Dathenus aus Heidelberg, Franziskus Junius (1545-1602) aus Antwerpen. Weiter sind genannt: Hermann Modet, Pierre Loyseleur (1530-1590), Kaspar van der Heyden (1530-1586) aus Mecheln, Georg van der Busche aus Thielt, Charles de Nielles (1534/5-1604) aus Tournai, Adrian de Saravia (1532-1612) aus Hesin, Pierre Carpentier usf (Ebd. S. 640f), zu drei Laienpredigern, die in Brüssel das Recht zur Predigt einfordern. Vgl. ebd. S. 690f, 802f: Gegen das Versprechen von Schutz versprachen die Konsistorien finanzielle Mittel für die Kriegsführung. Vgl. ebd. S. 705 zur Debatte von Junius mit Graf Egmont (1522-1568) über die Notwendigkeit von Waffen zum Selbstschutz für freie Predigt in Brügge. Vgl. ebd. S. 709 zu Bildersturm und Plünderei bei Ypern unter dem früheren Mönch Jacques de Buysere. Ähnlich S. 713 in Middelburg.

600 Koch, S. 147.

601 Rachfahl, Bd. 2/2, S. 641. Ebd. S. 714f, meint Rachfahl, dass die Konsistorien und zumindest ein Teil der Prediger nicht zum Bildersturm aufgefordert haben,

Dies allerdings schien bewaffneten Widerstand gegen die spanische Krone nicht auszuschließen: „Rein kalvinistisch und eben besonders heftig war die Bewegung in den Südprovinzen. Ganz Westflandern und Welschflandern hallten wieder vom Schalle der Buschpredigten und vom Geräusche der Waffen; auf dem platten Lande wurden insgeheim Listen angelegt, um die Mannschaften zu verzeichnen, welche in offenem Kampfe für ihren Glauben einzutreten gewillt waren. Schon wagten es die Sektierer, wenn sie, viele Hunderte stark und wohl gerüstet, von der Predigt zurückkehrten, die Stadt zu betreten, die Torwachen durch Pistolenschüsse zu schrecken und sich also den Eintritt in festgeschlossenem Haufen zu erzwingen."[602] Am 28.6.1566 predigte Ambrosius Wille († nach 1599) um Mitternacht bei Tournai für 6000 Personen, später Amtsbruder Pérègrin de la Grange vor einer größeren Gruppe, am 3.7. wieder Wille. Ratsmitglieder, Bürger, Kaufleute waren hoch zu Ross und gut bewaffnet mit Büchsen und Pistolen zugegen. Ein Plakat der Statthalterin vom 3.7. mit der Aufforderung, die Prediger zu verhaften, wies Wille in einer Predigt am 7.7. vor 12-14000 mit Büchsen, Pistolen, Degen und Stöcken bewaffneten Zuhörern zurück: Das Plakat stamme nicht vom König, er selbst sei nur den Herren und Adligen verpflichtet. Die Waffengilden waren bereit, die Predigten mit Waffengewalt zu schützen.[603] Am 25.7. marschierte eine noch größere Versammlung wie Soldaten in Reih und Glied durch das Tor de Sept-Fontaines in die Stadt ein, geführt von Landas wie einem Kapitän, in Gliedern von 5-11 Mann mit von Sergeanten geführten Rotten. „Zuletzt kam, umringt von den Reitern, der Prediger." Auf dem großen Markt wurde eine Art Parademarsch aufgeführt, der Limachon.[604] Als die Stadt Valenciennes Anfang Dezember 1566 eingeschlossen wurde, übernahmen die reformierten Prediger die Leitung der Bürgerschaft, „sie erinnerten diese an die Taten eines Josua und Judas Makkabäus, an alle die Helden des alten

---

aber dennoch die Gotteslästerlichkeit von Bildern elementarer Bestandteil jeder Predigt war.

602 Rachfahl, Bd. 2/2, S. 643. Nach Pichal, S. 72, galt Guy de Brays als maßvoll gegenüber de la Grange.

603 Rachfahl, Bd. 2/2, S. 645.

604 Rachfahl, Bd. 2/2, S. 648. Zu Predigern mit Leibgarde in Antwerpen ebd. S. 648.

Bundes. Alles bewaffnete sich und zog zur Wacht auf die Wälle; aus den Armen wurden drei Kompagnien gebildet, die 'ganz Nackten' genannt [...]. Und sowohl sie, als auch die Prediger verkündigten, bald würden Tausende und Abertausende zum Entsatze herannahen."[605] Arend Dirckzoon Vos (1500-1570), Pastor in de Lier bei Delft, dichtete:

'Es leben die Geusen, ist nun die Losung./ Es leben die Geusen, willst Du christlich leben/ Es leben die Geusen, habt freien Mut: [...]/ Es leben die Geusen, edles Christen Blut. [...]/ Das Schwert ist gezogen, so schreibt Johannes. [...]/ Das Schwert ist gezogen, sie werden nun entleibt.'

Peter Dathenus hielt Mitte Dezember1566 eine Synode in Nieuwkerken ab, die die Aufstellung eines Ersatzheeres für Tournai und Valenciennes und eine entsprechende Umlage beschloss.[606] Ungeübtes Volk, aber auch kriegsgediente Veteranen unter Führung von Adligen aus Westflandern, Welschflandern und dem Artois, insgesamt mehrere Tausend Mann, ließen sich werben, um das Evangelium unter Fahnen mit dem roten burgundischen Kreuz auf grünem Grund und dem Text „Verbum Dei manet in aeternum" (lat. „das Wort Gottes bleibt in Ewigkeit") auf der einen, bzw. „Immer treu zum König" auf der anderen Seite zu verteidigen. Bei Waterloo in der Nähe von Lille erlitt das Heer eine bittere Niederlage.[607] Als nach der Einnahme Tournais[608] der Prediger Etienne Marnier fliehen wollte, wurden ihm das von seinen eigenen Glaubensgenossen und Mitstreitern mit Verweis auf seine eigenen Worte, dass er mit ihnen leben und sterben wolle, verweigert.[609]

Philipp II. entsandte ein starkes Militärkontingent unter Alvarez de Toledo, dem Herzog von Alba (1507-1582). In der Folge verließen Wilhelm von Oranien, Margarete von Parma und andere 1567 das Land. Der neu eingerichtete „Rat der Unruhen" griff drakonisch

---

605 Rachfahl, Bd. 2/2, S. 824f.
606 Rachfahl, Bd. 2/2, S. 824f.
607 Rachfahl, Bd. 2/2, S. 825f
608 Zur Einnahme Valenciennes, der Hochburg des niederländischen Calvinismus, Rachfahl, Bd. 2/2, S. 877. Dort wurden die Prädikanten Guy de Brés und Perégrin la Grange am Galgen gehängt, ersterer nach Rachfahl mutig, letzterer verzagt.
609 Rachfahl, Bd. 2/2, S. 827f.

durch. Im Juni 1568 wurden u. a. die Grafen Lamoral von Egmont (1527-1568) und Philippe II. von Montmorency-Nivelle (1534-1568) hingerichtet.[610] Egmont war auch durch Aussagen der in Haft befindlichen Prädikanten Pérégrin la Grange und Guy de Brès schwer belastet worden. Er habe nicht nur Predigt, sondern reformierten Gottesdienst generell zugelassen.[611] Alba hatte seine Streitmacht 1567 in Norditalien gesammelt. Darunter befanden sich auch deutsche Söldner, von denen einige Protestanten waren. Das störte Alba und wohl auch die Söldner selbst nicht, zur Unterdrückung eben eines z. T. auch protestantisch begründeten Aufstands eingesetzt zu werden. Die Anfang 1567 in den Niederlanden selbst vom spanischen König aufgestellten deutschen Regimenter Schaumburg und Eberstein, letzteres in Maastricht, bestanden aus lutherischen Soldaten, die auch lutherische Feldprediger bei sich hatten. Diese predigten mit einigem zivilen Zulauf.[612]

1567 erhielt Oberst Graf Philipp von Eberstein den Befehl, Predigt und Austeilung des Sakraments nach der Augsburgischen Konfession in Zukunft zu unterlassen. In einem Briefwechsel mit Margarete von Parma wies er am 8., bzw. 19.5.1567 daraufhin, dass er gemäß der schon unter Karl V. geltenden Praxis den Prediger aus der Heimat mitgebracht habe, und dieser ihm und den Knechten sonn- und feiertags das „puer, lauter, rhein, clar, whar Wort Gottes" predigte, bzw. kranken Knechten das Sakrament reichte, nicht aber der Bevölkerung diente. Nur gegen seinen Willen beuge er sich dem Befehl und bat um dessen Aufhebung, wies aber daraufhin, dass nun vermutlich der Zuzug der Knechte nachlassen werde, die Furcht vor Gottes Zorn Zucht und Ordnung aufrechterhalten habe. Die Regentin erwiderte wohl in höherem Auftrag, dass Karl V. nur Kapläne zugelassen habe, die nicht predigten, sondern sich um die Kranken kümmerten. Im Übrigen habe die neue Religion in den Niederlanden zu Meuterei und Rebellion geführt, so dass die Ursache nun entschieden zu bekämpfen sei: „Da ist keiner in Teutschlandt oder in ander Orth, der ein gutes Gewissen, der solchen frembdt [...] finden wurde, das man nit austilgen

---

610 Koch, S. 147f.
611 Felix Rachfahl: Wilhelm von Oranien und der niederländische Aufstand, Bd. 3, Haag 1924, S. 71.
612 Rachfahl, Bd. 3, S. 36f.

solt die Vrsach einer newen Empörung vnder dem gemainen Volkh."[613] Nebenbei bemerkt wird hier der Begriff des „Feldpredigers" aus kontroverstheologischen Gründen von dem des sich um die Kranken und ihr Heil kümmernden „Militärseelsorgers" abgehoben.

Auch der schon mehrfach erwähnte Georg von Holle stand schließlich im Herbst 1566 bereit, um auf der Seite Oraniens in den Konflikt einzugreifen. Sein konfessionelles Bewusstsein war derart gefestigt, dass er sich vor dem Eingreifen der Haltung Oraniens zur Augsburgischen Konfession, bzw. der Freiheit von Wiedertäufern, Kalvinisten und Sakramentierern versicherte.[614] Die Vereidigung der Bei- oder „Vmbsitzer" beim Gericht im Heerlager Holles erfolgte „bey Gott vnndt seinem Heiligen Wort". War in der Feldgerichtsbarkeit der Stab über dem Verurteilten gebrochen im Namen der Dreifaltigkeit, so sah auch Holles Ordnung die Versorgung des Hinzurichtenden mit einem Beichtvater nach „christlicher Ordnung" vor.[615]

Alba sah sich zunächst als Feldherrn, der einen Aufstand niederschlagen sollte. Erst ab 1571 gewann der Kampf gegen die Häresie als Ziel die Überhand, als er den Vatikan bat, mehr Inquisitoren zu senden, um mehr Ketzer verbrennen zu können.[616] Nach dem Aschermittwochsbefehl Albas standen vier Arten von Ketzerverbrechen unter Todesstrafe: „Wer andere durch Geld, Gespräche, öffentliche oder private Vorlesungen der alten Religion entfremdet und mit Ketzereien angesteckt hat, soll als häretischer Religionsdiener und Verbreiter falscher Lehren gelten." Bildersturm, Abendmahlsteilnahme nach kalvinistischem Ritus, feierliches Predigthören, bewusster Anschluss an die Sekte, Abschwören des katholischen Glaubens, Unterstützung beim Bau protestantischer Kirchen, Kollekten, protestantische Amtshandlungen, Beherbergung von Protestanten und Prädikanten, bewaffneter Schutz für Prädikanten oder Predigtversammlungen usw. - all das stand unter Strafe.[617] 1567/8 wurde Wesel am Niederrhein durch Flüchtlinge zu „Klein-Antwerpen": „Hier erschollen die Psalmen, die

---

613 Angermann, Georg von Holle, S. 205f (unter Verweis auf Archives Générales du Royaume Brüssel, Secrétairie d'état Allemande Nr. 146).
614 Angermann, Georg von Holle, S. 197.
615 Angermann, Georg von Holle, S. 211f.
616 Funke, S. 143.
617 Rachfahl, Bd. 3, S. 149.

man in der Heimat nicht mehr singen durfte; hier gaben sich die Häupter des Aufstandes Stelldichein, um ihre Feldzugspläne zu beraten; hier weilten die Häresiarchen, wie Peter Dathenus und Hermann Modet, Peter de Rycke aus Gent, [Philipp von] Marnix [1540-1598] und [Jacob van] Wesenbeke; hier wurden die Pamphlete geschmiedet, welche zu Haß, Verachtung und Waffen gegen die Pfaffen und Spanier aufstachelten. [...] Die Stadt hallte wider vom Lärme der Kriegsrüstungen und Kriegsgeschrei, unter stillschweigender Konnivenz der Behörden."[618] Reformierte Predigt legitimierte zumindest in Teilen offenbar auch Gewalt. So wurden Wesel und Emden Hauptorte für den Angriff auf die Niederlande, bzw. zogen auf längere Sicht den Angriff des Gegners an. Graf Heinrich von Brederode (1531-1568) warb mühsam mit Spendengeldern versprochene norddeutsche Hilfstruppen für die Protestanten nach Pfingsten 1568 in Bremen, Oldenburg und im Herzogtum Braunschweig-Lüneburg,[619] um sie in Wesel einzusetzen.[620] Die Schlacht von Heiligerlee war auf lange Zeit die einzige, die die Aufständischen im Frühsommer 1568 gewannen. Hier wird die Frömmigkeit deutlich: „Fürs erste triumphierten freilich die Geusen. Gott gaben sie die Ehre; ihrer Sündenschuld schrieben sie es zu, daß er sie solange habe unterdrücken lassen: jetzt aber erfülle er die, die ihn lieben, mit seinem Geiste, um sie aus ihrer Bedrängnis zu erretten:"

'Der Herr lasse doch glücken,/ dass die Feinde seines Worts,/ als diese kurz werden verschmoort,/ die noch die Frommen unterdrücken.'[621]

Kriegsglück konnte – so war die Überzeugung einer Seite der damaligen Zeit – nur die fromme Partei des Wortes Gottes haben. Im Lager Wilhelm von Oraniens am Rhein bei Andernach gab es neben Ausschreitungen und harter Disziplin auch Frömmigkeit. Leipziger und Bremer Gesangbücher wurden beschafft, „die Soldateska erbaute" sich an Predigten.[622] Einziger militärischer Erfolg war der schneidige

---

618 Rachfahl, Bd. 3, S. 277.
619 Vgl. Funke, S. 83 zu Bei der Wieden, Zur Konfessionalisierung des landsässigen Adels zwischen Weser Harz und Elbe, S. 311f.
620 Rachfahl, Bd. 3, S. 281.
621 Rachfahl, Bd. 3, S. 334 (Übertragung vom Verfasser).
622 Rachfahl, Bd. 3, S. 479.

Übergang über die Maas bei Stockheim. „Am liebsten wäre man möglichst bald weitergerückt; aber man war doch von der Strapaze des langen Nachtmarsches und von den Anstrengungen des Tages so erschöpft, daß man sich einen Tag Rast gönnen mußte; durch eine 'herrliche Predigt' lenkte der Pfarrer Legarius die Herzen der Krieger zur Undankbarkeit für Gottes offensichtliche Hilfe. [...] Man erzählte sich, die Spanier gingen zurück bis Antwerpen, so daß man sich des Landes weit und breit bemächtigen könne: 'Der Herr ist mit uns und gebe weiter Gnade, die sachen zu einem guten end zu vollbringen.'. Unsanft genug sollten sie freilich bald aus ihren Träumen erwachen."[623] Man darf wohl zumindest im Selbstverständnis einzelner von einer Art Gotteskriegertum sprechen, das nicht nur um des Wortes Gottes willen Gottes Kriegsglück für sich beanspruchte, sondern auch um die eigene Gottvergessenheit und insofern auch um die Verpflichtung zu echter Frömmigkeit wusste.

Pfarrer Johannes Ligarius war 1529 in Nesse bei Norden geboren worden. Er verstarb 1596 in Norden. Ab 1547 studierte Ligarius in Wittenberg, bei Philipp Melanchthon und David Chyträus (1531-1600). Er war zeit Lebens als gelehrter Theologe ausgewiesen. Ligarius optierte ab 1556 für die lutherische Konfession und kam nach Zwischenstationen in Hage, Uphusen, Norden und Wolthusen als lutherischer Prediger 1566 nach Antwerpen. Am 27.4.1567 musste er Antwerpen aus Glaubensgründen verlassen. Ab Sommer 1568 bis Anfang 1569 wirkte er als Feldprediger Wilhelms von Oranien, bis die Truppe in Frankreich aufgelöst wurde. Nach Zwischenstationen u. a. in Nesse war er ab 1577 lutherischer Hofprediger von Graf Edzard II (1532-1599). Als Ligarius 1585 in Ungnade fiel, wurde er 1587 Superintendent in Woerden, um von 1592 bis 1595 nach Emden zu wechseln.[624]

Nach der Deutung der englischen Forscherin C. V. Wedgewood traf Wilhelm von Oranien Anfang 1569[625] angesichts schwindender Res-

---

623 Rachfahl, Bd. 3, S. 504.
624 Menno Smid: Art. Johannes Ligarius, in: Biographisches Lexikon Ostfriesland, Bd. 2, Aurich 1997, S. 225-227.
625 C. V. Wedgewood: Vilhelm den tyste, greve av Nassau, prins av Oranien 1533-1584, Stockholm/ London/ New York 1946 (engl. 1944), S. 165, 189 (übers. v. Verf.)

sourcen eine taktische, aber auch zunehmend verinnerlichte Entscheidung für den calvinistischen Protestantismus: „Er begann zu verstehen, dass nur die Engstirnigen, Intoleranten und Fanatiker die Engstirnigen, Intoleranten und Fanatiker bekämpfen könnten [...] Er wandte sich jetzt ganz den Calvinisten zu, denn nur sie konnten die Nation retten." „Das Luthertum [war] die Religion des maßvollen Mannes, nicht des Märtyrers [...] Ein hartgesottener Spross auf dem Baum des Protestantismus war der Calvinismus, die letzte der Sekten, hart wie die Verfolgungen, gegen die er zu kämpfen hatte, unbeweglich, streng, asketisch und tyrannisch, aber ein kämpferischer Glaube, darauf eingerichtet zu überleben." Calvinistischer Eifer, Zeremonien schriftgemäß zu reinigen, bot einerseits die Chance auf Überleben, vielleicht sogar Sieg, brachte andererseits, wie es sich 1578 zeigen sollte, aber auch die Unduldsamkeit gegenüber öffentlichem katholischen Kult in den nördlichen Provinzen mit sich, die auch zur Verfolgung werden konnte.[626] 1577/8 sollte z. B. eine Ratsminderheit unter Hembyze und Ryhove im Verein mit dem „verantwortungslosen Pfarrer Dathenus" in Gent die katholischen Kirchen zerstören oder gar schließen, Mönche, Priester und fromme Bürger vertreiben oder gefangen setzen.[627] Aber auch Dathenus musste schließlich aus den Niederlanden fliehen und soll als Stadtmedikus in Stade 1585/6 seinen Eifer, die Änderung der Zeremonien auch mit Gewalt durchzusetzen, bereut haben. Er starb 1588 in Elbing.[628]

Wilhelm von Oranien stand andererseits aber auch seit 1568 „der weitherzige, weltoffene Calvinist Philipp von Marnix", Herr von Adeunde (auch „Sainte Aldegonde", † 1599), zur Seite, der bereits 1567 bereit war, den Glauben auch mit Waffengewalt zu verteidigen,[629] „sein Gehilfe als Staatsmann und Soldat, als Theologe und Kirchenmann, als Publizist und Meister der werdenden niederländischen Literatursprache, als Bibelübersetzer und volkstümlicher Dichter: auch das Lied von Wilhelmus von Nassaue, das die Freiheitskämpfe des 16. Jhs. wie alle späteren Epochen der niederländischen

---

626 Wedgewood, S. 107, 289, 275, 289, 295, 299, 303, 305.
627 Wedgewood, S. 275, 285f.
628 Pichal, S. 64f.
629 Pichal, S. 84.

Geschichte begleitet hat, soll von ihm sein."[630] Das Lied soll 1569 zum ersten Mal erklungen sein, also in einer Situation der Schwäche:[631] „Wilhelmus von Nassauen/ bin ich von deutschem Blut,/ dem Vaterland getreue/ bleib' ich bis an den Tod./ Ein Prinze von Oranien/ bin ich, frei unverwehrt;/ den König von Hispanien/ hab' ich allzeit geehrt".

„Mein Schild und mein Vertrauen/ bist Du, o Gott, mein Herr;/ auf Dich nur will ich bauen,/ verlaß mich nimmermehr,/ daß ich doch fromm mög bleiben,/ Dir dienen alle Stund',/ die Tyrannei vertreiben,/ die mir mein Herz verwund't."[632]

Exkurs 5: Der Tyrannenmord

Bemerkenswerterweise scheint hier wieder das Motiv der Absetzung des Tyrannen, ggf. des Tyrannenmords, auf – wie zu Beginn des Jahrhunderts bei Assa von Cramm gegen Christian II. und Bernhard von Mila gegen Gustav Vasa – hier nun gegen die spanische Herrschaft gewendet. Im Gegenzug sollte der Gedanke genauso zumindest propagandistisch gegen Wilhelm von Oranien gerichtet zu seiner Ermordung führen. Philipp II. hatte im Juni 1580 Wilhelm als „den größten Friedensstörer der Christenheit" und alle Loyalitätspflichten ihm gegenüber als ungültig bezeichnet, ja die Ermordung Wilhelms ausdrücklich öffentlich gebilligt und eine Belohnung ausgesetzt.[633]

Der hugenottische Theologe und Politiker Philippe Du Plessis-Mornay hatte in seiner Schrift „Vindiciae contra Tyrannos" (1579), auf der Wilhelm in seiner von Philipp von Marnix verfassten „Apologie" von 1580 aufbaute, erstmalig die Theorie vom der Absetzung des Tyrannen systematisch ausgeführt. Philipp II. habe seine Pflicht als Souverän verletzt, so dass die Untertanen moralisch verpflichtet gewesen seien, ihn abzusetzen. Formal wurde dies im Abjurationsakt 1581 vollzogen.[634]

---

630 Karl Müller: Kirchengeschichte Bd. 2, Hbd. 2, Tübingen 1923[2], S. 217; Johann Heinrich Kurz: Lehrbuch der Kirchengeschichte für Studierende, Leipzig 1892[12] , S. 103.
631 Wedgewood, S. 173, 184, 237, 266.
632 Pichal, S. 86, 91.
633 Wedegewood, S. 321ff.
634 Wedgewood, S. 330, 337f.

Ähnlich argumentierte der Monarchomach Francois Hotman (1524-1590), der jeden König der Nationalversammlung verpflichtet sah, und entsprechend hinter der Erklärung der niederländischen Stände zur Absetzung des „Tyrannen" Philipp II. vom 26.7.1581 stand. Philipp von Marnix St. Adelgonde hatte entsprechend Calvins o. zitierte Äußerungen um den Satz erweitert: „Keinem sterblichen Menschen hat Gott die absolute Gewalt verliehen, seinen eigenen Willen gegen alle Gesetze und alle Vernunft durchzusetzen."[635] Entsprechend ließ sich aber auch auf der Gegenseite argumentierten. Jesuitengeneral Lainez (1512-1565) hatte bereits früher argumentiert, dass die Volkssouveränität gegenüber einem König beim Abfall von der allein seligmachenden Kirche das Volk zur Absetzung berechtige. Der jesuitische Erzieher Philipps III. von Spanien Juan de Mariana (1536-1624) führte die Lehre aus: Ein nicht rechtschaffener Fürst, der als Tyrann seine Macht missbrauche, könne entsprechend auch mit Gewalt abgesetzt werden. 1585 wurde etwa in Frankreich entsprechend von katholischen Kanzeln zur Ermordung Heinrichs IV. aufgefordert, auch wenn diese Tat durch den fanatisierten Dominikanermönch Clement erst später 1610 vollzogen wurde.[636] In der Ermordung Colignys 1572 oder Wilhelms von Oranien 1584 waren dieselben Motive wirksam.

Ein zweiter Feldprediger Wilhelms von Oranien ist bekannt: Johannes Pütz, gen. Fontanus (1545-1629), war in Soller bei Düren geboren, erwarb nach dem Studium der Theologie in Genf und Heidelberg dort den theologischen Doktorgrad und nahm zusammen mit Abraham Scultetus (1566-1624) 1610 an einem Konvent in Düren teil. 1578 war er als theologischer Lehrer im Stift Keppel bei Siegen (seit 1577) tätig und folgte Wilhelm von Oranien als Feldprediger in die Niederlande. Dort übernahm er später eine Pfarrstelle in Arnheim. Scultetus traf ihn, den „alten" Fontanus, den Reformator Gelderns, dort.[637] Wilhelms Sohn Moritz von Oranien (1567-1625) hatte Fonta-

---

635 Chambon, S. 77f.

636 Chambon, S. 77-80.

637 Die Selbstbiographie des Heidelberger Theologen und Hofpredigers Abraham Scultetus (1566-1624), hrsg. u. erl. v. Gustav Adolf Benrath (Veröffentlichungen des Vereins für Kirchengeschichte in der evang. Landeskirche in Baden XXIV), Karlsruhe 1966, S. 52f unter Verweis auf Biographisch Woordenboek van protestantische Godgeleerden in Nederland 3, 89-94.

nus 1610 noch einmal überzeugen können, ihn ins Feldlager vor Jülich als Feldprediger zu begleiten.[638]

Ende der 1570er Jahre diente Magister Johannes Northausen ausdrücklich auf ordentliche Berufung hin als Feldprediger in einem deutschen Regiment in den Niederlanden. Auf seine Bitte hin schrieb ihm sein ehemaliger Kommandeur Rittmeister Friedrich von Wehren am 31.8.1579 ein Zeugnis, das sich in der Johannes a Lasco Bibliothek in Emden erhalten hat. Northausen habe das Wort Gottes rein gepredigt und die ehrwürdigen christlichen Sakramente nach Christi reiner Einsetzung verwaltet und sich als guter Christ verhalten.[639] Als während des Kölnischen Krieges (1583-1588) spanische und bayerische Truppen im Januar 1586 Bonn einnahmen, und der spanische Oberst Don Juan Manrique de Lara den reformierten Stadtpfarrer Northausen festnehmen und verhören ließ, versuchte der protestantische Oberst in bayerischen Diensten Wolff von Erlach, Northausen als Feldprediger zu verpflichten, um ihn zu retten. Weil dieser eine katholische Falle vermutete und ablehnte, konnte von Erlach ihm nicht helfen. Manrique führte mit Northausen analog zu zivilen Ketzerprozessen das Verhör weiter, um ihn schließlich als Ketzer im Rhein zu ertränken. Nach der Eroberung von Neuss im selben Jahr wurde der protestantische Stadtkommandant Friedrich Hermann Clout ermordet und neben seinem Feldprediger Christoph Fetzer als Ketzer mit teergetränkten Kränzen verbrannt und aus dem Fenster gehängt.[640]

Spanische Truppen führten – wie schon im Schmalkaldischen Krieg – ihre Kriege als Religions- und Ketzerkriege.[641] Aus diesem Grund riet der Rat von Unna dem Pfarrer Philipp Nicolai (1556-1608), dem Dichter der Lieder „Wie schön leuchtet der Morgenstern" (Ev. Ge-

---

638 Herbert Frost/ Manfred Baldus/ Martin Heckel/ Stefan Muckel: Ausgewählte Schriften zum Kirchenrecht, Tübingen 2001, S. 156f.
639 Funke, S. 52f, 55 unter Verweis auf Johann F. G. Goeters: Magister Johann Northausen, Bonns reformierter Pastor in der Zeit des Truchsessischen Krieges, und seine Gemeinde, in: Manfred van Rey/ Norbert Schloßmacher (Hrsg.): Bonn und das Rheinland – Beiträge zur Geschichte und Kultur einer Region (Bonner Geschichtsblätter 42), Bonn 1992, S. 171-195, 172ff.
640 Funke, S. 145f.
641 Solger, Konrat von Bemelberg, S. 93. Allerdings fehlten auch zwischen verfeindeten Nationen gleichen Bekenntnisses wie Dänemark und Schweden keinesfalls Beispiele äußerster Grausamkeit (Lindbergh, S. 120, 135, 309).

sangbuch 70), bzw. „Wachet auf, ruft uns die Stimme" (Ev. Gesangbuch 147), angesichts des 1596/7 wiederholt nach Westfalen übergrei-
fenden Krieges in den Niederlanden dazu, vor spanischen Reitern ins
heimatliche Mengeringhausen auszuweichen.[642]

b) Die Befreiungskriege in den Nordprovinzen unter Moritz von Oranien

Ein erster kriegerischer Vorstoß Wilhelms von Oranien aus Dillenburg 1568 war gescheitert. In der Folge führten „Bettler zu Wasser"
(„Wassergeusen"), Flüchtlinge, einen Partisanenkrieg mit Überfällen
an den Küsten. 1572 konnte Wilhelm von Oranien die Provinzen
Holland und Zeeland unter seine Gewalt bringen. Auch die Katholiken, immerhin 90 % der Provinzbevölkerung, unterstützten den Widerstand aus Abscheu vor den spanischen Inquisitionspraktiken.
Dennoch verbot eine erste freie Ständeversammlung in Dordrecht
vom 9.-23.6.1572 die römische Messe. Der 1573 endgültig offen reformiert optierende Wilhelm von Oranien, seit 1577 auch in Brüssel,
unterlag am 30.1.1578 bei Gembloux dem neuen spanischen Statthalter Don Juan de Austria (1545-1578), einem außerehelichen Sohn
Karls V. Während die südlichen Provinzen als Union von Arras 1579
der spanischen Krone huldigten und katholisch blieben, machten sich
die nördlichen Provinzen in der Union von Utrecht 1581 unabhängig.
Landsyndikus Johann von Oldenbarneveldt (1547-1619), Moritz von
Oranien und Wilhelm Ludwig von Nassau (1560-1620) konnten nach
dem Sieg Englands über die spanische Armada 1588 in zehn Jahren
als fähige militärische Führer die Unabhängigkeit der Provinzen nördlich des Rheins sichern.[643]

Auch hier dürfte die calvinistische Predigt durch charismatische Prediger einerseits anfangs bei „Feldpredigten" vor dem Tore, später in
Kirchen dem z. T. bewaffneten Volke gedient, andererseits dieses in
den kriegerischen Auseinandersetzungen begleitet haben. Von einer
eigenständigen protestantischen Militärseelsorge kann wohl demnach

---

642 Walter Lacher: Philipp Nicolai (Welt des Gesangbuchs 17), Leipzig/ Hamburg
o. J., S. 12.
643 Koch, S. 149f.

nur bedingt die Rede sein, zudem unterstützten Hilfstruppen anderer Fürsten, oder bildeten sich eigene staatliche Strukturen heraus. Das Leitbild eines Streiters Christi für das Wort Gottes mit und ohne Waffen dürfte durchaus Bindekraft gehabt haben. Wieder dürfte es Hofprediger gegeben haben, die zugleich auf Kriegszügen auch Feldprediger waren. Andererseits ähneln die aus den Hugenottenkriegen bekannten Muster des um Predigten entstehenden öffentlichen bewaffneten und unbewaffneten singenden Aufstands. Ein prophetischer Auftrag, von Gott Weisungen auszurichten,[644] scheint das Selbstverständnis protestantischer Prediger geprägt zu haben. Auch hier spielten der gereimte Psalter und das Märtyrerbuch von Adriaan Haemstede (1525-1562) von 1559 eine gewichtige Rolle.[645]

Wie wenig Gesinnung, Konfession und Parteinahme im Kampf zusammenstimmen mussten, zeigt ein Blick auf Heinrich Karl von Kirchberg († 7.11.1591), einen unehelichen Sohn aus der Verbindung Heinrichs des Jüngeren mit Eva von Trott († 12.1.1567). Heinrich Karl hatte 1569 die Priesterweihe erhalten und war Propst des Stiftes Zum Heiligen Kreuz in Hildesheim geworden, was ihn gegen den energischen Protest des Bischofs von Hildesheim nicht daran hinderte, unter Ernst von Mandelsloh auf protestantischer Seite 1572 in den Niederlanden zu kämpfen. Nur dank der Fürsprache seines lutherischen Halbbruders Herzog Julius von Braunschweig-Wolfenbüttel konnte er die Stelle als Propst behalten![646] Georg II. von Frundsberg († 1586) zog gegen den ausdrücklichen Wunsch König Philipps II. von Spanien mit evangelischen Knechten aus Württemberg, Nördlingen, Dinkelsbühl und Esslingen in den Krieg in den Niederlanden, wohl eben auch mit evangelischen und katholischen Feldkaplänen, wie es sich für den Obristen Jakob Hannibal von Ems nachweisen lässt. Für die katholische Liga um 1600 in Frankreich kämpfende Landsknechte des katholischen Luzern waren evangelische Württemberger.[647]

---

644 Koch, S. 155.
645 Koch, S. 156.
646 Kurt Kronenberg: Eva von Trott (Aus Gandersheims großer Vergangenheit 8), Bad Gandersheim 1980, S. 189.
647 Baumann, Die deutschen Condottieri, S. 113.

Auch Moritz von Oranien ließ angeworbene Söldner aus aller Herren Länder für sich kämpfen, hatte es also sicher mit von Hause aus unterschiedlichen christlichen Konfessionen zu tun. Der Artikelbrief Moritz von Nassaus 1590 erwies sich als Muster für die schwedischen und dänischen Kriegsartikel.[648] Einer seiner Feldherrn Johann VII. von Nassau-Siegen (1561-1623)[649] kämpfte unter Herzog Karl, dem späteren König Karl IX. (1550-1611), zunächst im schwedischen Heer in Livland, um dann in niederländischen Diensten z. B. an den Belagerungen von Steenwijk 1592, Coevorden 1592 und Geertruidenberg 1593 teilzunehmen. Seine Erfahrungen mit in mangelhafter Ausbildung wurzelndem, unzureichendem gemeinsamen Wirken führte ihn im Rahmen der oranischen Reformbewegung zur Errichtung einer Kriegsschule in Siegen 1616.[650] In einem „Diskurs das jetzige deutsche Kriegswesen belangend, wie demselben etlichermaßen zu helfen [ist], damit die jungen Kriegsleute etwas in ihrer Jugend lernen und von dem gottlosen Wesen und Leben desto mehr abgehalten werden möchten und künftig desto eher befördert und herfür kommen, der deutschen Nation und dem Vaterland zum besten" wird der Plan dieser Kriegsschule entwickelt.

Dabei spielt die Gottesfurcht zur Steigerung der Zucht eine grundlegende, wenn auch durch konfessionelle Spaltung erschwerte Rolle: „Fürs dritte, so könnte auch bei dieser Ritterschule eine gute Polizei in geistlichen, weltlichen und ökonomischen Sachen solcher Gestalt angestellt werden, dass in rechter Zeit, damit man die Jugend auch zu Gottes Furcht erziehe, sie zu den Predigten und Gebeten, doch [so] dass niemand, wes Religion derselbige auch sei in seinem Gewissen oder Religion gezwungen würde."[651] Fromme Offiziere waren zu gemeinem Nutzen zu bilden. Anders als die päpstliche Seite biete die evangelische ein zersplittertes Bild und sei nur durch Gottes reiche

---

648 Funke, S. 47 unter Verweis auf das anonyme Werk „Kurtzer Begrieff/ Der Kriegs Ordnung/ so unter den Herrn Staden […] gehalten wird", Rinteln 1625.
649 Werner Hahlweg (Bearb.): Die Heeresreform der Oranier. Das Kriegsbuch des Grafen Johann von Nassau-Siegen (Veröffentlichungen der Historischen Kommission für Nassau XX), Wiesbaden 1973, S. 3 *.
650 Hahlweg, die Heeresreform, S. 5 * (Zitat übertr. v. Vf.).
651 Hahlweg, die Heeresreform, S. 309ff, 324 (Zitat übertr. v. Vf.).

„miraculos" bisher erhalten geblieben und möge nun vom Feinde lernen.[652]

Aus verstreuten Dokumenten, u. a. einem Plan zu den einzelnen Kapiteln, hat Werner Hahlweg das „Kriegsbuch" von Johann rekonstruiert. Nicht nur die Wiederbelebung klassischer griechischer und römischer Militärtradition, sondern auch biblische Materialien werden als Muster für militärischen Lagerbau ausgewertet. „Der beste Quartiermeister, so je gewesen oder kommen wird, ist Gott selbst, wie solches in der Biblia Num[eri] 2 cap. zu finden ist"; „die Kinder Levi sind vermöge des Texts um die Hütte des Stifts herum gelegen".[653] Es gab also ein zentrales Heiligtum um ein Priestergeschlecht bei den biblischen Feldlagern. In einer Generaltafel der Inhalte des Kriegsbuchs findet sich nach Kap. VI. über die „Lagerstatt für die Befehlshaber" im Kap. VII. „Von der Lagerstatt der gemeinen Soldaten daneben der [von] deren Befehlshabern" auch eine Notiz über den „felt prediger" der neben dem Obersten mitten im Regiment neben dessen Dienern, dem Wachtmeister, dem Quartiermeister, Feldscherer und Profoß unterzubringen ist. Leider ist die Funktion des Feldpredigers nicht näher ausgeführt.[654] Ob in der „Ordnung des legers. Wie es in den Niederlanden gehalten wirt" unter dem neben Colonel und Sergeant major unter dem „Monsieur de Temple", wobei der „Temple" der französische Begriff für den protestantischen Kultraum ist, eben der Feldprediger zu verstehen ist, ist nicht klar.[655] Angesichts der o. ausgeführten Lagerordnungen wäre das allerdings konsequent und würde darauf hinweisen, dass auch in den Niederlanden Militärseelsorge im Lager klar zugeordnet war.

Auch zwei Schiffsordnungen sind bei Johann VII. von Nassau-Siegen überliefert:[656] eine holländische, in der bezeichnenderweise von einem vornehmen und erfahrenen Mann als Admiral die Rede ist, der ein

---

652 Hahlweg, die Heeresreform, S. 326.
653 Hahlweg, die Heeresreform, S. 362, 364. Vgl. auch den folgenden Abschnitt: „Text des andern capitls im vierdten buech Mysis, auß welchem grave Wilhelm Ludwig zu Nassauw nachfolgendes der Kinder Israel gehaltenes quartir verzeichnet und außgezogen" (S. 365ff; Zitate übertr. v. Vf.).
654 Hahlweg, die Heeresreform, S. 110.
655 Hahlweg, die Heeresreform, S. 650.
656 Hahlweg, die Heeresreform, S. 435ff, 437ff (Zitat übertr. v. Vf.).

gutes und starkes Regiment führt „und alle morgens und abendts das gebet halten", also die Militärseelsorge in Laienhand lässt, und eine schwedische vom 11.6.1600 aus Nyköping, die sich in das oben erhobene Bild von Marineseelsorge in Schweden fügt. Hier finden sich Bestimmungen über einen gesonderten Schiffsprediger: „4. Soll der dazu verordnete Pastor alle Sonntage, Mittwochs und Freitag das ihm befohlene Volk in Gottes Wort aufs fleißigste unterrichten und keine Predigt versäumen, auch sie alle abends und morgens zum Gebet und Singen ermahnen und anhalten." Auch hier war Gotteslästerung oder Fluch wie in der holländischen Ordnung und in den Kriegsartikeln allgemein üblich mit Kielholen zu bestrafen. In der schwedischen Ordnung, die im Wesentlichen, der von 1570 entspricht, findet sich der späterhin bekannte Einleitungssatz zur von Gott abhängigen Landeswohlfahrt: „Nachdem all unser Glück und Wohlfahrt kommt von Gott dem Allmächtigen, darum soll Ihrer F[ürstlichen] G[naden] Schiffsvolk, jeder in seinem Stand, Gott fürchten und Gottes Wort gern hören, wo es gelehrt wird, und soll der Übertreter und Nachlässige gestraft werden mit Durchziehung unter dem Schiffsboden." Luthers Katechismus und seine Auslegung zum Dritten Gebot mit der Aufforderung, Gottes Wort gern zu hören, klingen an.

An Moritz persönlicher Frömmigkeit und ihrer unmittelbaren Verbindung mit dem erhofften Kriegsglück ist nicht zu zweifeln. „Die Bewährung der oranischen Schöpfung erfolgt in der Schlacht bei Nieuport am 2. Juli 1600: 'So haben wir mehr als ein Mahl von sein Exca. Princz Moriczen gehört', schreibt ein Zeitgenosse, 'das er dem Verstandt der Exercitien nechst Gott den Sieg in der Schlacht bey Nieuport zuegemessen. Dann als sein Volckh, bevorab die Cavaleria, auf den Weijern, auf der einen Seiten das Meer, auf andern die angeloffene Creier unnd also in eine Enge getrieben, er wider ihnen zuerueffen und bevolhen halb lincks umb zue mache, da sie den Placz funden, außeinander kemen und sich secundiren köndten'."[657] Gottesfurcht und eingedrillte vernünftige, weil zweckmäßige militärische Taktik waren also vom Gefühl der Kriegsleute dieser Zeit her alles andere als Gegensätze.

---

657 „Abhandlung von der Tactic und Artillerie, Von Exercitiijs unnd Kriegs Übungen, Landesbibl. Stuttgart, Milit. Fol. 65, bzw. fol. 19, zit. n. Hahlweg, die Heeresreform der Oranier und die Antike, S. 137

Peter Burschel hat in seinem Aufsatz „Zur Sozialgeschichte innermilitärischer Disziplinierung im 16. und 17. Jahrhundert"[658] dem Militär exemplarische Bedeutung für die mit der Reformation einsetzende Sozialdisziplinierung, die Durchsetzung einer neuen Sittlichkeit, zugewiesen. Der Neustoiker Justus Lipsius hatte 1589 gefordert, Söldner zum Schanzen anzuhalten, anstatt die Schanzgräber für sich arbeiten zu lassen. Moritz von Oranien übernahm diese Bestimmung im Zug der oranischen Heeresreform[659] in seine Kriegsinstruktionen.[660] Neuzeitlich rationale Kriegstaktik, getragen von einer stoischen Staatsphilosophie setzte Frömmigkeit und damit Feldpredigt voraus als Ermöglichungsgrund für Erfolg. Landeswohlfahrt hatte verschiedene rationale und spirituelle Fassetten.

Wohl aus Anlass der Schlacht von Turnhout 1597 entstand zur Melodie eines Volksliedes der später als „altniederländisches Dankgebet" bekannt gewordene und in der freien Nachdichtung des einer jüdischen Familie entstammenden Josef Weyl (1821-1895) aus dem Jahr 1877 bis ins evangelische Feldgesangbuch der Deutschen Wehrmacht abgedruckte Text:[661] „Wir treten zum Beten/ vor Gott den Gerechten./ Er waltet und haltet/ ein strenges Gericht./ Er läßt von den Schlechten/ die Guten nicht knechten;/ Sein Name sei gelobt,/ er vergißt unser nicht.

Im Streite zur Seite/ ist Gott uns gestanden,/ Er wollte, es sollte/ das Recht siegreich sein:/ Da ward, kaum begonnen,/ die Schlacht schon gewonnen./ Du, Gott, warst ja mit uns:/ Der Sieg, er war dein!

Wir loben Dich oben,/ Du Lenker der Schlachten,/ und flehen, mög'st stehen/ uns fernerhin bei,/ dass Deine Gemeinde/ nicht Opfer der Feinde!/ Dein Name sei gelobt,/ o Herr, mach' uns frei!"

Das Lied begegnet erstmals in der von Adrianus Valerius 1626 zusammengestellten Sammlung „Nederlandtsche Gedenck-clanck". Es wurde im 19. Jh. wieder entdeckt. Auch dort galt die dritte Strophe

---

658 In: Zeitschrift für Geschichtswissenschaft 42 (1994), S. 965-983, 967f.
659 S. die Arbeiten von Werner Hahlweg und Gustav Roloff.
660 Burschel, S. 969 zu Lipsius „Politicorium sive Civillis Doctrinae Libri sex", deutsch erstmals 1599.
661 Evangelisches Feldgesangbuch, Berlin o. J., Nr. 82; Art. „Wir treten zum Beten vor Gott den Gerechten" in: Wikipedia (Zugriff am 15.12.2018).

mit ihrem Rekurs auf den aus dem Nachtgebet der Complet bekannten Vers aus 1 Petr 5,8 als nicht gelungen.

Im niederländischen Original lautet der Text:[662] „Wilt heden nu treden/ voor God den Heere,/ Hem boven al loven/ van herten seer,/ End' maken groot zijns/ lieven namens eere,/ Die daar nu onsen/ vijan slaat terneer.

Ter eeren ons Heeren/ wilt al u dagen/ Dit wonder bijzonder/ gedencken toch;/ Maekt u, o mensch,/ voor God steets wel te dragen,/ Doet ieder recht en/ wacht u voor bedrog.

D'arglosen, den boosen/ om yet te vinden,/ Loopt driesschen, en briesschen/ gelyck een leeu,/ Soeckende wie hy / wreedelyck verslinden,/ Of geven mocht / een doodelycke preeu.

Bidt, waket end' maket/ dat g'in bekoring,/ End' 't quade met schade/ toch niet en valt./ U vroomheyt brengt/ den vijant tot verstoring,/ Al waer sijn rijck nog/ eens so sterck bewalt. "

Gut alttestamentlich erscheint Gott als Helfer seines Volkes in der Schlacht, wenn ihm denn Ehre gegeben wird und Wachsamkeit im Blick auf das eigene vor Gott rechte und den zehn Geboten entsprechende Verhalten herrscht. Auch das christliche Lager ist nicht vor Angriffen des Satans gefeit. Rechte Frömmigkeit hat die Verheißung, den Feind zu überwinden. Damit formuliert das altniederländische Dankgebet in nuce die jedenfalls in den Eliten geltende evangelische Soldatenfrömmigkeit. Wenigstens in der Blütephase der Romantik und des Nationalismus verbreitete sich dieses Lied auch im englischen Sprachraum. Es zeigt, wie evangelische, biblische Soldatenspiritualität, wie Luther sie grundlegte, wenn auch durch Glaube und

---

662 In der Übersetzung Karl Buddes (1901): „Wollt heute nun treten/ vor Gott den Herrn,/ Ihn über alles loben von Herzen sehr,/ Und machen groß seines/ lieben Namens Ehre,/ Der da uns unseren /Feind schlägt darnieder. Zu Ehren unsers Herrn / wollt all eure Tage/ Dieses Wunders besonders / gedenken doch;/ Befleißige dich, o Mensch, / vor Gott stets eines guten Betragens,/ Tut ein jeder recht und / hüet euch vor Betrug! Arglose, der Böse, / um etwas zu finden,/ Läuft drohend und brüllend/ gleich einem Löwen,/ Suchend, wen er/ grausamlich verschlingen/ Oder geben könnte/ einen tödlichen Streich. Betet, wachet und machet,/ daß ihr in Verführung/ Und das Böse/ nicht fallet!/ Eure Frömmigkeit bringt/ den Feind zur Zerstörung,/ Wäre auch sein Reich noch/ einmal so stark bewallt."

Recht verbindende Psalmenfrömmigkeit variiert, über Jahrhunderte nachwirkte.

Eine Bereitschaft zur Militarisierung der Kirche um der eigenen Freiheit willen in der Umgebung der Niederlande verwundert kaum. Als die Emdener Bürger 1594 die Alleinherrschaft Graf Edzards II. von Ostfriesland (1533-1599) fürchteten, wählten sie 1595 in der sog. „Emdener Revolution" kurzer Hand in einer Versammlung in der Kirche eine militärische Führung, besetzten die öffentlichen Plätze und Gebäude der Stadt, setzten den Magistrat ab, wählten einen neuen Rat und Bürgermeister und ein Kriegskollegium und richteten die Stadt zur Verteidigung ein.[663] Am Anfang stand eine Predigt von Prediger Menso Alting (1541-1612). Alting hatte im Jahr zuvor nach der Befreiung Groningens von spanischer Besatzung durch die Grafen Moritz und Wilhelm Ludwig von Nassau (1560-1620) auf deren Bitte hin dort in der St. Martinikirche aus Anlass des Sieges gepredigt, also wie ein Militärseelsorger agiert – gegen das Verbot seines Landesherrn Graf Edzard II. Die Bereitschaft, um der Konfession willen zu den Waffen zu greifen, war groß: Als der Emdener Prediger Cornelius Colthunius († 1569) 1564 nach Ligarius Amtsenthebung in Norden vertritt, muss er mit „Spießen und Hellebarden" in der Ludgerikirche gegen einen Mob geschützt werden. Reformierte „Merchant Adventurers" im Sinne des kompromisslosen reformierten Arztes und Predigers Martin Micron (1523-1599) aus Gent riefen zu entschiedenem Widerstand auf.[664]

Allerdings entsprang aus den niederländischen Befreiungskriegen auch eine ethische Bemühung um Frieden zwischen den Konfessionen. Eben der französische Theologe Franziskus Junius (1545-1602), der von 1562 bis 1567 in Antwerpen durchaus im Sinne eines bewaffneten Selbstschutzes gewirkt hatte und dann in die Kurpfalz geflohen und möglicherweise auch als Feldprediger auf kurpfälzischer Seite tätig gewesen war, wurde 1592 Theologieprofessor in Leiden und veröffentlichte 1593 seine irenische Schrift „Eirenicum sive de pace ecclesiae Catholicae". Hugo Grotius (1583-1645), zwischen den

---

663 Lundh-Eriksson, S. 32.
664 Smid, Ostfriesische Kirchengeschichte, S. 249-252, 182. Vgl. ebd., S. 231, der bewaffnete Widerstand gegen eine lutherische Leichenpredigt in der Großen Kirche am 14.9.1588.

Konfessionen stehender und um Frieden zwischen Konfessionen und Staaten bemühter Pionier des Völkerrechts wohnte während seines Studiums bei Junius. Während seiner Zeit als schwedischer Gesandter in Paris nach 1621 verfasste er sein grundlegendes Werk „De jure belli et pacis" (1625) und stand im Kontakt mit dem Helmstedter irenischen lutherischen Theologen Georg Calixt (eigtl. Kallisen, 1586-1656). Wenn auch rein theoretisch konnte Grotius von einem gemeinsamen Fundament des Christentums sprechen, das vernünftigen Ausgleich ermöglichen musste, „als wenn es Gott nicht gäbe".[665] Das war dann ein Gegenentwurf zu einem auf strikte Befolgung des wie auch immer verstandenen Wortes Gottes ausgerichteten Konzept oder päpstlich autorisierter Rechtgläubigkeit.

c) Verkirchlichung der Militärseelsorge

Auch in den Niederlanden bildeten sich kirchliche Organisationsformen der Militärseelsorge heraus, die die charismatischen Verhältnisse ablösten und die Veranwortung für die Feldpredigt den um das Lager herum liegenden „Kirchenkreisen" zuwiesen. In den Akten der Predigerklassen und Synoden sind vereinzelt Nachrichten über Feldprediger oder Lagerprediger zu finden, die zeigen, dass die Gestellung oder auch Finanzierung geeigneter Geistlicher nicht immer leicht war.

Über die Anstellung von Predigern im Lager („Predikanten in het leger") wurde in den Sitzungen der Predigerklasse entschieden. In der außerordentlichen Sitzung der X. Classis in Delft vom 27.9.1590 heißt es unter Armenfürsorge/ Finanzfragen. Die Entscheidung darüber, ob die Kirche von Wout oder von De Lier das Stipendium für Johannes Martini, den Diener am Wort im Lager tragen soll, wird vertagt. Die Synode von Doordrecht habe grundsätzlich die Angelegenheit befürwortet.[666] Besagter Martini soll von Wout im April 1591 zu Seiner Exellenz Graf Moritz ziehen, erwarte aber einen zuverlässigen Berufungsbrief, um sicher zu sein, dass nicht ein anderer aus dieser Versammlung ebenfalls berufen werde.[667] Auch am 1. Juli 1591 ist die

---

665 Becker, Kriegsrecht, S. 238.
666 Classicale Acta 1573-1620 VII Provinciale synode Zuid-Holland Classis Delft en Dellfland 1572-1620, Den Haag 2001, S. 102.
667 I. Classis Maasland, 1.4.1591, in: Classicale Acta 1573-1620 VII, S. 105.

Finanzfrage für Martini und seinen ordentlichen Nachfolger Varitius in Wout noch nicht geklärt.[668]

Dass für die Versammlungen die Verpflichtung von Feld- oder Lager-prädikanten nicht einfach war, zeigt die Antwort der Synode vom 3.4.1595: Man habe niemand, den man Seiner Exzellenz auf Anfrage der Edlen Herren Staaten ordentlich zur Verfügung stellen könne.[669] In den Akten der Synode der Kirche von Südholland in Gorinchem[670] vom 15.8.1595 wird eben diese Schwierigkeit deutlich, dass es Orts-gemeinden, Klassen wie auch Synoden schwer fällt, jeweils für zwei Monate Prediger in die Lager abzuordnen und man daher einen or-dentlichen Dienst dazu einrichten will. So wird Jacobus Baselius, Pre-diger in Bergen op den Zoom, nach Rücksprache mit ihm und seiner Gemeinde, als Diener des Wortes für seine Exzellenz Graf Moritz bestimmt. Auch Prädikant Otto Tonsor aus Woudrichem, der gute Gaben in der Lehre habe, wird benannt. Die südholländische Synode am 27.8.1596 in Delft benennt auf Erklärung der Räte der Herren-staaten Thomas Spranckhusius und Caspar Swerinckhusius zur Ver-sorgung der Feldlager, hofft darauf, dass andere Synoden entspre-chend verfahren werden.[671] Auch auf der südholländischen Synode in Schonhoven am 9.9.1597 ist das Thema weiter aktuell. Man habe im vergangenen Jahr zwei Prediger entsandt, ebenso zwei aus den Quar-tieren Gelderlandt und Overyssel. Man werde auch im kommenden Jahr so verfahren, ggf. auf willige und 'wohl begabte' Prediger vom 'platten Land' zurückgreifen. Auch Seine Exzellenz Graf Moritz sei der Meinung, dass zwei Prediger nicht ausreichten. In diesem Sinne müssten auch die anderen Provinzen aufgefordert werden, sich zu beteiligen.[672]

Auf der südholländischen Synode zu Dordrecht am 1.9.1598 hält man fest, dass in Sachen Versorgung der Feldlager das Los auf Dordrecht und Schiedam gefallen sei, um je einen Diener des Worts zunächst bis

---

668 VII. Classis De Lier, 1.7.1591, in: Classicale Acta 1573-1620 VII, S. 114.
669 III. Classis Maasland 3.4.1595, in: Classicale Acta 1573-1620 VII, S. 163.
670 Acta der Provincialae en Particuliere Synoden, gehouden in de nordelijke Nederlanden de Jaren 1572-1620, hrsg. v. J. Reitsma/ S. D. van Veen, Groningen 1894, S. 47 Nr. 24.
671 Reitsma/ van Veen, S. 67 Nr. 9.
672 Reitsma/ van Veen, S. 80 Nr. 4.

auf Widerruf zeitlich unbegrenzt auszusenden. Die Deputierten der Synoden mögen doch im Zusammenwirken mit seiner Exzellenz Graf Moritz und in der ordentlichen Weise der Herrenstaaten einige qualifizierte Diener des Wortes für den 'Dienst Gottes im Lager' bestimmen.[673] Auf derselben Synode in den Haag am 31.8.1599 wird auch im Einvernehmen mit den Herrenstaaten Abstand genommen von einem einzigen hauptamtlichen Militärseelsorger, vielmehr beschlossen, dass jede Kirche, auf die das Los gefallen sei, ihren Beitrag leisten und geeignete Männer aussenden möge. „In Bezug auf die schweren Lasten, die die Prediger in den Lagern tragen müssen, sollen die Mitglieder der Synode zuallererst Anträge an den Rat der Herrenstaaten stellen, auf Kosten des gemeinen Landes einige Krankenbesucher aussenden zu mögen, die die kranken und verwundeten[674] Soldaten nach Bedarf vermahnen und trösten möchten". Hier war also an eine professionelle Mitarbeiterschaft im Seelsorgedienst neben den Predigern gedacht, den Krankenbesucher.[675] Aber schon die kommende Synode in Leyden vom 15.8.1600 musste mitteilen, dass das Auslosen der Kirchen für den Feldpredigerdienst gebräuchlich sei, die Idee von derlei 'Krankentröstern' neben den Feldpredigern seitens der Herrenstaaten nicht aufgenommen wurde. Der Vertreter Gelderlandts D. Baudartius habe aber Hilfe in Aussicht gestellt.[676] Seine Exzellenz Graf Moritz erbat sich 1599 für das Lager fünf Prädikanten, zwei aus Holland, je einen aus Friesland, Zeeland und Gelderland. Die Predigerklasse in Arnheim wurde beauftragt, dem Wunsch für Gelderland zu entsprechen.[677]

D. Ellardus Moenius aus Harderwijk wurde am 21.4.1601 als Lagerprädikant delegiert. Als es Schwierigkeiten mit der Kostenübernahme im Heerlager gab, erklärten sich die Brüder der Predigerklasse bereit, diese zu übernehmen, wenn der Staat nicht einträte. Als der Vertreterpastor starb, berief die Klasse mit D. Wimarus Stypelius einen neuen Lagerprädikanten, um Moenius zu verschonen.[678] An sich sollte

---

673 Reitsma/ van Veen, S. 101 Nr. 2.
674 Ndl. „ghequetste".
675 Reitsma/ van Veen, S. 125 Nr. 2.
676 Reitsma/ van Veen, S. 140 Nr. 2.
677 I. Classis Elburg 18.5.1599, in: Classicale Acta 1573-1620 IX, S. 795.
678 I. Classis Hattem 21.4.1601, in: Classicale Acta 15573-1620 IX, S. 806, 811, 815.

jede Klasse die Kosten auch für einen Lagerprädikanten tragen.[679] 'Nichtsdestotrotz scheint neben der Feldpredigt auch der Dienst des Krankenbesuchers entstanden zu sein. Auf der südholländischen Synode zu Gaude vom 28.8.1601 ist dieses Amt neben dem eines nun hauptamtlichen Feldpredigers im Titel genannt. Man bleibe bei der seit einigen Jahren gehaltenen Ordnung, dass D. Johannes Wtenboghaert (11.2.1557-4.9.1644) als ordentlicher hauptamtlicher Prediger im Lager seiner Exzellenz Graf Moritz diese Aufgabe wahrnehme. Wenn der Rat der Herrenstaaten lieber ordentliche hauptamtliche Feldprediger hätte und entsprechende Stipendien zum Unterhalt einrichtete, dann würde man nach frommen und qualifizierten Predigern suchen, die den Dienst getreulich wahrnähmen. Die Versammlung hält es ebenso für 'hoch nötig', dass neben dem Dienst des Feldpredigers nun bei den Herrenstaaten um den des Krankenbesuchers angehalten werde, der gerade im Winter auf den Schanzen nötig sei. Die Mitglieder der Synode wollten mit Wtenboghaert zusammen bei seiner Exzellenz Graf Moritz und dem Rat der Herrenstaaten auf diesen besonderen Dienst dringen. Die Attribute zeigen, dass zwischen Theorie und Praxis der Militärseelsorge Differenzen bestanden, sowohl in Bezug auf die Personen Treue mitunter fehlte oder trotz öffentlicher Zusage Unterhalt nicht geleistet wurde.[680]

Wtenboghaert, nach anderer Schreibweise Johannes Uytenbogaert, war möglicherweise der Initiator dieser besonders professionalisierten soldatischen Krankenfürsorge. Bekannt wurde er als Verfasser der fünf Artikel der „Remonstrantie" vom 14.1.1610 in Ablehnung der strengen Prädestinationslehre. Um die Duldung der abgemilderten Prädestinationslehre zu sichern, kam es mit Genehmigung von Johann van Oldenbarnevelt (1547-1619) zur Bildung von remonstrantisch gesinnten Ortswehren. Diese riefen Moritz von Oranien auf den Plan, der sie als Konkurrenz zu seinem Heer auflöste, obwohl sie für

---

679 C. Ravensbergen: Inleiding classes in Gelderland, in: Classicale Acta 1573-1620 IX Provinciale synode Gelderland I (Rijks Geschiedkundige Publicatien Kleene Serie III), Den Haag 2012, S. LXXXII.
680 Reitsma/ van Veen, S. 159F Nr. II.

die Theologie seines ehemaligen Hof- und Feldpredigers standen.[681] Es scheint fast so, als wenn die „Milizstruktur" frühen reformierten Christentums hier ein Ende fand. 1618 wurde Wtenboghaert von der Delfter Synode abgesetzt und 1618 verbannt, um erst 1625 nach Holland zurückzukehren.[682] Auf der Synode in Schiedam vom 27.8.1601 heißt es: Man bleibe solange beim Verfahren, Kirchen zur Entsendung von Feldpredigern auszulosen, bis die Herrenstaaten einen ordentlichen Dienst einrichteten. Auch Groeninghen sei wie andere Synoden zu diesem Verfahren bereit. Gegenüber dem Wunsch Nordhollands anders als Südholland nur einen Feldprediger zu stellen, ist man zurückhaltend. Mit Johannes Wtenboghaert habe man ausreichend hauptamtlichen Lagerdienst.[683]

Nach der Synode vom 10.8.1604 in Woerden ist das Losverfahren weiter in Gebrauch. Auf Woerden folge Schoonhoven, Goude, Gorcum usw. Zeelandt habe den Lagerdienst bis dato wahrgenommen.[684] Dass die Militärseelsorge an zweiter Stelle fest auf der Tagesordnung stand, zeigt, dass sie sich als kirchliche Aufgabe etabliert hatte. Auf der Synode in Gorichum am 8..8.1606 wurde das Losverfahren für den Dienst in den 'Kriegslagern' bestätigt. Auf Woerden folge Goude. Der Dienst sei jeweils für zwei Monate wahrzunehmen.[685] Daniel von Gys aus Nijmegen übernahm am 15.8.1620 den von der Synode ausgesprochenen Dienst, um sich ins Heerlager zu begeben.[686] Auch ein Prediger der englischen Garnison in Bommel D. Nathanael Horington ist erwähnt, der fünf von der Synode aufgestellte Punkte, die „canones synodi nationalis", die ihm auf „Duytsch[e]", Latein und

---

681 Gerrit Jan Honderdaal: Jacob Arminius, in: Gestalten der Kirchengeschichte 7. Orthodoxie und Pietismus, hrsg. v. Martin Greschat, Stuttgart/ Berlin/ Köln 1984, 51-64, 62f.
682 Peter Lüning: Art. Uytenbogaert, Johannes, in: Lexikon für Theologie und Kirche³, Bd. 10 (2001), Sp. 506.
683 Reitsma/ van Veen, S. 165 Nr. 2.
684 Reitsma/ van Veen, S. 212 Nr. 2.
685 Reitsma/ van Veen, S. 256 Nr. 46. Vgl. auch die Synode vom 14.8.1607 in Delf Nr. 18 (ebd. S, 269). Auch für den Fall des Feldzuges ist die zweimonatliche Predigt des göttlichen Wortes zu leisten. Ebenso die Synode von Dordrecht am 14.10.1608, ebd. S. 282 Nr 8.
686 1620 III. Classis (extraordinis), Nijmegen, 15.8.1620, in: Classicale Acta 1575-1620 IX, S. 228.

Englisch vorgelesen wurden, unterschrieb.[687] Um 1600 war Militär-seelsorge trotz aller Schwierigkeiten im Detail offenbar in den Nieder-landen eine feste institutionalisierte Größe.

d) Abraham Scultetus

In Abraham Scultetus (1566-1624) verbindet sich Militärseelsorge im niederländischen Befreiungskrieg mit Dienst unter dem Winterkönig Kurfürst Friedrich V. von der Pfalz (1596-1632) in Böhmen 1618-20. Damit wird der Bogen bis in den Dreißigjährigen Krieg gespannt.

Scultetus, ursprünglich aus einer lutherischen Familie in Grünberg in Schlesien stammend, entschied sich während des Studiums in Heidelberg 1590 für die reformierte Konfession. Er wurde 1595 Hofkaplan, 1598 Pfarrer und 1600 Kirchenrat in der obersten Kirchenbehörde der Pfalz. Zwei Jahrzehnte war er an der Festigung und Ausbreitung der reformierten Kirche in Deutschland beteiligt, u. a. an der „zweiten Reformation" in der Markgrafschaft Baden-Durlach 1601, in der Oberpfalz 1604, in der Grafschaft Hanau 1609 und am Niederrhein 1610. Scultetus begleitete Kurfürst Friedrich V. von der Pfalz zu sei-ner Hochzeit mit Elisabeth Stuart (1596-1662) 1612/3 nach England, führte 1614 die sog. „zweite", von der lutherischen zur reformierten Konfession führende Reformation in Brandenburg in Berlin durch. Seit 1615 war er Hofprediger Friedrichs V. 1618 wirkte Scultetus auch als Vertreter der strengen Prädestinationslehre auf der Synode von Dordrecht mit.

Er nahm nicht nur als Feldprediger bei den Truppen Christian von Anhalts (1568-1630) an dem Kriegszug im Jülich-Cleveschen Erbfol-gestreit teil, sondern predigte während der Belagerung Jülichs auch in den „von den Papisten [...] bedrenget[en] und gedrückt[en]" refor-mierten Gemeinden in u. a. Düsseldorf, bzw. nahm vom 7.-10.9.1610 beratend an deren Generalsynode in Duisburg teil. Er selbst schrieb,[688] dass ihn Christian von Anhalt nach seiner Ernennung zum

687 II. Classis, Zaltbommel, 2-5.8.1619, in: Classicale Acta 1575-1620 IX, S. 443; vgl. S. 556.
688 Benrath, Selbstbiographie, S. 51ff (Zitat übertr. v. Vf.); ders: Abraham Scultetus, in: Pfälzer Lebensbilder, Bd. 2, hrsg. v. Kurt Baumann, Speyer 1970, S. 97-116; Haus der Bayerischen Geschichte (Hrsg.): Der Winterkönig. Friedrich von der Pfalz,

Feldobersten im Jülichschen Krieg in Halle 1610 selbst um die Begleitung als Feldprediger gebeten habe. Sein Kurfürst Friedrich IV. (†
9.9.1610) habe ihn am 24.4.1610 nur ungern ziehen lassen und baldige
frische und gesunde Rückkehr gewünscht. Bei der Wiederaufrichtung
der Kirchen habe Fürst Christian von Anhalt „mit allem Fleiß" gehol-
fen, so dass Scultetus diese Reise nie bereut habe. Beim Pfingstfest in
Düsseldorf sei Psalm 47 als Lobgesang der Kinder Israel nach der
Befreiung aus der Gefangenschaft öffentlich erklungen, so wie hier
die päpstliche Gefangenschaft beendet war. Man ahnt das homileti-
sche Pathos der Feldpredigten.

Im Juni konnte Scultetus Burggraf Abraham, Herrn zu Dohna, auf
einer Reise durch Holland begleiten. Der Dienst als Feldprediger erscheint eher wie eine kirchliche Visitation. „Unterdessen wurde in
Düsseldorf alles zubereitet zur Jülichschen Reise. Deswegen, damit
ich mein Amt nicht unterließe, habe ich denen, so zur Belagerung
auszogen, anstatt des Zehrpfennigs in öffentlicher Predigt [anempf-
fohlen] den 60. Psalm und das für gewiss bekräftigt, wenn sie sich
tapfer und gottesfürchtig halten würden, so würden sie über Jülich
glücklich triumphieren gleich wie David über Gilead getan hat. Diese
Belagerung (welche nur einen Monat, nämlich den August gewährt
hat) ist gewiss denkwürdig gewesen nicht allein wegen des ansehnli-
chen Kriegsheers und der kunstvollen Untergrabung und Galerien, so
durch den Graben gingen", sondern auch,, „dass dieselbe ganze Zeit
über die Belagerer keinen Anstoß gehabt weder vom Regen und Un-
gewitter noch von Krankheiten noch von Mangel [an] Proviant noch
Uneinigkeit (ob schon so viel unterschiedliche Völker, Franzosen,
Engländer, Schotten, Niederländer, Deutsche unter einem Feld-
Obersten Fürst Christian von Anhalt lagen) und dass die beiden be-
rühmten Fürsten und Kriegshelden Christian Fürst zu Anhalt und
Prinz Moritz von Nassau kein Eifer, Neid oder Missverstand eingenommen hat." Tapfere Gottesfurcht – so legt Scultetus nahe – habe
sich also ausgewirkt in Segen und Erfolg.

Bayern und Europa im Zeitalter des Dreißigjährigen Krieges, Stuttgart 2003;
Friedrich Wilhelm Cuno: Abraham Scultetus, in: Allgemeine Deutsche Biographie
33, Leipzig 1891, S. 492-496. Gustav Adolf Benrath: Art. Abraham Scultetus, in:
Biographisches Lexikon Ostfriesland, Aurich 1993, S. 315-317.

„Was mich angeht, bin ich viermal in großer Gefahr gewesen: 1. Da vor meinen Augen, als ich zusehen wollte, wie ein halber Mond eingenommen wurde, der Freiherr Sednitzki tödlich verwundet danieder fiel, 2. als an einem Sonntag in das Läger selbst, darin ich mit einem Freiherrn von Schellendorff aus der Laußnitz ungefähr spazieren ging, eine Kugel geschossen ward und nicht viel fehlte, dass sie uns alle beide getroffen hätte, 3. als vor dem Lager Prinz Moritz, da ich neben andern Seiner Fürstlichen Gnaden Gespräch mit den Niederländischen Abgeordneten zuhörte, eine dahin fliegende Kugel durch Gottes sonderliche Vorsehung abgewendet wurde, 4. da eben denselben Tag, als ich wieder nach meiner Hütten gehen wollte, nicht weit vom Gericht, aus Jülich auf mich und meinen Gefährten Joan Utenbogardum[689] geschossen und kaum ein Schritt gefehlt ward. Darum preise ich dich, mein GOTT, und will dich preisen in Ewigkeit."

Nach der Übergabe Jülichs konnte Scultetus wieder als Visitator fungieren bei einer Synode dort, dann Wesel, Aachen und Köln besuchen, bevor er am Montag nach dem 17. Sonntag nach Trinitatis von Christian von Anhalt verabschiedet wurde und über Dillenburg im Oktober wieder in Heidelberg anlangte. Scultetus scheint, als Feldprediger nicht sonderlich gefordert gewesen zu sein. Eine Predigt zu Beginn der Belagerung vor dem Heer wird von ihm erwähnt, ansonsten die Begleitung der Hofgesellschaft in „Gesprächsseelsorge", bzw. die kirchliche Sammlung und Neuordnung, die allerdings „vorn an der Front" durchaus gefährliche Situationen zeitigen konnte.

Bei der Wahl Friedrichs V. durch die böhmischen Landstände am 24.10.1619 in Waldsassen auf der Reise zur Krönung in Prag hielt Scultetus eine Predigt über Psalm 20 über das Amt eines Königs und die Pflichten der Untertanen.[690] Am 29.10.1619 hielt in Schlan Feldprediger Friedrich Salmuth (1592-1625) einen Feldgottesdienst für die Reisegesellschaft, die am 31.10.1619 in Prag einziehen sollte.[691] So

---

689 Der bereits erwähnte Johann Uytenbogaert versuchte Scultetus auf diese Seite zu ziehen.
690 Rudolf Riegler: Die Krönungsreise Friedrichs V. nach Prag, in: Eintrag unter 13DonnerstagAug 2015 (Bericht über die Krönungsreise Friedrichs V. Stadtarchiv Amberg)
691 Riegler, ebd. (nach dem Bericht Merians: Beschreibung Böhmens und Mährens)

wurde Scultetus zu einer Übergangsgestalt, die in das weltpolitische Geschehen des dreißigjährigen Krieges hinüberführt.

Scultetus beriet Friedrich bei der Übernahme der böhmischen Krone und der reformierten Umgestaltung des Prager Veitsdoms durch einen entschiedenen Bildersturm ab dem 21.12.1619. U. a. wurde am 27./28.12.1619 der berühmte Marienaltar von Lucas Cranach vernichtet. Reliquien und Bilder in den böhmischen Kirchen waren Scultetus ein Hauptärgernis. Friedrich von der Pfalz hatte die Reinigung der Schlosskirche St. Vitus von „Götzendienst" unter Aufsicht von Hofprediger Scultetus angeordnet. Dabeistehende Offiziere schalteten sich ein und forderten, die von den Arbeitern abgenommenen Statuen auch auf den Boden zu werfen, um sie zu zerstören. Ein Offizier namens Barbistorff trat gegen eines der zerbrochenen Kruzifixe und sagte: „Hier liegst du, du Elender, [...] hilf dir selbst!", damit deutlich auf die Leidensgeschichte Jesu in den Evangelien anspielend. Dass die Bilder keine göttliche Wirklichkeit repräsentierten, machten die Offiziere auch anders deutlich. Eine Statue der Jungfrau Maria wurde mit Sankt Johannes in sexueller Pose aufgestellt. Die diskriminierenden Akte wurden in einer Predigt von Scultetus, aber auch in der protestantischen Propagandaschrift „Theatrum Europaeum" verschwiegen – wohl weil man sich derlei Barbareien nicht rühmen wollte. Verhindert hatte sie niemand, auch Scultetus nicht.[692]

Scultetus selbst wies in seiner Selbtbiographie alle Vorwürfe zurück: „Nun komme ich auf Prag selbst, da ich ein Bildstürmer, ein Atheist (der nach keiner Religion fragt), ein Verfolger der Frommen und Gottesfürchtigen soll gewesen [sein], wie etliche Schreier vorgeben, denen ich meines guten Namens wegen antworten muss, solches aber sanftmütig, ohne Zorn und große Bewegung, damit es nicht das Ansehen habe, als wenn ich den Unsinnigen rasen wollte."[693] König Friedrich von Böhmen habe Religionsfreiheit in Böhmen versprochen und auch gehalten, einzig die Schlosskirche von Götzendienst gereinigt, um sie für den eigenen Gottesdienst zu nutzen. Da allerdings habe er, Scultetus, starken Anteil am Bildersturm gegen diesen

---

692 Funke, S. 132f. Vgl. ebd., S. 133ff, Beispiele spanischer Greueltaten in den Niederlanden, die Praktiken der Inquisition auf den Kampf übertrugen.
693 Benrath, S. 80 (Zitat übertr. v. Vf.).

„Gräuel der Verwüstung". „Denn es war schwer, das heilige Evangelion Gottes unter denen in heiliger Schrift von GOTT so oft verworfenen und verdammten Götzen zu predigen und zu lehren, noch schwerer, mitten unter der Predigt zu sehen, dass etliche mit gebogenen Knien die Bilder verehrten, am allerschwersten, dass des Königs ältester Prinz, so von sechs Jahren, ob er schon was anders vorhatte, sich doch allgemach zu solchem Götzendienst hatte gewöhnen können." Entsprechend habe er sich dann in einer öffentlichen Predigt gegen jede Art von Bildern ausgesprochen. Auch wenn Scultetus nicht selbst an die Bilder generell Hand angelegt hatte, so hatte er doch dies als die einzige biblische Wahrheit gepredigt. Die Auslegung des ersten Gebotes in 1 Sam 7,3 führt er noch in der Selbstbiographie als ausschließlich maßgeblich an. Irgendwelche taktische Akkomodationen an herrschende Zustände ließ Scultetus nicht gelten.[694] Eine biblische, im Kern alttestamentliche Predigt, die an der erkannten Wahrheit keinen Zweifel ließ, musste polarisieren. Sie mahnte jedenfalls nicht zu Zurückhaltung, sondern zu biblischer Wahrheit gemäßem Handeln, sprich: zu Bildersturm. Scultetus wird also von Mitverantwortung für den Bildersturm kaum freigesprochen werden können.

Auch während der Schlacht am Weißen Berg am 8.11.1620, die Friedrich die Krone kostete, war Scultetus in Prag anwesend. Er war überhaupt von der Überzeugung getragen, dass nach der Feier der 100-Jahrfeier der Reformation 1617 die katholische Kirche erledigt und die lutherische von der reformierten überrundet würde. Zur Schlacht selbst bemerkte Scultetus: „Die Wege des Herrn sind unerforschlich und seine Weisheit unergründlich. Derwegen wir nicht, wie Pompejus der Große, da er von Julius Caesar überwunden war, mit kläglichem Murren wider Gottes Vorsehung disputieren, sondern verehren und beten an seinen verborgenen Rat, durch welchen er zugelassen hat, dass unser David von seinen eigenen Vettern geschlagen und auf eine Zeit aus dem Königreich getrieben worden. Diese Schlacht ist geschehen den 8. November nach dem neuen und den 29. Oktober nach dem alten Kalender an welchem Tag ich in Gegenwart des Königs die letzte Predigt in der Schlosskirche gehalten habe (denn es war

694 Benrath, S. 81f.

Sonntag) und solche von der Heilung des Glaubens des Königschen und der Krankheit seines Söhnleins. Nach der Predigt war ich gebeten zu dem Edlen und vornehmen Herrn Jan Rutgerius, [dem] Königl[ich] Schwedischen Gesandten, in dessen Losament ich das Mittagsmahl gehalten. Ehe die Mahlzeit geendigt war, kam das Geschrei, dass unser Volk teils erschlagen, teils in die Flucht getrieben worden und wäre als Hannibal vor dem Tor. Wir standen alsbald auf, und ein jedweder macht sich zu den Seinigen." Am folgenden Tag in aller Frühe verließ man Prag.[695] Seine letzten Jahre verbrachte Scultetus in Emden.

Auf der gegnerischen Seite beeinflusste der spanische, charismatische Karmelitermönch Dominicus a Jesu-Maria (1559-1630), der die bayerische Armee begleitete, Ereignisse und Ergebnisse der Schlacht am Weißen Berg.[696] Dieser hatte das Hauptbanner der Armee Maximilians von Bayern, das mit einem Bildnis Marias geschmückt war, vor der Schlacht geweiht. Die eine Seite schmückte die Bitte „Da mihi virtutem contra hostes tuos" (lat. „Gib mir Tapferkeit gegen deine Feinde"), die andere zitierte aus dem Hohen Lied Kap.6 V.9 „Terribilis ut castrorum acies bene ordinata" (lat. „Schrecklich wie.eine wohlgeordnete Kampflinie der Heerlager") Nachdem Aufständische in Strakonice ein Marienbild beschädigt hatten, verwandte Dominicus das beschädigte Bild zu Beginn der Schlacht bei der Segnung der Soldaten mit dem Kruzifix, als sich schon Pulverschwaden um die angreifenden Truppen legten. Wirkungsvoll dargestellte konfessionelle Polemik steigerte die soldatische Motivation bis zu Wut.[697] In der Schlacht eroberte gegnerische Banner wurden in die Kirche der Karmeliter in Rom St. Paul verbracht, die in die Kirche „Santa Maria della Vittoria" umbenannt wurde.[698] Nach protestantischem Vorbild des gemeinsamen Choralgesangs stimmte der irische Jesuit Henry Fitzsimon (1566-1643) das „Salve regina" (lat. „gegrüßet seist du, Himmelskönigin") an, als die Infanterie dem Feind entgegenmarschierte.[699] Entsprechend

---

695 Benrath, S. 90f (Zitat übertr. v. Vf.).
696 Funke, S. 50, unter Verweis auf Olivier Chaline: La Bataille de la Montagne Blanche – un mystique chez les guerriers, Paris 1999.
697 Funke, S. 68.
698 Funke, S. 66f.
699 Funke, S. 61.

lautete der Schlachtruf der Kaiserlichen „Jesus Maria". Nach Ende des dreißigjährigen Krieges wurde die Seelsorge in der habsburgischen Armee um 1650 in die Hand des Jesuitenordens gelegt.[700]

Protestantischerseits hatte man auf den Flaggen allenfalls abstrakte Symbole, Verweise auf die Fürsten und Parolen entgegen zu setzen, z. B. „Pro Christo et Principe" „für Christus und Friedrich von der Pfalz" oder „Pour Dieu et pour elle", „für Gott und Elizabeth Stuart", die Frau Friedrichs von der Pfalz, auf dem Banner des „verrückten" Halberstädters Christian von Braunschweig-Wolfenbüttel (1599-1626) oder „Pro religione & libertate"(lat. „für die Religion und die Freiheit") auf dem Banner Ernst von Mansfelds (1580-1626), das die Gegner als Teufelsfahne apostrophierten.[701]

Eigentlich Pfarrer in Auerbach erlebte auch Salmuth als Feldprediger am 8.11.1620 die Schlacht am Weißen Berg bei Prag mit. Wie Scultetus floh er nach Emden in Ostfriesland. Salmuth war ein gebildeter Mann, dessen theologische, historische, politische und medizinische Bibliothek mit 620 Titeln bis heute einen wertvollen Bestandteil der Johannes a Lasco Bibliothek bildet. Salmuth hielt die Gedenkpredigt für Scultetus. Diese Predigt wie die auf ihn selbst von Johannes Hezel liegen beide im Druck vor.[702]

---

700 Trauner, Evangelische in Streitkräften und Gesellschaft, S. 49f.

701 Funke, S. 70.

702 Gerhard Seibold: Art: Friedrich Salmuth, in: Biographisches Lexikon Ostfrieslands, Bd. 2, S. 319f; DBA, Allgemeine Deutsche Biographie 30, S. 272f; Bildnis eines evangelischen Predigers aus der 2. Epistel Pauli an die Korinther am 6. Gerichtet auf die Person, Leben und Tod Abraham Sculteti … zu Ehrengedächtnis gestellt und in Druck verfertigt durch Friedrich Salmuth …., Emden 1625; Johannes Hezel: Ehrengedechtnuß. Das ist Bericht vom Löblichen Wandel und allzu unzeitigen Tödtlichen doch Seligen abgang Deß Ehrwürdigen und Wolgelehrten Herrn Friedrich Salmuths Weiland Königlichen Predigers.., Emden 1626; Gerhard Seibold: Entwicklungsgeschichte der Familie Salmuth, S. 62; Gerhard Vollert: Das Leipziger Ordinirtenbuch und seine Feldprediger, Mitteldeutsche Familienkunde 6 (1965) 3,257-260; Maximilian Weigel: Der oberpfälzische Zweig der Familie Salmuth, in: Zeitschrift für bayerische Kirchengeschichte 1950, S. 160-162. Salmuths Urgroßvater Johann Pfeffinger war Reformator Leipzigs gewesen, beide Großväter Heinrich Salmuth und Wolfgang Harder dienten als Professoren und Superintendenten in Leipzig an Universität und Thomaskirche. Vater Johann Salmuth dürfte als Hofprediger in Dresden, bzw. Heidelberg und Amberg zum

Feldprediger Zacharias Theobald (1584-1627) wirkte 1618 auf der Seite der Aufständischen bei der Belagerung Pilsens auf eine Berufung Hauptmann Lammingers hin mit. In einer „Heerpredigt. Auß dem schönen Gebet deß theuren Feld Obristen Judae Maccabaei", Friedberg 1618, versuchte er zu belegen, dass Feldpredigt geistliche Pflicht sei, weil Soldaten Seelsorge brauchten wie jeder andere auch.[703] Er berichtet auch von abergläubischen Praktiken, dass Soldaten besonders beschriebene Oblaten einnahmen vor der Schlacht, um für 24 Stunden unverwundbar zu sein.[704] Nach der Eroberung Pilsens im November 1618 hielten die protestantischen Sieger der Armee Ernst von Mansfelds in der katholischen Hauptkirche St. Bartholomei einen Dankgottesdienst, der durch einen anonymen „Warhaffte[n] Bericht/ Von der Belägerung und mit gestürmter hand Eroberung der Stadt Pilsen inn Behem" (1618) genau geschildert ist. Er begann mit Luthers Lied „Ein feste Burg ist unser Gott", das auch hier offenbar schon einen festen „Sitz im Leben" im Feldgottesdienst hatte. Mansfelds Feldprediger Johann Jacob Heylmann predigte. Nach Gebeten folgte das Lutherlied „Erhalt uns, Herr, bei Deinem Wort". Gemeine Soldaten, die aus Platzmangel um die Kirche draußen versammelt waren, stimmten das Lied „Vater unser im Himmelreich" an, sangen dann Ps 42 „Wie der Hirsch schreit nach frischem Wasser". Nach der Predigt wurden die Kanonen in der Stadt abgefeuert, gefolgt von Salutschüssen aller Soldaten.[705]

Adam Christian Agricola (1593-1645) hatte sich wie die Familie seiner Mutter als Lehrer in Jägerndorf in Schlesien um 1614 um der Bildung willen vom lutherischen zum reformierten Bekenntnis gewandt. Der selbst reformiert gewordene Markgraf Johann Georg (1577-1624) ließ ihn daraufhin 1617 ein weiteres Jahr in Frankfurt an der Oder studieren, die holländischen Universitäten zur Zeit der Dordrechter Synode

reformierten Bekenntnis übergegangen sein, das auch Friedrich Salmuth vertrat. Kurfürst Christian I. von Sachsen († 1591) hatte dieses gefördert.
703 Funke, S 54, 131.
704 Funke, S. 209, im Anhang seiner Dissertation: „Naturali legitimaque Magica' oder 'Teufflische Zauberey'? Das 'Festmachen' im Militär des 16. und 17. Jahrhunderts", in: Militär und Gesellschaft in der Frühen Neuzeit 13 (2009), S. 16-32.
705 Funke, S. 60f.

wie auch England und die pfälzischen und hessischen Universitäten besuchen, bevor er ihn 1620-1622 als Feld- und Hofprediger annahm. Johann Georg hatte sich als Feldoberst der Armee der schlesischen Stände, die sich mit den Böhmen solidarisiert hatten, gegen den Kaiser gestellt. Bevor Johann Georg überraschenderweise trotz geringen Eifers 1622 seine Länder verlor, kämpfte er gegen seinen in Schlesien eindringenden und schwankenden evangelischen Bundesgenossen, den sächsischen Kurfürsten Johann Georg I. (1585-1656). Agricola wurde Hofprediger in Güstrow bis 1628, 1629 Hof- und Domprediger in Berlin.[706] Oberhofprediger Matthias Hoë von Hoënegg (1580-1645) begleitete Kurfürst Johann Georg I. auf seinem Feldzug gegen Friedrich von der Pfalz, den Winterkönig.[707]

3. Zwischenfazit

Ein weiter Zeitraum von den Hugenottenkriegen in Frankreich, über die niederländischen Befreiungskriege bis in den böhmischen Beginn des Krieges, der zum „Dreißigjährigen Krieg" werden sollte, wurde umspannt.

Das Bild ist vielfältig. Einerseits begegnen die bekannten Phänomene charismatischer Freiheitsbewegungen, die durch auch kämpfende Feldprediger begleitet werden, sich mit professionellen Heeren und entsprechend amtlich durch Fürsten oder Kriegsherren eingesetzten Feldpredigern verbinden können. Zivile Körperschaften wie Städte oder Milizstrukturen sind als legale oder auch revolutionäre Akteure erkennbar. Zivile Kirchenkreise stellen in den Niederlanden Militärseelsorger auf Zeit. Aber protestantische Feldprediger begleiten auch auf der Gegenseite Truppen unter Heerführern. Ein neues Amt tritt neben das des Feldpredigers, der Krankenbesucher.

Persönliche konfessionelle Stellungnahmen von Heerführern zur von ihnen beanspruchten Religionsfreiheit begegnen in den Verträgen, die sie mit ihren Dienstherren schließen.

---

706 Thadden II, S. 15; Theodor Hirsch: Art. Johann Georg, in: Allgemeine Deutsche Biographie (1881); Georg Schmidt: Die Reiter der Apokalypse. Geschichte des Dreißigjährigen Krieges, München 2018, S. 104f, 192, 197, 200.
707 Blanckmeister, Die sächsischen Feldprediger, S. 7ff, 41.

Auf der altgläubigen Seite treten wieder Orden als Träger von Militärseelsorge auf, die bewusst als der Pflege der Kranken verpflichtet von
den mit Aufruhr verbundenen Feldpredigern abgehoben werden.

Eine Glaube und Gottesrechte verbindende Psalmenfrömmigkeit ist
erkennbar. Der Inhalt der Feldpredigt des „Wortes Gottes" buchsta-
biert im reformierten Verständnis der Zeit rechte Gottesverehrung,
bzw. Abgötterei aus mit entsprechenden Spitzen gegen die Bilderverehrung. Rechte Buße und Gottesrecht bedingen Sieg und Landeswohlfahrt.

VI. Die Musterorganisation evangelischer Militärseelsorge unter Gustaf Adolf

Kurd Schneider beschrieb die Situation der evangelischen Militärseelsorge zu Beginn des Dreißigjährigen Krieges folgendermaßen:[708] „Überdenkt man alles, was unsre Quellen über die Pflege der Religiosität berichten, so muß man dem 16. und dem beginnenden 17. Jahrhundert das Zeugnis ausstellen, daß damals deutsch-evangelische Militärseelsorge in reichlichem Maße geübt wurde. Eine große Anzahl von Feldkaplänen begleitete die Heere, in den Lägern wurde nicht nur an Sonn- und Feiertagen Gottesdienst gehalten, sondern man sammelte auch die Landsknechte möglichst täglich zur Andacht, das Abendmahl wurde im Lager gereicht, die Kranken waren geistlich versorgt und selbst die zum Tode verurteilten Verbrecher entbehrten nicht des Zuspruchs ihres Seelsorgers". Zieht man in Betracht, dass Schneider den politisch in der Multikonfessionalität des Reichs begründeten gemeinchristlichen Charakter der Militärseelsorge um 1600 verkannte, so bleibt in jedem Fall die Frage, ob die beobachteten Einzelphänomene nur in der Theorie bestanden oder auch in der Praxis die Regel waren. Karl Holls Urteil, dass Gustaf Adolf die Einrichtungen der Feldseelsorge wesentlich verbesserte, bleibt dessen ungeachtet bestehen.[709] In jedem Fall dürfte ihm das Verdienst zukommen, das Militärkirchenrecht zusammengefasst zu haben.

---

708 Schneider, S. 69.

709 Karl Holl: Die Bedeutung der großen Kriege für das religiöse und kirchliche Leben innerhalb des deutschen Protestantismus, in: Gesammelte Aufsätze 3, S. 302-384, 307 unter Verweis auf J. Heilmann: Das Kriegswesen der Kaiserlichen und Schweden zur Zeit des dreißigjährigen Krieges, 1850, S. 216ff; [Christoph] Kolb: Feldprediger aus Altwürttemberg, in: Blätter für württembergische Kirchengeschichte 10 (1906); Julius Langhäuser: Das Militärkirchenwesen im kurbrandenburgischen und königlich preußischen Heere, Metz 1912; Anton Nägele: Abt Benedikt Rauh von Wiblingen. Feldpropst der bayrisch-kaiserlichen Armee im dreißigjährigen Krieg. Urkundliche Beiträge zur deutschen Militärkuratie und des Benediktinerordens in Schwaben (Röm. Quartalsschrift 18), Freiburg 1912; Perversa ultimi seculi militia oder Kriegsbelial der Soldaten nach Gottes Wort und gemeinem Lauff der letzten Zeit beschrieben durch Arnold Mengering, Superintendent zu Halle, 1641³.

König Gustaf Adolf von Schweden, der „Löwe von Mitternacht" und Architekt militärischer Sicherung und Expansion schwedischer Großmacht um das „schwedische Meer", die Ostsee herum, entwarf eigenhändig Kriegsartikel für eine lutherische Militärseelsorge in seinem Kriegsheer. Das belegt seine tiefe Verwurzelung in einem biblisch zentrierten schwedischen Luthertum und seine Sorge um die Landeswohlfahrt, die buß- und glaubensbereite lutherische Untertanen und Gottesdiener erforderte – auch und gerade beim Militär in nationalen Notzeiten. Der schwedische Theologe, seiner Zeit Volksschulinspektor, A[rvid] Gierow[710] hat in Kernerarbeit Vorformen, Entwürfe und Redaktionen in schwedischen Archiven aufgesucht und 1917/18 in zwei Teilen veröffentlicht: „Bidrag till det svenska militärkyrkoväsendets historia".[711]

Krieg galt Gustaf Adolf nicht als Verhängnis des Himmels, zufällige unglückliche Sternenkonjunktion, sondern als fortgesetzte Strafe für menschliche Sünde auf beiden Seiten, der „Lust am Töten und Blutvergießen, am Rauben und gewaltsamen Besitzerwerben". Aufrechte Buße des Herzens war der beste Weg, um Krieg zu beenden, begründete aber auch militärischen Einsatz im Kampf gegen den unbußfertigen Gegner. Im Grunde lag hier eine vertiefte Auffassung des Gedankens von der Landeswohlfahrt vor. Ein interessanter Beleg für diese Auffassung Gustaf Adolfs ist die Friedenspredigt von Johannes Rudbeckius am 1.9.1615 im Feldlager vor Pschkow – zu einem Zeitpunkt, als der Feldzug von einer Entscheidung lange entfernt war.[712] Rudbeckius hatte Uppsala 1613 als Professor nach einem Streit mit Prof. Johannes Messenius (1579-1636), den er katholisierender und polenfreundlicher Tendenzen verdächtigte, verlassen und Feldprediger werden müssen. Als strenger Bußprediger, „der im Feldlager ,weder Regen und Schlackerwetter' noch ,Schnee und Schneegestöber' scheute", erwies er sich nicht nur in politischer Hinsicht, sondern auch in der Kritik an Gustaf Adolfs Verhältnis mit Margarethe Slots.[713]

---

710 Dr. Arvid Gierow, u. a. erwähnt als Coautor des Buches „Sverige i Färg" 1936.
711 Gierow, dt: Beiträge zur Geschichte des schwedischen Militärkirchenwesens.
712 Günter Barudio: Gustav Adolf der Große. Eine politische Biographie (Fischer Taschenbuch), Frankfurt am Main 1985, S. 158-161.
713 Felix Berner: Gustav Adolf. Der Löwe aus Mitternacht. Eine Biographie, Stuttgart 1982, S. 151, 158. Von ihm sind erhalten sein Dagbok, hrsg. v. B. Rud.

Zunächst sollen nun die „Kriegsartikel zur Militärseelsorge" von der Hand Gustaf Adolfs selbst vorgestellt werden. Dann soll die Nachwirkung der Artikel u. a. in der Militärseelsorge im brandenburgisch preußischen Heer skizziert werden. Ausblickend sollen dann Schlaglichter auf die Praxis der Militärseelsorge im dreißigjährigen Krieg geworfen werden.

1. Die Kriegsartikel Gustaf Adolfs von 1619

Vor dem Auslaufen der Flotte zum Polenfeldzug 1619 bestätigte Gustaf Adolf die unter seiner persönlichen Mitarbeit entstandenen 150 Kriegsartikel, die vom 13. Juli an den Truppen vorgelesen wurden, um diese dann darauf eidlich zu verpflichten. „[...] und das ganze ‚Feld' versprach unter eidlicher Verpflichtung, sich nach diesen Vorschriften zu richten."[714] „Wir Gustaff Adolff etc. machen bekannt, dass nachdem in vergangenen Zeiten die geringe Disziplin und Ordnung im Kriege hier im Schwange gewesen und danach verloren und niedergegangen und an ihrer Statt alle Unordnung und Selbstherrlichkeit unter dem Kriegsvolk aufgekommen und eingerissen ist, vermittels derer Schaden und große Niederlage mit Schaden und äußerstem Verderben für das Vaterland genommen wurden, und wir, indem wir die Verteidigung und den Wohlstand des Reiches betrachteten, neben Gott auf gutem wohl geordneten Kriegsregiment und Disziplin bestehen, gern danach trachten und uns auferlegen, dass Ehre, Tugend und Männlichkeit eingewurzelt werden in Mut und Sinn des Kriegsvolks, alle Feigheit, Selbstherrlichkeit und Untugend weggenommen werde, sowohl Wohltaten als auch harte Strafen und wo man zu Gehör, Gehorsam, rechtem Gebrauch und Übung seiner Waffen, sowie allem anderem, was der Krieg erfordert, gewöhnt werden muss und in Bedrängnis so viel mutiger erfunden wird, als auch zur Zeit vor seinem Unglück gewarnt wird. Und da, wo jemand wegen seines Versehens unter Strafe käme, dass der dann nicht sagen kann, er habe nichts wissen können, haben wir darum die früheren Kriegsartikel

---

Hall, Stockholm 1938, bzw. seine Predigten, Västerås 1623, bzw. „Fridhz-Predikan hållen uthi Rußland, 1. September 1615, 1635
714 Gierow, S. 144.

überprüfen lassen, aus ihnen, was nützlich erschien, entnommen und so die nachfolgenden Artikel verfasst, von denen wir wollen, dass das ganze Kriegsvolk, sei es inländisch oder fremd, Ritter oder Knecht, die in unserem und der Kronen Dienst gebraucht werden, beschworen, geachtet, beachtet und befolgt werden, und in allem Kriegsrecht und Gericht Gesetzeskraft haben und danach verfahren werden."

Der Militärseelsorge wird eine klare Aufgabe zugewiesen. Sie soll selbstherrlicher Disziplinlosigkeit im Sinne von gutem Kriegsregiment wehren, Ehre, Tugend, Männlichkeit und Mut stärken.[715] Mit dieser Intention war es Gustaf Adolf durchaus ernst, wie seine Strafpredigt an deutsche Kriegsknechte im Lager bei Nürnberg zeigt: „Ihr Fürsten und Edelleute, die dazu beitragen, ihr eigenes Land zu zerstören! Mein Herz wird bitter, ja meine Eingeweide geraten in Aufruhr, wenn ich nun die Klage höre, dass schwedische Soldaten für unverschämter als die des Feindes gehalten werden. Aber das sind keine Schweden, sondern die Deutschen selbst, die sich mit diesen Ausschweifungen beflecken. Hätte ich euch gekannt, ihr Deutschen, dass ihr so wenig Liebe und Treue zu eurem eigenen Land aufbringt, hätte ich kein Pferd um euretwillen gesattelt, geschweige denn meine Krone und mein Leben darum gewagt."[716]

Betrachten wir zunächst den königlichen Entwurf, der dann von Axel Oxenstierna (1583-1654) überarbeitet wurde und in eine schwedische wie deutsche Druckausgabe[717] einmündete. Alle Fassungen sind von Gierow wiedergegeben, bzw. durchgesehen worden:

---

715 Ingun Montgomery: Sveriges Kyrkohistoria 4: Enhetskyrkans tid, Trelleborg 2002, S. 85: Vor dem Landgang auf Rügen 1630 ließ Gustaf Adolf ausdrücklich durch Johann Adler Salvius (1590-1652) erklären, dass er legitimerweise nicht anlande, um „Krieg" zu führen, sondern nur „bewaffnete Repressalien" im Sinne einer gerechten Sache im Sinn habe!
716 Montgomery, S. 89.
717 Der deutsche Druck „Schwedisches Kriegs-Recht/ Der Articuls-Brief Deß Durchlauchtigsten Fürstens und Herrns Gustaff Adolffs/ der Reiche Schweden/ Gothen und Wenden Königs/ Großfürsten in Finland/ Hertzogen zu Ehesten und Carelen/ Herrn zu Ingermanlandt/ etc. Sampt angeheffter General: unnd Obergerichts Ordnung/ und des General Auditors wie auch General Gewaltigens/ etc. Ampt und Bestallungs Puncten. Auss Befelch deß Woledlen Gestrengen Herrn Bernhard Schaffelitzki von Muckendell/ etc. Rittern und Obristen/ etc. zu Roß und Fuß/ etc. gedruckt zu Heylbrunn/ im 1632. Jahr" schon bei Schneider, S. 70-76.

1. „Nachdem alles Glück von Gott kommt, und das ganze Christenvolk ihn verehren muss, so wie er sich in seinem Wort offenbart hat, darum soll hiermit alle Abgötterei verboten sein und kein Götzendiener, Zauberer oder Waffentäufer im Lager und unter dem Kriegsvolk gelitten werden [...]“[718] Bei Zuwiderhandlung drohte zumindest die Verweisung aus dem Kriegsvolk und dem Lager. Schwerttaufen als Beispiel für Waffentaufen waren seid germanischer Zeit in Sagas belegt. Man glaubte, dass eine Schwerttaufe vor Schwertschlägen immun machte. Eine Taufformel lautete: „Unser Herr ritt auf Herrenfahrt,/ da taufte er alle Schwert,/ und allen Waffen, die er sah,/ denen nahm er Spitze und Schneide weg“.[719]

2. Wer den Namen des Herren verschmäht, betrunken oder nüchtern, soll bei zwei Zeugen des Todes sterben.

3. Treibt jemand mit dem Gottesdienst Spott, mit Gottes Wort oder dem hochheiligen Sakrament, soll er dem Konsistorium des Lagers übergeben und ggf. bei Gotteslästerung und Blasphemie zum Tod durch das Schwert ohne Gnade verurteilt werden. Leichtfertigkeit soll mit 14 Tagen Eisen und einem halben Monatssold für das Hospital gebüßt werden, so auch bei einem zweiten Vorfall. Beim dritten Vorfall wird der Delinquent erschossen.

Schon in der Bearbeitung durch Axel Oxenstierna wurden die Bedingungen der konsistorialen Untersuchung genau definiert.[720]

4. Auf Missbrauch des Gottesnamens durch Schwören oder Fluchen steht bei Vorsatz und Trunkenheit der Verlust eines halben Monatssolds zugunsten von Armen im Kriegsleutehospital. Bei Gott auf Knien war Abbitte zu tun inmitten des Kreises des zum Chorgebet angetretenen Regiments, der Delinquent sollte beim Obersten durch den Pastor angeklagt werden. Bei Leichtfertigkeit wurde nur die Buße gezahlt und der Delinquent nach dem Chorgebet vor dem Regiment gestraft („pundas“)[721].

Schon Gierow verwies an dieser Stelle auf deutsche Kriegsartikel wohl aus den Kriegen gegen die Türken zwischen 1526 und 1529, die

---

718 Gierow, S. 151-153.
719 Gierow, S. 165; zit. n. Emilia Fogelklou.
720 Gierow, S. 166.
721 Gierow, S. 154: Die Bedeutung „gepfundet (?) werden“ ist unklar.

auf Herzog Ferdinand I. (1503-1564) verpflichteten, um diesem durch einen wahrhaft christlichen Kriegszug zu seiner ungarischen Krone zu verhelfen, dass nicht Gott oder die Heiligen gelästert, sondern Gott um Sieg und Glück gebeten würde. Gotteslästerung stand auch damals unter Androhung von Strafe an Leib und Leben.[722]

Das Verbot der Gotteslästerung bei Strafe war Gemeingut von eidlichen Verpflichtungen oder Feldordnungen im 16. Jh., ebenso wie das Verbot der Kirchenplünderung, die Misshandlung von Klerikern, Glücksspiel, Trunkenheit.[723] Dass das Verbot in der Realität militärisch wie zivil allzu oft missachtet wurde, lässt sich leicht nachweisen.[724]

Was das Strafmaß für Blasphemie betraf, so scheinen Gustaf Adolf und seine Nachfolger eher humaner verfahren zu sein. Die Kriegsartikel 1 und 2 der holländischen Generalstaaten vom 13.8.1590 ahndeten Schwören und Fluchen im Wiederholungsfall mit dem Durchstoßen der Zunge mit glühendem Eisen und Verbannung.[725]

---

722 Vgl. Bielik, S. 6, bzw. Sven Lange: Der Fahneneid. Die Geschichte der Schwurverpflichtung im deutschen Militär (Schriftenreihe des Wissenschaftlichen Forums für Internationale Sicherheit e. V. (WIFIS) Bd. 19), Bremen 2002, S. 34f, zu einem Artikelbrief im Rahmen einer Kriegsordnung aus dem Jahr 1520: „Zum zehnten schwören wir, Gotteslästerung zu vermeiden, allsoviel als müglich, keine Kirchen zu erbrechen noch zu berauben, keine Jungfrau, geistlich oder weltlich, über ihren Willen zu schwächen, kein Kind unter vierzehn Jahren zu ermorden, keinen mann, der über siebzig Jahr alt zu entleiben, keinen Pfaffen oder Münch, es wäre denn, daß man ihnen in einem Storme oder Schlacht mit ihrer Wehre an den Festen begriffen wurde; als dann soll er keine Buße tragen." Vgl. Schneider, S. 67 zum „Artickels Brieff, darauf Römischer Keyserlicher Majestät Teutsch Kriegsvolck/ der Oberländischen Regiment zu dienen/ und den zu halten/ zu geloben und nachzukommen/ schweren sollen".
723 Funke, S. 41.
724 Funke, S. 100-107, 106f: Kirchhof erzählt in „Wendunmuth", hrsg. v. Hermann Österley, Tübingen 1869, Bd. 1, S. 53, 63f, eine Anekdote: Oberst Ludwig von Deben habe seine Männer wiederholt ermahnt, Gott nicht zu lästern. Als ein Soldat zufällig hinter ihm stehend direkt hinter ihm furzte, habe er sich voller Wut umgedreht und gebrüllt: „Mögen Gottes tausend Sakramente dich beschmutzen, Schelm".
725 Gierow, S. 105.

233

5. Um eine gute Gottesfurcht in die Kriegsleute einzuwurzeln, wurde Chorgebet, also Gottesdienst mit Gesang und Gebet,[726] morgens und abends angeordnet, eingeleitet durch das Wechselspiel von Kommandeurstrompete, Rittertrompeten und Mannschaftstrommeln.

6. Wenn ein Pastor das Chorgebet ausfallen ließ ohne Grund (z. B. Krankheit o. ä.), dann zahlte er einen halben Monatssold Buße ans Hospital.[727]

7. Maximal zweimal versäumtes Chorgebet wurde durch Prügel auf das Gesäß gebüßt, beim dritten Mal musste der Delinquent im Halseisen Tag und Nacht am Pranger stehen.

8. Ein Priester, der während des Chorgebets betrunken war, wurde zweimal vom Feldkonsistorium verwarnt, beim dritten Mal des Lagers verwiesen.[728]

Die Bestimmung über die Trunkenheit von Priestern, für die es einzelne Belege gibt, ist nicht zu verallgemeinern, aber wohl ein Hinweis darauf, dass unter den gerade etablierten Militärpfarrern auch unbewährte waren, die als Priester für Fähnlein genommen oder gar ausgelost wurden. „Besondere Versuchungen im Blick auf die Nüchternheit der Priester scheinen die Pastorenkonferenzen gewesen zu sein.“[729]

9. Jeden Feiertag, jeden Sonntag und nach Möglichkeit einmal in der Woche sollte eine Predigt bei Strafe gehalten werden, angekündigt wie das Chorgebet.

Diese Bestimmung reduzierte die Zahl der Predigten gegenüber der etwa 1599 vorgeschriebenen Zahl.[730] Nach Fronsperger (s. o.) war eine

---

726 Gierow, S. 131, 155, 169.
727 Gierow, S. 155.
728 Gierow, S. 155.
729 Gierow,, S. 171.
730 Gierow, S. 171. Johannes Rudbeckius (1581-1646) begründete die in der Regel mit einem Erwählungsgedanken verbundene alttestamentliche Kriegspredigt z. B. auf dem Heerzug nach Riga bei Pleskau am 30.7.1615 folgendermaßen: „Die Bibel ‚ist nicht nur für Priester und Studenten geschrieben, so dass nur sie daraus lesen oder sich nach ihr richten sollen, sondern sie ist geschrieben, um alle Menschen zu unterrichten und zu lehren, welches Berufs und Standes sie auch sein mögen, sei es, dass sie Obrigkeit oder Untertanen sind, Herren oder Diener, Kriegsleute oder Steuereinnehmer, Bürger oder Bauern – so ist ihnen allen die Heilige Schrift

tägliche Predigt im Lager und nach Möglichkeit auch während des Kriegszugs längst Realität im Deutschen Reich.

10. Marketender und Bierzapfer sollten ihre Buden während des Chorgebets und der Predigt schließen, niemand sollte Wein, Bier oder dergleichen verkaufen. Bei Zuwiderhandeln wurde das Gut zur Hälfte für den Generalprofoß, zur Hälfte für das Hospital eingezogen, der Delinquent selbst Tag und Nacht an den Pranger gestellt.

11. Festmähler und Einladungen sollten während des Gottesdienstes eingestellt werden bei Strafzahlung nach Dienstgrad ans Hospital.[731]

Der „Reichsartikelbrief" Kaiser Maximilian II. vom Reichstag in Speyer 1570[732] verbot in Artikel II wie allgemein üblich die Gotteslästerung, verpflichtete zum Gebet für den Sieg und zur Teilnahme an der Predigt an Sonn- und Heiligentagen, wenn immer möglich. Angekündigt wurde diese durch Blasen der Trompete oder Trommelschlag. Auch Spott darüber war schon in der „Gemeine[n] Bestallung auf Teutsch Kriegsvolck zu Roß" (Nr. 81) unter Strafe gestellt. Der Profoss hatte all die, die während des Gottesdienstes im Kruge waren oder in anderen frivolen Etablissement fest zu nehmen und dem Oberst zur Bestrafung zu übergeben. Schließlich war der Verkauf von Alkohol während der Gottesdienstzeiten verboten. In „der Römischen Keyserlichcn Majestät/ und des heiligen Reichs Reutter Bestallung" galt Entsprechendes. Ein Knecht wurde bei Zuwiderhandlung mit Eisen und Gefängnis bestraft, ein Herr oder Junker mit Ermahnung und im schlimmsten Fall Entfernung aus der Truppe. (Nr. 45f). Analoge Bestimmungen fanden sich auch in den „Artickel auf die Teutschen Knecht" (Nr. 11).[733]

Die Bestimmung zum Schutz des Gottesdienstes vor Gelagen aus dem Artikelbrief Moritz von Nassaus aus den holländischen Generalstaaten von 1590 mag in den Artikeln 10 und 11 bei Gustaf Adolf

---

gegeben und vorgeschrieben, dass sie nach ihr in all ihrem Handel und Wandel sich einrichten und regulieren sollen" (zit. n. Montgromery, S. 60f). Vgl. auch Gudmundsson, S. 73-79.

731 Gierow, S. 156.

732 Funke, S. 45f, 48.

733 Schneider, S. 67f.

nachgewirkt haben,[734] wenn nicht beide aus dem Reichsmilitärrecht übernommen wurden. Die Übernahme der nassauischen „Ordinanz" für das Militärwesen ist in jedem Fall communis opinio der militärgeschichtlichen Forschung.

12. Alle anderen Beschwerden wurden beim Rittmeister, Obersten oder Feldherren vom Priester anhängig gemacht. Diese waren verpflichtet, Recht zu schaffen.

13. Der Bischof des für die Kriegsleute zuständigen Stifts soll den Feldpriester berufen und ernennen. Kein Rittmeister oder Oberst soll Regiments- oder Reiterpriester nach eigenem Gutdünken ernennen.

14. Damit auch im Felde alle zivil vor einem Domkapitel zu verhandelnden „Kapitelangelegenheiten" ordentlich untersucht und vollgültig nach Gottes Wort und der Kirchenordnung entschieden werden, wird im Lager ein „Consistorium Ecclesiasticum" gehalten. Den Vorsitz führt der älteste Hofprediger bei Anwesenheit des Königs im Lager, andernfalls der Prediger des Generals mit allen Regiments- und Kavalleriepriestern als „ordinarii assessores".[735]

15. Ohne Zustimmung von Oberst und Konsistorium konnte kein Hauptmann einen Priester annehmen, aber auch nicht ohne die Feststellung der Untauglichkeit durch das Konsistorium entlassen.

16. Wenn bei einem Kriegspriester Fehler in Lehre und Leben gefunden werden, sollen Oberst oder Rittmeister diesen beim Konsistorium verklagen, das bei berechtigter und begründeter Anschuldigung entlassen kann. Ggf. konnte auch jemand anders oder das Konsistorium klagen bei notorischem Ärgernis, „alles, weil alles Ärgernis geflohen werden muss, und das gemeine Kriegsvolk durch Beispiel und Leben des Predigers zur Gottesheiligkeit bewegt werde."[736]

17. „So wie jetzt alle insgemein versprochen und geschworen haben, uns rechten Gehorsam zu halten und unsere Gebote zu Stand und

---

734 Funke, S. 45-48, bes. S. 47. Gierow, S. 145, meinte nach Vergleich dänischer und kontinentaler Kriegsartikel, dass Gustaf Adolf im Wesentlichen nicht auf Vorbilder zurückgriff (S. 47).
735 Gierow, S. 157.
736 Gierow, S. 158.

Wesen zu bringen, sollen sie also diese Artikel auch halten und mit erhobenen Händen nach folgendem Eid schwören."[737]

Die Einrichtung der Feldkonsistorien war eine entscheidende Neuerung. Sie wurden aus praktischen Gründen einer ständig im Einsatz befindlichen Großmachtarmee die entscheidenden Gremien für die Annahme von Feldpriestern, aber nach Ordination und Zuordnung durch die Bischöfe. Die gemeinen Prediger wurden von den Hauptleuten angenommen in Übereinstimmung mit Obersten und Feldkonsistorium, Regiments- und Kavalleriepriester durch den Bischof. Die Feldprediger hatten im Blick auf die militärische Hierarchie in Schweden eine relativ selbstständige Stellung. Während die preußisch-brandenburgische Armee kirchlich vielfach nach schwedischem Vorbild organisiert wurde, folgte sie an diesem Punkt dem schwedischen Vorbild zunächst nicht, sondern gab Oberst, Festungskommandant und Generalfeldmarschall wie bisher üblich das Anstellungsrecht für die Feldprediger verschiedener Dienstgrade und schaltete damit die kirchliche Mitwirkung aus![738] Die Institution eines Konsistoriums war ein Novum des schwedischen Militärkirchenrechts, das mit dem bis dahin üblichen Privileg der Kommandeure brach, Feldprediger einzustellen.[739]

Dass der Anspruch, dem chronischen Mangel an Feldpredigern sowohl der Zahl wie der Qualität nach abzuhelfen, auch zu Gustaf Adolfs Zeiten im wesentlichen Theorie blieb, zeigt die Geschichte von Samuel Gerlach (1609-1683), der nach der Graduation an der Universität Tübingen und einer Hauslehrerzeit 1631 von Oberst Friedrich Ludwig Chanovsky von Langendorff als Feldprediger angestellt wurde, ohne kirchlich ordiniert zu sein. Nach der Eroberung Augsburgs 1632 wurde er erst durch Gustaf Adolfs Hofprediger Jacob Fabricius (1593-1654) als Vorsitzendem des Feldkonsistoriums ins königliche Lager geholt. Weil drei von vier Feldpredigerstellen unbesetzt waren, berief der Kommandeur der schwedischen Reiterei Albrecht von der Schulenburg Gerlach als Feldprediger, erfreut, den

---

737 Gierow, S. 158f.
738 Gierow, S. 177; Langhäuser, S. 10; Erich Schild: Ursprung und erste Gestalt des preußischen Feldpredigeramtes, in: Beiheft zum Militär-Wochenblatt 8, Berlin 1880, S. 413.
739 Funke, S. 48, 50.

ihm zugesandten unerfahrenen jungen Mann an die Universität zurückschicken zu können. Mitte Juli 1632 wurde Gerlach endlich ordiniert als Feldprediger des Altgrün Regimentes unter dem calvinistischen Obristen Adam von Pfuel (1604-1659). Wegen Lehrdifferenzen wechselte Gerlach wenige Monate später als Feldprediger ins Leibregiment Feldmarschall Gustaf Horns (15592-1657). Nach einem Intermezzo in Dahenfeld bei Neckarsulm diente Gerlach bis zur schwedisch-französischen Allianz 1635 als Feldprediger unter Bernhard von Sachsen-Weimar (1604-1639). Persönliche Protektion war in der Praxis offenbar wichtiger als schwedisches Militärseelsorgerecht.[740]

Grundsätzliche Bedeutung für den Dienst der Feldprediger erhielt auch Gustaf Adolfs „Offene[r] Brief für die Kriegspriester 1630", ausgegeben schon in Deutschland am 9.10.1630 in Ribnitz.[741] Offenbar hatten Feldprediger über mangelnden Unterhalt und Not geklagt[742] und den Dienst verlassen, so dass sie nun trotz bereits zugesprochenen Einkünften eine feste Anzahl Kompanien zugeteilt bekamen, vier zu Fuß, bzw. drei Reiterkompanien. Pro Landschaft und Regiment war ein noch besser versorgter Regimentspriester vorzusehen, damit alle „ihrem Beruf mit Freude" dienen konnten. Altgewordene sollten andere Dienste zuhause bekommen und dabei vor anderen gefördert werden. Als Aufgaben der Regimentspriester werden genannt, die Predigt des Wortes Gottes, das Austeilen der Sakramente, ein untadliges Leben, das Stellen von gottesfürchtigen, gelehrten und erfahrenen Männern nach Anordnung der Bischöfe. „Immer im Heer" dabei sollte der Regimentspriester erfahren, wie Gottesdienste gehalten würden, die Priester lebten und bei Anfall von zu klärenden Angelegenheiten im Kapitel sitzen. Neben der Verpflichtung, mit Oberst oder Oberstleutnant seine Feldprediger zu versorgen, sollte der Regimentspfarrer auch Stärkemeldungen, bzw. Meldungen über Abgänge durch Krankheit, Tod, Gefangenschaft oder Desertion führen. „In gleicher Weise sollen die Priester ihren Beruf ausüben, so-

---

740 Funke, S. 57f.
741 Gustaf Adolf: Öppet bref för Krigspresterna 1630, Nr. 1046 in: Arkiv till upplysning om svenska krigens och krigsinrättningarnes historia, red. v. Julius Mankell, Stockholm 1861, S. 338f.
742 Ebd., Nr. 1047, hatte die Lohnordnung für Kriegspriester, gegeben bei „Elfsnabben" am 8.6.1630, offenbar nicht ausgereicht.

wohl gegenüber den Kranken wie auch den Geheilten". Versäumen dieser im engeren Sinn seelsorgerlichen Aufgabe war durch Strafe zu ahnden. Offiziere wie auch zivile Amtleute aller Art sollten bei Strafe nicht Einnahmen der Priester mindern.

1631 wurde eine eigene Agende für die Gottesdienste der Militärkirchengemeinden herausgegeben, die „Agenda ecclesiastica in Castris Sueticis".[743] Kann man nun davon sprechen, dass in Schweden eine eigenständige Militärkirche gebildet wurde, indem die Bestimmung über die Gleichberechtigung des Konsistoriums faktisch Kriegsklerus und Kriegsvolk aus der normalen Kirche trotz des Vorbehalts der Ordination durch die zivilen Bischöfe herauslöste?[744] Oder war die Macht des Faktischen und da vor allem des Mangels so groß, dass derlei Überlegungen allein aus diesem Grund weit hergeholt scheinen?

2. Die Nachwirkungen der Kriegsartikel Gustaf Adolfs in Europa

Die erste schwedische Militärkirchenordnung unter Gustaf Adolf wirkte auf die dänische Militärgesetzgebung unter Christian IV. (1577-1648), aber noch mehr „mit tiefen Spuren" auf Deutschland.[745]

Im Reichsarchiv in Stockholm liegen drei deutsche Exemplare dieser Kriegsartikel Gustaf Adolfs:

1. „Königlich Schwedischer Articuls-Brieff" in 131 § (nach Gierow Typ 1)

2. eine Abschrift mit Änderungen (nach Gierow Typ 2)

3. eine Übersetzung der vollständigen, endredigierten schwedischen Fassung.

---

743 Montgomery, S. 89.
744 Gierow, S. 182. Papst Urban VIII. (1568-1644, von 1623-1644 Papst) löste sicherlich nicht unbeeinflusst von schwedischem Vorbild am 18.9.1643 die österreichischen Armeeangehörigen auf Wunsch Kaiser Ferdinands III. aus der kirchlichen Jurisdiktion in Kriegszeiten und machte den kaiserlichen Beichtvater zum Bischof.
745 Gierow, S. 185f.

Typ 1und 2 bearbeiten sachgemäß und frei die von Oxenstierna vorgenommene Endredaktion von Gustaf Adolfs Entwurf.

Eine frühere deutsche Textfassung als Typ 1 liegt in „Schwedisches Kriegs-Recht, Oder Articuls-Brieff Dess Durchleuchtigsten, Grossmechtigsten Fürstens und Herrns Gustaff Adolff [...] Auss Befelch dess Woledlen Gestrengen Herrn Bernhard Schaffelitzki von Muckendell, [...]", Heilbronn 1632, vor.[746] Vergleicht man den „Articulls-Brieff oder Churfürstlich Brandenburgisch Kriegesrecht" des großen Kurfürsten Friedrich-Wilhelm, an der Regierung 1640-1688, etwa wie Gierow in einem Druck von 1664, dann liegt die Abhängigkeit auf der Hand.

Als Beispiel mag hier der Artikel I herangezogen werden:

Typ 1	Brandenburg
„Nach dem alles glück, gedeyen, Und wohlfahrth Von Gott dem Allmächtigen, als dem rechten brunnquell alles gutten herrühret, Und Iedem Christen Menschen denselben alleine anzubeten auch wie er in seinem heiligen wortte offenbahret, zu ehren gebüret, So soll solche szuförderst bey allem thuen und fürnehmen zu iederzeit wohl in acht genommen werden, und dagegen alle Abgötterey hochlichen Vorbotten sein, derogestalt Vnd also, das nun Und hinfüro kein falscher anbetter Abgötter Zeuberer oder Waf-	Und nach dem dann zum Ersten, von dem grundgütigen und Allmächtigen Gotte, als dem Uhrsprung alles Guten, alles Glück, Seegen und Gedeyen herrühret, derselbe auch von allen und jeden waaren Christen einig und allein, wie er sich in seinem Heiligen Worte offenbahret hat, geehret und angebetet seyn will: So muss vor allen Dingen solches in allem Thun un Vornehmen zu jederzeit wol beobachtet werden: Derowegen verbieten wir hiemit alle Abgötterey, dergestalt, das nun und hinführo kein andrer als der einige und ware Gott, der durch seine unergründliche All-

---

746 Gierow, S. 186f; Schneider, S. 70-73; eine finnische Übersetzung von Hartwijk Henrichsson Speitz, Stockholm 1642.

fenbeschwerer in Unserm Lager Guarnisonen Und Quartieren unter unserem Krieges-Volcke gelitten[747]	macht Himmel und Erde erschaffen, angebetet und dagegen kein falscher Anbeter, Abgötter, Zauberer, Waffenbeschwerer, Teuffelskünstler, in unsern Lägern, Guarnisonen, und Quartieren unter unserm Kriegsvolcke gelitten"

Gierow urteilt: Der große Kurfürst schrieb die schwedische Kirchenordnung regelrecht ab, abgesehen von der wohl für zu schwedisch gehaltenen Organisation der Feldseelsorge mit einem eigenen Konsistorium. „Aber der Bedarf an einer einheitlichen Leitung des Militärkirchenwesens, den Gustaf Adolf auf eine glückliche Weise durch die Einführung eines Feldkonsistoriums befriedigt hat, drängte sich jedoch bald mit solcher Macht auf, dass er auf Dauer nicht zurückgewiesen werden konnte." Kurfürst Friedrich III., der spätere König Friedrich I. (1657-1713) ließ die brandenburg-preußische Militär-Kirchenordnung 1692 überarbeiten und abgesehen von der Domkapitelähnlichen Konsistorialordnung mit einer eigenen Militärkirchenstruktur versehen.[748]

Schon Erich Schild bemerkte die Abhängigkeit des brandenburgisch-preußischen Kriegsrechts zur Militärseelsorge von Gustaf Adolfs Artikeln. 1656 hatte der große Kurfürst den „Articuls-Brieff oder Churfürstlich Brandenburgisch Krieges Recht" herausgegeben, dem „männiglich insgemein und insonderheit unsere hohen und niederen Kriegs-Offiziere und gemeine Soldatesca stricte nachleben sollen". Die Kriegsartikel gründeten sich s. E. auf die Verordnungen Karls V. für die Landsknechte und das Kriegsrecht Gustaf Adolfs von Schwe-

---

747 S. 188.
748 S. 195. Klaus Beckmann: „.. dass sie noch einen anderen Herrn haben". Seelsorge in der Bundeswehr zwischen Autonomie und Abhängigkeit, in: Isolde Karle/ Niklas Peuckmann (Hrsg.): Seelsorge in der Bundeswehr. Perspektiven aus Theorie und Praxis, Leipzig 2020, S. 167-186, 167, macht zurecht auf die feine Unterscheidung von Prüfung, Ordination, Präsentations- und Berufungsrecht durch kirchliche oder militärische Institutionen aufmerksam.

den, dem die §§ 5 und 6 entlehnt waren,[749] was wohl angesichts des o. Ausgeführten zu knapp bemessen ist. Die Abhängigkeiten reichen sicher weiter.

Peter Burschel[750] macht auf zeitgleiche und parallele Entwicklungen von Kriegsordnungen in Sachsen Lauenburg, bzw. welfischen Heeren aufmerksam. Ein Gott wohlgefälliges Leben durch Kirchgang und Abendmahlsteilnahme wurde zur Pflicht gemacht.[751] Empfindliche Leibstrafen drohten dem, der unmäßig trank oder fluchte.[752]

Gustaf Adolfs Kriegsartikel wirkten auch auf die Kriegsartikel Herzog Georgs von Braunschweig-Lüneburg (1582-1641), auch „Georg Eisenhand" genannt, bei der Einrichtung eines stehenden Heeres nach 1635 ein. Herzog Friedrich von Braunschweig-Lüneburg in Celle wiederholte sie 1647.[753] Herzog Georg verminderte die Strafen, straffte die Artikel, hatte aber auch eine abweichende Fassung des so wirkmächtigen Artikels 1: „Alle und jede unsere hohe und niedrige Kriegsofficier, Reuter und Fußknechte sollen ein christlich ehrbar Leben und Wandel führen, sich zum Gehör göttlichen Wortes fleißig halten, auch des hochheiligen Nachtmals des Herrn sich jährlichen des Jahres viermal gebrauchen." Mit geringen Änderungen galt dieses Kriegsrecht bis zum Ende der hannoverschen Armee.[754]

Eine Ausnahme von dieser welfischen Regel bildet das Kriegsrecht Herzog Georg Wilhelms von Braunschweig-Lüneburg (1624-1705) von 1673, das ähnlich wie der Celler Artikelsbrief von 1545, Moritz von Oranien und Gustaf Adolf im „Titulus primus" die Landeswohl-

---

749 Erich Schild: Der Preußische Feldprediger, I. Bilder aus dem kirchlichen Leben der preußischen Armee älterer Zeit, Eisleben 1888, II. Das brandenburgisch-preußische Feldpredigerwesen in seiner geschichtlichen Entwicklung, Halle a. d. S. 1890, Bd. 2, S. 2f. Vgl. Scheel, S. 23f.
750 S. 967f.
751 Kriegsartikel Herzog Christian Ludwigs von Braunschweig-Lüneburg 1645 in: Hauptstaatsarchiv Hannover, Celle Br. 10, Nr. 155 (Art.1)
752 Artikelsbrief Herzog Augusts von Sachsen-Lauenburg 1620, in: Landesarchiv Schleswig-Holstein Abt.. 210, Nr. 3098 (Art. 46).
753 Drögereit, Der Feldprediger, S. 10: Art. 6 und 7 entsprechen 10 und 11 bei Gustaf Adolf. Nach von der Decken, Herzog Georg, Bd. 3, S. 84, waren sie in Hannover gedruckt und wurden von Herzog Christian Ludwig 1645 für die hannoversche Armee erneut bestätigt.
754 Drögereit, Der Feldprediger, S. 11.

fahrt betont: „Demnach aller Segen, Glück, Heil und Wohlfahrt von Gott dem Allmächtigen als Urhebern alles guten herrühret, welcher auch von allen und jedem wahren Christen geehret wird, wie er sich in seinem heiligen Worte geoffenbart hat, angebetet sein will, so muß solches zuforderst in allem thun und Vornehmen jederzeit in acht genommen werden." Artikel 3 von Georg Wilhelms Ordnung zum Versäumen des Gottesdienstes durch Priester oder Soldat, scheint die Artikel 6 und 7 bei Gustaf Adolf zusammenzufassen.[755]

In den Kriegsartikeln Herzog Georgs von 1620 hatte der Artikel 2 von der üblicherweise untersagten Gotteslästerung noch eine spezifische Form gehabt: „Es soll sich ein Jeder gänzlich enthalten, Gott und sein heil[iges] Wortt zu lästern. wo aber einer oder mehr Gott oder sein Wort lästern würde, Die sollen an Leib und Leben ohne alle Gnade gestraft werden." Der einzige Bezug auf Geistliche findet sich interessanterweise nur insofern, als sie besonderem Schutz empfohlen werden, aber nicht militärseelsorglich tätig sind: „Die Kindbetterinnen, Schwangere Frauen, Jungfrauen, Alte Leute, Prediger und andere Geistliche Personen, sollet ihr ungemolestiert und ungeschädigt, dessgleichen Kirchen, Schulen und Hospitäler unberaubt lassen, sondern Sie ehren, beschützen, bechirmen und keineswegs beleidigen, sondern eine Christliche Ordnung halten, wie von altersher, bei Leibesstrafe."[756] Interessanterweise sah der „Furier und Futterzettull" Herzog Georgs von 1623 keinen Militärgeistlichen vor.[757] Das änderte sich allerdings spätestens in der welfischen Armee nach 1635, als besoldete Feldprediger vorgesehen werden – möglicherweise als Folge der Ordnung Gustaf Adolfs, in dessen schwedischen Diensten Herzog Georg gestanden hatte.[758]

Herzog Georg von Braunschweig-Calenberg hatte in seinen Kriegsartikeln von 1636, die ja früh ein stehendes Heer in Garnisonen doku-

755 Gegen Drögereit, Der Feldprediger, S. 13.

756 Friedrich von der Decken: Herzog Georg von Braunschweig und Lüneburg. Beiträge zur Geschichte des dreißigjährigen Krieges, nach Originalquellen des königlichen Archivs Hannover, Bd. 1, Hannover 1833, S. 317 Beilage 2 (Zitate übertr. v.. Vf.).

757 Von der Decken, Herzog Georg, Bd. 1, S. 324 Beilage 5.

758 Von der Decken, Herzog Georg, Bd. 3, S. 316 Beilage 272: Herzog Georgs Ordonnance vom 30.1.1638: 1 Pastor mit 1 Pferd.

mentieren, auch im Vergleich zu den Bestimmungen Gustaf Adolfs ein selbstständiges Anforderuungsprofil an Feldprediger:[759] 4. „Unsere in Garnisonen und sonst etwa den Regimentern bestellte Priester lassen sich eines unstrafbaren, exemplarischen, christlichen, nüchternen und mäßigen Lebens überall befleißigen; Gottes Wort rein, lauter und klar, der Augsburgischen ungeänderten Confession gemäß predigen, zu dessen Gehör wir auch den Gebrauch des hochheiligen Nachtmahls des Herrn sowohl Offizier als gemeinen Reiter und Knecht fleißig vermahnen, und die Laster anfangs mit christlicher Bescheidenheit, und da dieselbe nicht verfangen wolle, ohn Ansehen ernstlich nach Anweisung unserer Kirchen-Ordnung strafen. Wer dawider handelt, soll seines Amtes entsetzt oder sonsten mit willkürlicher Strafe seinem Verbrechen nach angesehen werden."

5. „Alle hohen und niedrigen unserer Offiziere, auch Reiter und Fußknechte sollen ihre Seelsorger und Prediger als Diener Gottes lieben und ehren, ihnen in christlichen Vermahnungen folgen, sich an ihnen so wenig mit Worten als der Tat im geringsten vergreifen und Hand an sie legen, weniger sie despektieren, verkleinern oder verspotten bei Entsetzung ihrer Chargen, einer starken Geldes oder wohl auch Befindung Leibes- oder Lebensbestrafung." Im Vergleich mit Gustaf Adolfs Bestimmungen zu den Feldpredigern sind die Herzog Georgs sehr viel summarischer, weniger am konkreten Tadel der offenbar weit verbreiteten Trunksucht oder Nachlässigkeit im Gottesdienst als an seiner Ehrenstellung interessiert.

Gustaf Adolfs Kriegsartikel wurden von König Christian IV. von Dänemark 1625 übernommen,[760] später auch in England und Schottland.[761] Die Beobachtung der Nachwirkung ist insofern nicht neu, aber doch der Erinnerung wert: Zeigt sie doch schon auf der historischen Ebene eine tiefe innere Verbindung evangelischer Militärseelsorgen verschiedener Nationen in Europa aus alten Zeiten.

---

759 Drögereit, Der Feldprediger, S. 12 (Zitate übertr. v. Vf.).
760 Funke, S. 45-48, 47.
761 S. 47 Anm. 207 unter Verweis auf Frank Tallett: War and Society in Early Modern Europe (1495-1715), London/ New York 1992, S. 123, bzw. „Articles and Ordinance of Warre", Edinburgh 1640.

3. Schlaglichter auf evangelische Militärseelsorge im Dreißigjährigen Krieg

Gustaf Adolf kam mit einem strategischen Ziel 1630 nach Deutschland, das „Mare Balticum" endgültig zum schwedischen Binnenmeer zu machen. Am Ende war mit der Übernahme der Herzogtümer Bremen und Verden 1648 auch ein Teil der Küste der Nordsee gewonnen. Dieses strategische Ziel stand neben dem religiösen, den vom Passauer Restitutionsedikt seit 1629 bedrohten Protestanten beizustehen. Frömmigkeit und Gott wohlgefälliger Glaube waren Gustaf Adolf wohl persönliches Anliegen, die Überzeugung, dass dies auch mit Segen, d. h. Erfolg und Machtgewinn verbunden sein musste, auch. So verbreiteten Flugschriften von Anfang an das Bild des frommen, beim Landgang auf Usedom am 6.7.1630 niederknieenden Königs, dessen Truppen vor der Schlacht ebenfalls betend auf die Knie fielen. Die Siege waren dementsprechend von Dankpredigten und -gebeten begleitet. Es hieß alsbald, dass Gott selbst in der Schlacht bei Breitenfeld am 17.9.1631 an der Seite Gustaf Adolfs kämpfte. Welche Funktion die Militärseesorge für die Erziehung zum Gottesdienst haben musste und hatte, dürfte deutlich sein.[762] All das hinderte ihn nicht daran, an einer goldenen Kette einen in Gold gefassten Türkisstein aus Piruskua wie einen Talisman zu tragen.[763]

Mit dem Feldlager Gustaf Adolfs 1631 vor Breitenfeld wird ein bis heute im evangelischen Gesangbuch enthaltenes Lied verbunden: „Verzage nicht, du Häuflein klein,/ obschon die Feinde willens sein,/ dich gänzlich zu verstören,/ und suchen deinen Untergang,/ davon dir wird recht angst und bang/ es wird nicht lange währen.

2. Tröste dich nur, daß dein Sach/ ist Gotts, dem befiehl die Rach/ und laß es ihn nur walten./ Er wird durch einen Gideon,/ den er wohl weiß, dir helfen schon,/ dich und sein Wort erhalten.

3. So wahr Gott Gott ist und sein Wort,/ muß Teufel, Welt und Höllenpfort/ und was dem tut anhangen/ endlich werden zu Hohn und

---

762 So auch von Krusenstjern, S. 484f.; Koch, S. 324f.
763 Barudio, S. 608f.

Spott,/ Gott ist mit uns und wir mit Gott/ den Sieg wolln wir erlangen."[764]

Diese Verse sind möglicherweise vom König selbst und seinem Hofprediger Jacob Fabricius gedichtet worden. Pfarrer J. M. Altenburg (1584-1640) versah sie mit einer eigenen Melodie. Luthers Überzeugung von der kleinen Schar im kriegerischen Haufen, die sich Gottes tröstete, mag nachklingen, ebenso die Hochachtung vor dem biblischen Wort, das sich bewähren musste. Der Verzicht auf Rache beeindruckt. Schon die biblische Judith (Judith 13,9-12) soll den Schlachtruf „Gott mit uns"[765] verwendet haben, den dann auch Gustaf Adolf verwandte, und der in die deutsche Militärtradition einging.[766]

Möglicherweise steht auch eine taktische Neuerung Gustaf Adolfs im Hintergrund, die Günter Barudio als "second strike capability" beschreibt, als die Fähigkeit, kleine Einheiten im Verlauf der Schlacht neu zu bündeln und flexibel einzusetzen. Feldprediger Johannes Rudbeckius hatte es so formuliert: "In Zeiten des Krieges ist es auch bes-

---

764 Nr. 249.

765 Vgl. den barock überhöhten Gebrauch in der Parole bei der Eroberung Belgrads 1688 unter Kurfürst Maximilian II. Emanuel von Bayern auf altgläubiger Seite: „Emanuel, das ist Gott mit uns" (Böttcher, Die Türkenkriege, S. 151). Vgl. auch Gerd Krumeich/ Hartmut Lehmann (Hrsg.): Nation, Religion, Gewalt im 19. und frühen 20. Jahrhundert (Veröffentlichungen des Max-Planck-Instituts für Geschichte 162), Göttingen 2000. 1847 gelangte der Spruch „Gott mit uns" mit dem Symbol der Krone auf die Koppelschlösser der preußischen Armee, dann auf die der deutschen Wehrmacht mit dem Hakenkreuz und bis 1962 auf die der Bundeswehr (Harald Potempa: Der Löwe aus Mitternacht und Retter des deutschen Protestantismus. Gustav II. Adolf von Schweden in der protestantischen Hagiographie, in: Dörfler-Dierken, Reformation und Militär, S. 115-126, 119; Sylvia E. Kleeberg-Hörnlein: „Gott der Herr hat unsere braven Truppen gesegnet", in: Dörfler-Dierken, Reformation und Militär, S. 193-200, 196).

766 Schübel, S. 16f; Wolfgang Herbst: 249 Verzage nicht du Häuflein klein, in: Liederkunde zum Evangelischen Gesangbuch Heft 19, Göttingen 2014, S. 34-38 (unter Verweis auf Andreas Wittenberg: Militärgesangbuch und Militärseelsorge in Vergangenheit und Gegenwart, in: Jahrbuch für Liturgik und Hymnologie 18 (1973/4), S. 97-162 und Berthold Kitzig: Gustav Adolf, Jakob Fabricius und Michael Altenburg – die drei Urheber des Liedes „Verzage nicht, du Häuflein klein", Göttingen 1935); gegen Gudmundsson, S. 86. In Schweden ist das Lied erst seit 1819 bekannt. Der Schlachtruf wurde auch in Drakenburg 1547 bereits verwandt (s. o.).

ser, wenige aber gute Kriegsleute zu haben, die wohl unterhalten werden, als viele, die ausgehungert (uthswultne) sind und daher unfähig zum Kampf (owige)".[767]

Fabricius wie auch Christian II. von Anhalt-Bernburg bezeugten, dass Gustaf Adolf nach der Schlacht bei Breitenfeld getreu, seinem Grundsatz nicht dem Glück zu vertrauen, geschworen habe, einzig zur Ehre Gottes, der Erhaltung der evangelischen Religion und der deutschen Freiheit und der Bewahrung des Friedens im Reich Krieg zu führen – nicht um einer einzigen Handbreit Land willen.[768]

Der Morgen vor der Schlacht bei Lützen soll folgendermaßen begonnen haben: „Der König, der die Nacht mit Knyphausen und Bernhard von Weimar in einem Wagen verbracht hatte, verrichtete dort sitzend sein 'Gebet fleißig und eifrig mit gefalteten Händen', [...] So ritt er auf Lützen zu, führte seine Armee südlich daran vorbei und ließ sie, immer noch im Nebel, zum Einrücken in Schlachtordnung antreten. Der Feldprediger Fabricius sprach das Morgengebet vor, die Trompeter bliesen 'Ein feste Burg', die Soldaten sangen 'Verzage nicht, du Häuflein klein', und als sie mit 'Gott ist mit uns und wir mit Gott/ den Sieg wolln wir erlangen' geendet hatten – ihr Losungswort 'Gott mit uns' also noch auf den Lippen –, ritt der König zuerst zu den Schweden und Finnen, dann zu den Deutschen und ermahnte 'alles Volk zu Roß und zu Fuß mit bewegenden Worten redlich zu fechten'".[769] In der nach dem Tod des Königs unter den Truppen ausbrechenden Panik soll Fabricius mit dieser Nachricht zurückflutende Reiter zum Gegenstoß, bzw. die Feldkanzlei zum Stehen veranlasst haben. Als er das Lutherlied "Erhalt uns, Herr, bei deinem Wort" anstimmte, sangen schließlich immer mehr mit - darunter Oberst George Fleetwood, der die Disziplin wiederherstellte.[770]

Abschließend sollen einzelne mehr oder minder zufällig aufgefundene Schlaglichter auf Vertreter und Praxis evangelischer Militärseelsorge im dreißigjährigen Krieg geworfen werden. Militärseelsorge während

---

767 Barudio, Gustav Adolf der Große, S. 312.
768 Berner, S. 406.
769 Berner, S. 470, nach anderer Überlieferung Luthers Osterlied „Jesus Christus, unser Heiland" (Schübel, S. 16f).
770 Berner, S. 474.

des dreißigjährigen Krieges wäre im Blick darauf, dass erstmalig eine ausgeführte rechtliche Grundlage vorlag und in hohem Maß Feldprediger auch rekrutiert wurden, eine eigene Monographie wert. Angesichts der Zufälligkeit der Funde ist das Bild bunt und widersprüchlich.

a) Feldprediger in der schwedischen Armee

Als Jakob de la Gardie (1583-1652) als Feldherr Gustaf Adolfs noch vor dessen Eingreifen in den großen Krieg im Mai 1624 einen Waffenstillstand mit Polen verlängern und nach dessen Ende im Juli 1625 Dorpat erobern und die protestantische Bürgerschaft von den Jesuiten befreien konnte, machte er Joachim Rosshinius, seinen Feldprediger, 1626 dort zum Pastor. Rosshinius brachte 1630 ein „Fragenbuch", bzw. 1632 Luthers Katechismus und ein Lektionar der Epistel und Evangelien in Südestnisch heraus. Feldpredigerdienst und Katechetik konnten sich verbinden, aber auch wie in Kroatien Einheimischmachung evangelischen Glaubens befördern.[771]

Der Sachse M. Friedrich Birck war 1631/2 Feldprediger im schwedischen Leibregiment.[772] Nach dem Leipziger Ordiniertenbuch wurde H. Rudolph Sachse aus Zeitz am 30.12.1642 für das Leibregiment von Axel Lilie ordiniert.

Im Band 3 des Leipziger Ordiniertenbuchs (1645-1695) findet sich noch H. M. Tobias Claußnitzer von Thumb (1619-1684) aus Meißen, berufen 1644, ordiniert am 1.12.1645 für das „Regiment zu Roß" von H. General Major Dinklas, „der Cron Schweden bei der Hauptarmee".[773] Claußnitzer sollte als Dichter des Liedes „Liebster Jesu, wir sind hier" (Ev. Gesangbuch 161), eines Liedes tiefer orthodoxer Herzensfrömmigkeit, bekannt werden.[774] Noch als Feldprediger veröffentlichte er mehrere Schriften 1645 „Friedenstraum des Meißnischen

---

771 Hjalmar Holmquist: Svenska Kyrkan under Guastav II Adolf 1611-1632 (Svenska Kyrkans Historia IV/1, hrsg. v. dems. und Hilding Pleijel), Uppsala 1938, S. 195, 447.
772 Blanckmeister, Die sächsischen Feldprediger, S. 40f.
773 Gerhard Vollert: Das Leipziger Ordiniertenbuch und seine Feldprediger, in: Mitteldeutsche Familienkunde 6 (1965), S. 257-260, 258f.
774 Markus Rathey: 161 Liebster Jesu wir sind hier, in: Liederkunde zum evangelischen Gesangbuch 14, Göttingen 2008, S. 21-24.

Zions aus dem 126. Psalm" und „Fröhlicher Friedensbot" im Jahr des Friedensschlusses 1648. Auch seine Dankespredigt am 11.1.1649 für sein schwedisches Regiment in Weiden in der Oberpfalz ließ er drucken: „Dreifaches Friedenskleinod, der evangelischen Kirche zu Weide in der Pfalz durch eine hochfeierliche Dankpredigt zum neuen Jahr 1649 verehrt". Die Stadtväter baten Claußnitzer auf diese Predigt hin, die Pfarrstelle zu übernehmen.[775]

Der schwedische Feldprediger Johann Seifert aus Ulm unter dem Kommandeur Graf Hans Christoph von Königsmarck (1600-1663) schaltete sich in die Diskussion um die Hexenprozesse ein, die vom Dichter und Gegenreformator, dem Jesuiten Friedrich von Spee (1591-1635) angestoßen worden war. Seifert übertrug z. T. frei dessen Werk „cautio criminalis" aus dem Lateinischen ins Deutsche: „Gewissens-Buch: von Prozessen gegen die Hexen", und gebrauchte dieses in der Auseinandersetzung mit dem Verdener Hexenrichter Superintendent Dr. Heinrich Rimphof (1599-1655).[776] Zu Königsmarcks Frömmigkeit gibt es ein interessantes Detail. Er ließ sich 1656 vom bäuerlichen Propheten Hermann von der Hude aus Ellingen bei Soltau die Zukunft vorhersagen. Die Vorhersage ,langen Gefängnisses' trat ein.[777]

M. Johann Schwäger, geboren um 1601 in Villach/ Kärnten, diente von 1632-1634 als Feldprediger Herzog Franz-Heinrichs von Sachsen-Lauenburg (1604-1658) in der schwedischen Armee. 1638 in Regensburg erwähnt, scheint er 1641 dienstunfähig gewesen zu sein.[778]

775 Klaus Danzeglocke: Art Clausnitzer, Tobias, in: Komponisten und Liederdichter des Evangelischen Gesangbuchs, Göttingen 1999, S. 63.
776 Ivette Nuckel: Hexenprozesse während des 16. und 17. Jahrhundert. Ein Vergleich zwischen Bremen und Oldenburg oder ... „Als auf dem Joduthenberg die Feuer schwelten" (These Mag. Art. Universität Bremen 7.1.2004, in: https://historicum.vet/... Anm. 216).
777 Wolfgang Brandes: Der Heideprophet Hermann von der Hude. Eine ungewöhnliche Entdeckung in einem Antiquariat, in: Soltauer Schriften/ Binneboom 24, Soltau 2020, S.40-53, 45.
778 Bernhard Raupach: Presbyterologia Austriaca oder Historische Nachricht von dem Leben ..., 1741, S. 166.

Feldprediger Samuel Gerlach, der zunächst in der schwedischen und dann in der Armee Bernhards von Sachsen-Weimar diente, wurde bereits erwähnt.[779] Während der Stationierung in Öttingen baute Gerlach herzliche Beziehungen zum dortigen katholischen Pfarrer auf, der ihm beim Abschied einen Erinnerungsvers ins Stammbuch schrieb.[780]

Nach der Eroberung Regensburgs am 5.11.1633 unter Herzog Bernhard von Sachsen Weimar schrieben sich der Hof- und mehrere Feldprediger vom 8.-15.11. in das Stammbuch des dortigen Pfarrers Georg Eckenberger († 1639) ein. Dieser Verbindung verdankte er, dass er 1634 Pfarrer am Lazarett und Blatternhaus wurde.[781] Superintendent Conradinus Dieterich (1575-1639) aus Ulm wurde 1599 erst Feldprediger, dann Archidiakon in Marburg.[782] Feldprediger Johannes Vogelius aus Kahla in Sachsen-Altenburg verewigte sich ,als „pastor castrensis" mit: „Quo fata me trahent, ego sequar/ Symb.: per aspera ad prospera" (lat. „Wohin die Geschicke mich schleppen, will ich folgen, d. h. durch hartes Geschick zum Erfolg!").[783]

Der Staßfurter Pfarrer Jacob Möser fand anerkennende Worte für einen Feldprediger aus Finnland, der 1636 bei ihm einquartiert war, für 4 oder 5 Feldprediger eines Regiments nur das Urteil „leichte Gesellen". Einem, „ein gar gottloser Mensch", habe der Oberst sogar das Amt verboten.[784] Insgesamt dürfte Mangel an Feldpredigern geherrscht haben. Möser fand in sechs kursächsischen Regimentern nur drei Stellen besetzt, so dass in oder nach Gefechten oder auch bei Krankheiten und Seuchen die an sich angemessene Hilfe kaum erwiesen werden konnte.

---

779 Funke, S. 50 unter Verweis auf Bernd Autenrieth: Samuel Gerlach: Feldprediger, Hofprediger, Prälat (1609-1683). Ein schwäbischer Pfarrer zwischen Mecklenburg, Holstein, Danzig und Württemberg, Stuttgart 2000.
780 Funke, S. 56.
781 Stammbuch des lutherischen Pfarrers Georg Eckenberger (gestorben 1639 in Regensburg), hrsg. u. erl. v. Franz Hüttner, S. 8.
782 S. 88.
783 S. 95.
784 Von Krusenstjern, S. 485 unter Verweis auf Möser's Aufzeichnungen über den dreißigjährigen Krieg, hrsg. v. Franz Winter (1874).

Auch über die Praxis der Militärseelsorge findet sich manches Zeugnis: Die Bamberger Nonne Maria Anna Junius erzählt, wie in ihrem Kloster einquartierte schwedische Soldaten, um ihren Prädikanten geschart, während des klösterlichen Gebets laut und schön ihre lutherischen Lieder singen.[785] Wie katholische Feldpriester hörten auch lutherische Feldprediger etwa vor dem Tod des Soldaten dessen Beichte, waren also bei und nach der Schlacht vor Ort. So berichtet es Junius. An den z. T. sehr schlichten Beerdigungsritualen waren sie nicht notwendig anwesend.[786] Abt Maurus Friesenegger (1589-1659) hielt in seinem Tagebuch fest, wie ein Feldprediger 30 Beichten an einem Tag Ende Dezember hören musste, als ein großer Teil der Truppe wegen Hunger und Kälte im Sterben lag.[787]

b) Feldprediger auf kaiserlicher Seite

Ein im kaiserlichen Heer für jedes Fähnlein vom Obersten anzustellender Kaplan lag mit seinem Sold unter dem kaiserlichen Feldherren Albrecht Wenzel Eusebius von Waldstein, genannt Wallenstein (1583-1634), zwischen dem Trommler und dem Scharfrichter, verdiente nur ein Drittel der Summe, die der Feldscher bekam.[788] Wallenstein, der selbst wie Gottfried von Pappenheim (1594-1632) bis 1605 evangelisch gewesen war,[789] schien keine hohe Meinung von Feldkaplänen gehabt zu haben.[790] 1608, gerade am kaiserlichen Hof angelangt, ließ Wallenstein sich ein erstes Horoskop vom kaiserlichen Mathematiker Johannes Kepler (1571-1630) erstellen. Astrologie galt als die Wissenschaft von der Zukunft, die seit dem Konzil von Trient eigentlich untersagt war und doch geübt wurde. 1629 gehörte u. a. der Generalvikar seines Heeres Pater Sebastian Forteguerra († 1631) zu seinen Beratern in dieser Hinsicht: „Längst kennen wir Wallenstein als einen

---

785 Von Krusenstjern, S.. 484 Anm. 60 (unter Verweis auf Bamberg im Schweden-Kriege, hrsg. v. Friedrich-Karl Hümmer (1890). Vgl. dazu Funke, S. 60.
786 Funke, S. 176f. Vgl. das Landsknechtslied von 1510, in dem der Sänger den Trommelklang beim Begräbnis allem pfäffischen Gehabe vorzieht.
787 Funke, S. 160f.
788 Von Krusenstjern, S. 484.
789 Trauner, Evangelische in Streitkräften und Gesellschaft, S. 49f.
790 Von Krusenstjern, S. 485.

rational denkenden, von mitgeschleppten Glaubenslasten und Hemmnissen seiner Zeit schon freien Menschen"[791]

Regimentskaplan Johann Jacob Angermüller ist durch seine Predigt für den in einem Streit um Pferdefutter vom Quartiermeister Johann Burckelau 1624 erschossenen Johann Dietrich von Haugwitz, einem Veteranen der Schlacht am Weißen Berg, in Erinnerung geblieben.[792]

Der protestantische Feldprediger Jacobus Schwarzenberg im kaiserlichen Regiment des aus Dänemark stammenden späteren Feldmarschalls Heinrich Graf von Holk (1599-1633) kümmerte sich nach der Eroberung Magdeburgs um verwaiste Kinder im benachbarten Olvenstedt.[793]

Obwohl Christoph Thodaenus (* 1567) bei der Eroberung Magdeburgs 1631 als lutherischer Pfarrer sein Leben einem spanischen Obersten verdankte, hatte er für dessen spanischen, seiner Meinung unfähigen und ungelehrten, nicht einmal der lateinschen Messsprache fähigen Kaplan kein gutes Wort übrig.[794] Thodaenus schien nichts gegen Feldprediger an sich zu haben, insofern als ein lutherischer Feldprediger im kaiserlichen Regiment Caspar von Potthausens (1600-1663) durchaus Anerkennung fand.

Mit dem westfälischen Frieden kam die Kurpfalz in der Folge der verlorenen Schlacht zur streng katholischen Linie Pfalz-Neuburg, deren Landesherr Johann Wilhelm (1658-1716) das jus reformandi umzusetzen suchte. Entsprechend galt trotz weiter protestantisch bleibender Bevölkerung in einzelnen Landstrichen für die kurpfälzische Armee die katholische Religion teilweise exklusiv verpflichtend. Die Kriegsartikel von 1685 schärften den Besuch des katholischen Gottesdienstes ein. Konversionen von Offizieren sind interessanterweise allerdings erst im 18. Jh. massiv gefordert worden. „Eine besondere Achtung genoß der Kaplan (Caplain). Ihn hatte der Soldat zu lieben und zu ehren und seinen Vermahnungen zu folgen. Tätliches

---

791 Golo Mann: Wallenstein, sein Leben erzählt von Golo Mann, Frankfurt a.M. 1971, S. 86f, 562.
792 Funke, S. 155f: „christliche Leichpredigt/ und Bußpredigt/ Bey dem Adelichem Begräbniß/ Des weiland WolEdlen/ Gestrengen/ und Mannhaften Johann Dietterichem von Haugwitz [...] gehalten, Leipzig 1624.
793 Funke, S. 140.
794 Funke, S. 55f.

Vergreifen an dieser geheiligten Person, Verspotten und Verachten zog Entsetzung vom Dienstgrade, starke Geldbußen, nach Umständen Strafen an Leib und Leben nach sich." Der Kaplan war nur in Kriegszeiten eingestellt, für den kleineren katholischen Teil der Mannschaften mit zuständig. „Für die aus Protestanten bestehende Masse ist anscheinend keine Seelsorge vorhanden gewesen."[795]

c) kursächsische Feldprediger

Eine Reihe von Feldprediger in kursächsischen Diensten von 1618-1648 ist bekannt:[796]

- M. Ambrosius Arnold († 1650) um 1630,
- M. Simon Graf, später Pfarrer in Bad Schandau († 1659),
- M. Christoph Nitzschmann († 1662), später Pfarrer in Steinigtwolmsdorf,
- Pfarrer Georg Martius († 1679) in Beiersdorf 1631/2,
- Archidiakon Joachim Sextus († 1676) aus Zwickau 1632 beim Leibregiment,
- Pastor Primarius M. Erasmus Willich († 1642) aus Zittau,
- Pfarrer M. Martin Löscher († 1677) in Niederrabenstein 1634
- Pfarrer Simon Krug 1634-1650 beim Leibregiment,
- Pfarrer Tobias Emme in Weißtropp († 1679) um 1635,
- Pfarrer M. Samuel Senff († 1688) in Stolpen 1636,
- Pfarrer Heinrich Dieker in Zscheila († 1659) um 1640,
- Pfarrer Samuel Zenker († 1683) aus Großmilkau um 1640,
- Pfarrer Zacharias Richter († 1693) in Liebstadt, nach dem Leipziger Ordiniertenbuch am 7.8.1640 ordiniert, berufen durch die Stritzkische Schwadron,
- 1648-1652 Hofprediger M. Christoph Jäger in Merseburg († 1675),
- Hofprediger M. Martin Gumprecht († 1679) aus Bautzen ab 1636 als Feldprediger im Lager Johann Georgs I.

---

795 Bezzel, S. 504f.
796 Blanckmeister, Die sächsischen Feldprediger, S. 40f.

Manche Geistliche verdingten sich wiederholt:

- Pfarrer Heinrich Junghans († 1664) in Constappel 1635 und 1643, nach dem Leipziger Ordiniertenbuch aus Freiberg am 31.8.1636 ordiniert, berufen durch die kurfürstlich sächsische Armee, möglicherweise der Nachfolger von Reisch,
- Pfarrer Lorenz Götze in Otterwisch († 1655) 1645 und 1654.

Nach dem Ordiniertenbuch des Leipziger Konsistoriums war auch die unmittelbare Ordination von Feldpredigern möglich, die insofern eine Sonderstellung neben der zivilen Kirche hatten. Zur Ordination für das kirchliche Amt genügte offenbar der entsprechende Nachweis theologischer Bildung und der Ruf durch den Obersten eines Regiments. Es wurde also unmittelbar für den Dienst in der Militärseelsorge ordiniert, anders als im Militärkirchenrecht Gustaf Adolfs ist allerdings nicht von einer eigenen militärkirchlichen Leitungshierarchie die Rede. Im leider für unseren Zeitraum einzig erhaltenen Band 2 (1620-1645) [797] finden sich

- H. Michael Lutovicus aus Plauen, ordiniert am 1.8.1633, berufen für das Regiment von Obrist Christoph von Vitzthumb und Eichstädt,
- M. Samuel Ditzscher aus Altranstädt, ordiniert am 18.10.1633, berufen für das Bünauische Regiment unter dem Kurfürsten,
- H. Hermann Reisch aus Eisenach, ordiniert am 19.12.1634, berufen durch Oberst Heinrich von Schleinitz für die churfürstlich sächsische Armee,
- H. Jonas Titzscher aus Altranstädt, ordiniert am 19.12.1634, berufen durch das Wollferdorfische Regiment,
- H. Valentin Bauer aus Lobenstein, ordiniert am 18.2.1635 und berufen zum Löserischen Regiment,
- Christian Glück aus Leipzig, ordiniert am 15.4.1635 und berufen in das Naumerische Regiment der Pahmrischen Armee,
- Johannes Zirfusius „Lucensis", ordiniert am 22.5.1635 und berufen durch das Pfordtische Regiment,

---

797 Vollert, Das Leipziger Ordinirtenbuch, S. 258f.

- Salomon Petri Penicensis aus Meißen, ordiniert am 14.8.1635, berufen zur fürstlich holsteinischen Gesandtschaft nach Persien,
- Adam Martini, ordiniert am 14.8.1635, berufen durch Herrn Rittmeister Hilbertles im Kalcksteinischen Regiment,
- M. Georg Friedrich Pitterlin (?), ordiniert am 16.9.1635, berufen zum Dienst im Feldlager als „Möslavia francus […] sub [d]uce nobilissimo (?) a Rorsicu",
- Augustin Richter aus Leipzig, ordiniert am 22.4.1636, berufen durch das churfürstlich sächsische Bünauische Regiment, möglicherweise als Nachfolger Ditzschers.
- Magister Georg Sandt aus Melborn in Thüringen, ordiniert am 14.12.1636, als Pfarrer oder Feldprediger berufen durch Oberst Hans Fabian von Ponikau,
- Magister Caspar Andreas aus Weida, ordiniert am 10.3.1637, berufen als Pastor im Feldlager durch das churfürstlich Traußdorfische Regiment,
- Jacob Johannes, ordiniert 1638, berufen als Pastor des Feldlagers für das Regiment von Oberst Unger,

Ordiniertenbücher weiterer Konsitorien müssten weitere Aufschlüsse über Feldprediger und die Praxis ihrer Ordination und Berufung liefern können.

Der spätere Pfarrer von Marbach M. Georg Zeucher († 1675) diente als Feldprediger bei Herzog Bernhard von Sachsen-Weimar.[798]

Daniel Rücker (1605-1665), Präses des Feld-Konsistoriums der Armee des 1639 verstorbenen Herzogs Bernhard von Weimar verfasste 1643 eine „Christlichen Kirchen-Ordnung vor die Feld- und Guarnisons-Prediger der Hochlöblichen Königlichen gen. Weymarischen Armee".[799] Rücker gab genaue Anweisungen für die geistliche Betreuung kranker und sterbender Soldaten und fügte auch Liturgien für Beichte Absolution und Abendmahl wie Gebete hinzu. Der Feldpre-

---

798 Blanckmeister, Die sächsischen Feldprediger, S. 40f.
799 Überliefert bei Feldprediger Johann Ludwig Hocker beim Fürsten von Brandenburg Onolzbach im „Pastorale Castrense", erschienen 1710, nach von Krusenstjern, S. 485.

diger sollte auch ungerufen Beistand anbieten, sich der Glaubenshaltung des Betroffenen anpassen. Ggf. seien Rituale angesichts des nahenden Todes auch abzukürzen. Auch Anweisungen für die Begleitung zum Tode verurteilter Soldaten fehlen nicht. Es ist belegt, dass Kranke und Sterbende einfach am Wegesrand zurückgelassen wurden.[800] Überraschenderweise fehlte in den vom Hofprediger Jacob Fabricius zusammengestellten Gebeten der für Soldaten durchaus typische „jähe Tod", wurde kaum explizit genannt, wenn umschrieben.[801]

Rücker hielt die in Basel im gleichen Jahr erschienene „Christliche Trawr-Predigt/ uber den hochbetrawrlichen tödtlichen Fall Deß Durchleuchtigsten/ Hochgebornen Fürsten und Herren/ Herren Bernharden/ Hertzogs zu Sachsen/ Gülich/ Cleve und Berg/ Landgrafens in Thüringen/ Marggrafens zu Meißen/ Grafens zu der Marck und Ravensburg/ Herrens zu Ravenstein/ etc. Der vereinigten Cronen und Evangelischen Stände Generalissimus. Welcher den 8. Julij/ dieses Jahrs/ in der Statt Newenburg am Rhein/ sanfft und selig in Christo Jesu entschlaffen. Und den 19. diß Monats/ zu Breisach im Münster/ in hochansehenlicher Versamblung/ mit herrlichen Solennitären beygesetzet worden. Gehalten im Münster daselbsten/ und auff Begehren in Druck verfertiget Durch Danielem Rückerum, Fürstl. Sächsischen Hofpredigern/ und deß Feld-Consistorii Praesidem." Rücker schilderte ausführlich Bernhards Vorbereitung auf den Tod in einsamer Selbstprüfung, Abendmahlsfeier und sein getrostes Sterben mit dem Namen „Jesus" auf den Lippen in der Mitte seiner Hauptleute. Das einsame Gebet habe Bernhard auch zuvor während Gefechten gesucht, Predigten nie versäumt, eine eigene Andachtsbibliothek mitgeführt, die neben der Bibel u. a. Johann Arndts Bücher vom wahren Christentum, eine Auslegung der Psalmen, Emanuel Sonthoms „Güldenes Kleinod der Kinder Gottes" enthielt. Zumindest bei einigen Kommandeuren war die evangelische Botschaft verinnerlicht angekommen. Interessant ist, dass es auch

---

800 Von Krusenstjern, S. 486f.
801 Von Krusenstjern, S. 484, unter Verweis auf „Etliche Gebett […] Colligiret […] durch Jacobum Fabricium, Franckfurt 1632.

unter Bernhard ein Feldkonsistorium gab, also offenbar das schwedische Militärkirchenrecht rezipiert war.

Bis zum Verbot durch den Kurfüsten im Schreiben Friedrichs von Metzsch vom 14.10.1644 an das Leipziger Konsistorium überließ man verbündeten Truppen des Kaisers durchaus Kirchen in u. a. Werdau und Plauen für katholische Messfeiern.[802]

d) Feldprediger in welfischen Heeren

Herzog Georg von Braunschweig-Calenberg ließ am 25.10.1633 durch die Stadt Northeim eine Kompanie bei Salzderhelden für die Belagerung Hildesheims mustern. Als Feldprediger begleitete sie Ludolphus Ruhbart.[803]

Bei den Regimentern Mütschepfahl und v. Uslar waren zeitweise offenbar zwei „Pastor[en] beim Stabe" angestellt. In der Ordonanz für die 12, bzw. 16 Kompanien starken Regimenter 1635 sah Herzog Georg zwei Feldprediger pro Regiment vor. 1638 sank dieser Zahl

---

802 Blanckmeister, Die sächsischen Feldprediger, S. 7ff, 41. Nach dem dreißigjährigen Krieg sind 40 Feldprediger, oft aus höchsten Kreisen, in den Kriegen gegen Türken oder Franzosen tätig gewesen, darunter die späteren Oberhofprediger M. Johann Sigismund Mönch († 1732) in Eisenach, Hofprediger Francke in Eisenberg, 1689-91 der spätere Superintendent von Zwickau D. Christian Gotthilf Blumberg († 1735), die Generalstabsprediger M. Gottfried Cleemann (1662-1738; 1691-98 Feldprediger) und 1698-1706 Pfarrer D. Johann Christoph Luther († 1737) aus Lissa bei Görlitz, zuletzt Konsistorial-Feldstabsprediger, Oberhofprediger M. Georg Green (1681 - † 1691), 1693 der spätere Pirnaer Superintendent D. Johann David Schwerdtner († 1711) und Hofprediger D. Johann Andreas Gleich († 734) auf dem Türkenfeldzug Augusts des Starken 1696. Auf Cleemanns Erfahrungen, der 1698 ein Buch über die Militärseelsorge in Wittenberg herausbrachte, fußte G. H. Götze: De pastoribus castrensibus, Lipsiae 1700. 1716, bzw. 1725 in 2. Auflage, erschien in Chemnitz Cleemanns Militärerbauungsbuch: Der andächtige Soldat. Von dems: Die Vor und im Tode Unvergleichlich geführte Conduite Sr. Excellenz, des Seeligen Herrn Graffen [Heinrich VI.] von Reuß, Ihr. Königl. Majestät in Bohlen und Churfürstelichen Durchl. Zu Sachsen hochbestellten General Feld-Marschalls und Obristen über ein Regiment Curassirer, Stellet hier, nebst der am 11. Septembris Anno 1697. Bey Zentr an der Theiß Glücklich erhaltenen Christen-Schlacht, mit allen Umständen, [Chemnitz] 1703.
803 Drögereit, Der Feldprediger, S. 16.

wieder auf einen.[804] Georgs Ordonanz von 1638 gewährte dem Feldprediger der Kavallerie ein Reitpferd und 20 Taler Monatslohn, dem
der Infanterie zwar auch ein Reitpferd, aber nur 9 Taler im Monat.
Dazu kamen Futter für das Pferd, Logis und Lagerstatt, Holz, Licht
und Salz.[805]

Im Leibregiment Herzog Georg hat sich ein Präsentationsvorgang
eines Theologen für die „Veldpastoratsstelle" nach erledigter Probepredigt vor dem Offizierskorps durch den Kommandeur Christian
Bessel an das calenbergische Konsistorium erhalten. Herr Michael
Hennenbergk möge examiniert und ordiniert werden. Wie in Kurbrandenburg nahm also hier ein militärischer Vorgesetzter den Militärgeistlichen an, wirkte allerdings – wenn auch nicht so weitgehend
wie nach dem Militärkirchenrecht Gustaf Adolfs mit der zivilen Kirche zusammen. Interessanterweise bestand Hennenbergk sein Exa-
men nicht und wurde dennoch gegen Revers, dieses zu wiederholen,
ordiniert![806] Entgegen der welfischen Hauskonferenz vom 31.7.-
4.8.1663, die das Anstellungsrecht den Fürsten reklamieren wollte,
scheint sich dies Verfahren der „Designation" weiter erhalten zu haben – etwa in der Bestallung von Andreas Münchmeyer als Feldprediger in den Türkenkriegen am 30.9.1668.[807]

Wie sich eine Garnison in das Leben einer Ortsgemeinde einfügen
konnte und zivil militärseelsorglich versorgt wurde, zeigt ein Bericht
von der Einnahme des Schlosses Liebenburg 1632 an Herzog Friedrich Ulrich (1591-1634) in Wolfenbüttel. Die offensichtlich evangelische Ortsbevölkerung geriet durch Nachlässigkeit der örtlichen Garnison unter katholische Truppen:[808] „Der Kommandant Julius Bothe
ist zu verschiedenen Malen über seine Soldateska von dem Prediger
Rothen treulich vermahnt, sich des bösen Lebens abzutun, und ein
nüchternes und mäßiges Leben zu führen, sich mit Gott zu versöhnen, wenn ihn Gott nicht strafen solle.

804 Drögereit, Der Feldprediger, S. 45.
805 Drögereit, Der Feldprediger, S. 50f.
806 Drögereit, Der Feldprediger, S. 16f. Vgl. ebd. die Präsentation von Gerhard
Bischof als Feldprediger an Oberst Siegel durch Hauptmann Bremen.
807 Drögereit, Der Feldprediger, S. 17.
808 Von der Decken, Herzog Georg, Bd. 2, S. 323 (Beilage 102; Zitat übertr. v. Vf.).

2) Hat derselbe des H[e]rrn Pastors seine Vermahnung nachgefolgt, und den folgenden Sonntag mit seinen Soldaten sämtlich kommuniziert.

3) Wie derselbe aus der Kirche gekommen, gegessen und nach geschehener Mahlzeit sich wieder zum Schmaus verfügt, [haben sie sich] mit einander voll gesoffen." Die Strafe folgte auf dem Fuße, indem eine vom katholischen Vogt des Dorfs angeführte Feindestruppe die schlafende Besatzung überrumpelte und gefangen nach Wolfenbüttel entführte. Nur der Kommandant konnte in das sichere Goslar entkommen.

Exkurs 6: Der cellesche Feldprediger Georg Berkkemeyer

Wie Herzog Georg Wilhelm Feldprediger verpflichtete, lässt sich aus den Nachrichten über Feldprediger Georg Berkkemeyer (1639-1688) entnehmen. Nach dem Besuch des Gymnasiums in Göttingen und der Universität Rinteln wurde Berkkemeyer als Hauslehrer eines Adligen von diesem an den Herzog empfohlen, der ihn Dezember 1665 zu einer Probepredigt nach Nienburg bestellen ließ. Noch vor Jahresende wurde er in Celle geprüft und ordiniert und als Feldprediger beim Regiment von Ende eingestellt, übernahm allerdings ab 1667 die Pfarrstelle im nahegelegenen Obershagen. Aktiviert wurde er erst 1671 zum Zug der Herzöge gegen Braunschweig, bzw. von 1674-1679 für die Feldzüge des verbündeten Großen Kurfürsten gegen die Schweden.[809] Zwar sprengt dieser Bericht den Zeitrahmen der Untersuchung, ist aber so farbig, dass er doch Erwähnung finden muss. Am 25.7.1674 endete das „General Rendezvous", die Sammlung der Truppen bei Nienburg an der Weser, damit, dass früh der Marsch im Namen der heiligen Dreieinigkeit begonnen wurde. Zehn Tage zuvor war Berkkemeyer durch Boten des geheimen Rats in Celle zum Feldzug einberufen worden. Am 24.9. wurde früh Kriegsrat gehalten im

---

809 G. Weber: Der Bericht des lüneburgischen Feldpredigers Georg Berkkemeyer über die Feldzüge von 1674-1679, in: Zeitschrift des historischen Vereins für Niedersachsen 1898, S. 1-51, 1f. Vgl. G. Weber: Der Bericht des Feldpredigers Berkkemeyer über die Belagerung von Braunschweig 1671, in: Zeitschrift des Harzvereins für Geschichte und Altertumskunde 1898.

Beisein der Feldprediger, als man der in Schlachtordnung aufgezogenen französischen Armee ansichtig wurde. Berkkemeyer und Peter Winkelmann konnten ihre Betstunde vor der Schwadron, bzw. Artillerie halten, die anderen Feldprediger zogen sich nach Straßburg zurück. Auf Befehl des Herzogs mussten zwei Tage lang 500 Mann zu Fuß mehr als 4000 Gefallene beider Seiten bestatten. [810] Nach einem Ruhequartier bis Anfang Mai im Schwarzwald kam es zur Exekution eines Dieners von Generallieutenant Chauvet, der von der Frau des Predigers und seiner Tochter, die also wohl mitgezogen waren, bei Unzucht mit einem Kalb entdeckt worden war. Er wurde geköpft, und das Kalb verbrannt.[811] Eine Reise in die Heimatgemeinde Obershagen führte zur Abschiedspredigt gegen den ausdrücklichen Wunsch der Gemeinde, obwohl sie nun wieder mit einem neuen Pfarrer besetzt werden konnte. Am 1.8.1675 bei der Brücke von Conz an der Saar war es Berkkemeyer, der über den Fluss weg zurückgetriebene, ihm bekannte Offiziere dazu ermunterte, doch ihrerseits nun den Feind zurückzutreiben. Mehr als einmal dürfe man denselben Fehler im Krieg nicht machen, so dass beide Offiziere nach erneutem Versagen vor Trier schließlich trotz hoher Gunst vor ein Standgericht kamen.[812] Nach dem glücklich bestandenen Gefecht mit der Garnison von Trier heißt es: „Unser gnädigster Herzog war fleißig, daß Gott sollte gedankt werden vor die Victorie. Es war niemand von Feldpredigern alldar als ich. Mir wurde auch anbefohlen, solch Dankfest vor der ganzen Armee dem Allerhöchsten Gott zu dienen. Mit einer kurzen Aufmunterungssermoni aus exod. 15 v.1.2 hab ich dieselbe gehalten, und mit einem Dankgebet, so nach erhaltener Victorie wird gebraucht, beschlossen. Vorher wurde gesungen: Was Lobes sollen wir dir, o Vater singen etc. und beschlossen mit: Sei Lob und Ehr mit hohem Preis. Es wohneten diesem Gottesdienste über 9000 von Hohen und Gemeinen bei. […] Wie ich des folgenden Tages wieder zur Bagagie kam, fragten mich die andern Feldprediger, wie es abgegangen, weil noch keiner von der Victorie etwas wußte. Gab ich ihnen zur Antwort: Sie sollten sich jeder bei seinem Regiment haben finden lassen, so hätten sie's auch erfahren und gesehen; ich wollte ihnen

---

810 Weber, Der Bericht, S. 10f.
811 Weber, Der Bericht, S. 18.
812 Weber, Der Bericht, S. 19, 21.

nichts erzählen. Der Frau Generalmajorin aber und andern fürnehmen Officirfrauen erzählte ich alles, und daß ihre Männer, Gottlob, noch gesund, deren viel mich mit Geschenken beehrten und hernacher manche Wohlthat erzeigeten."[813] Das erste genannte Lied ist ursprünglich niederdeutsch, bei dem zweiten handelt es sich kaum zufällig um die vorletzte Strophe des schon aus der Schlacht bei Drakenburg bekannten Liedes: „Es ist das Heil uns kommen her".

Nach der endgültigen Einnahme Triers wird am Freitag nach dem 12. n. Trinitatis wieder ein Dankfest gehalten über das Evangelium dieses Sonntags Mk 7,37: „Er hat alles wohl gemacht." Mit den Mönchen aus dem Kloster St. Matthias, über dessen Reliquienschätze Berkkemeyer sich schon wunderte, wurde er gut Freund, so dass einer der Mönche als Prediger des französischen Botschafters in Celle ihn später 1683 grüßen ließ. Zunächst gaben sie ihm alles aus ihrem Garten. „Sie hörten allen meinen Predigten und Betstunden zu, […] und nach Endigung des Gottesdienstes, conferirten sie mit mir, fragten mich, ob es bei allen Lutheranern also bei Verrichtung des Gottesdienstes herginge, ob wir so fleißig beteten und unsere Zuhörer zu Gebet und gottseligen Leben ermahneten. Sie wären von ihren Superioren weit eines andern berichtet. R., daß es bei uns noch viel herrlicher in Verrichtung des Gottesdienstes zuginge. Ich wäre der allergeringste und einfältigste unter allen evangelischen Predigern. Sie würden ja der Unserigen herrliche scripta haben und daraus alles ersehen können etc. Gaben sie zur Antwort: die würden ihnen zu sehen verboten etc. Ich antwortete, daß sie daraus könnten ihrer Superioren Betrug abnehmen, und wie hinterlistig sie von denselben, wie in diesen, also auch in andern hintergangen wären. Was sie vor Bericht hätten von dem Körper S. Matthaei Apostoli, davon vorgegeben würde, daß er in dem Sarg auf'm Altar verborgen läge?"[814] In der weiteren Debatte mit R. wird Legende gegen historische Zeugnisse aus der antiken Literatur gestellt.

Weiter berichtet Berkkemeyer, wie bei der Belagerung eine Kugel durch sein Zelt schlägt und dabei die Hand des dreijährigen Sohns Georg Matthias versengt, die aber glücklicherweise wieder heilt.

---

813 Weber, Der Bericht, S. 22f.
814 Weber, Der Bericht, S. 25-27.

Georg Matthias sollte im Winterlager bei Schwan in Mecklenburg am 19.1.1678 versterben. Von 1676-79 nahm Berkkemeyer am Kampf gegen das mit Frankreich verbündete Schweden vor Stade und in Pommern teil. Er schildert die Beschießung von Stettin und bewundert die Wirkung der großen Geschütze. Eines Morgens flog eine Kugel von der gegenüberliegenden Batterie quer durch die Stadt, fiel in den Graben und erschütterte Berkkemeyers Lager, während er Betstunde hielt. „Den 9t[en] Septembris [1677] thäten die Schweden einen starken Ausfall. Den 9t[en] Octobris fielen sie noch stärker aus an unser Seiten. Es blieben viele von uns, auch der wackere, fromme Herr Obrister Jäger, welcher von jedermann sehr bedauert wurde. War eines Predigers Sohn und darzu so fromm, darum billig zu verwundern, wie er zur Charge eines Obersten gelanget. Ohn allen Zweifel muß ihn Tugend und Tapferkeit darzu erhoben haben." Als es am 15.12. zum Waffenstillstand kam, durfte Berkkemeyer durch die Bresche in die Stadt, um zwei Gefangene seiner Truppe, Generalproviantmeister Schlüter und „Artollereicommissarius" Haßel, zu besuchen.[815] Die Kriegsführung war hart, aber kannte auch gewisse Regeln, wie den Schutz Gefangener oder die Fürsorge für Gefangene. Berkkemeyer bewunderte die Durchhaltekraft der Stettiner auch in schwerster Bedrängnis, machte aber auch keinen Hehl von der Not des Krieges. „Gott bewahre vor Kriegsnoth, Pest und schnellem Tod." Berkkemeyer beweist Schlagfertigkeit und Humor. Als schwedische Vortruppen ihn an einer abgeworfenen Brücke auffordern, doch mit ihnen zu marschieren, weist er das mit Blick auf das unmittelbar beginnende Rückzugsgefecht für den Augenblick zurück![816]

In welfischen Landen entstanden ebenso Garnisonskirchen für die stehenden Heere, die nach dem dreißigjährigen Krieg üblich wurden. Anfangs wurde z. B. auf dem 1651 befestigten Kalkberg in Lüneburg durch den ersten, am 24.10.1652 eingeführten Garnisonsprediger Christian Rausche im Zeughaus Gottesdienst für die Soldaten gehalten, 1663 wurde eine schlichte Fachwerkkirche ohne Turm errichtet.

815 Weber, Der Bericht, S. 34f.
816 Weber, Der Bericht, S. 36-38.

Seit 1654 hatte der Garnisonsprediger auch Unterricht für die Kinder der Soldaten zu leisten.[817]

Schaut man in die weitere Geschichte protestantischer Territorien, so ist die Wirkung der Feldprediger durch katechetische Unterweisung unter den bei Feldgottesdiensten und Gebeten versammelten Soldaten nicht zu unterschätzen. Wahrscheinlich brachten hannoversche Feldprediger 1675 bei der Besetzung der schwedischen Herzogtümer Bremen-Verden den von ihnen wegen seiner Kürze geschätzten Katechismus des Göttingen Generalsuperintendenten Johannes Sötefleisch (1552-1621) mit, der sich gegen den des eigenen Stader Generalsuperintendenten Michael Havemann (1597-1672) durchsetzen sollte.[818] Etwa zur gleichen Zeit sollte der spätere Bischof von Skara als Regimentspastor des königlich-schwedischen Leibregiments Jesper Svedberg (1653-1735) die Soldaten „nach königlicher Verordnung bei allen Musterungen, Übungen fleißig in der Lehre des Katechismus" verhören – mit dem Erfolg, dass die Soldaten bei seinem Anblick „bebten" – „mehr als wenn sie in die Schlacht gegen den Feind zogen". Angesichts seines konkreten und volkstümlichen Katechismusunterrichts erreichte er allerdings, dass von 1200 Mann des Regiments 600 innerhalb kurzer Zeit lesen lernten, um den ausgelobten Katechismus geschenkt zu bekommen: „So muss man dem Ritter und Soldaten nicht mit Drohung und Angst, nicht mit Peitsche und Pfahl zum Lesen" bringen.[819]

e) kurbrandenburgische Feldprediger

Feldprediger Simon Krug diente 16 Jahre von 1634 an beim 10. Leibregiment der Feldartillerie in Brandenburg, bevor er sich am 15.9.1650

---

817 Wilhelm Friedrich Volger: Lüneburger Blätter, Lüneburg 1986 (Nachdr.), S. 126f. Zur archivarischen Überlieferung vgl. Martina Wermes: Militärkirchenbücher in Preussen, Sachsen und Thüringen (Vortrag masch.), in: https://lgg-leipzig.de (Zugriff am 3.12.2020).
818 Meyer, Kirchengeschichte Niedersachsens, S. 138. Vgl. F. Bünger: Entwicklungsgeschichte des lutherischen Katechismusgebrauchs in Hannover, Hannover 1912, S. 144.
819 Hilding Pleijel: Katekesen som svensk folkbok (Skrifter i teologiska och kyrkliga Ämnen 22), Lund 1942, S. 35f.

über die Universität Wittenberg als Patronin um die Pfarrstelle in Wartenburg an der Elbe bewarb.[820]

Die Übernahme des schwedischen Militärkirchenrechts ging auch mit der festen Institutionalisierung evangelischer Militärseelsorge in Brandenburg einher, die an die Einrichtung eines stehenden Heers gekoppelt war. Von 1655-1657 wirkte der Magister der Theologie David Hanisius (um 1630-1681) als Garnisonsprediger und Feldprediger der kurfürstlichen Leibgarde, erstmals dauerhaft angestellt, in der Garnisonsgemeinde in Berlin. Zugleich wirkte er in der Privatbibliothek und im Archiv des großen Kurfürsten Friedrich Wilhelm (1620-1688). Er wird auch in den Musterrollen genannt. Von 1657-1659 war Hanisius „General-Staabs-Prediger" und „Kriegssuperintendent des dänisch-norwegischen Königs Friedrich III. von Dänemark-Norwegen (1609-1670) in Kopenhagen, von 1659-1664 wieder „Chur-Fürstl. Gardeprediger" in oder bei Berlin, bzw. ab 1665 als „Königlicher Ober-Hof-Prediger" in Stockholm und Aufseher über verschiedene Bibliotheken, darunter die von Reichskanzler Magnus Gabriel de la Gardie (1622-1686). Er verstarb als Direktor der Herzog-August-Bibliothek in Wolfenbüttel, wo er seit 1666 tätig war.[821] Die Verbindung von Feldpredigt und wissenschaftlichem Nebenamt im Bibliothekswesen hatte in seiner Person offenbar System.

f) Söldner Peter Hagendorf und die Religion

Eine Antwort auf die Frage, wie einfache Soldaten den Dienst der Militärseelsorge aufnahmen, lässt sich durch das von Jan Peters herausgegebene Tagebuch des Söldners Peter Hagendorf auf dem dreißigjährigen Krieg geben, indem dieser seine Erlebnisse von 1625-1649 in Form einer privaten Chronik notierte, die seine Märsche, familiären

---

820 Schild, Bd. 2, S. 18.

821 Vgl. Schild, Bd. 2, S. 11; Schübel, S. 18f; Karl F. Otto jr: Zu David Hanisius, dem unbekannten Bibliothekar, in: Paul Raabe (Hrsg.): Wolfenbütteler Beiträge. Aus den Schützen der Herzog August Bibliothek, 3, Frankfurt/ Main 1978, S. 283-299. Auch in der polnischen Armee soll er tätig gewesen sein. Vgl. auch W. Milde: Art. Hanisius, David, in: Horst-Rüdiger Jarck (Hrsg.): Braunschweigisches Biographisches Lexikon 8.-18. Jahrhundert, Braunschweig 2006, S. 295f.

Verhältnisse und anderes erkennen lässt.[822] Hagendorf stand die meiste Zeit in kaiserlichen Diensten, wurde aber auch zwischenzeitlich nach verlorener Schlacht von den Schweden angeworben.[823] Wenn es um Religion geht, schweigt er sich aus.[824] Allerdings findet sich nach dem Tod jeden Kindes, bzw. auch der ersten Frau durch die Strapazen der Märsche folgender Satz: „Gott verleihe ihr samt dem Kind und allen ihren Kindern eine fröhliche Auferstehung, amen. Denn in dem ewigen seeligen Leben wollen wir einander wiedersehen."[825] Der Glaube an das ewige Leben war ihm als Soldaten, der den Tod ständig vor Augen hatte, offenbar selbstverständlich. Eigentlich konfessionelle Identität wird aber nicht deutlich.[826] Von einer angeblich schon 300 Jahre brennenden Kerze in einer Kapelle in Arras bemerkt er: „Ich lasse es dabei bleiben, glaube, wer da will, ich glaube es nicht." Mit einem traditionellen Wunderglauben weiß er nichts anzufangen.[827] Die Religiosität scheint elementar und nüchtern gewesen zu sein. Über den 13.5.1637 bemerkt er, dass ein Schiff mit 120 Mann seiner Armee im Rhein untergegangen ist und nur fünf Mann, darunter „ein Pfaff", mit dem Leben davon kamen. Das ist die einzige, nicht unbedingt wertschätzende Erwähnung eines Militärgeistlichen.[828] Im Frühjahr 1642 erwähnt er in Mühlhausen liegend: „Hier wird ein schöner Gottesdienst gehalten, und Musik".[829] Dieser Gottesdienst kann, wenn es denn ein einheimischer war, nicht anders als lutherisch gewesen sein. Im Lager scheint in sittlicher Hinsicht ein strenges Regiment geführt worden zu sein. Ein Mann, der mit einem Pferd Unzucht begangen hatte, wurde mit diesem vor dem Lager am 9.9.1642 verbrannt.[830] Die

---

822 Jan Peters (Hrsg.): Peter Hagendorf – Tagebuch eines Söldners aus dem Dreißigjährigen Krieg (Herrschaft und soziale Systeme in der Frühen Neuzeit 14), Göttingen 2012, S. 10.
823 Funke, S. 89.
824 So auch Peter Burschel: Himmelreich und Hölle. Ein Söldner, sein Tagebuch und die Ordnungen des Krieges, in Krusenstjern/ Medick/ Veit: Zwischen Alltag und Katastrophe. Der Dreißigjährige Krieg aus der Nähe (Veröffentlichungen des Max-Planck-Instituts für Geschichte 148), Göttingen 1999, S. 181-194, 191.
825 Ebd, S. 107 (in der modernen Übertragung (S. 37 i. Orig. ebd. S. 36)
826 Vgl. Funke, S. 78ff.
827 Ebd., S. 116 (in der mod. Übertragung; S. 77 i. Orig. = ebd. S. 62).
828 Ebd., S. 117 (in der mod. Übertragung; S. 82 i. Orig. = ebd, S. 63).
829 Ebd., S. 127 (in der mod. Übertragung, S. 129 i. Orig. = ebd. S. 79).
830 Ebd., S. 128 (in der mod. Übertragung, S. 135 i. Orig. = ebd. S. 81).

längste Notiz zu einem Gottesdienst findet sich im Friedensjahr 1648 im Lager in Memmingen in Schwaben: „Aber die Stadt ist ganz lutherisch, ausgenommen das Kloster. [...] Im Jahr 1648 den 16. November ist das Freudenfest wegen des Friedens gehalten worden von den Bürgern, als wenn es Ostern oder Pfingsten gewesen wäre. In beiden Kirchen sind 3 Predigten gehalten worden. Der Text ist gewesen aus dem 1. Buch Moses, aus dem 8. Kap., wie Noah nach der Sintflut aus der Arche ist gegangen und dem Herrn einen Altar baut und von allem reinen Vieh Brandopfer opfert."[831] Wenn sich überhaupt genaueres sagen lässt, dann dürfte Hagendorf lutherisch gewesen sein, auch wenn er auf kaiserlicher Seite kämpfte. Wenn er aus dem Erzstift Magdeburg stammte, dürfte eine solche Prägung wahrscheinlich gewesen sein,[832] die allerdings zugleich keine wirkliche Prägung war. Es war wohl doch die Erleichterung über den Friedensschluss, die einer tieferen Glaubensäußerung Raum schuf.

Eine interessante Gestalt ist Dr. Eberhard Baring (1608-1659). Baring war Sohn des Pastoren an der St. Katharinenkirche in Braunschweig. Schon auf den Lateinschulen in Lüneburg und Braunschweig zeigte sich seine nicht nur klassische, sondern auch orientalische Sprachbegabung. Er studierte in Helmstedt und Marburg Theologie, wechselte aber, verunsichert durch Streit um Calixt, zur Kirchen- bzw. Säkulargeschichte, bzw. Philologie. Seinen Lebensunterhalt verdiente sich der „Werkstudent" als „Piquenier" zunächst im Heer der Liga, dann nach einer schweren Verwundung ab 1633 im schwedischen Heer, wo er Quartiermeister-Leutnant bei der Birkenfeldischen Armee, bzw. Ingenieur bei der Weimarischen Armee wurde (bis Herbst 1634).[833]

---

831 Ebd., S. 136 (in der mod. Übertragung, S. 172f i. Orig = ebd. S. 96).
832 Ebd., S. 27.
833 Pumpe, A.: Baring, Eberhardt, Dr. phil., in: Horst-Rüdiger Jarck/ Dieter Lent: Braunschweigisches Biographisches Lexikon 8.-18. Jahrhundert, Braunschweig 2006, S. 66f; Inge Mager: Georg Calixts theologische Ethik und ihre Nachwirkungen (Studien zur Kirchengeschichte Niedersachsen 19), Göttingen 1969, S. 15.

VII. Schluss

Evangelische Militärseelsorge hatte im Lauf von 100 Jahren ihrer rechtlichen, aber auch ihrer praktischen Gestalt nach ihre Form gefunden. Das war zunächst mal die des die Truppen durch Predigt des Wortes Gottes begleitenden „Feldpredigers", am Rande auch des „Seelsorgers". Der Feldprediger, ob nun amtlich bestellt oder charismatisch tätig, war das eigentlich Neue, Reformatorische gegenüber dem mittelalterlichen Feldkaplan. Es konnte geschehen, dass der protestantische Feldprediger in altgläubigen Augen etwa denen Margarete von Parmas als geborener Aufrührer zu stehen kam gegenüber dem rituell-seelsorgerlich tätigen und ergo eher loyalen Kaplan. Allerdings waren immer wieder charismatische Verhältnisse in einer auf dem biblischen Evangelium, dem „Wort Gottes", gründenden Befreiungsbewegung, die sich erst ihre legitimen Institutionen und ein offiziell legalisiertes Verständnis dieses Evangeliums schuf, nicht verwunderlich. Nach dem Augsburger Religionsfrieden von 1555 stand mit der Etablierung legaler evangelischer Herrschaft auch der evangelische Feldpredigerdienst auf diesem Fundament. Nichtsdestotrotz war das charismatische Moment evangelischer Feldpredigt weiter wirksam, vor allem in den Aufständen der Hugenotten, aber auch in den niederländischen Befreiungskriegen. Umgekehrt waren aber auch eindeutige konfessionelle Parteinahmen von Söldnerführern möglich und üblich, auch wenn das nicht daran hinderte, dennoch bei gutem Sold und Beuteaussichten auf die Seiten des konfessionellen Gegners zu treten.

Organisatorisch war einmal das mittelalterliche Modell des persönlichen Treueverhältnisses des Geistlichen zu einem Dienstherrn weitergeführt, aber auch eine eigene Militärkirchenordnung mit eigener Hierarchie, bzw. eine Verpflichtung von Feldpredigern auf Zeit aus umliegenden Kirchenkreisen als Modell einer „Verkirchlichung" der Militärseelsorge entwickelt worden – auch wenn man festhalten muss, dass Letzteres nur begrenzt funktionierte. Das letzte Modell hatte Vorbilder in Verteidigungsmaßnahmen von Städten, die gegebenenfalls auch die Prediger in einer „geistlichen Mobilmachung" mit einbeziehen konnten. Sieht man das Verhalten Zwinglis in Zürich und seiner späten Schüler Hardenberg, Beza oder oberdeutscher Reichsstädte, aber auch Magdeburgs, dann war die Reformation in Teilen zweifellos auch „militarisiert" (Sieber), bzw. der „Zivilist" „Soldat".

Nach dem dreißigjährigen Krieg scheint sich neben fest angestellen Feldpredigern in Garnisonskirchen, z. T. mit wissenschaftlichen Nebenaufgaben als Bibliothekaren, auch ein Modell etabliert zu haben, indem Feldprediger in Friedenszeiten nahe der Residenz liegende Landpfarreien versahen.

Interessanterweise bilden die Beispiele einer „religiösen Mobilmachung" von zivilen Gemeinwesen zur Verteidigung wie im Zürich Zwinglis, in süddeutschen Reichsstädten oder Täuferkommunen, in Magdeburg zur Zeit des Interims, in den Kriegen der Hugenotten in Frankreich oder zur Befreiung der Niederlande begrifflich die nächsten Vergleichspunkte für den Gedanken des „Staatsbürgers in Uniform" als „freiem Menschen, gutem Staatsbürger und vollwertigem Soldaten" und die „Zivilisierung des Soldaten", des „Bürgersoldaten" durch „innere Führung".[834]

Das Berufsbild selbst, das schon aus dem Mittelalter auch den diakonischen Dienst am Kranken, Verwundeten und Sterbenden kannte, hatte sich ausdifferenziert. Neben den Prediger war in den Niederlanden der Beruf eines eigenen „Krankenbesuchers" getreten. Vereinzelt wird das Moment des Gesprächs und des Gebets und das Motiv des Trostes thematisiert wie bei Leonhard Fronspergers und Abraham Scultetus. Mancher Feldprediger scheint aber auch, dem Hauptmann in Verwaltung und Handel beiseite getreten zu sein.

Was war theologisch im Spiel in einer Feldpredigt, die neben einem aktuell motivierenden und deutenden Moment zunehmend auch erzieherischen Charakter bekommen hatte? In einer im Wesentlichen alttestamentlichen Theologie verbürgte das Wort Gottes Gottes Autorität und Recht; dieses legitimierte gegebenenfalls auch Gewalt und verhieß dem Frommen Wohlfahrt des Landes und Sieg im Krieg. Wenn dies nicht eintrat, ließ dies entweder mangelnde Frömmigkeit vermuten und entsprechend Buße angelegen sein oder es forderte tiefer Sehende dazu heraus, Gottes Geschichtshandeln auch verborgenen Sinn zuzugestehen und politisch so zu agieren, wie es ein Ge-

---

834 Angelika Dörfler-Dierken: Militärseelsorge in der Bundeswehr, in: Isolde Karle/ Niklas Peuckmann (Hrsg.): Seelsorge in der Bundeswehr. Perspektiven aus Theorie und Praxis, Leipzig 2020, S. 145-165, 157, bzw. ebd Friedrich Lohmann: Militärseelsorge aus ethischer Perspektive, S. 273-290, 281.

danke der Zeit sagt, „als wenn es Gott nicht gäbe" (Hugo Grotius).
Nicht umsonst entstand gerade in den niederländischen Befreiungskriegen auch der eben von Grotius vorgetragene Gedanke einer Verpflichtung zur Friedenspolitik durch vernünftigen Ausgleich.

Wo konkrete Predigten in der Frühzeit erwähnt werden, da handelt es
sich um Buß- und Mahnpredigten, da haben sie motivierenden Charakter als Beschwörung einer gesellschaftlichen Utopie in Gleichheit
für die Bauern oder Bibelgemäßheit für die Hugenotten, als Appell
des Fürsten Philipps von Hessen an die Knechte im Bauernkrieg,
Zwinglis vor der Schlacht bei Kappeln, Graf Christophs von Oldenburg in der Grafenfehde oder vor der Schlacht bei Drakenburg, als
legitimatorische Deutung des Einzugs in Wolfenbüttel 1542 als „Einzug des Messias Jesus in Jerusalem" (Dionysius Melander) oder Ver-
gewisserung des Sieges im schmalkaldischen Krieg vor Ingolstadt
1546 (Theobald Thamer) u. ö., ggf. auch als Handlungsanweisung
vermeintlich zu Wort Gottes gemäßem Bildersturm oder der eigenen
Freiheit dienender Gewalt.

Waren auch Elemente des Evangeliums im reformatorischen Sinne
wirksam? Eher indirekt in einem individuellen Sinn, wenn Landsknechtsführer wie Schertlin von Burtenbach nach 1535 oder Georg
von Holle nach 1555 individuell die Erfahrung der Rechtfertigung
allein aus Glauben für sich formulieren. Wenn Assa von Cramm einem auf Erlösung sinnenden Landsknecht riet, die Seele für die Zeit
des Kriegsdienstes fest in einem Baum zu verschließen, hielt er wohl
trotz Luthers soldatischer Berufsethik, die das Beutemachen ausdrücklich für rechtens hielt, diesen Beruf mit wahrem Christentum
für unvereinbar. Bernhard von Mila errichtete in Wolfenbüttel eine
auf Ausbeutung bedachte schmalkaldische Herrschaft, Schertlin von
Burtenbach hätte wohl gern in Süddeutschland eine Herrschaft gewonnen und Georg von Holle ließ sich künstlerisch als verlorener
Sohn in Rüstung darstellen. Der „fromme Hauptmann" Georg Niege
scheint ebenfalls, sein Kriegshandwerk moralisch nicht allzu hoch zu
halten. Aber auch alternative religiöse Praktiken magischer Art sind
belegt in der Wahrnehmung Luthers, bei König Erik XIV., selbst in
einer Art Talisman bei Gustaf Adolf. Daneben scheint die Astrologie
als „Wissenschaft von der Zukunft" bei Kaiser Karl V., aber auch
Wallenstein auf.

Das herrschaftskritische, charismatische Moment im Namen der vom Reich Gottes gebotenen und in evangelischer Predigt und Begleitung von auch kämpferischen Gemeinschaften angebotenen Freiheit hatte immer wieder die Geister geschieden im Blick auf die legitime Anwendung bewaffneter Gewalt. Der hier berührte ethische Topos ist der des Widerstandsrechts in allen seinen Fassetten:[835] Legitimierte Tyrannei das Recht der Untertanen auf Widerstand, wie Assa von Cramm und Bernhard von Mila, aber auch der Wittenberger Stadtpfarrer Johannes Bugenhagen, Philipp von Marnix, jesuitische Denker und andere nach ihnen meinten, wenn denn die Freiheit des Glaubens nicht gewährt wurde, während Luther dies zwar nicht theologisch-kategorisch ausschloss, aber doch wohl aus taktischen Gründen zunächst entschieden davon abriet, um nach dem Bauernkrieg nicht die evangelische Sache insgesamt zu gefährden? Luther erkannte nur die Verteidigung gegenüber Ebenbürtigen als legitimen Grund für kriegerische Gewalt an.

Die Bindung jeden Kriegsdienstes an das Recht war unstrittig. Das Recht zum Widerstand auch gegen die Obrigkeit wurde verschieden in Anschlag gebracht. Auch das Luthertum räumte schließlich das Recht zur Verteidigung um des Glaubens willen ein, stellte die Friedenspflicht dennoch höher als reformierte Positionen, die zumindest zeitweise auch ein Recht zur Ausbreitung des Glaubens mit obrigkeitlicher Gewalt bejahten. Michael Becker, der Kenner der protestantischen Kriegsrechtsdebatte bis zum Dreißigjährigen Krieg, unterscheidet zwischen dem allseits bejahten defensiven Religionskrieg als Abwehr gewaltsamer Bedrängnis der Religion und der kriegerischen Absicherung der Evangeliumsverkündung.[836]

Wurde dennoch in einer zunehmend auf die Seite der legalen Gewalt tretenden Militärseelsorge vom Evangelium her auch „kritische" Solidarität gegenüber der Obrigkeit geübt? Luther kritisierte unangemessenes, eigennütziges angebliches Rechtsgebaren seitens der Sieger nach dem Bauernkrieg. Feldprediger Georg von Woltersdorff kritisierte im schmalkaldischen Krieg Grausamkeit verbündeter spanischer

---

835 Vgl. dazu Volker Stümke: Das Friedensverständnis Martin Luthers. Grundlagen und Anwendungsbereiche seiner politischen Ethik (Theologie und Frieden 34) Stuttgart 2007.
836 Becker, Kriegsrecht, S. 386.

Kräfte gegenüber der Zivilbevölkerung, ohne die Loyalität gegenüber dem eigenen Herrn oder Kaiser Karl V. aufzukündigen. Ob andere das auch getan haben, ist so nicht zu erkennen. Die Anfrage behält gegenüber einer institutionellen Form evangelischer Militärseelsorge, die über drei Jahrhunderte das Bild bestimmen und im Verdacht der Obrigkeitshörigkeit stehen sollte, ihr Recht.

Zumindest blieb in der Feldpredigt ein Bewusstsein gemeinsamer Geschöpflichkeit und Christlichkeit auch zwischen Freund und Feind in einzelnen Kreisen lebendig. Eine prinzipielle Ausnahme – abgesehen von der in jedem Krieg präsenten Grausamkeit – scheinen zunächst einzig die spanischen Truppen im Schmalkaldischen Krieg und in den Niederlanden zu machen, indem sie einen „heiligen Krieg" gegen die Ungläubigen führen. Die Aufforderung, im Gegner den Menschen zu sehen, zu Barmherzigkeit und Frieden bereit zu sein, fand sich bei Luther, abgeleitet aus der römischen Kriegsgeschichte, Musculus und auch später.

Gerade der dreißigjährige Krieg brannte sich in der kollektiven Erinnerung als verheerender Krieg ein, der in manchen Landstrichen bis zu ein Drittel der Bevölkerung das Leben kostete.[837] Im ersten deutschsprachigen Roman Hans Jakob Christoffel von Grimmelshausens (1626-1676) „Der abenteuerliche Simplicissimus" macht der Protagonist als wilder Landsknecht unter der Muskete dem Regimentskaplan viele Sorgen, als er Beichte und österliche Kommunion verachtet und mahnende Worte zu Christus, seiner Taufe in den Wind schlägt. Die Drohung mit Verlust der Seligkeit fehlt auch nicht.[838] War Militärseelsorge, als die sie hier ja expressis verbis in der Sorge um die Seele erscheint, ein sinnloses Unterfangen oder genauso sinnvoll wie jede Sorge um theologisch gesprochen „sündige, der Erlösung bedürftige Menschen" um des Evangeliums willen in Wort und Tat, die immer die Freiheit haben, Gottes Wort und Recht zu beherzigen oder eben auch nicht?

Am Ende mag ein Gebet stehen, das von Gustaf Adolfs Feldkonsistorium 1631 formuliert wurde und möglicherweise von Hofprediger

---

837 Schmidt, S. 620ff.
838 Reinhard Gramm: Frieden zwischen Waffen. Kleine Typologie des Soldatenpfarrers im Spiegel literarischer Texte, Stuttgart/ Berlin 1975, S. 27f.

Johannes Botvidi stammt und zumindest für das lebendige Bewusstsein des Menschseins von Kamerad und Gegner Zeugnis ablegt:[839]

„Ewiger, barmherziger Gott,

Du hast alle Herzen in Deinen Händen.

Nimm hinweg alle Feindschaft und allen Hass und alles Missverstehen.

Bereite den Weg für Frieden und Versöhnung.

Wir haben verdient, unter die Strafe für unsere Sünden zu kommen.

Herr, kehr um! Erbarme Dich über uns.

Du bist langmütig und groß an Milde. Darum warten wir auf Dich.

Lass uns Dir ewig danken und Dein Lob erzählen von Geschlecht zu Geschlecht!"

---

839 Übertragen nach der Version des „Svenska Psalmboken", Örebro 1986, S. 1190 Nr. 132. Vgl. Gudmundsson, S. 15.

VIII. Literaturverzeichnis

1. Quellen

Anon: Auffichtiger Teutscher Soldaten Regul. Oder Kurtze Erinnerung an den Teutschen Evangelischen Kriegßmann, 1620

Autenrieth, Bernd (Hrsg.): Samuel Gerlach: Feldprediger, Hofprediger, Prälat (1609-1683). Ein schwäbischer Pfarrer zwischen Mecklenburg, Holstein, Danzig und Württemberg, Stuttgart 2000

Die *Bekenntnisschriften* der evangelisch-lutherischen Kirche, Göttingen 1952²

Billon, J. de: Les principes de l'art militaire, Lyon 1613/ Rouen 1641.

Botvidi, Johannes: Etliche Gebete/ Welche im Schwedischen Kriegslager gebräuchlich, 1630

Calvin, Johannes: Corpus Reformatorum: Opera Calvini, Bd. 17, S. 681-687

Classicale Acta 1573-1620 VII Provinciale synode Zuid-Holland Classis Delft en Dellfland 1572-1620, IX, Den Haag 2001

Die Vor und im Tode Unvergleichlich geführte Conduite Sr. Excellenz, des Seeligen Herrn Graffen [Heinrich VI.] von Reuß, Ihr. Königl. Majestät in Bohlen und Churfürstelichen Durchl. Zu Sachsen hochbestellten General Feld-Marschalls und Obristen über ein Regiment Curassirer, Stellet hier, nebst der am 11. Septembris Anno 1697. Bey Zenta an der Theiß Glücklich erhaltenen Christen-Schlacht, mit allen Umständen vor M. *Gottfried Cleemann* [Chemnitz] 1703

Ders: Der andächtige Soldat oder Gebet-Buch, Vor alle Officire und gemeine Soldaten, Des Morgens und Abends bey der Beichte und Communion, vor, in und nach der Campagne, an Sonn- und Fest-Tagen, bey Kranckheiten, Blessuren, Sterbens-Läufften, Arrest und Executionen, Chemnitz 1705

Medulla Davidica. Seu Libellus Exquisitissimam, & ex meris sancti Davidis verbis desumtam Deum in omnibus necessitatibus invocandi.

Eundemq[ue] pro plurimis ac maximis beneficiis celebrandi, rationem continens *Georg Conradi*, Typis Grosianis [Leipzig] 1618 (298 S.).

Dillich, Wilhelm: Kriegßbuch, Kassel 1608

Stammbuch des lutherischen Pfarrers Georg Eckenberger (gestorben 1639 in Regensburg), hrsg. u. erl. v. Franz Hüttner, o. O. o. J.

Evangelisches Feldgesangbuch, Berlin o. J.

Fabricius, Jacob: Etliche Gebet/ so Königl. Majest. Zu Schweden Kriegsheer neben den Psalmen Davids und der Christlichen Litaney/ von den Feldpredigern gebrauchet/ und der Soldatesca fürgebettet werden, Augsburg 1632

Franck, Sebastian: Kriegbüchlein des frides, 1539

Fronsperger, Leonhard: Geistliche KriegßOrdnung, Franckfurt am Mayn 1565

Ders: Von Kayserlichen Kriegßrechten Malefitz und Schuldhändlen, 1566

Gierow, Arvid: Bidrag till det svenska militärkyrkoväsendets historia (dt: Beiträge zur Geschichte des schwedischen Militärkirchenwesens), in: Kyrkohistoriskt Årsskrift 18 (1917), S. 73-196, bzw. 19 (1918), S. 1-98

Gustaf Adolf: Öppet bref för Krigspresterna 1630, in: Arkiv till upplysning om svenska krigens och krigsinrättningarnes historia, red. v. Julius Mankell, Stockholm 1861, S. 338f

Hümmer, Friedrich-Karl (Hrsg.): Bamberg im Schweden-Kriege, 1890

Christliche Leichpredigt/ und Bußpredigt/ Bey dem Adelichem Begräbniß/ Des weiland WolEdlen/ Gestrengen/ und Mannhaften *Johann Dietterichem von Haugwitz* [...] gehalten, Leipzig 1624.

Hezel, Johannes: Ehrengedechtnuß. Das ist Bericht vom Löblichen Wandel und allzu unzeitigen Tödtlichen doch Seligen abgang Deß Ehrwürdigen und Wolgelehrten Herrn Friedrich Salmuths Weiland Königlichen Predigers [...], Emden 1626

Kirchhof, Hans Wilhelm: Militaris disciplina (1602), hrsg. v. Bodo Gotzkowsky, Stuttgart 1976

Ders: Wendunmuth, hrsg. v. Hermann Österley, Tübingen 1869

Kurtzer Begrieff/ Der Kriegs Ordnung/ so unter den Herrn Staden [...] gehalten wird, Rinteln 1625

Luther, Martin: Brief an Johannes Rühel v. 29.6.1534, in: Weimarer Ausgabe Briefe Bd. 7, S. 81f (= Erlanger Ausgabe 55, S. 55)

Ders: Ob Kriegsleute in seligem Stande sein können in: Martin Luther Studienausgabe, Bd. 3, hrsg. v. Hans-Ulrich Delius, Berlin 1983, S. 357-401, vgl. Weimarer Ausgabe, Bd. 19, S. 616-662, bzw. in modernem Deutsch von Hubert Kirchner (mit Gliederungshinweisen) in: Martin Luther: Ob Kriegsleute in seligem Stande sein können, hrsg. v. Angelika Dörfler-Dierken/ Matthias Rogg (Schriften der Evangelischen Seelsorge in der Bundeswehr), Delitzsch 2015[2], S. 11-79

Ders: Vom Kriege wider die Türcken, in: Weimarer Ausgabe Bd. 30/2, S. 81-149

Ders: Heerpredigt wider die Türcken; in: Weimarer Ausgabe Bd. 30/2, S. 149-198

Ders: Vermahnung zum Gebet wider die Türcken, in: Weimarer Ausgabe Bd. 51, S. 577-626

Mengering, Arnold: Perversa Ultimi Seculi Militia Oder Kriegs-Belial der Soldaten nach Gottes Wort und gemeinem Lauff der letzten Zeit beschrieben durch [...], Superintendent zu Halle, (1633), 1641[3]

Jacob Möser's Aufzeichnungen über den dreißigjährigen Krieg, hrsg. v. Franz Winter, 1874

Musculus, Andreas: Vom beruff und stand der Kriegsleuth, Frankfurt Oder 1558

Pastorale Castrense, 1710

Peters, Jan (Hrsg.): Peter Hagendorf – Tagebuch eines Söldners aus dem Dreißigjährigen (Herrschaft und soziale Systeme in der Frühen Neuzeit 14), Göttingen 2012.

Svenska Psalmboken (dt. Schwedisches Gesangbuch), Örebro 1986

Puchner, Stephan: Christliche/ Heilsame unnd sehr nützliche Gebetlein/ Neben einem bericht/ wie ein Kriegsmann sich verhalten sol damit er Christlich leben und selig Sterben könne, Berlin 1616

Daniel Rantzovs Vinterfelttog i Sverig fra den 20 Oktober 1567 til den 14de Februar 1568, in: Monunmenta Historiae Danicae: Historiske kildeskrifter og bearbejdelser af dansk historie II, hrsg. v. Holger Fredrik Rördam, Kopenhagen 1884

Raupach, Bernhard: Presbyterologia Austriaca oder Historische Nachricht von dem Leben ..., 1741,

Riegler, Rudolf: Die Krönungsreise Friedrichs V. nach Prag, in: Eintrag unter 13DonnerstagAug 2015 (Bericht über die Krönungsreise Friedrichs V. Stadtarchiv Amberg)

Reitsma, J./ S. D. van Veen (Hrsgg.): Acta der Provincialae en Particuliere Synoden, gehouden in de nordelijke Nederlanden de Jaren 1572-1620, Groningen 1894

Christliche Trawr-Predigt/ uber den hochbetrawrlichen tödtlichen Fall Deß Durchleuchtigsten/ Hochgebornen Fürsten und Herren/ Herren Bernharden/ Hertzogs zu Sachsen/ Gülich/ Cleve und Berg/ Landgrafens in Thüringen/ Marggrafens zu Meißen/ Grafens zu der Marck und Ravensburg/ Herrens zu Ravenstein/ etc. Der vereinigten Cronen und Evangelischen Stände Generalissimus. Welcher den 8. Julij/ dieses Jahrs/ in der Statt Newenburg am Rhein/ sanfft und selig in Christo Jesu entschlaffen. Und den 19. diß Monats/ zu Breisach im Münster/ in hochansehenlicher Versamblung/ mit herrlichen Solennitären beygesetzet worden. Gehalten im Münster daselbsten/ und auff Begehren in Druck verfertiget Durch *Danielem Rückerum,* Fürstl. Sächsischen Hofpredigern/ und deß Feld-Consistorii Praesidem

Salig, Christian August: Vollständige Historie der Augspurgischen Confeßion und derselben Apologie, Halle 1743

Bildnis eines evangelischen Predigers aus der 2. Epistel Pauli an die Korinther am 6. Gerichtet auf die Person, Leben und Tod Abraham Sculteti ... zu Ehrengedächtnis gestellt und in Druck verfertigt durch *Friedrich Salmuth* [...], Emden 1625

Leben und Thaten des weiland wohledlen und gestrengen Herrn *Sebastian Schertlin von Burtenbach,* durch ihn selbst deutsch beschrieben. Nach der eigenen Handschrift des Ritters urkundlichtreu herausgegeben v. Otmar F. H. Schönhuth, Münster 1858

Schneider, Kurd (Hrsg.): Quellen und Beiträge zur Geschichte deutschevangelischer Militärseelsorge von 1564 bis 1814, Halle 1906

Schwedisches Kriegs-Recht/ Der Articuls-Brief Deß Durchlauchtigsten Fürstens und Herrns Gustaff Adolffs/ der Reiche Schweden/ Gothen und Wenden Königs/ Großfürsten in Finland/ Hertzogen zu Ehesten und Carelen/ Herrn zu Ingermanlandt/ etc. Sampt angeheffter General: unnd Obergerichts Ordnung/ und des General Auditors wie auch General Gewaltigens/ etc. Ampt und Bestallungs Puncten. Auss Befelch deß Woledlen Gestrengen Herrn Bernhard Schaffelitzki von Muckendell/ etc. Rittern und Obristen/ etc. zu Roß und Fuß/ etc. gedruckt zu Heylbrunn/ im 1632. Jahr

Solms, Graf Reinhard zu: Kriegsbuch, 1559

Spangenberg Cyriacus: Adelsspiegel, 2 Bde., Schmalkalden 1591/ 1594

Velthuysen, Henricus: Drie theologische tractaten, vervatende 31 predicatien gedaen op St. Peters Bergh voor Maes-tricht, ende stichtelick geappliceert op den gepasserden krijchshandel des jaers 1632

Des *Vigilus van Zwichem* Tagebuch des Schmalkaldischen Donaukrieges, hrsg. v. A. v. Druffel, München 1877

Voetius, Gisbertus: Politica Ecclesiastica, 1663ff

Wittenberger Ordiniertenbuch 1537-1560, hrsg. v. Georg Buchwald, Leipzig 1894

[Woltersdorff, Georg von]: Warhaffte newe zeitung von der kriegßhandlung zwischen kaiserlicher M[ajestä]t und dem Landgrawen des 15.46. iares geschen, in: Leopold von Ranke: Deutsche Geschichte im Zeitalter der Reformation, Bd. 6, Leipzig 1868[4], S. 214-232

2. Literatur

Andrén, Åke: Sveriges kyrkohistoria. 3. Reformationstid, Malmö 1999

Anemüller, Bernhard: M. Bartholomäus Gernhard und der Rudolstädter Wucherstreit im 16. Jahrhundert. Zugleich ein Beitrag zur Geschichte der Gräfin Katharina „der Heldenmütigen" nebst einigen durch den Druck noch nicht veröffentlichten Briefen derselben (Zu der öffentlichen Prüfung sämmtlicher Klassen des Fürstlichen Gymnasiums und der Realschule am 19. Und 20. März 1861), Rudolstadt 1861

Ders: Gernhard, Bartholomäus, in: Deutsche Biographie 9 (1879), S. 35-37

Angermann, Gertrud: Der Oberst Georg von Holle 1514-1576. Ein Beitrag zur Geschichte des 16. Jahrhunderts (Mindener Beiträge 12), Minden 1966

Bachrach, David S.: The Medieval Military Chaplain and his Duties, in: Doris L. Bergen (Hrsg.): The Sword of the Lord. Military Chaplains from the First to the Twenty-First Century (Critical Problems in History), Notre Dame/ Ind. 2004, S. 69-88

Barudio, Günter: Gustaf Adolf der Große. Eine politische Biographie (Fischer Taschenbuch), Frankfurt am Main 1985

Bastian, Hans-Dieter: Art. Militärseelsorge, in: Theologische Realenzyklopädie 22 (1992), S. 747-752

Baumann, Reinhard: Die deutschen Condottieri und die Reformation. Neue Unabhängigkeit oder neue Abhängigkeiten?, in: Dörfler-Dierken, Reformation und Militär, S. 103-114

Baumgarten, Hans: Moritz von Sachsen. Der Gegenspieler Karls V., Berlin 1941, S. 408-413.

Becker, Judith: Petrus Dathenus (1530/1532-1588), in: Irene Dingel/ Volker Leppin: Das Reformatorenlexikon, Darmstadt 2013, S. 110-115

Becker, Michael: Kriegsrecht im frühneuzeitlichen Protestantismus (Spätmittelalter, Humanismus, Reformation 103), Tübingen 2017

Beckmann, Klaus: „... dass sie noch einen anderen Herrn haben". Seelsorge in der Bundeswehr zwischen Autonomie und Abhängigkeit, in: Isolde Karle/ Niklas Peuckmann (Hrsg.): Seelsorge in der Bundeswehr. Perspektiven aus Theorie und Praxis, Leipzig 2020, S. 167-186

Benrath, Gustaf Adolf (Hrsg.): Die Selbstbiographie des Heidelberger Theologen und Hofpredigers Abraham Scultetus (1566-1624; Veröffentlichungen des Vereins für Kirchengeschichte in der evang. Landeskirche in Baden XXIV), Karlsruhe 1966

Ders: Abraham Scultetus, in: Pfälzer Lebensbilder, Bd. 2, hrsg. v. Kurt Baumann, Speyer 1970, S. 97-116

Ders: Art. Abraham Scultetus, in: Biographisches Lexikon Ostfriesland, Aurich 1993, S. 315-317

Berentelg, Hugo: Der Schmalkaldische Krieg in Nordwestdeutschland (Diss. phil./ rer. nat. Münster), Rostock 1908

Berndorff, Lothar: Die Prediger der Grafschaft Mansfeld. Eine Untersuchung zum geistlichen Sonderbewusstsein in der zweiten Hälfte des 16. Jahrhunderts, Diss. Potsdam 2010

Berner, Felix: Gustav Adolf. Der Löwe aus Mitternacht. Eine Biographie, Stuttgart 1982

Beste, Johannes: Geschichte der Braunschweigischen Landeskirche von der Reformation auf unsere Tage, Wolfenbüttel 1889, S. 42f

Bezzel, Otto: Das Heerwesen in Kurpfalz, Pfalz-Neuburg und Jülich-Berg von seinen Anfängen bis zur Vereinigung von Kurpfalz und Kurbayern 1778 nebst Geschichte des Heerwesens in Pfalz-Zweibrücken (Geschichte des Kurpfälzischen Heeres 1), München 1925

Bidermann, Hermann J: Steiermarks Beziehungen zum kroatisch-slawonischen Königreich im 16. Und 17. Jahrhunderte, in: Mitteilungen des Historischen Vereines für Steiermark XXXIX (1891), S. 3-125

Bielik, Emerich: Geschichte der K. u. K. Militärseelsorge und des Apostolischen Feld-Vikariates, Wien 1901

Blanckmeister, Franz: Die sächsischen Feldprediger. Zur Geschichte der Militärseelsorge in Krieg und Frieden (Aus dem kirchlichen Leben des Sachsenlandes 5/6), Leipzig 1893

Blaschke, Karlheinz: Moritz von Sachsen. Ein Reformationsfürst der zweiten Generation (Persönlichkeit und Geschichte 113), Göttingen/ Zürich 1983

Blaschke, Peter H: „Vermanung an den Teutschen unnd Evangelischen Kriegßman". Anmerkungen zu einer Schrift von 1546, in: „Ein Kriegesmann und guter Christ ..." Historische Skizzen aus der Soldatenseelsorge (Festgabe Hermann Kunst), hrsg. v. Ev. Kirchenamt für die Bundeswehr, Hannover 1990, S. 13-18

Böttcher, Hans Joachim: Die Türkenkriege im Spiegel sächsischer Biographien, Herne 2019

Bothmer, Karl Freiherr von: Die Schlacht vor der Drakenburg am 23. Mai 1547. Eine historisch-militärische Studie, in: Niedersächsisches Jahrbuch 15 (1938), S. 83-104

Bräuer, Siegfried/ Hans-Jürgen Görtz: Thomas Müntzer, in: Gestalten der Kirchengeschichte 5. Reformationszeit I, hrsg. v. Martin Greschat, Stuttgart/ Köln/ Mainz 1984, S. 335-352

Brandenburg, Erich: Moritz von Sachsen, Bd. 1: Bis zur Wittenberger Kapitulation (1547), Leipzig 1898

Brandes, Wolfgang: Der Heideprophet Hermann von der Hude. Eine ungewöhnliche Entdeckung in einem Antiquariat, in: Soltauer Schriften/ Binneboom 24, Soltau 2020, S.40-53

Brennecke, Hanns Christoph: „An fidelis ad militiam converti possit"? Frühchristliches Bekenntnis und Militär im Widerspruch?, in ders: Ecclesia et re publica. Studien zur Kirchen- und Theologiegeschichte im Kontext des Imperium Romanum, Berlin 2007, S. 179-232

Bünger, F.: Entwicklungsgeschichte des lutherischen Katechismusgebrauchs in Hannover, Hannover 1912

Burckhardt, Carl Jakob: Richelieu. Der Aufstieg zur Macht. Behauptung der Macht und kalter Krieg. Großmachtpolitik und Tod des Kardinals. Materialien, München 1984

Burschel, Peter: Söldner im Nordwestdeutschland des 16. und 17. Jahrhunderts. Sozialgeschichtliche Studien (Veröffentlichungen des Max-Planck-Instituts für Geschichte 113), Göttingen 1994

Ders: Zur Sozialgeschichte innermilitärischer Disziplinierung im 16. und 17. Jahrhundert, in: Zeitschrift für Geschichte 42 (1994), S. 965-981

Ders: Himmelreich und Hölle. Ein Söldner, sein Tagebuch und die Ordnungen des Krieges, in Krusenstjern/ Medick/ Veit: Zwischen Alltag und Katastrophe. Der Dreißigjährige Krieg aus der Nähe (Veröffentlichungen des Max-Planck-Instituts für Geschichte 148), Göttingen 1999, S. 181-194, 191.

Chaline, Olivier: La Battaille de la Montagne Blanche – un mystique chez les guerriers, Paris 1999

Chambon, Joseph: Der französische Protestantismus. Sein Weg zur französischen Revolution, München 1938[2]

Cuno, Friedrich Wilhelm: Abraham Scultetus, in: Allgemeine Deutsche Biographie 33, Leipzig 1891, S. 492-496. Gustaf Adolf Benrath:

Danzeglocke, Klaus: Art Clausnitzer, Tobias, in: Komponisten und Liederdichter des Evangelischen Gesangbuchs, Göttingen 1999, S. 63

Decken, Friedrich von der: Herzog Georg von Braunschweig und Lüneburg. Beiträge zur Geschichte des dreißigjährigen Krieges, nach Originalquellen des königlichen Archivs Hannover, Bd. 1, Hannover 1833, Bd. 2 Hannover 1834

Dellsperger, Rudolf: Art. Musculus, Wolfgang, in: Theologische Realen-zyklopädie 23 (1994), S. 439-441

Deppermann, Klaus: Melchior Hoffman, in: Gestalten der Kirchenge-schichte 5 Reformationszeit I, hrsg. v. Martin Greschat, Stuttgart/ Köln/ Mainz 1984, S. 323-334

Dörfler-Dierken, Angelika: Militärseelsorge in der Bundeswehr, in: Isol-de Karle/ Niklas Peuckmann (Hrsg.): Seelsorge in der Bundeswehr. Perspektiven aus Theorie und Praxis, Leipzig 2020, S. 145-165

Drögereit, Richard: Der Feldprediger der herzoglich und kurfürstlich braunschweig-lüneburgischen Armee. Ein Beitrag zur Geschichte der hannoverschen Militärseelsorge, in: Zeitschrift der Gesellschaft für niedersächsische Kirchengeschichte 45 (1940), S. 5-80

Ehmck, Dietrich Rudolf: Dramatisches Gedicht auf die Schlacht bei Drakenburg, in: Bremisches Jahrbuch 1 (1863), S. 174-199

Elert, Werner: Morphologie des Luthertums. Bd. 2: Soziallehren und Sozialwirkungen des Luthertums, München 1958 (verb. Nachdr.)

Elze, Theodor: Die evangelischen Prediger Krains im 16. Jahrhundert, in: Jahrbuch der Gesellschaft für die Geschichte des Protestantismus in Österreich XXI (1900), bzw. XXII (1901)

Erben, Wilhelm: Ursprung und Entwicklung der deutschen Kriegsarti-kel (Mittheilungen des Instituts für österr. Geschichtsforschung Erg.bd. VI), Innsbruck 1900

Fatio, Olivier: Theodor Beza, in: Gestalten der Kirchengeschichte. Re-formationszeit II, hrsg. v. Martin Greschat, Stuttgart/ Berlin/ Köln 1984, S. 255-276

Fischer, Michael: Religion, Nation, Krieg. Der Lutherchoral „Ein feste Burg ist unser Gott" zwischen Befreiungskriegen und erstem Welt-krieg, Münster i. W. 2014

Freisen, Joseph: Das Militär-Kirchenrecht in Heer und Marine des Deut-schen Reiches, Paderborn 1913

Frost, Herbert/ Manfred Baldus/ Martin Heckel/ Stefan Muckel: Ausge-wählte Schriften zum Kirchenrecht, Tübingen 2001

Funke, Nicholas: Religion and the Military in the Holy Roman Empire c. 1500-1650, Diss. masch. History University of Exeter 2011

Ders: Naturali legitimaque Magica' oder 'Teufflische Zauberey'? Das 'Festmachen' im Militär des 16. und 17. Jahrhunderts, in: Militär und Gesellschaft in der Frühen Neuzeit 13 (2009), S. 16-32.

Gerbe, Anja/ Ulrich Grossmann: Ein feste Burg ist unser Gott (Schriften des deutschen Burgenmuseums Veste Heidburg 6), Petersberg 2017

Goeters, Johann F. G: Magister Johann Northausen, Bonns reformierter Pastor in der Zeit des Truchsessischen Krieges, und seine Gemeinde, in: Manfred van Rey/ Norbert Schloßmacher (Hrsg.): Bonn und das Rheinland – Beiträge zur Geschichte und Kultur einer Region (Bonner Geschichtsblätter 42), Bonn 1992, S. 171-195

Götze, Alfred: Jörg Graff, Landsknecht und Poet, in: Zeitschrift für den deutschen Unterricht Bd. 27.2 (1913), S. 81-107

Graaf, Ronald de: Oorlog, mijn arme schapen. Een andere kijk op de Tachtigjarige Oorlog, 2004

Gramm, Reinhard: Frieden zwischen Waffen. Kleine Typologie des Soldatenpfarrers im Spiegel literarischer Texte, Stuttgart/ Berlin 1975

Gudmundsson, David: Konfessionell krigsmakt. Predikan och bön i den svenska armén 1611-1721 (dt: Konfessionelle Kriegsmacht. Die Predigt und das Gebet in der schwedischen Armee 1611-1721; Bibliotheca Historico-Ecclesiastica Lundesis 56), Malmö 2014

Hahlweg, Werner: Die Heeresreform der Oranier und die Antike. Studien zur Geschichte des Kriegswesens der Niederlande Deutschlands, Frankreichs, Englands, Italiens, Spaniens und der Schweiz vom Jahre 1589 bis zum Dreißigjährigen Kriege, erw. Nachdr. Habil. Berlin 1941 (Studien zur Militärgeschichte, Militärwissenschaft und Konfliktforschung 35), Osnabrück 1987

Ders. (Bearb.): Die Heeresreform der Oranier. Das Kriegsbuch des Grafen Johann von Nassau-Siegen (Veröffentlichungen der Historischen Kommission für Nassau XX), Wiesbaden 1973

Hahne, Otto: Asche von Cramm, ein Kriegsmann der Reformationszeit und Martin Luther, in: Jahrbuch des Braunschweigischen Geschichtsvereins 6/ 1934, S. 5-31

Hanak, Julius: Die evangelische Militärseelsorge im alten Österreich unter besonderer Berücksichtigung ihrer Eingliederung in den kirchlichen Verband, Wien 1974

Hartmann, Julius von: Matthäus Alber, der Reformator der Reichsstadt Reutlingen. Ein Beitrag zur schwäbischen und zur deutschen Reformationsgeschichte Tübingen 1863

Hasse, Hans-Peter: Bugenhagen und der Schmalkaldische Krieg, in: Irene Dingel/ Stefan Rhein (Hrsg.): Der späte Bugenhagen (Schriften der Stiftung Luthergedenkstätten in Sachsen-Anhalt 13), Leipzig 2011, S. 197-217

Hase, Carl Alfred: Herzog Albrecht von Preußen und sein Hofprediger. Eine Königsberger Tragödie aus dem Zeitalter der Reformation, Leipzig 1879

Haus der Bayerischen Geschichte (Hrsg.): Der Winterkönig. Friedrich von der Pfalz, Bayern und Europa im Zeitalter des Dreißigjährigen Krieges, Stuttgart 2003

Heilmann, J: Das Kriegswesen der Kaiserlichen und Schweden zur Zeit des dreißigjährigen Krieges, 1850

Herberger, Theodor: Sebastian Schertlin von Burtenbach und seine an die Stadt Augsburg geschriebenen Briefe, Augsburg 1852

Herbst, Wolfgang: 249 Verzage nicht du Häuflein klein, in: Liederkunde zum Evangelischen Gesangbuch Heft 19, Göttingen 2014, S. 34-38

Herrmann, Johannes: Luthers Beziehungen zu dem niederen Adel, in: Helmar Junghans: Leben und Werk Martin Luthers von 1526-1546, Berlin 1983, Bd. 1 S. 613-626

Hillmann, Jörg: Territorialrechtliche Auseinandersetzungen der Herzöge von Sachsen-Lauenburg vor dem Reichskammergericht im 16. Jahrhundert (Rechtshistorische Reihe 202), Frankfurt am Main 1999

Hirsch, Theodor: Art. Johann Georg, in: Allgemeine Deutsche Biographie (1881)

Art. Feldprediger Armeeseelsorger, in: *Historisches Lexikon der Schweiz hls* (Zugriff am 3.12.2020)

Hoffmann, Erich: Der Sieg der Reformation in den Herzogtümern Schleswig und Holstein, in: Walter Göbell/ Erich Hoffmann/ Wolf-Dieter Hauschild/ Erwin Freytag/ Gottfried Köppen/ Hans-Joachim Ramm/ Lorenz Hein: Reformation (Schleswig-Holsteinische Kirchengeschichte 3), S. 115-183

Hofmeister, Adolf E: Johann Renners Illustration der Schlacht bei Drakenburg, in: Bremisches Jahrbuch 76 (1997), S. 9-16.

Holl, Karl: Die Bedeutung der großen Kriege für das religiöse und kirchliche Leben innerhalb des deutschen Protestantismus, in: Gesammelte Aufsätze 3, S. 302-384

Holmquist, Hjalmar: Svenska Kyrkan under Gustav II Adolf 1611-1632 (Svenska Kyrkans Historia IV/1, hrsg. v. dems. und Hilding Pleijel), Uppsala 1938

Honderdaal, Gerrit Jan: Jacob Arminius, in: Gestalten der Kirchengeschichte 7. Orthodoxie und Pietismus, hrsg. v. Martin Greschat, Stuttgart/ Berlin/ Köln 1984, 51-64

Hubatsch, Walter: Albrecht von Brandenburg-Ansbach. Deutschordens-Hochmeister und Herzog in Preussen (Studien zur Geschichte Preussens 8), Heidelberg 1960

Ders: Geschichte der evangelischen Kirche Ostpreussens, Bd. 1, Göttingen 1968

Ders: Zu den Kriegsstudien des Herzogs Albrecht von Preußen, in: Altpreußische Forschungen 19, Königsberg 1942, S. 234-249

Hütteroth, Oskar: Die althessischen Pfarrer der Reformationszeit (Veröffentlichungen der Histor. Kommission für Hessen 22), I. Hälfte, Marburg/ Kassel 1953

Issleib, S: Der braunschweigische Krieg im Jahr 1545, in: Mitteilungen Des Königlich. Sächsischen Altertumsvereins 26/27, Dresden 1877, S. 1-52

Ders: Von Passau bis Sievershausen 1552-1553, in: Neues Archiv für sächsische Geschichte 8 (1887), S. 41-105

Ders: Moritz von Sachsen als evangelischer Fürst 1541—1543, in: Beiträge zur sächsischen Kirchengeschichte 20 (1906), S. 1-21

Jürgens, Klaus: Das Zeitalter der Reformation im Lande Braunschweig, in: Friedrich Weber/ Birgit Hoffmann/ Hans Jürgen Engelking: Von der Taufe der Sachsen zur Kirche in Niedersachsen. Geschichte der Evangelisch-Lutherischen Landeskirche in Braunschweig, Braunschweig 2010, S. 129-180

Junghans, Helmar: Art. Aurifaber, Johannes (1519-1575), in: Theologische Realenzyklopädie 4 (1979)

Kaufmann, Thomas: Das Ende der Reformation. Magdeburgs „Herrgotts Kanzlei" (1548-1551/2; Beiträge zur historischen Theologie 123), Tübingen 2003

Ders: Eine andere Schweizer Stimme. Huldrych Zwingli wurde bewundert. Wer war der Reformator Zürichs?, in: Zeitzeichen 5/ 2019, S. 40-42

Ders: Geschichte der Reformation, Frankfurt am Main/ Leipzig 2009

Ders: Konfession und Kultur (Spätmittelalter und Reformation Neue Reihe 29), Tübingen 2006

Kawerau, Gustav: Agricola, Johann, in: Realenzyklopädie für protestantische Theologie und Kirche 1, 1896[3], S. 249-253

Ders: Johann Agricola von Eisleben – ein Beitrag zur Reformationsgeschichte, Berlin 1881

Kirchner, Hubert: Reformationsgeschichte von 1532-1555/1566. Festigung der Reformation. Calvin. Katholische Reform Konzil von Trient (Kirchengeschichte in Einzeldarstellungen II/6), Berlin 1987

Kitzig, Berthold: Gustaf Adolf, Jakob Fabricius und Michael Altenburg – die drei Urheber des Liedes „Verzage nicht, du Häuflein klein", Göttingen 1935

Kleeberg-Hörnlein, Sylvia E: „Gott der Herr hat unsere braven Truppen gesegnet", in: Dörfler-Dierken, Reformation und Militär, S. 193-200

Koch, Ernst: Das konfessionelle Zeitalter – Katholizismus, Luthertum, Calvinismus (1563-1675; Kirchengeschichte in Einzeldarstellungen II/8), Leipzig 2000, S. 133f.

Kohlmann, Johann Melchior: Kriegsmuth und Siegesfreude der Protestantischen Stadt Bremen im Jahr 1547 oder: Andenken an die Belagerung Bremens … und die Schlacht bei Drackenburg (den 23. Mai 1547) (Beiträge zur bremischen Kirchengeschichte 3), Bremen 1847

Kolb, [Christoph]: Feldprediger in Altwürttemberg, in: Blätter für württembergische Kirchengeschichte 9 (1905), S. 70-85, 97-124; 10 (1906), S. 22-51, 117-142

Koldewey, Friedrich: Die Reformation des Herzogthums Braunschweig-Wolfenbüttel unter dem Regimente des Schmalkaldischen Bundes 1542-1547. Ein actenmäßiger Beitrag zu der Reformationsgeschichte des Herzogthums Braunschweig, in: Zeitschrift des historischen Vereins für Niedersachsen (1868), S. 243-338

Ders: Heinz von Wolfenbüttel. Ein Zeitbild aus der Reformationsgeschichte (Schriften des Vereins für Reformationsgeschichte 2, Halle 1883

Kraus, F. X.: Art. Thamer, Theobald, in: Allgemeinde deutsche Biographie 37 (1894), S. 650

Kreider, Alan: Military Service in the Church Orders, in: Journal of Religious Ethics 31 (2003), S. 415-442

Kronenberg, Kurt: Eva von Trott (Aus Gandersheims großer Vergangenheit 8), Bad Gandersheim 1980

Krumeich, Gerd/ Hartmut Lehmann (Hrsg.): Nation, Religion, Gewalt im 19. und frühen 20. Jahrhundert (Veröffentlichungen des Max-Planck-Instituts für Geschichte 162), Göttingen 2000

Krumwiede, Hans-Walter: Kirchengeschichte Niedersachsens, Göttingen 1996

Kruse, Britta-Juliane: Stiftsbibliotheken und Kirchenschätze. Materielle Kultur in den Augustiner-Chorfrauenstiften Steterburg und Heiningen (Wolfenbütteler Mittelalter-Studien 28), Wiesbaden 2016

Krusenstjern, Benigna von: Seliges Sterben und böser Tod. Tod und Sterben in der Zeit des Dreißigjährigen Krieges in: Dies./ Hans Medick/ Patrice Veit: Zwischen Alltag und Katastrophe. Der Dreißigjährige Krieg aus der Nähe (Veröffentlichungen des Max-Planck-Instituts für Geschichte 148), Göttingen 1999, S. 469-496

Kulp, Johannes: Feldprediger und Kriegsleute als Kirchenliederdichter (Welt des Gesangbuchs 23), Hamburg o. J.

Kunst, Hermann: Evangelischer Glaube und politische Verantwortung. Martin Luther als politischer Berater seiner Landesherrn und seine Teilnahme an den Fragen des öffentliche Lebens, Stuttgart 1979[2]

Kurz, Johann Heinrich: Lehrbuch der Kirchengeschichte für Studierende, Leipzig 1892[12]

Lacher, Walter: Philipp Nicolai (Welt des Gesangbuchs 17), Leipzig/ Hamburg o. J.

Lamparter, Helmut: Luthers Stellung zum Türkenkrieg (Forschungen zur Geschichte und Lehre des Protestantismus 4), München 1940

Landolt, Oliver: Schlachtgebete – das Beispiel der mittelalterlichen Eidgenossenschaft, in: Das Mittelalter 24 (2019), S. 303-318

Lange, Sven: Der Fahneneid. Die Geschichte der Schwurverpflichtung im deutschen Militär (Schriftenreihe des Wissenschaftlichen Forums für Internationale Sicherheit e. V. (WIFIS) Bd. 19), Bremen 2002

Langenn, Friedrich Albert von: Moritz, Herzog und Churfürst zu Sachsen. Eine Darstellung aus dem Zeitalter der Reformation, Bd. 2, Leipzig 1841, S. 304.

Langhäuser, Julius: Das Militärkirchenwesen im kurbrandenburgischen und königlich preußischen Heere, Metz 1912

Larsson, Lars-Olof: Gustav Vasa – Landsfader eller Tyrann (dt: Gustav Vasa – Landesvater oder Tyrann), Stockholm 2002

Lehmann, Kai: Der Schmalkaldische Bund. Militärischer Schutzpanzer der Reformation, in: Dörfler-Dierken, Reformation und Militär, S.63-80

Lent, Dieter: Art. Mila (auch Myla, Mühlen), Bernhard von, in: Horst-Rüdiger Jarck (Hrsg.): Braunschweigisches Biographisches Lexikon. 8-18. Jahrhundert, Braunschweig 2006, S. 499f

Leppin, Hartmut: Die frühen Christen. Von den Anfängen bis Konstantin, München 2019[2]

Leppin, Volker: Zwingli, Ulrich (1484-1531), in: Theologische Realenzyklopädie 36 (2004), S. 793-809

Lindbergh, Katarina Harrison: Nordiska sjuårskriget 1563-1570, Falun 2020

Lohmann, Friedrich: Militärseelsorge aus ethischer Perspektive, in: Isolde Karle/ Niklas Peuckmann (Hrsg.): Seelsorge in der Bundeswehr. Perspektiven aus Theorie und Praxis, Leipzig 2020,S. 273-290

Lucke, Helmut: Bremen im Schmalkaldischen Kampfbund 1540-1547 (Veröff. a. d. Staatsar. d. Freien Hansestadt Bremen 23), Bremen 1955

Lüning, Peter: Art. Uytenbogaert, Johannes, in: Lexikon für Theologie und Kirche[3], Bd. 10 (2001), Sp. 506

Lundh-Eriksson, Nanna: Sveriges Prinsessor 1539-1829, Stockholm 1929

Mager, Inge: Georg Calixts theologische Ethik und ihre Nachwirkungen (Studien zur Kirchengeschichte Niedersachsen 19), Göttingen 1969

Dies: Martin Luthers Lied „Ein feste Burg ist unser Gott" und Psalm 46, in: Jahrbuch für Liturgik und Hymnologie 30 (1986), S. 87-96

Mann, Golo: Wallenstein, sein Leben erzählt von Golo Mann, Frankfurt a M. 1971

Mathies, Ulrike: Das Taufbecken der St.-Jakobi Kirche in Peine, in: Harald Brandes/ Martin Lechler/ Christof Pannes (Hrsg.): Lebendige Steine – Erzählende Bilder. 100 Jahre St. Jakobi-Kirche Peine 1899-1999, Peine 1999, S. 97-107

Mathisen, Ralph W: Emperors, Priests, and Bishops. Military Chaplains in the Roman Empire, in: Doris L. Bergen (Hrsg.): The Sword of the Lord. Military Chaplains from the First to the Twenty-First Century (Critical Problems in History), Notre Dame/ Ind. 2004, S. 29-43

Mau, Rudolf: Evangelische Bewegung und frühe Reformation 1521 bis 1532 (Kirchengeschichte in Einzeldarstellungen II/ 5), Leipzig 2000

Maurer, Justus: Prediger im Bauernkrieg (Calwer Theologische Monographien 5), Stuttgart 1979

Menzel, Karl Adolf: Neuere Geschichte der Deutschen seit der Reformation, 2. verm. Aufl., Halle 1854-1855

Meyer, Johannes: Kirchengeschichte Niedersachsens, Göttingen 1939

Michel, Stefan: Die Kanonisierung der Werke Martin Luthers im 16. Jahrhundert, Tübingen 2016

Milde, W: Art. Hanisius, David, in: Horst-Rüdiger Jarck (Hrsg.): Braunschweigisches Biographisches Lexikon 8.-18. Jahrhundert, Braunschweig 2006, S. 295f.

Möller, Bernd: Blarer, Ambrosius (1492-1564), in: Theologische Realenzyklopädie 6 (1980), S. 711-715

Mollwo, Ludwig: Markgraf Hans von Küstrin, Hildesheim/ Leipzig 1926

Montgomery, Ingun: Sveriges Kyrkohistoria 4: Enhetskyrkans tid (dt: Kirchengeschichte Schwedens. Die Zeit der Einheitskirche), Trelleborg 2002

Müller, Karl: Kirchengeschichte Bd. 2, Hbd. 2, Tübingen 1923²

Müller, Theodor/ Zechel, Artur: Die Geschichte der Stadt Peine. Bd.1: Von den Anfängen bis zum Ende des Dreißigjährigen Krieges, Peine 1972

Münnich, Franz: Theodor Fabricius. Lebensbeschreibung des ersten anhaltischen Superintendenten, in: Zerbster Jahrbuch 16 (1931/32), S. 37-94

Nägele, Anton: Abt Benedikt Rauh von Wiblingen. Feldpropst der bayrisch-kaiserlichen Armee im dreißigjährigen Krieg. Urkundliche Beiträge zur deutschen Militärkuratie und des Benediktinerordens in Schwaben (Röm. Quartalsschrift 18), Freiburg 1912

Napp, Anke: Unter Luthers Führung zum Heldentod an die Front. Völkisches Christentum in Bildbandvorträgen, in: Dörfler-Dierken, Reformation und Militär,, S. 201-210

Nicollier, Beatrice: Theodor Beza 1519-1605, in: Irene Dingel/ Volker Leppin (Hrsg.): Das Reformatorenlexikon, Darmstadt 2013, S. 37-44, 41

Nuckel, Ivette: Hexenprozesse während des 16. und 17. Jahrhundert. Ein Vergleich zwischen Bremen und Oldenburg oder … „Als auf dem Joduthenberg die Feuer schwelten" (These Mag. Art. Universität Bremen 7.1.2004, in: https://historicum.vet/…

Ocker, Christopher: Church robbers and reformers in Germany 1525-1547. Confiscation and religious purpose in the Holy Roman Empire, Leiden 2006

Otto jr, Karl F: Zu David Hanisius, dem unbekannten Bibliothekar, in: Paul Raabe (Hrsg.): Wolfenbütteler Beiträge. Aus den Schützen der Herzog August Bibliothek, 3, Frankfurt/ Main 1978, S. 283-299

Pichal, Edouard: Evangelium in Flandern. Eine Geschichte des belgischen Protestantismus, Moers 1993 (niederl. Antwerpen 1975)

Pätel, Georg: Die Organisation des hessischen Heeres unter Philipp dem Großmüthigen, Berlin 1897

Pleijel, Hilding: Katekesen som svensk folkbok (Skrifter i teologiska och kyrkliga Ämnen 22), Lund 1942

Potempa, Harald: Der Löwe aus Mitternacht und Retter des deutschen Protestantismus. Gustav II. Adolf von Schweden in der protestantischen Hagiographie, in: Dörfler-Dierken, Reformation und Militär, S. 115-126

Preuß, Heike: Söldnerführer unter Landgraf Philip dem Großmütigen von Hessen (1518-1567; Quellen und Forschungen zur hessischen Geschichte30) Darmstadt/ Marburg 1975

Prüser, Friedrich: England und die Schmalkaldener 1535-1540 (Quellen und Forschungen zur Reformationsgeschichte XI), Leipzig 1929

Pumpe, A.: Baring, Eberhardt, Dr. phil., in: Horst-Rüdiger Jarck/ Dieter Lent: Braunschweigisches Biographisches Lexikon 8.-18. Jahrhundert, Braunschweig 2006

Rachfahl, Felix: Wilhelm von Oranien und der Niederländische Aufstand, Bd. 1, Halle 1906, Bd. 2/1, Halle 1907, Bd. 2/2, Halle 1908 Bd. 3, Haag 1924

Ranke, Leopold von: Deutsche Geschichte im Zeitalter der Reformation (Historische Meisterwerke Bd. 4), Hamburg 1957

Rathey, Markus: 161 Liebster Jesu wir sind hier, in: Liederkunde zum evangelischen Gesangbuch 14, Göttingen 2008, S. 21-24

Reller, Horst: Vorreformatorische und reformatorische Kirchenverfassung im Fürstentum Braunschweig-Wolfenbüttel (Studien zur Kirchengeschichte Niedersachsen 10), Göttingen 1959

Reller, Jobst: Die Anfänge der evangelischen Militärseelsorge, Berlin 2019

Ders: Die Schlosskapelle in Läckö. Ein Programm biblischer Frömmigkeit militärisch-politischer Eliten aus der Zeit des Dreißigjährigen Krieges in Schweden, in: das Münster 72 (2019), S. 44-50

Ders: Gustaf Adolf von Schweden: Organisator evangelischer Militärseelsorge, in: Angelika Dörfler-Dierken: Reformation und Militär, S. 129-140

Ders: Historische Grundlagen der Seelsorge in der Bundeswehr, in: Isolde Karle/ Niklas Peuckmann (Hrsg.): Seelsorge in der Bundeswehr. Perspektiven aus Theorie und Praxis, Leipzig 2020, S. 117-131

Rexroth, Franz von: Der Landsknechtsführer Sebastian Schärtlin. Ein Bild seines Lebens und der beginnenden Neuzeit, Bonn 1940

Rogg, Matthias: Landsknechte und Reisläufer: Bilder vom Soldaten. Ein Stand in der Kunst des 16. Jahrhunderts, Paderborn/ München/ Wien/ Zürich 2002

Rogge, Joachim: Der junge Luther 1483-1521. Der junge Zwingli 1484-1523 (Kirchengeschichte in Einzeldarstellungen II/ 3 u. 4), Berlin 1985[2,]

Roloff, Gustav: Moritz von Oranien und die Begründung des modernen Heeres, in: Preußische Jahrbücher III, hrsg. v. Hans Delbrück, Berlin 1903

Rommel, Christoph von: Philipp der Großmüthige, Landgraf von Hessen. Ein Beitrag zur genaueren Kunde der Reformation und des sechzehnten Jahrhunderts. Nebst einem Urkundenbande, Bd. 1-3, Gießen 1830

Rothfahl, Wolfgang: 242 Herr, nun selbst den Wagen halt, in: Liederkunde zum Evangelischen Gesangbuch 15, Göttingen 2009, S. 14-20

Rublack, Hans-Christoph: Alber, Matthäus (1495-1570), in: Theologische Realenzyklopädie 2 (1978), S. 170-177

Rudloff, Ortwin: Lutherische Reformation und reformierte Konfessionalisierung in Bremen 1522-1648, in: Bremische Kirchengeschichte von der Reformation bis zum 18. Jahrhundert, hrsg. v. d. Bremischen Evangelischen Kirche i. Zus.arb. m. Konrad Elmshäuser, Bremen 2017, S.19-303

Scheel, Friedrich Karl: Militärkirchenordnungen in Deutschland als Vorläufer des Militärseelsorgevertrags von 1957, in: „Ein guter Kriegesmann und guter Christ..." Historische Skizzen aus der Soldatenseelsorge (Festgabe Hermann Kunst), hrsg. v. Ev. Kirchenamt für die Bundeswehr, Hannover 1990, S. 19-54

Scheible, Heinz/ Corinna Schneider (Bearb.): Melanchthons Briefwechsel, Bd. 11: Personen A-E, Stuttgart-Bad Cannstatt 2003

Schild, Erich: Ursprung und erste Gestalt des preußischen Feldpredigeramtes, in: Beiheft zum Militär-Wochenblatt 8, Berlin 1880

Ders: Der Preußische Feldprediger, I. Bilder aus dem kirchlichen Leben der preußischen Armee älterer Zeit, Eisleben 1888, II. Das brandenburgisch-preußische Feldpredigerwesen in seiner geschichtlichen Entwicklung, Halle a. d. S. 1890

Schmidt, Ekkehard/ Martin, Andreas: 443 Aus meines Herzens Grunde, in: Liederkunde zum evangelischen Gesangbuch 16, Göttingen 2011, S. 69-76.

Schmidt, Georg: Die Reiter der Apokalypse. Geschichte des Dreißigjährigen Krieges, München 2018

Schmidt, Hans-Achim: Landsknechtswesen und Kriegsführung in Niedersachsen 1533-1545 (Diss. Marburg 1929) in: Niedersächsisches Jahrbuch 6 (1929), S. 167-223

Schorn-Schütte, Luise: Kommunikation über Herrschaft: Obrigkeitskritik im 16. Jahrhundert, in: Lutz Raphael/ Heinz-Elmar Tenorth (Hrsg.): Ideen als gesellschaftliche Gestaltungskraft im Europa der Neuzeit. Beiträge für eine erneuerte Geistesgeschichte (Ordnungssysteme 20), Berlin 2006, S. 71-109

Schübel, Albrecht: 300 Jahre evangelische Soldatenseelsorge, München 1964

Sehling, Emil (Hrsg.): Die evangelischen Kirchenordnungen des XVI. Jahrhunderts. Niedersachsen: Die welfischen Lande 1. Halbband: Die Fürstentümer Wolfenbüttel und Lüneburg mit den Städten Braunschweig und Lüneburg, Tübingen 1955

Seibold, Gerhard: Art: Friedrich Salmuth, in: Biographisches Lexikon Ostfrieslands, Bd. 2, S. 319f

Ders: Art. Friedrich Salmuth, in: Allgemeine Deutsche Biographie 30, S. 272f

Ders: Entwicklungsgeschichte der Familie Salmuth, o. O. o. J.

Senff, H: Die Schlacht bei Sievershausen 1553, in: Zeitschrift des Historischen Vereins für Niedersachsen 45 (1880), S. 235-256

Sieber, Dominik Gerd: „Aber gott ist stercker, dann ally wellt". Die militärische Sicherung der Reformation in den oberschwäbischen Reichsstädten, in: Dörfler-Dierken, Reformation und Militär, S. 81-102

Smid, Menno: Art. Johannes Ligarius, in: Biographisches Lexikon Ostfriesland, Bd. 2, Aurich 1997, S. 225-227

Ders: Ostfriesische Kirchengeschichte (Ostfriesland im Schutz des Deichs VI), Pewsum 1974

Solger, E: Der Landsknechtsobrist Konrat von Bemelberg, der kleine Hess, grosentheils nach archival. Quellen u. alten Drucken geschildert, Nördlingen 1870

Spiegel, Bernhard: D. Albert Rizäus Hardenberg. Ein Theologenleben aus der Reformationszeit, in: Bremisches Jahrbuch 4 (1869), S. 1-383

Staecker, Jörn: Kaiser, König und Reformatoren. Das Bildprogramm einer gotländischen Kanzel, in: Barbara Scholkmann/ Sören Frommer/ Christina Vossler/ Markus Wolf (Hrsg.): Zwischen Tradition und Wandel. Archäologie des 15. und 16. Jahrhunderts (Tübinger Forschungen zur historischen Archäologie 3), Büchenbach 2009, S. 103-112

Stanelle, Udo: Die Schlacht bei Soltau, in: Niedersächsisches Jahrbuch für Landesgeschichte 54 (1982), S. 153-188

Steitz, H: Art. Krafft, Adam, in: Die Religion in Geschichte und Gegenwart IV (1960)[3], Sp. 29

Stökl, Günther: Die deutsch-slavische Südostgrenze des Reiches im 16. Jahrhundert. Ein Beitrag zu ihrer Geschichte, dargestellt anhand des südslavischen Reformationsschrifttums (Schriften des Osteuropa-Institutes in Breslau N. Reihe 12), Breslau 1940

Storkebaum, Werner: Graf Christoph von Oldenburg (1504-1566). Ein Lebensbild im Rahmen der Reformationsgeschichte (Oldenburger Forschungen 11), Oldenburg 1959

Strauß, Angela: Geistliche im Krieg. Tagung SFB 437 „Kriegserfahrungen – Krieg und Gesellschaft in der Neuzeit", in: Zeitschrift Militär und Gesellschaft in der frühen Neuzeit 12 (2008), S. 110-113

Dies: Art: Militärseelsorge, in: Enzyklopädie der Neuzeit Bd. 8, Stuttgart 2005-2012, Sp. 518f

Stümke, Volker: Das Friedensverständnis Martin Luthers. Grundlagen und Anwendungsbereiche seiner politischen Ethik (Theologie und Frieden 34) Stuttgart 2007.

Ders: Der Soldat: Freier Herr und dienstbarer Knecht, in: Dörfler-Dierken: Reformation und Militär, S. 19-26

Taatz-Jacobi, Marianne: Rezension zu: Reller, Jobst: Die Anfänge der evangelischen Militärseelsorge, in: Zeitschrift für historische Forschung, Berlin 2020, S. 317f

Tallett, Frank: War and Society in Early Modern Europe (1495-1715), London/ New York 1992, S. 123, bzw. „Articles and Ordinance of Warre", Edinburgh 1640

Thadden, Rudolf von: Die brandenburgisch-preußischen Hofprediger im 17. und 18. Jahrhundert. Ein Beitrag zur Geschichte der absolutistischen Standesgesellschaft in Brandenburg Preußen, Diss. phil. masch. Georg-August-Universität Göttingen 1958

Thoma, W.: Markgraf Hans von Küstrin, Neudamm 1927

Trauner, Karl-Reinhart: Evangelische in Streitkräften und Gesellschaft. Eine Kulturgeschichte von der Habsburger Herrschaft bis zur Demokratie, Wien 2020

Ders. u. a.: Es gibt nie ein Zuviel an Seelsorge … 50 Jahre Evangelische Militärseelsorge im Österreichischen Bundesheer (Schriften zur Geschichte des Österreichischen Bundesheeres 11), Wien 2007

Uhlhorn, Friedrich: Reinhard Graf zu Solms Herr zu Klingenberg 1491-1562, Marburg 1952

Uhlhorn, Gerhard: Urbanus Rhegius. Leben und ausgewählte Schriften (Leben und ausgewählte Schriften der Väter und Begründer der lutherischen Kirche VII), Elberfeld 1861

Vanicek, Fr.: Spezialgeschichte der Militärgrenze, Wien 1875

Vapaavuori, Hannu: Tröst i kris och pomp vid fest i Finland (dt: Trost in Krise und Pomp bei Festen in Finnland), in: Sven-Åke Selander/ Karl-Johan Hansson (Hrsg.): Martin Luthers Psalmer i de nordiska folkens liv (dt: Martin Luthers Choräle im Leben der nordischen Völker), Malmö 2008, S. 48-61

Vogler, Bernhard: Die Rolle der Pfälzischen Kurfürsten in den Französischen Religionskriegen (1559-1592), in: Blätter für pfälzische Kirchengeschichte und religiöse Volkskunde 1970, S. 235-266

Voigt, Johannes: Markgraf Albrecht Alcibiades von Brandenburg-Kulmbach, 2 Bd., Berlin 1852

Volger, Wilhelm Friedrich: Lüneburger Blätter, Lüneburg 1986 (Nachdr.)

Vollert, Gerhard: Das Leipziger Ordinirtenbuch und seine Feldprediger, Mitteldeutsche Familienkunde 6 (1965) 3,257-260

Wallmann, Johannes: Kirchengeschichte Deutschlands seit der Reformation (UTB 1355), Tübingen 2000[5]

Wandel, Anna Lena: Art. Adam Krafft, in: Kaspar Gubler/ Ursula Bütschli/ Rainer Christoph Schwinges. (Hrsgg.): Gelehrte Lebenswelten im 15. und 16. Jahrhundert (Repertorium Academicum Germanicum – Forschungen 2), Zürich 2018, S. 166

Wartenberg, Günther: Landesherrschaft und Reformation. Moritz von Sachsen und die albertinische Kirchenpolitik bis 1546 (Quellen und Forschungen zur Reformationsgeschichte 55), Gütersloh 1988,

Weber, G.: Der Bericht des lüneburgischen Feldpredigers Georg Berkkemeyer über die Feldzüge von 1674-1679, in: Zeitschrift des historischen Vereins für Niedersachsen 1898, S. 1-51, 1f.

Ders: Der Bericht des Feldpredigers Berkkemeyer über die Belagerung von Braunschweig 1671, in: Zeitschrift des Harzvereins für Geschichte und Altertumskunde 1898.

Wedgewood, C. V.: Vilhelm den tyste, greve av Nassau, prins av Oranien 1533-1584, Stockholm/ London/ New York 1946 (engl. 1944)

Wegener, Wilhelm Gabriel: Lebensgeschichte des Markgrafen Johann von Brandenburg, Landesfürsten in der Neumark, zu Küstrin, Berlin 1827

Wermes, Martina: Militärkirchenbücher in Preussen, Sachsen und Thüringen (Vortrag masch.), in: https://lgg-leipzig.de (Zugriff am 3.12.2020)

Weigel, Maximilian: Der oberpfälzische Zweig der Familie Salmuth, in: Zeitschrift für bayerische Kirchengeschichte 1950, S. 160-162.

Wieden, Brage bei der (Hrsg.): Leben im 16. Jahrhundert. Lebenslauf und Lieder des Hauptmanns Georg Niege, Berlin 1996

Ders: Zur Konfessionalisierung des landsässigen Adels zwischen Weser Harz und Elbe, in: Archiv für Reformationsgeschichte 89 1998), S. 310-319

Wikipedia: Art. *Matthäus Alber* (Zugriff am 1.4.2020).

Ebd. Art. *Caspar Aquila* (Zugriff am 31.1.2019)

Ebd. Art. *Die ihr Gottes Streiter seid* (Zugriff am 14.8.2020)

Ebd. Art. *Matthias Erb* (Zugriff am 14.8.2020)

Ebd. Art. *Theodor Fabricius* (Zugriff am 6.6.2019)

Ebd. Art. *Johannes von Weeze* (Zugriff am 2.4.2020)

Ebd. Art. *Johannes Weiß* (Zugriff am 10.3.2020)

Ebd. Art. *Leonhard Fronsperger* (Zugriff am 28.12.2018)

Ebd. Art. *Franz Kolb* (Zugriff am 31.1.2019)

Ebd. Art. *Matthäus Schiner* (Zugriff am 4.12.2020)

Ebd. Art. *„Wir treten zum Beten vor Gott den Gerechten"* (Zugriff am 15.12.2018)

Wille, Jakob: Philipp der Großmüthige von Hessen und die Restitution Ulrichs von Württemberg 1526-1535, Tübingen 1882

Winkelmann, Friedhelm: Die Kirchen im Zeitalter der Kreuzzüge (11. – 13. Jahrhundert; Kirchengeschichte in Einzeldarstellungen I/10), Berlin 1998²

Wittenberg, Andreas: „Zieh selber, Jesu, mit ins Feldt..." Lieder für Soldaten in evangelischen Gesangbüchern, in: „Ein Kriegesmann und guter Christ...". Historische Skizzen aus der Soldatenseelsorge (Festgabe Hermann Kunst), hrsg. v. Ev. Kirchenamt für die Bundeswehr, Hannover 1990

Ders: Militärgesangbuch und Militärseelsorge in Vergangenheit und Gegenwart, in: Jahrbuch für Liturgik und Hymnologie 18 (1973/4), S. 97-162

Zimmermann, Wilhelm: Geschichte des großen Bauernkrieges. Nach Urkunden und Augenzeugenberichten, 1843¹, 1856², aktualisierte Neuausgabe v. Hermann Bohl, Essen o. J. (Nachdruck)

IX. Register

Personennamen

Abraham 67, 96, 101f, 109, 115,202, 269f,

Achilles Scipio 55,

Adolf, Herzog v. Holstein-Gottorp 91,

Adolf v. Nassau 158,

Aechsendingen, Ott v. 173,

Agricola, Adam Christian 225f,

Agricola, Johann 97, 113, 128

Agricola, Michael 54,

Alba, Herzog v., Fernando Alvarez de Toledo 40, 122, 126, 196ff,

Alber, Erasmus 134,

Alber, Matthäus 32, 95, 99

A[da]lbert, Heiliger 50f,

Albinus/ Weiß, Johannes 114f, 140, 165,

Albrecht von Bronstetten 23

Albrecht, Herzog v. Preußen, 28, 49-56, 60, 113f, 118, 139, 185f,

Albrecht Achilles, Kurfürst v. Brandenburg 49,

Albrecht II. Alcibiades v. Brandenburg-Kulmbach 138f, 158,

Aepinus, Johannes 98,

Alkibiades 62, 130,

Altenburg, J. M. 246,

Alting, Menso 212,

Amsdorf, Nicolaus v. 98, 107,

Angermüller, Johann Jacob 252,

Anna, Gräfin v. Ostfriesland 130,

Antonius, Heiliger 84,

Anton Brus v. Müglitz 116,

Apian, Peter 121

Aquila, Caspar/ Johann Kaspar Adler 40,

Arenberg, v./ Barbancon/ Ligne 125,

Arnold, Ambrosius 253,

Assa v. Cramm 28, 42, 60-82, 86,

Asseburg, Johann v. d. 163,

Aubigné, Agrippa d' 183,

August, Kurfürst v. Sachsen 141,

August d. Starke, Kurfürst v. Sachsen 257,

August, Herzog v. Sachsen-Lauenburg 242,

Aurifaber, Johannes 107, 126f,

Aviano, Marco d' 85,

Bach, Walter 35,

Bagge, Jakob 89,

Bakchos, Märtyrer 19,

Balthasar v. Esens 104,

Barbistorff 221,

Baring, Eberhard 266,

Bartholomä, Andreas 36,

Baselius, Jakobus 214,

Baselwind, Dietbold 22,

Basta 173,

Batenburg, Jan van 59,

Batzer, Mang 34,

Baudartius 215,

Bauer, Valentin 254,

Benedict d. Levit 20

Bemelberg, Konrat v. 25, 112, 146f, 150f, 161,

Beninga 130,

Berbisdorf, Johann Georg v. 189,

Berkkemeyer, Georg 85, 259ff,

Berkkemeyer, Georg Matthias 261f,

Berner, Klaus 107,

Bernhard v. Clairvaux 22, 65,

Bernhard, Graf v. Lippe-Detmold 156,

Bernhard v. Sachsen-Weimar 238, 250, 255f,

Bernstein zum Borten, Hans Christoff v. 156,

Ortsnamen

Carola Hartmann Miles-Verlag

Militärgeschichte

Eberhard Kliem, Kathrin Orth, *"Wir wurden wie blödsinnig vom Feind beschossen".* *Menschen und Schiffe in der Skagerrakschlacht 1916,* Berlin 2016.

Hans Frank, Norbert Rath, *Kommodore Rudolf Petersen. Führer der Schnellboote 1942–1945. Ein Leben in Licht und Schatten unteilbarer Verantwortung,* Berlin 2016.

Eckhard Lisec, *Der Völkermord an den Armeniern im 1. Weltkrieg – Deutsche Offiziere beteiligt?,* Berlin 2017.

Ingo Pfeiffer, *Gegner wider Willen. Konfrontation von Volksmarine und Bundesmarine auf See,* Berlin 2012.

Ingo Pfeiffer, *Seestreitkräfte der DDR – Abriss 1950-1990,* Berlin 2014.

Joachim Welz, *Erfolgsstory oder Trauma – die Übernahme von Armeen. Lehren aus der Übernahme des österreichischen Bundesheeres in die Wehrmacht 1938 und der Reste der NVA in die Bundeswehr 1990,* Berlin 2018.

Joachim Hoppe, Manfred Wilde (Hrsg.), *Die Unteroffizierschule des Heeres, Die militärische Meisterschule,* Berlin 2016.

Georg Neuhaus, *Am Anfang war ein Speer. Eine Chronographie der Kriegs- und Militärtechnologien,* Berlin 2018.

Hans-Werner Ahrens, *Die Transportflieger der Luftwaffe 1956 bis 1971. Konzeption – Aufbau – Einsatz, (Bd. 8 der Reihe Schriften zur Geschichte der Deutschen Luftwaffe),* Berlin 2019.

Eberhard Frhr. v. Senden, Friedrich Frhr. v. Senden, *Der Erste Weltkrieg 1914–1918. Erlebnisse eines jungen Leutnants,* Berlin 2020.

Markus Seemann (Hrsg.), *Mutige Zeugen. Katholiken zwischen militärischer Pflichterfüllung und Widerstand.* Berlin 2020.

Ingo Pfeiffer, *Do swidanija Germanija Stationierung – Abzug – Hinterlassenschaften Westgruppe der Truppen,* Berlin 2021.

Jörg Beining, *Streng geheim! Elektronische Kampfführung im Kalten Krieg. Die EloKa der Bundeswehr und NATO aus östlicher Perspektive,* Berlin 2021.

Schriften zur Tradition

Eberhard Birk, Winfried Heinemann, Sven Lange (Hrsg.), *Tradition für die Bundeswehr. Neue Aspekte einer alten Debatte,* Berlin 2012.

Joachim Welz, *Vom Kontingentsheer zum Reichsheer: Militärkonventionen als Motor der Wehrverfassung,* Berlin 2018.

Donald Abenheim, Uwe Hartmann (Hrsg.), *Tradition in der Bundeswehr. Zum Erbe des deutschen Soldaten und zur Umsetzung des neuen Traditionserlasses,* Berlin 2018.

Donald Abenheim, Uwe Hartmann, *Einführung in die Tradition der Bundeswehr. Das soldatische Erbe in dem besten Deutschland, das es je gab,* Berlin 2019.

Eberhard Birk, Heiner Möllers (Hrsg.), *Die Luftwaffe und ihre Traditionen (aus der Reihe Schriften zur Geschichte der Deutschen Luftwaffe, Band 10),* Berlin 2019.

Hans-Günter Behrendt (Hrsg.): *Erinnerungsorte der Bundeswehr – Personen, Ereignisse und Institutionen der soldatischen Traditionspflege,* Berlin 2020.

Erinnerungen

Blue Braun, *Erinnerungen an die Marine 1956–1996,* Berlin 2012.

Klaus Grot, *So war's, damals. Dienstchronik eines Pionieroffiziers im Kalten Krieg 1954–1991,* Berlin 2014.

Gustav Lünenborg, *Bürger und Soldat. Innere Führung hautnah 1956–1993, 1993–2015,* Berlin 2015.

Adolf Brüggemann, *Als Offizier der Bundeswehr im Auswärtigen Dienst. Meine Erinnerungen als Militärattaché in Seoul (Republik Korea) 1978–83 und in Prag (Tschechoslowakei/Tschechien) 1988–1993,* Berlin 2015.

Rainer Buske, *Eine Reise ins Innere der Bundeswehr. Wundersame Geschichten aus einer anderen Welt,* Berlin 2016.

Heinz Laube, *Duell am geteilten Himmel,* Berlin 2016.

Viktor Toyka, *Dienst in Zeiten des Wandels. Erinnerungen aus 40 Jahren Dienst als Marineoffizier 1966-2000,* Berlin 2017.

Hans-Eckhard Tribess (Hrsg.), *Im Leben unterwegs – für den Frieden. Festschrift für Wolfgang Altenburg zum 90. Geburtstag am 22. Juni 2018,* Berlin 2019.

Kurt Graf v. Schweinitz, *Notizen im Transit von Krieg und Frieden,* Berlin 2020.

Jahrbuch Innere Führung (seit 2009)

Uwe Hartmann, Claus von Rosen (Hrsg.), *Jahrbuch Innere Führung 2018. Innere Führung zwischen Aufbruch, Abbau und Abschaffung: Neues denken, Mitgestaltung fördern, Alternativen wagen,* Berlin 2018.

Uwe Hartmann, Claus von Rosen (Hrsg.), *Jahrbuch Innere Führung 2019. Bundeswehr im Aufbruch. Hindernisse von den verteidigungspolitischen Vorstellungen der AFD bis zu den sicherheitspolitischen Meinungen in der Zivilgesellschaft,* Berlin 2019.

Uwe Hartmann, Claus von Rosen (Hrsg.), *Jahrbuch Innere Führung 2020. Zur Weiterentwicklung der Inneren Führung: Themen und Inhalte,* Berlin 2021.

Militär und Gesellschaft

Wolf Graf von Baudissin, *Grundwert Frieden in Politik – Strategie – Führung von Streitkräften,* hrsg. von Claus von Rosen, Berlin 2014.

Marcel Bohnert, Lukas J. Reitstetter (Hrsg.), *Armee im Aufbruch. Zur Gedankenwelt junger Offiziere in den Kampftruppen der Bundeswehr,* Berlin 2014.

Phil C. Langer, Gerhard Kümmel (Hrsg.), *„Wir sind Bundeswehr." Wie viel Vielfalt benötigen/vertragen die Streitkräfte?,* Berlin 2015.

Eberhard Birk, Peter Andreas Popp (Hrsg.), *Luftwaffenoffizier 21. Das Selbstverständnis des Luftwaffenoffiziers zu Beginn des 21. Jahrhunderts, (aus der Reihe Schriften zur Geschichte der Deutschen Luftwaffe, Band 5),* Berlin 2016.

Alois Bach, Walter Sauer (Hrsg.), *Schützen. Retten. Kämpfen. Dienen für Deutschland,* Berlin 2016.

Marcel Bohnert, Björn Schreiber (Hrsg.), *Die unsichtbaren Veteranen. Kriegsheimkehrer in der deutschen Gesellschaft,* Berlin 2016.

Angelika Dörfler-Dierken (Hrsg.), *Hinschauen! Geschlecht, Rechtspopulismus, Rituale: Systemische Probleme oder individuelles Fehlverhalten?,* Berlin 2019.

Alois Bach, Carola Hartmann (Hrsg.), *Unbekannte Helden des Alltags – Soldaten und Ehefrauen berichten über Verantwortung, Humanität und Belastung im Auslandseinsatz,* Berlin 2020.

Standpunkte und Orientierungen

Daniel Giese, *Militärische Führung im Internetzeitalter,* Berlin 2014.

Dirk Freudenberg, *Auftragstaktik und Innere Führung. Feststellungen und Anmerkungen zur Frage nach Bedeutung und Verhältnis des inneren Gefüges und der Auftragstaktik unter den Bedingungen des Einsatzes der Deutschen Bundeswehr,* Berlin 2014.

Hartwig von Schubert, *Integrative Militärethik. Ethische Urteilsbildung in der militärischen Führung,* Berlin 2015.

Uwe Hartmann, *Hybrider Krieg als neue Bedrohung von Freiheit und Frieden. Zur Relevanz der Inneren Führung in Politik, Gesellschaft und Streitkräften,* Berlin 2015.

Klaus Beckmann, *Treue.Bürgermut.Ungehorsam. Anstöße zur Führungskultur und zum beruflichen Selbstverständnis in der Bundeswehr,* Berlin 2015.

Florian Beerenkämper, Marcel Bohnert, Anja Buresch, Sandra Matuszewski, *Der innerafghanische Friedens- und Aussöhnungsprozess,* Berlin 2016.

Martin Sebaldt, *Nicht abwehrbereit. Die Kardinalprobleme der deutschen Streitkräfte, der Offenbarungseid des Weißbuchs und die Wege aus der Gefahr,* Berlin 2017.

Christian J. Grothaus, *Der „hybride Krieg" vor dem Hintergrund der kollektiven Gedächtnisse Estlands, Lettlands und Litauens,* Berlin 2017.

Uwe Hartmann, *Der gute Soldat. Politische Kultur und soldatisches Selbstverständnis heute,* Berlin 2018.

Christian Bauer, Marcel Bohnert, Jan Pahl, *Vitalis Innere Führung! Zum Status Quo der Führungskultur in den deutschen Streitkräften,* Berlin 2018.

Helmut Jermer, *Innere Führung kompakt. Eine Zusammenschau als Lehr- und Lernhilfe,* Berlin 2019.

Martin Sebaldt, *Das Elend der Strategen. Warum die deutsche Militärpolitik versagt,* Berlin 2020.

Offiziersbibliothek

Uwe Hartmann, *Offiziersbibliothek I: Deutschland,* Berlin 2020.

www.miles-verlag.jimdo.com